Merleau-Ponty lector de Proust: lenguaje y verdad

Este libro pertenece a la colección
POST-VISIÓN

Director de Colección
Jorge Luis Roggero
Facultad de Filosofía y Letras
Universidad de Buenos Aires

MARTÍN BUCETA

Merleau-Ponty lector de Proust: lenguaje y verdad

sb

Madrid - Santiago - Montevideo - Asunción - Lima - Bogotá - Buenos Aires - México - Brasil

Buceta, Martín Miguel
   Merleau-Ponty lector de Proust : lenguaje y verdad / Martín Miguel Buceta ; prólogo de Graciela Ralón. - 1a ed . - Ciudad Autónoma de Buenos Aires : SB, 2019.
   284 p. ; 23 x 16 cm.
   ISBN 978-987-4434-55-5
   1. Filosofía. 2. Fenomenología. 3. Literatura. I. Ralón, Graciela, prolog. II. Título.
   CDD 142.7

© Martín Miguel Buceta (tinbuceta@hotmail.com)
© Sb editorial
   Piedras 113, 4° 8 - C1070AAC - Buenos Aires
   Tel.: (+54) (11) 2153-0851
   www.editorialsb.com • ventas@editorialsb.com.ar
   www.facebook.com/editorialsb • @editorialSb

ISBN 978-987-4434-55-5
1° edición, agosto de 2019

Director General: Andrés C. Telesca (andres.telesca@editorialsb.com.ar)
Director de Colección: Jorge Luis Roggero (jorgeluisroggero@gmail.com)
Diseño de cubierta e interior: Cecilia Ricci (riccicecilia2004@gmail.com)

Queda hecho el depósito que marca la Ley 11.723

No se permite la reproducción parcial o total, el almacenamiento, el alquiler, la transmisión o la transformación de este libro, en cualquier forma o por cualquier medio, sea electrónico o mecánico, mediante fotocopia, digitalización u otros medios, sin el permiso previo y escrito del editor. Su infracción está penada por las leyes 11.723 y 25.446.

Distribuidores
   España: AsturLibros Pol. Industrial de Silvota, C/ Peña Salón 93-94, Llanera, Asturias
   (+34) 985 98 07 40 • www.asturlibros.es • pedidos@asturlibros.es
   Argentina: Waldhuter Libros • Pavón 2636 - Ciudad Autónoma de Buenos Aires
   (+54) (11) 6091-4786 • www.waldhuter.com.ar • francisco@waldhuter.com.ar
   México: RGS Libros • Av. Progreso 202, Col. Escandón, Del. Miguel Hidalgo, México
   (+52) (55) 55152922 • www.rgslibros.com • fernando@lyesa.com
   Chile: Catalonia Libros • Santa Isabel 1235, Providencia - Santiago de Chile
   (+56) (2) 22099407 - www.catalonia.cl - contacto@catalonia.cl
   Uruguay: América Latina Libros • Av. Dieciocho de Julio 2089 - Montevideo
   (+598) 2410 5127 / 2409 5536 / 2409 5568 - libreria@libreriaamericalatina.com
   Perú: Heraldos Negros • Jr. Centenario 170. Urb. Confraternidad - Barranco - Lima
   (+51) (1) 440-0607 - distribuidora@sanseviero.pe
   Paraguay: Tiempo de Historia • Rodó 120 c/Mcal. López - Asunción
   (+595) 21 206 531 - info@tiempodehistoria.org
   Colombia: Campus editorial • Carrera 51 # 103 B 93 Int 505 - Bogotá
   (+57) (1) 6115736 - info@campuseditorial.com
   Brasil: Librería Española • R. Augusta, 1371 - Loja 09 - Consolação, São Paulo
   (+55) 11 3288-6434 - www.libreriaespanola.com.br - libreriaespanola@gmail.com

A Sofía, mi hija, la expresión más patente de la verdad.

A Rochi, mi mujer, que convivió con estos dos autores tanto como yo, me escuchó hablar sobre ellos, soñar con ellos, sufrir y alegrarme también por ellos. Me acompañó, ayudó, soportó, alentó y, sobre todo, me amó durante todo el proceso hasta que estás páginas vieron la luz.

A mis padres, que hicieron todo y más por mí, entre otras cosas, enseñarme a leer y a escribir.

A mis hermanos que se alegran por mis logros y los celebran como propios.

A Graciela, mentora de esta investigación, ejemplo de docente, de profesional y, más importante, de vocación incansable. Supo corregirme, alentarme, ayudarme y, principalmente, respetarme.

A mis amigos, y en su representación, a Claudio, lector de este libro, corrector y crítico feroz, como todo buen amigo.

La significación devora los signos […] La expresión estética confiere a lo que expresa la existencia en sí, la instala en la naturaleza como una cosa percibida accesible a todos […]

Maurice Merleau-Ponty
Fenomenología de la percepción

[…] ciertas novelas son como grandes lutos momentáneos, abolen el hábito, vuelven a ponernos en contacto con la realidad de la vida, pero sólo por unas horas, como una pesadilla, la alegría que aportan por la impotencia del cerebro para luchar contra ellas, y recrear lo verdadero, se imponen infinitamente sobre la sugestión casi hipnótica de un bello libro, que, como todas las sugestiones, tiene efectos muy breves.

Marcel Proust
La fugitiva

Índice

Prólogo 13

Introducción 17
   I.   El acto de escribir y la virtud del lenguaje............................ 17
   II. Objetivo y estructura del libro... 26

1. El Lenguaje 35
   I.   Ferdinand de Saussure inspirador de Maurice Merleau-Ponty:
       El lenguaje como sistema de identidades y diferencias 38
       I.1. La lingüística del habla expuesta por A. Sechehaye............. 42
   II. La fenomenología del lenguaje como dialéctica entre
       sincronía y diacronía 45
   III. La fenomenología del lenguaje de Merleau-Ponty...................... 50
       III.1 La palabra tiene un sentido 52
       III.2 El lenguaje conquistador 55
       III.3 La expresión creadora 59
       III.4 El poder de la palabra y la expresión de las ideas sensibles.... 61

2. Del mundo del silencio al mundo de la expresión 67
   I.   La conciencia perceptiva como expresión 70
   II. La carne: sensible pivote... 75

  II.I La palabra: relación al Ser a través de un ser 80
 III. Analogía y sublimación 82
  III.1 Analogía.. 83
  III.2 Sublimación.. 88
   III.2.I. Origen y definición del término "sublimación"........ 90
   III.2.II La sublimación: fundamento de la reversibilidad
   entre percepción y lenguaje.. 92
   III.2.III La fe expresiva.. 95

3. La verdad (del lenguaje literario) 101
 I. La institución...103
  I.1. La institución de un saber: la suma de los ángulos
  del triángulo y la historia del pequeño Gauss 107
   I.1.I La suma de los ángulos del triángulo 109
   I.1.II La historia del pequeño Gauss y la sumatoria
   de los primeros *n* números naturales 113
 II. La verdad del lenguaje literario...119
  II.1 La gran prosa como obra de arte que expresa
  el mundo vivido...120
  II.2 La literatura conquistadora de la verdad 127

4. Las ideas sensibles 133
 I. Las ideas sensibles 135
  I.1. Inseparabilidad de las ideas y su aparecer sensible.............136
  I.2 Génesis y tiempo de las ideas sensibles:
  el quiasmo entre empírico y trascendental. 140
  I.3 Las ideas sensibles 145
 II. El modo de presentar de la novela proustiana 152
  II.1. Memoria involuntaria, metáfora, y
  esencia extratemporal de las cosas..153
  II.2. La *Recherche* como pintura de los errores
  para alcanzar la verdad 160
   II.2.I Una aclaración fenomenológica sobre
   la "pintura de los errores" 166
  II.3 Dos vías posibles para la lectura de
  A la busca del tiempo perdido..169

5. En busca de la verdad: Las ideas sensibles en *A la busca del tiempo perdido* 175

I. La descripción creativa del fenómeno: una consideración de la importancia de literatura en la expresión de las ideas sensibles ... 176

II. Las ideas sensibles en *A la busca del tiempo perdido* 180

II.1 *Por la parte de Swann* 180

II.1.I Los campanarios de Martinville 181

II.1.II La "pequeña frase" de la Sonata de Vinteuil ... 184

II.2. *A la sombra de las muchachas en flor* 187

II.2.I La bandada de muchachas-gaviotas 188

II.2.II Ebriedad ante la visión de Albertine 192

II.3 *La parte de Guermantes* 197

II.3.I Enfermedad, muerte de la abuela, y consumación de la muerte 198

II.4 *Sodoma y Gomorra* 207

II.4.I De la polinización o la seducción de los hombres-abejorros y los hombres-orquídeas 208

II.5 *La prisionera* 213

II.5.I. En sus ojos el mar infinito 215

II.6 *La fugitiva* 220

II.6.I El sufrimiento del amante abandonado 222

II.7. *El tiempo recobrado* 226

II.7.I El hastío del placer: derrotero del incumplido sueño poético del amor 228

II.7.II El Tiempo artista de la destrucción 235

A la busca del tiempo perdido 243

I. Los temas: la *Recherche* una obra sobre el tiempo, la memoria y la verdad 243

II. La trama: líneas generales, pasajes y personajes de *A la busca del tiempo perdido* 251

Conclusión 265

I. Filosofía y literatura: hacia un esquema para pensar su relación 268

Bibliografía consultada o citada 273

Prólogo

GRACIELA RALÓN

Las creaciones artísticas –un libro, una pintura o una música– no poseen la misma solidez que las cosas naturales; por el contrario, ellas están a la espera de que "cada mañana, tras la ruptura de la noche el artista vuelva a establecer un contacto con ellas".[1] La obra que presentamos, *Merleau-Ponty lector de Proust: lenguaje y verdad*, debe ser considerada como el esfuerzo que el escritor realiza por volver a instituir el misterio de lo sensible. El supuesto que subyace a lo largo de todo el análisis es el entrelazamiento entre literatura y fenomenología. Posesionándose de su rol de escritor, el autor sabe que no se trata de sacrificar la vida a la literatura porque "la vida lleva en germen las ideas" que el escritor plasmará en su obra. Por eso, la literatura "confirma el movimiento de la vida", de tal manera que no hay posibilidad de separar la vida (hablante) de la literatura. En este sentido es válido decir de Proust lo que Merleau-Ponty comenta de Cézanne. Según el fenomenólogo francés: "*esta obra a hacer exigía esta vida*".[2] La incertidumbre y la soledad de Proust, que Martín Buceta deja entrever en la "descripción de las ideas sensibles", se explican por la intención de la obra del novelista. Del mismo modo que las condiciones apremiantes de la vida de Cézanne, su incertidumbre y su soledad, su riqueza de sensaciones o emociones fuertes, su sentimiento de angustia que desorganiza su vida voluntaria, están contenidas en su proyecto existencial y se presentan como aquello que tenía que vivir, así también las sensaciones, aparentemente contradictorias, de la vida del novelista se palpan en la lectura de los pasajes, que Martín Buceta ha seleccionado para dar a luz la riqueza inagotable de las ideas sensibles. La paradoja de la libertad se visualiza en el análisis de la obra de Proust, dejando ver que, si bien su naturaleza y su historia constituyen el

---
1 MERLEAU-PONTY, M., *La prose du monde,* Gallimard, Paris, 1969, pp. 173-174.
2 MERLEAU-PONTY, M., *Sens et non-sens*, Paris, Nagel, 1948, p. 34.

texto que le ha sido dado, su aspiración a la verdad encuentra en ese texto un sentido figurado que no existía antes, pero que tampoco es obra absoluta de nuestra espontaneidad. La vida es el proyecto de una obra y la obra se anuncia en el pintor o escritor a través de signos premonitorios que no pueden ser considerados como causas, pero que hacen de la vida y la obra una sola aventura. Por eso el sentido que Cézanne o Proust les dan a las cosas en sus cuadros o en sus novelas les es propuesto por el mundo. Son las cosas y los rostros tales como ellos los ven los que pedían ser pintados o escritos de esa manera. Ellos pintan o dicen "lo que las cosas y los rostros *querían* decir".[3]

En base a estas observaciones, Martín Buceta diseña su obra, la cual debe ser leída teniendo en cuenta, en primer lugar, la exposición filosófica de la teoría del lenguaje merleaupontiana y su relación con la expresión de la verdad y, en segundo lugar, la elaboración de las ideas sensibles en los pasajes seleccionados en *A la busca del tiempo perdido*; señalamos que esta sección es una clara muestra de ambos aspectos. Apropiándose del lenguaje operante que instituye y conquista nuevos sentidos, tal como se analiza en la primera parte del libro, Martín Buceta nos revela en los textos de Proust una fina elucidación de las ideas sensibles traspasando las ilustraciones realizadas por el fenomenólogo francés.

En relación con este creativo aporte quisiera detenerme en la noción de idea sensible para luego pasar a comentar alguna de estas ilustraciones. En primer lugar, el autor señala, como una de las notas centrales de las ideas sensibles, la inseparabilidad con su aparecer y la expresión de un tiempo mítico, un tiempo de simultaneidad entre pasado y presente. Sin embargo, lo que estas ideas aspiran a describir es el libro interior de la experiencia para poder expresar el sentido naciente del mundo. "Las ideas sensibles veladas por tinieblas" aparecen en el encuentro entre la "carne del cuerpo" y la "carne del mundo". Con una gran lucidez, el autor afirma: "M. Proust ostenta en su escrito la misma capacidad que los escultores, quienes frente a un pedazo de piedra informe son capaces de vislumbrar la figura que allí se encuentra pero que nadie ve". En la parte dedicada al modo de presentar la novela proustiana se analizan los temas centrales que conciernen a una lectura filosófica de Proust: memoria involuntaria, metáfora y esencia extratemporal de las cosas. Además, se presenta la *Recherche* como "pintura de los errores" para alcanzar la verdad. Finalmente, presenta dos vías posibles para la lectura de *A la busca del tiempo perdido*. Estas dos vías responden a las interpretaciones más destacadas de los especialistas. Sin embargo, sin desconocerlas, Martín Buceta intenta elaborar su propia vía que está centrada en la manifestación de las ideas sensibles como

---

3 *Ibidem*, p. 35.

"esencias". Esta recuperación debe rastrearse a lo largo de toda la obra porque, según el autor, Proust escribe bajo el efecto de la "pulsión narrativa, salvaje, en que las palabras fluyen para dar expresión de las ideas sensibles que subyacen a la experiencia y que solo pueden ser cristalizas por medio del lenguaje en la literatura". Esta frase ofrece la pista para la lectura del capítulo "En busca de la verdad: Las ideas sensibles en *A la busca del tiempo perdido*" en el que se detiene no solo en los lugares comunes de la obra del novelista como, por ejemplo: "los campanarios de Martinville" o "la pequeña frase" de la sonata, sino que también intenta discernir aquellos pasajes del "entredós" de la novela en que hay expresión de ideas sensibles, aquellas que surgen de "la pintura de los errores". A modo de conclusión quisiera destacar uno de los pasajes que ilustran las ideas sensibles: la matinée en la casa de la princesa de Guermantes. Según la interpretación de Martín Buceta, mientras espera entrar en el salón, el Narrador experimenta múltiples rememoraciones involuntarias y comprende que el recuerdo es un medio para captar la realidad en su esencia, es decir, fuera del tiempo. Así, cuando, finalmente, el Narrador entra al baile de máscaras se encuentra con varios de los personajes que aparecieron a lo largo la obra, transfigurados por el paso destructor del Tiempo. De ahí, Martín Buceta concluye que, "si la verdadera vida es la literatura", ya que solo a través de la escritura de la novela pueden las rememoraciones involuntarias cristalizar y las cosas ser alcanzadas en su esencia extratemporal, entonces "el héroe debe escribir el libro" que aspira a buscar el "tiempo perdido":

> Entonces, menos radiante desde luego que la que me había hecho percibir que la obra de arte era el único medio de recobrar el Tiempo perdido, una nueva luz se hizo en mí. Y comprendí que todos estos materiales de la obra literaria era mi vida pasada; comprendí que habían venido a mí en los placeres frívolos, en la pereza, en la ternura, en el dolor, que los había almacenado sin adivinar su destino, ni su supervivencia siquiera, más de lo que adivina la simiente que pone en reserva todos los alimentos que nutrirán la planta.[4]

Por diferentes motivos el libro aporta un lúcido análisis de la fenomenología de Merleau-Ponty, que, como la obra de los grandes literatos, no solo es laboriosa sino que comparte con ellos el "el mismo género de atención y asombro, la misma exigencia de conciencia y la misma voluntad de captar el sentido del mundo o de la historia en estado naciente".[5]

---

4   Proust, M., *À la recherche du temps perdu. Le temps retrouvé*, Paris, Gallimard, Collection Folio Classique, 1987-89. Bajo la dirección de Jean-Yves Tadié, p. 206.
5   Merleau-Ponty, M., *Phénoménologie de la perception*, Gallimard, Paris, 1945, p. XVI.

Introducción

> La fenomenología es laboriosa como las obras de Balzac, Proust, Valéry o Cézanne, comparten el mismo género de atención y asombro, la misma exigencia de conciencia y la misma voluntad de captar el sentido del mundo o de la historia en estado naciente.[1]

I. El acto de escribir y la virtud del lenguaje

El verdadero acto de escribir siempre es creativo. Es preciso recalcar el adjetivo "verdadero" porque esta característica quedará signada por el uso que se le dé al lenguaje. Si el lenguaje es una expresión cerrada, conceptualizada, es decir, un lenguaje hablado (*langage parlé*) –en términos merleaupontianos– entonces no nos podrá decir nada nuevo del mundo. Simplemente se limitará a referir a lo que está allí, lo conocido, será una significación agotada que únicamente contenga lo que de antemano hemos puesto en ella. Sin embargo, existe según Merleau-Ponty otro uso del lenguaje: aquel en que se despliega la dimensión instituyente del mismo; él lo llama lenguaje hablante (*langage parlant*). En esta facción del lenguaje se ostenta su poder creativo: es el lenguaje conquistador de regiones foráneas del mundo, es el lenguaje que abre la novedad, que instituye nuevas significaciones y manifiesta la verdad.

Esta distinción del lenguaje hablado y el lenguaje hablante, que Merleau-Ponty explicitaba en *Fenomenología de la percepción* –específicamente en el

---

1 MERLEAU-PONTY, M., *Phénoménologie de la perception*, Gallimard, Paris, 1945, p. XVI. Respecto a la traducción al español de los textos de Merleau-Ponty, ha sido hecha por nosotros siguiendo en gran medida las traducciones existentes. No quisimos servirnos directamente de las traducciones, sino que nos pareció atinado cotejar con el texto original. Por lo cual, aun cuando hayamos transcripto en algunos casos las traducciones existentes, muchas veces hemos introducido cambios o aun completado fragmentos que faltaban en ellas. Por esta razón, las páginas citadas en el trabajo corresponden a las obras en su original francés (en la Bibliografía se indica la edición francesa utilizada), y no a la traducción al español.

capítulo titulado "El cuerpo como expresión y la palabra"–,[2] es la misma que retomará al inicio del curso dictado los días lunes del año académico 1952/53. En los *Resúmenes* encontramos en el primer párrafo dedicado al curso "Investigaciones sobre el uso literario del lenguaje" la siguiente idea:

> La teoría del lenguaje se apoya muy a menudo en formas llamadas exactas, esto es, en enunciados que atañen a pensamientos ya maduros en aquel que habla, o por lo menos inminentes en aquel que escucha, y de ello resulta que pierde de vista el valor heurístico del lenguaje, su función conquistadora, que es en cambio manifiesta en el escritor mientras trabaja.[3]

Esta frase inicial que da comienzo al resumen del curso es la introducción a un problema que Merleau-Ponty está interesado en desarrollar y que está constituido por interrogantes como: ¿Qué es la literatura? ¿en qué consiste la tarea del escritor? ¿qué es escribir? ¿qué y cómo dice el lenguaje literario nuestra experiencia del mundo? El filósofo francés encuentra en el uso del lenguaje literario un valor heurístico, una dimensión del lenguaje instituyente que logra ir más allá. Entiende que escribir es mucho más que enunciar lo que se ha concebido: "Es trabajar con un aparato que da unas veces más y otras veces menos que lo que en este hemos puesto, y esto no es más que la consecuencia de una serie de paradojas que hacen del oficio del escritor una

---

2   En ese capítulo podemos leer: "O, todavía, podríamos distinguir entre una *palaba hablante* (*parole parlante*) y una *palabra hablada* (*parole parlée*). La primera es aquella en que la intención significativa se encuentra en estado naciente. En este caso la existencia se polariza en cierto 'sentido' que no puede ser definido por ningún objeto natural, sino que busca recogerse más allá y, por ello, crea la palabra como apoyo empírico de su propio no-ser. La palabra es el exceso de nuestra existencia sobre el ser natural. Pero el acto de expresión constituye un mundo lingüístico y un mundo cultural, hace recaer en el ser lo que tendía a un más allá. De ahí que la palabra hablada disponga de significaciones como de una fortuna adquirida. A partir de estas adquisiciones, otros actos de expresión auténtica –los del escritor, el artista o el filósofo– se hacen posibles" (*Ibidem*, p. 229). Esta distinción también está presente en textos posteriores como *La prosa del mundo*: "Digamos que hay dos lenguajes: el lenguaje adquirido, de que disponemos, y que desaparece ante el sentido en cuyo portador se ha convertido –y el lenguaje que se hace en el momento de la expresión, y que va justamente a hacerme deslizar desde los signos al sentido–; el lenguaje hablado y el lenguaje hablante" (MERLEAU-PONTY, M., *La prose du monde*, Gallimard, Paris, 1969, p. 17). La palabra (*parole*) es el elemento constitutivo del lenguaje, por ello, en este caso, Merleau-Ponty se está refiriendo a lo mismo cuando habla de lenguaje hablado y hablante y palabra hablada y hablante. Lo que se quiere resaltar es la existencia de dos dimensiones del lenguaje: una instituida y otra instituyente.

3   MERLEAU-PONTY, M., *Résumés de cours. Collège de France 1952-1960*, Gallimard, Paris, 1968, p. 22.

tarea agotadora e interminable".⁴ ¿Cuáles son estas paradojas que hacen que el lenguaje dé algunas veces más y otras menos de lo que hemos puesto? ¿Cuáles son las paradojas que hacen del oficio del escritor algo tan fatigante y perpetuo? Merleau-Ponty las explicita brevemente, pero no se detiene a explicarlas en profundidad. Escribe en los *Resúmenes*:

> La paradoja de lo verdadero y de lo imaginario, más verdadero que lo verdadero; aquella de las intenciones y la realización, a menudo inesperada y siempre *distinta*; la de la palabra y el silencio, la expresión puede malograrse por haber sido demasiado deliberada y, al contrario, puede lograrse en la medida en que haya seguido siendo indirecta; la de lo subjetivo y lo objetivo, lo que el escritor tiene de más secreto y que está en él mismo apenas articulado, imponiéndose a veces de manera fulgurante a un público que la obra se crea para sí, y permaneciendo, en cambio, lo más consciente de él como letra muerta; y, en fin, la paradoja del autor y el hombre, lo que el hombre ha vivido y que es, evidentemente, la sustancia de su obra, que necesita, para *volverse verdadero*, de una preparación que precisamente suprime al escritor del número de los vivos: todas esas sorpresas, todas esas trampas, hacen que la literatura se presente ante sí misma como un problema y que el escritor se pregunte: "¿Qué es la literatura?", y que haya motivo para interrogarla no sólo acerca de su práctica, sino también acerca de su teoría del lenguaje.⁵

Estás cinco paradojas que enuncia Merleau-Ponty nos ponen frente al misterio de la expresión literaria. La literatura –fruto de la tarea del escritor– se presenta como campo minado de paradojas que nos deja asombrados y nos mueve a pensar en el misterio que en ella se manifiesta. Detengámonos sucintamente en una posible interpretación de cada una de ellas para ahondar en ese misterio.

La primera es la paradoja de lo verdadero y lo imaginario. Merleau-Ponty apunta sobre ella simplemente que lo imaginario es "más verdadero que lo verdadero". Esto implica que cuando nos enfrentamos a un texto literario nos encontramos muchas veces con un mundo imaginario que, aunque imaginario, aparece más verdadero que aquel del que ha surgido. La literatura encierra ese misterio que implica que el mundo imaginado por el escritor tiene más sentido, es "más verdadero" que el mundo verdadero. En literatura asistimos a la expresión de una verdad hecha de fantasía, una verdad que se manifiesta mediante signos del lenguaje que han surgido de la imaginación del escritor con el objetivo de expresarla. Una verdad "a hacer" (*a faire*), esto es, que exige

---

4   *Ibidem*, p. 23.
5   *Ibidem*, pp. 23-24.

ser llevada a la expresión mediante giros propios del lenguaje hablante.⁶ Ese lenguaje opera una "secreta torsión" en la que cierto arreglo y disposición de los signos y de las significaciones disponibles producen una alteración que, descentrando y privando a los signos de su equilibrio, hace surgir una significación nueva.

La segunda paradoja es aquella de las intenciones y la realización. El escritor quiere escribir algo, ¿pero logra decir aquello que se propone? Podríamos decir que existe una gran brecha entre lo que se quiere y lo que sucede. Las intenciones del autor, lo que busca expresar, no parecen nunca materializarse tal como lo ha pergeñado. El acto de escribir nunca puede ser planificado minuciosamente. La obra a menudo "se le va de las manos" al escritor y lo que queda realizado o, mejor dicho, lo que realiza en el lector, no es, en muchos casos, lo que el autor buscaba. Hay una distancia entre las intenciones y la realización, que es "a menudo inesperada y siempre *distinta*".

La paradoja del silencio y la palabra es la tercera. Aquí anota Merleau-Ponty que "la expresión puede malograrse por haber sido demasiado deliberada y, al contrario, puede lograrse en la medida en que haya seguido siendo indirecta". Esta paradoja viene a manifestar algo muy simple: el lenguaje muchas veces dice cuando no dice. El silencio entre las palabras también es expresivo. La palabra deliberada, pensada, dirigida, es una significación cerrada que no alcanza la meta que nos proponemos. Forzar al lenguaje para que diga algo puede acabar en un rotundo fracaso. La expresión es siempre alusiva, indirecta. A menudo ella se da en los silencios, en lo que se sugiere detrás o al margen de lo proferido. Si la expresión es indirecta entonces puede lograr aquello que buscaba. No casualmente uno de los textos más elocuentes de Merleau-Ponty en torno a este problema se titula "El lenguaje indirecto y las voces del silencio".⁷ Esta paradoja es la explicitación de que el misterio de la expresión no puede agotarse en conceptos. Lo que se quiere decir nunca puede encerrarse con palabras exactas, siempre se dice callando o expresando indirectamente.⁸

---

6 La expresión: "vérité à faire" (verdad a hacer) que se encuentra en los textos merleaupontianos es trabajada por B. Waldenfels, véase: Waldenfels, B., "Vérité à faire. La question de la vérité chez Merleau-Ponty" en *Les Cahiers de Philosophie*, 7 (1989) pp. 55-68. El problema de la verdad será también tratado en este libro en el tercer capítulo: "La verdad (del lenguaje literario)".

7 Este texto forma parte de *La prose du monde*, pp. 66-160, y también aparece, con algunas modificaciones, en *Signes*, Paris, Gallimard, 1960, pp. 49-104.

8 En un ciclo de entrevistas radiales Merleau-Ponty explicaba que la palabra literaria es aquella que dice susurrando y nos enseña que "hablar poéticamente del mundo es casi callarse" (Merleau-Ponty, M., *Causeries*, Paris, Seuil, 2002. p. 59).

La cuarta paradoja es aquella de lo subjetivo y lo objetivo. ¿Qué expresa el autor cuando escribe? Esta paradoja tiene relación con aquella de las intenciones y la realización. Así como existe una intención de realizar algo, pero a menudo lo que se expresa es inesperado y distinto de lo que se creía, puede decirse que en parte eso sucede porque, aunque el escritor pretenda decir algo deliberado, pensado, específico, lo que muchas veces sale a la luz es aquello que reside en lo más íntimo de sí y que "está en él mismo apenas articulado". Es como si habiendo decidido decir algo de antemano el escritor expresara aquello que ni siquiera sabía que estaba en él. Por esto el autor también es lector de su obra: porque leyéndose descubre cosas de sí que ha expresado tal vez sin saberlo y gracias al misterio del lenguaje literario. La otra cara de la paradoja es que, inversamente, aquello que parecía que podía trasmitir el escritor de modo más consciente no logra hacerlo, permanece letra muerta. En otras palabras, lo que se esfuerza por decir no expresa, pero se expresa muchas veces aquello que ni siquiera había formulado para sí.[9]

La última de las paradojas es la del autor y el hombre. La paradoja reside en que lo vivido es condición necesaria para la creación literaria, pero no es condición suficiente. El hombre es quien vive y a quien acaecen experiencias. Sin embargo, para que ellas se vuelvan verdaderas es preciso que se hagan literarias, es decir, que entren en el mundo de la literatura y se transformen según sus leyes: es necesario que se "literaricen".[10] Lo vivido debe ser "literarizado" para volverse verdadero. A lo vivido es preciso agregarle sorpresas y trampas que hacen que el escritor sea retirado del mundo de los vivos para formar parte del mundo literario. Existe una especificidad de lo literario, lo vivido tiene que ser sometido a una transformación para ser literatura.[11]

---

9 El poder del lenguaje "aparece cuando el lenguaje constituido, súbitamente descentrado y privado de su equilibrio, se ordena de nuevo para enseñar al lector –y hasta al autor–, lo que no sabía pensar ni decir" (MERLEAU-PONTY, M., *La prose du monde*, p. 22).

10 Implementamos este neologismo que no es más que la creación del inexistente verbo transitivo con el que queremos dar cuenta de la acción de "hacer literario" algo o alguien. "Literarizar" será entonces hacer literario, llevar algo al campo propio de la literatura.

11 Respecto del conocimiento, Merleau-Ponty anota que "Todo el universo de la ciencia está construido sobre el mundo vivido y, si queremos pensar rigurosamente la ciencia, apreciar exactamente su sentido y alcance, tendremos, primero, que despertar esta experiencia del mundo del que ésta es expresión segunda. La ciencia no tiene, no tendrá nunca, el mismo sentido de ser que el mundo percibido, por la razón de que sólo es una determinación o explicación del mismo" (MERLEAU-PONTY, M., *Phénoménologie de la perception*, pp. II-III). Así como lo vivido es condición necesaria del conocimiento, pero no suficiente, ya que es preciso que se lleve a cabo una operación en que se lo determine, se lo conceptualice, para alcanzar el estatus de conocimiento científico; en la literatura lo vivido es también condición necesaria pero no suficiente, es preciso que sea "literarizado" para que se vuelva verdadero.

Estas paradojas provocan que la tarea del escritor sea algo cansadora e interminable pero, aún más, algo inquietante. Estas sorpresas y trampas son las que llevan al escritor y también a Merleau-Ponty a preguntarse: "¿Qué es la literatura?" y a interrogarla acerca de su práctica y su teoría del lenguaje. El filósofo no permanecerá indiferente a estos cuestionamientos e intentará elucidar el problema del lenguaje literario, el misterio de su particular expresión. Respecto a la pregunta por la esencia de la literatura, Merleau-Ponty sostendrá que es la exploración de un invisible, develamiento de ideas,[12] y encontrará en Proust a uno de los representantes más ilustres de esta actividad exploratoria. En cuanto al problema de la práctica y la teoría de la literatura podríamos decir que ha ocupado largamente a Merleau-Ponty y es, probablemente, una de las cuestiones esenciales del presente libro. El filósofo francés intentará explicar la particular dinámica del lenguaje y su función instituyente de nuevas significaciones elaborando una fenomenología del lenguaje que dé cuenta de la particular operación de la palabra en la literatura.[13]

Esas paradojas se superarán en el acto de escribir. El lenguaje se justifica en su acción y deja para el lingüista y el filósofo la tarea de elucidar su dinamismo. El escritor sostiene las paradojas y avanza en su expresión librando su suerte al poder expresivo del lenguaje. En su acción de escribir constatamos nuevamente que el verdadero acto de escribir siempre es creativo, siempre es novedoso. Cuando escribe el escritor se refiere a un mundo que permanecía hasta ese momento mudo, virgen, inexplorado. Aquel que escribe es el que nos redirige a esas dimensiones ocultas y, sin que lo notemos, rehace con nosotros una y otra vez la pareja del ciego y el paralítico, pareja que se complementa como ninguna otra lo hace. En *La prosa del mundo* Merleau-Ponty deslizaba, con perspicacia, una de las metáforas más bellas para pensar la relación entre el escritor y el lector e, indirectamente, para reflexionar en torno al dinamismo del lenguaje:

> Pero *ésta es precisamente la virtud del lenguaje:* nos arroja sobre lo que significa; se disimula a nuestros ojos en su misma operación; su triunfo está en borrarse y darnos acceso, por encima de los vocablos, al pensamiento mismo del autor, de tal

---

12 "La literatura, la música, las pasiones, tanto como la experiencia del mundo visible son, no menos que la ciencia de Lavoisier y de Ampère, la exploración de un invisible y, como ella, develamiento de un universo de ideas. Simplemente, ese invisible, esas ideas, no se dejan, como las de aquellos, desprender de las apariencias sensibles, ni erigir en positividad secundaria" (MERLEAU-PONTY, M., *Le visible et l'invisible*, Gallimard, Paris, 1964, pp. 193-194).
13 La exposición de la fenomenología del lenguaje elaborada por Merleau-Ponty será el tema central del primer capítulo titulado: "El lenguaje".

suerte que retrospectivamente creamos haber estado conversando con él sin palabras, de espíritu a espíritu. Las palabras una vez enfriadas vuelven a caer sobre la página reducida a simples signos, y precisamente porque nos han proyectado muy lejos de sí, nos parece increíble que tantos pensamientos nos hayan podido venir de ellas. Sin embargo, son los vocablos los que nos han estado hablando, durante la lectura, cuando, sostenidos por el movimiento de nuestra mirada y de nuestro deseo, pero a la vez sosteniéndole y no dándole tregua, rehacían con nosotros la pareja del ciego y el paralítico –cuando eran gracias a nosotros, y nosotros éramos gracias a ellos, palabra más que lenguaje, la voz y su eco al mismo tiempo.[14]

Está claro que, según el filósofo, la virtud del lenguaje reside en reenviarnos, arrojarnos, sobre aquello que significa. Los signos son comprendidos como el transporte que al llevar al pasajero a su destino, desaparece; se borran porque han logrado su cometido: permitirnos acceder al pensamiento del autor. Sin embargo, ¿cómo se lleva a cabo esta operación misteriosa del lenguaje? ¿Por qué los signos muertos en la página de un libro pueden vivificar mi espíritu y hacer renacer en mí el pensamiento del autor como si hubiera estado conversando con él?[15] ¿Cómo sucede este milagro[16] del lenguaje?

---

14 Merleau-Ponty, M., *La prose du monde,* pp. 16-17.
15 Es aquí en que se nos presenta entonces la metáfora deslizada como "al pasar" por Merleau-Ponty para describir esta relación del texto con el lector, del autor con aquel que lee. El ciego y el paralítico son la pareja ideal. En general, al pensar en ellos uno no puede evitar representarse lo que les falta: a uno la visión, a otro la movilidad. Pero si ahondamos un poco más en estos curiosos personajes descubrimos también lo que poseen, respectivamente: el primero movilidad y el segundo visión. Es allí en dónde debemos detenernos: son la pareja ideal porque son complementarios, tienen lo que al otro le falta, tienen lo que el otro necesita. Podemos imaginarlos, por un lado, tenemos al paralítico que ha decidido dirigirse hacia una realidad, una idea, de algún modo conocida por él. Sin embargo, a pesar de conocer el camino, no puede avanzar por su parálisis. Por el otro, se nos presenta el ciego: tiene movilidad, pero es incapaz de discernir hacia dónde avanzar. ¿Qué sucederá cuando se encuentren? El paralítico (el escritor), a través de diversos signos, le irá indicando al ciego (el lector) en qué dirección debe caminar para poder alcanzar el objetivo que ve pero al que no puede acercarse. El ciego empujará la silla del paralítico y se dejará guiar por dichas indicaciones –signos que ya conoce pero que nunca le han sido dados de ese modo– hasta alcanzar aquel lugar antes desconocido por él y al que ha llegado gracias a las indicaciones, gestos y palabras, dadas por el paralítico.
16 "El lenguaje, a su vez, no plantea otro problema: una contracción de la garganta, una emisión de aire silbante entre la lengua y los dientes, una determinada manera de mover nuestro cuerpo, se dejan súbitamente envolver por un *sentido figurado* y lo dan a significar fuera de nosotros. Esto no es ni más ni menos milagroso que la emergencia del amor en el deseo o la del gesto en los movimientos desordenados del principio de la vida. Para que se produzca el milagro es menester que la gesticulación fonética utilice un alfabeto de significaciones ya adquiridas, que el gesto verbal se opere en un determinado panorama común a los in-

El escritor utiliza determinadas palabras clave, palabras que se han formado en lo profundo de lo vivido, que entrañan un sentido instituido en una determinada situación, palabras conocidas por todos pero que al disponerlas de un determinado modo le enseñan al lector aquello que aún no sabía pensar ni decir, logran llevarlo a aquel lugar al que nunca se había dirigido. El lenguaje tiene la capacidad de expresar el mundo, nuestro estar en el mundo, porque ha nacido en el mundo y lo lleva en sus entrañas. A ese lenguaje Merleau-Ponty lo llamó "lenguaje-cosa", porque tiene la capacidad de hacer aflorar todas las relaciones profundas de lo vivido donde se ha formado. Este lenguaje operante comprende el envolvimiento (*enroulement*) de lo visible en el sujeto viviente y de lo vivido sobre el lenguaje, del lenguaje sobre lo visible y lo vivido y los intercambios entre las articulaciones de su paisaje mudo y las de su palabra.[17] En fin, es un lenguaje que no necesita ser traducido en significaciones y pensamientos porque es significación, porque vehiculiza el pensamiento.

Merleau-Ponty sostenía que "[...] el 'ser-en-la-verdad' no es distinto del ser en el mundo",[18] por ende, la expresión de la verdad no es otra cosa que la articulación en la carne del lenguaje de aquellas ideas sensibles incrustadas en el ser, ideas de la carne[19] del mundo. La verdad aparece como una noción en construcción, una verdad "a hacer" ya que, mediante las sucesivas instituciones de sentido que se dan en el lenguaje, se aprehenden nuevas manifestaciones del ser hasta ahora ocultas. La expresión de la verdad es la expresión del mundo circundante en el que estamos implicados y que se realiza por medio

---

terlocutores, como la comprensión de los gestos de los otros supone un mundo percibido común a todos, en que se desenvuelve y despliega su sentido. Pero esta condición no basta: la palabra hacer surgir un sentido nuevo, si es palabra auténtica, como el gesto confiere, por primera vez, un sentido humano al objeto, si se trata de un gesto de iniciación. Por otro lado, es preciso que las significaciones ahora adquiridas hayan sido significaciones nuevas. Hay que reconocer como un hecho último esta facultad abierta e indefinida de significar —es decir, de captar y comunicar un sentido a la vez— por la cual el hombre se trasciende hacia un comportamiento nuevo o hacia el otro, o hacia su propio pensamiento a través de su cuerpo y de su palabra" (MERLEAU-PONTY, M., *Phénoménologie de la perception*, p. 226).

17 Cfr. MERLEAU-PONTY, M., *Le visible et l'invisible*, pp. 165-166. El concepto merleaupontiano de "lenguaje-cosa" será analizado en el segundo capítulo del libro en el punto "II.1. La palabra: relación al Ser a través de un ser".

18 MERLEAU-PONTY, M., *Phénoménologie de la perception*, p. 451.

19 La noción de "carne" (*chair*) es central en la filosofía merleaupontiana, es la noción última que quiere sostener la relación entre el cuerpo y el mundo, el cuerpo y el espíritu, entre lo visible y el vidente. La carne será comprendida como cosa general, a medio camino entre el individuo espacio-temporal y la idea y funcionará como pivote entre el cuerpo y el mundo (Cfr. MERLEAU-PONTY, M., *Le visible et l'invisible*, p. 182). Esta noción que busca articular el mundo sensible con el inteligible será objeto de nuestro estudio en el apartado: "II. La carne: sensible pivote" del segundo capítulo del libro.

del lenguaje-cosa: lenguaje compuesto por palabras instituyentes que nombran el mundo circundante en tanto que han nacido en medio de este y, por lo tanto, lo entrañan.

En la literatura este lenguaje es la herramienta principal para la expresión de aquello que el autor quiere decir, es el arma más poderosa del paralítico para llevar al ciego a destino. El lenguaje literario es para Merleau-Ponty aquella región del lenguaje más apta para la expresión de la verdad. El literato construirá una gran prosa[20] que podrá contener el sentido disperso en la experiencia y lo sublimará en el lenguaje de tal modo que, al contacto con su obra, asistiremos a la expresión de aquellas ideas que se encuentran incrustadas en la carne del mundo. No es casual que en prólogo a uno de los textos más representativos de toda su filosofía, Merleau-Ponty escriba que "la fenomenología es laboriosa como las obras de Balzac, Proust, Valéry o Cézanne, comparten el mismo género de atención y asombro, la misma exigencia de conciencia y la misma voluntad de captar el sentido del mundo o de la historia en estado naciente".[21] La fenomenología, como la literatura, debe llevar a la expresión de su propio sentido a la experiencia aún muda.[22]

Esta capacidad que la fenomenología debe aprender es lo que Merleau-Ponty ve brillar en la literatura proustiana.[23] Merleau-Ponty entiende que la literatura supone la exploración de un invisible e implica el develamiento de

---

20 El concepto de "gran prosa" es propuesto por Merleau-Ponty. Él sostiene que "Toda gran prosa es también una recreación del instrumento significante, en adelante manejado según una sintaxis nueva. Lo prosaico se limita a tocar por signos convenidos significaciones ya instaladas en la cultura. La gran prosa es el arte de captar un sentido que no había jamás sido objetivado hasta aquí y de hacerlo accesible a todos aquellos que hablan la misma lengua" (M. MERLEAU-PONTY, M., *Parcours deux 1951-1961*, "Un inédit de Maurice Merleau-Ponty", Lonrai, Verdier, 2000, p. 45). Este concepto es central para nuestra exposición y por ello será profundizado en el capítulo sobre la verdad, específicamente en el punto "II.1 La gran prosa como obra de arte que expresa el mundo vivido".
21 MERLEAU-PONTY, M., *Phénoménologie de la perception*, p. XVI.
22 El problema de la expresión de la experiencia muda es, probablemente, uno de los más importantes para M. Merleau-Ponty. Este problema aprehendido en la lectura de las *Meditaciones cartesianas* de Husserl y concierne a "la experiencia pura y por así decirlo aún muda, que debe ser llevada a la expresión pura de su propio sentido" (HUSSERL, E., *Cartesianische Meditationem und Pariser Vorträge, Hussserliana I,* La Haye, Martinus Nihoff, 1963, p. 77). En el capítulo sobre el pasaje del mundo del silencio al mundo de la expresión intentaremos dar una respuesta al problema que supone esta migración del sentido de un mundo a otro.
23 En relación a la capacidad de la literatura para expresar el mundo Merleau-Ponty sostenía en *Fenomenología de la percepción*: "La verdadera filosofía consiste en aprender a ver el mundo de nuevo, y en este sentido narrar una historia puede significar el mundo con tanta 'profundidad' como un tratado de filosofía" (MERLEAU-PONTY, M., *Phénoménologie de la perception,* p. XVI).

ideas y, para ello, "Nadie ha ido más lejos que Proust en la fijación de las relaciones entre lo visible y lo invisible, en la descripción de una idea que no es lo contrario de lo sensible, sino su doblez y profundidad".[24] La obra del literato aparece como el lugar propio de la manifestación de las ideas sensibles: ideas incrustadas en la carne del mundo que pueden ser sublimadas en la carne más liviana del lenguaje. La expresión de estas ideas que estructuran la experiencia del mundo sensible es la expresión propia de la verdad. El lenguaje literario será entonces el vehículo para llevar a la expresión propia de su sentido a la experiencia aún muda.

II. Objetivo y estructura del libro

Merleau-Ponty lector de Proust: lenguaje y verdad representa el esfuerzo por desentrañar las relaciones filosóficas entre el lenguaje y la expresión de la verdad en la literatura. La elaboración de una filosofía del lenguaje de índole fenomenológica constituye una de las mayores contribuciones del libro. Retomando la línea iniciada por Husserl, especialmente, en sus últimas obras, en las que se acentúa el regreso al mundo de la vida (*Lebenswelt*) como suelo de experiencia, Merleau-Ponty se propone, expresamente, dilucidar el paso del sentido perceptivo al sentido del lenguaje o, en otros términos, del *logos* salvaje al *logos* hablado. Ahora bien, desde el momento en que hay en el mundo un *logos* que solicita ser llevado a su expresión, es posible afirmar que hay una invocación a la verdad: la verdad de la vida está ahí, pero como lo que aún no es ahí, está como verdad a hacer. "La verdad no es adecuación, sino anticipación, recuperación, deslizamiento de sentido y sólo se toca en una suerte de distancia".[25] En consonancia con Bergson, Merleau-Ponty habla de un "movimiento de retroceso de lo verdadero", que hace de cada puesta en forma una puesta en forma regresiva. Si es que la verdad tiene una historia y la historia es una historia de la verdad esto solo es posible en el sentido de una cadena de presentes que son retenidos conjuntamente por el juego recíproco de deformaciones y transformaciones. Las fundaciones son verdaderas en la medida en que abren y vuelven a ordenar campos de experiencia de saber y de acción. Con la noción de reasunción (*reprise*) aplicada a toda apropiación creadora ya sea individual o social, Merleau-Ponty pone de manifiesto que en la historia los estrenos solo son accesibles a través de

---

24 MERLEAU-PONTY, M., *Le visible et l'invisible*, p. 193.
25 MERLEAU-PONTY, M., *La prose du monde*, pp. 180-181.

una reasunción (*reprise*). Más precisamente, la institución de un sentido (*Stiftung*), pieza central en la fenomenología husserliana y merleaupontiana, no debe ser comprendida como un acto puntual sino, por el contrario, con cada institución se pone en marcha un movimiento por el cual la fecundidad indefinida del tiempo y la fecundidad de las operaciones de la cultura abren una tradición que con posterioridad a su aparición histórica continúa siendo válida y exige más allá de sí misma otras y las mismas operaciones. Desde esta perspectiva, Merleau-Ponty encuentra en la novela proustiana la expresión de la verdad consumada por el lenguaje instituyente de nuevas significaciones que no solo operan la "rehabilitación ontológica de lo sensible", sino que continúan una tradición. Expresión y verdad, anverso y reverso de la expresión de sentido, son para nuestro autor, la clave de bóveda para la lectura de los acontecimientos culturales.

La hipótesis de nuestro trabajo, que se centrará principalmente en la elucidación merleaupontiana del problema del lenguaje y la verdad, supone que Merleau-Ponty es lector de Proust porque encuentra en *A la busca del tiempo perdido* una gran prosa que contiene y expresa aquellas ideas sensibles que se encuentran en la carne de la experiencia esperando ser liberadas. En relación a ello, lo propio de nuestra investigación será elucidar la filosofía del lenguaje merleaupontiana, que constituye el problema fundamental de todo su itinerario de pensamiento,[26] para comprender la posibilidad de llevar a la expresión lo sensible. Por ello nuestro propósito será trazar el camino filosófico merleaupontiano que nos deposite justo frente a la manifestación de las ideas sensibles que se encuentran cristalizadas en la obra de Proust. Consideramos que la gran prosa del literato francés es una obra de arte que logra expresar las ideas sensibles que se hayan incrustadas en la carne del mundo, llevar a la expresión propia de su sentido a la experiencia aún muda.

Merleau-Ponty sostiene en una nota de trabajo de *Lo visible y lo invisible* titulada "La filosofía de lo sensible como literatura" que "lo sensible no ofrece nada que se pueda decir si no se es filósofo o escritor, pero eso no se debe a que sería un en-sí inefable, sino al hecho de que no se sabe *decir*".[27] La disyunción inclusiva no es más que la clara manifestación de una idea que permanece a lo largo del tiempo: existe una íntima relación entre la tarea del escritor y del filósofo.

---

26 En *Signos* Merleau-Ponty sostenía en relación al problema del lenguaje: "Este problema, de manera más evidente que ningún otro, nos obliga a tomar una decisión en lo concerniente a las relaciones de la fenomenología y de la filosofía o de la metafísica. Pues, más claramente que ningún otro, aparece a la vez como un problema especial y como un problema que abarca a todos los demás, incluso el de la filosofía" (Merleau-Ponty, M., *Signes*, p. 116).

27 Merleau-Ponty, M., *Le visible et l'invisible*, p. 300.

La estrecha relación que establece Merleau-Ponty entre el filósofo y el escritor tiene por finalidad manifestar que el problema de la expresión de lo sensible no reside en su posible inefabilidad sino en el *modo* que tenemos de *decir* lo sensible. Por esto el problema filosófico de la expresión de lo sensible reside en nuestro modo de *decirlo*, esto es, de *describirlo*. La fenomenología ha hecho una descripción "directa" del fenómeno. La invitación de nuestro filósofo escritor implica recurrir a la descripción literaria del mundo, una descripción en que brilla la creatividad a la hora de expresar lo que acaece.[28]

Merleau-Ponty encontrará en la literatura un acceso privilegiado a lo sensible, considerará la literatura como una filosofía de lo sensible, en tanto que "sabe" *decir* este mundo. La atención del fenomenólogo francés en la obra de Proust, particularmente en *A la busca del tiempo perdido*, se explica en tanto que el filósofo vislumbra en la novela del escritor la expresión de lo sensible, la posibilidad de llevar a la palabra las ideas sensibles que estructuran la carne del mundo. La literatura proustiana aparecerá como el lugar propio de la expresión de las ideas sensibles que Merleau-Ponty dilucida filosóficamente pero que solo la literatura "sabe" *decir*.[29]

Pero ¿cómo llevaremos a cabo este propósito? Nuestra exposición se estructurará en cinco capítulos y un texto final en torno a la novela proustiana. Sin embargo, todo el texto puede pensarse en dos grandes bloques: uno, fundamental y estrictamente filosófico, en el que desarrollaremos la filosofía del lenguaje merleaupontiana y su relación con la expresión de la verdad; el otro, analítico, tendrá por objeto seleccionar y comentar diversos pasajes de *A la busca del tiempo perdido* para asistir a la expresión de las ideas sensibles.

El primer bloque está compuesto por los cuatro primeros capítulos. Este bloque propone una exposición de diversos temas: se indagará el lenguaje; luego el pasaje de la experiencia a la palabra; después el problema de la verdad; y, por último, las ideas sensibles. Estos temas irán entretejiendo una argumen-

---

28 Para una elucidación del problema de la descripción literaria del fenómeno puede verse: D. Apostolopoulos, "The Systematic Import of Merleau-Ponty's Philosophy of literature", *Journal of the British Society for Phenomenology*, Vol. 49 N° 1, 2018, p. 1-17. El autor considerará que "las descripciones de la experiencia son mejores cuando son complementadas con expresiones creativas, no convencionales, de la clase que típicamente se hallan en los trabajos literarios" (p. 2). El trabajo de Apostolopoulos será retomado al inicio del quinto capítulo.
29 Por esto Merleau-Ponty sostiene que la literatura supone la exploración de un invisible e implica el develamiento de ideas y para ello: "Nadie ha ido más lejos que Proust en la fijación de las relaciones entre lo visible y lo invisible, en la descripción de una idea que no es lo contrario de lo sensible, sino su doblez y profundidad" (Merleau-Ponty, M., *Le visible et l'invisible*, p. 193).

tación en torno a la expresión de la verdad en el lenguaje literario que se consumará en el segundo bloque mediante el análisis de los pasajes de la *Recherche* en que se manifieste la expresión de las ideas sensibles.

En el primer capítulo, "El lenguaje", desarrollaremos el problema del lenguaje tal como lo piensa M. Merleau-Ponty. Dividimos la exposición en tres apartados. El primero busca explicitar en la filosofía del lenguaje merleaupontiana la notoria influencia que ejerce la propuesta del lingüista Ferdinand de Saussure. Se intitula "Ferdinand de Saussure inspirador de Merleau-Ponty: el lenguaje como sistema de identidades y diferencias", y exponemos brevemente la concepción saussureana del lenguaje a partir del *Curso de lingüística general* impartido a principios de siglo XX en la universidad de Ginebra. Luego señalaremos a partir de un artículo de A. Sechehaye –discípulo de Saussure y editor de los cursos– las principales dificultades de la propuesta de Saussure y la particular apropiación que realizará Merleau-Ponty del concepto central de *parole*. El segundo apartado se titula "La fenomenología del lenguaje como dialéctica entre sincronía y diacronía". A partir de un artículo H-J. Pos –"Phénoménologie et Linguistique", en el que se advierte la primacía de la experiencia subjetiva del lenguaje antes que cualquier posible abordaje objetivo– Merleau-Ponty buscará superar las antinomias de la propuesta saussureana que establecía dos regiones del lenguaje incomunicadas: la ciencia objetiva del lenguaje y la experiencia subjetiva. Encontrará en el abordaje fenomenológico del problema del lenguaje un modo de establecer una dialéctica entre ambos campos: aquel de la ciencia objetiva del lenguaje, campo propio de la lingüística que tiene por objeto la lengua (*langue*); y el de la fenomenología de la palabra que tiene por objeto el habla (*parole*). Merleau-Ponty elaborará una fenomenología del lenguaje comprendida como dialéctica entre la ciencia objetiva del lenguaje y la experiencia subjetiva de la palabra. El último punto del primer capítulo, "La fenomenología del lenguaje de Merleau-Ponty", es central para comprender la elucidación del lenguaje que lleva a cabo Merleau-Ponty a lo largo de toda su obra. Aquí se articulará la reflexión del autor a partir del *cómo* dice el lenguaje y el *qué*. La exposición estará subdividida en cuatro partes: 1. "La palabra tiene un sentido", dedicado a superar las posturas empiristas e intelectualistas en torno al problema del sentido del lenguaje; 2. "El lenguaje conquistador", en donde se analizarán las dos regiones del lenguaje: el lenguaje hablado y el lenguaje hablante; 3. "La expresión creadora", dilucidará la dinámica instituyente de nuevas significaciones del lenguaje hablante capaz de conquistar regiones innombradas del mundo; y 4. "El poder de la palabra y la expresión de las ideas sensibles", en que nos ocuparemos del *qué* dice el lenguaje, es decir, su poder de expresión de las ideas sensibles que estructuran la experiencia.

"Del mundo sensible al mundo de la expresión" es el título del segundo capítulo. Tiene por objeto elaborar una vía posible para dar cuenta del pasaje "del sentido perceptivo al sentido lenguajario [*langagier*]";[30] es decir, explicar cómo puede llevarse a la expresión la experiencia aún muda. Para alcanzarlo, primero señalaremos la renovación que lleva a cabo Merleau-Ponty de algunas categorías clave con los que se disponía a pensar el mundo sensible. Entre ellas nos ocuparemos especialmente en el primer apartado del capítulo, "La conciencia perceptiva como expresión", de la noción de conciencia que será ahora comprendida en los términos de la percepción. Esta renovación de la noción de conciencia le permitirá a Merleau-Ponty pensar el sentido como *diferencia*, esto es, como desvío (*écart*) sobre un nivel establecido, y afirmar que la percepción es ya expresión en tanto que tiene la propiedad, por su disposición interna, de dar a conocer un fenómeno que no está o nunca ha sido dado. En el segundo punto, "La carne: sensible pivote", nos avocaremos a esclarecer la noción de carne comprendiéndola como sensible-pivote o sensible-llave. La carne será caracterizada como cosa general, elemento, que funciona como quiasmo entre lo sensible y lo inteligible, entre lo visible y lo invisible. Esta noción fundamental de la filosofía merleaupontiana es pensada como una bisagra entre los dos mundos. En particular nos detendremos aquí en el concepto de palabra (*parole*) entendida en los términos de la carne. La palabra, elemento constitutivo de la carne del lenguaje, se perfilará como la clave para establecer las relaciones entre el mundo mudo y el mundo hablado ya que ella forma parte de lo visible y al mismo tiempo se prolonga en el mundo inteligible. Finalizaremos el capítulo con un tercer punto titulado "Analogía y sublimación". Este apartado es el esfuerzo por elaborar una respuesta al problema del paso del mundo de la percepción al de la expresión. En primer lugar, expondremos la continuidad que existe entre un mundo y otro que se ve manifestada en los modos análogos en que el sentido aparece en cada uno de ellos; tanto en la percepción como en el lenguaje el sentido se estructurará de modo diacrítico. El lenguaje como sistema diacrítico se presentará como la continuidad de la diferenciación diacrítica de lo sensible. Sin embargo, afirmar que en ambos campos el sentido se manifiesta diacríticamente no explica la migración de uno a otro: la analogía de estructuras no explica por sí sola el pasaje de un mundo al otro. Para completar esta explicación apelaremos al concepto de sublimación que Merleau-Ponty aprehende en los textos de S. Freud. Expondremos cómo la palabra tematiza el mundo sensible en que ha sido instituida conservando y transformando el mundo percibido en el mundo hablando. Ella

---

30 Merleau-Ponty, M., *Le visible et l'invisible*, p. 227. El problema del pasaje del mundo sensible al mundo de la expresión había quedado irresuelto en *Fenomenología de la percepción* y será retomado por el autor en su inconcluso libro *Lo visible y lo invisible*.

es el vehículo para la sublimación de la percepción en el lenguaje. La palabra (*parole*) se posiciona como el lugar propio de la reversibilidad ya que el mundo visible se conserva en ella y ella emerge y re-produce aquel mundo. En la palabra habremos de "creer", tendremos que desarrollar una *fe expresiva* –tal como lo explica S. Kristensen– para resolver las antinomias de una filosofía del sentido que reconoce a la vez la derivación de la palabra en relación a la percepción y la transformación que ella introduce.[31]

Habiendo indagado el fenómeno del lenguaje y el pasaje del mundo percibido al mundo hablado hemos de ocuparnos de la expresión de la verdad. Nuestro tercer capítulo estará dedicado a la expresión de la verdad, especialmente, en el ámbito de la literatura. Por esto hemos decidido titularlo "La verdad (del lenguaje literario)". Allí se analizará el problema de la verdad tal como Merleau-Ponty lo expone en sus textos. Dividiremos esta exposición en dos partes: "I. La institución" y "II La verdad del lenguaje literario". En la primera de ellas nos ocuparemos de explicitar el concepto de institución (*Stiftung*) del que Merleau-Ponty se apropia a partir de la lectura de los textos de E. Husserl. Desde la perspectiva merleaupontiana, la verdad está ineludiblemente ligada a la expresión en que se manifiesta; y cuando reasumimos un fenómeno ya instituido nos encontramos con un ser cautivo que ha sido liberado y se ha hecho accesible a quien retoma esa expresión. El concepto de institución será clave entonces para pensar el dinamismo que supone la fundación de un sentido, su sedimentación y posterior reactivación. La institución es pensada por Merleau-Ponty en diversos ámbitos de la vida del sujeto –el obrar, el tiempo, el sentimiento– pero nosotros nos avocaremos a explicitar cómo se instituye un saber. Para esto se examinarán dos casos que el mismo Merleau-Ponty propone: la historia del pequeño Gauss en torno a la sumatoria de los primeros *n* números naturales y el problema de la suma de los ángulos internos del triángulo que el filósofo elabora a partir de la lectura de Euclides. Estos dos casos nos permitirán mostrar cómo se instituye un saber por medio del lenguaje y se hace accesible a todos para ser retomado y reestructurado ulteriormente en pos de nuevas instituciones. Por último, nos ocuparemos de la expresión de la verdad, es decir de su institución, en el lenguaje literario. Para ello abordaremos el concepto de *gran prosa* elaborado por Merleau-Ponty. La gran prosa es el arte de captar un sentido que no había jamás sido objetivado y hacerlo accesible a todos aquellos que hablan la misma lengua mediante la recreación del instrumento significante.[32] La literatura se perfila así

---

31 Cfr. Kristensen, S., "Foi perceptive et foi expressive" en *Chiasmi International*, 5 (2003) p. 276.
32 Cf. Merleau-Ponty, M., *Parcours deux 1951-1961*, "Un inédit de Maurice Merleau-Ponty", p. 45.

como uno de los modos privilegiados de la expresión de la verdad. Al final de este punto intentaremos sostener que la literatura es conquistadora de la verdad. Para esto recogeremos las enseñanzas en torno al lenguaje literario impartidas por Merleau-Ponty en un curso titulado "El problema de la palabra", que aún permanece inédito pero puede consultarse en la Biblioteca Nacional de Francia.

El cuarto capítulo, "Las ideas sensibles", es el último del primer bloque. Allí dilucidaremos el concepto de idea sensible y señalaremos el particular modo de Proust para expresar esas ideas. La primera parte del capítulo titulada "Las ideas sensibles" buscará, primero, señalar la inseparabilidad de estas ideas y su aparecer sensible. Ellas emergen del encuentro con lo sensible y, como la hoja que no puede ser separada de su nervadura o como el enlosado del fondo de la piscina que solo puede verse a través del agua, se manifiestan carnalmente. En un segundo momento del primer apartado esclareceremos el origen y el tiempo en que estas ideas aparecen. Las ideas sensibles se darán como el quiasmo entre lo empírico y lo trascendental y serán adscriptas a un tiempo fuera del tiempo, un tiempo mítico que nunca existió y que se da en la simultaneidad que se establece entre pasado, presente y futuro. Para finalizar este primer punto daremos lugar entonces a la explicitación del concepto de ideas sensibles. Estas serán presentadas desde la perspectiva merleaupontiana y proustiana como aquellas ideas veladas por tinieblas, ideas impenetrables para inteligencia que solo pueden sernos dadas en el encuentro de la carne del mundo con la carne del cuerpo y no pueden ser desprendidas de la experiencia en que se manifiestan. El segundo punto del capítulo se titulará "El modo de presentar de la novela proustiana". Allí buscaremos desentrañar el particular modo de expresar de la literatura proustiana. Los principales conceptos que expondremos son los de memoria involuntaria y metáfora proustiana. Estas son las herramientas clave que utiliza el escritor para estructurar su obra y expresar las ideas sensibles. Luego de la explicitación de estos conceptos nos detendremos con especial atención en la consideración de la *Recherche* como una "pintura de los errores". Esta expresión propia de Proust nos permitirá entender el particular modo de expresión del literato francés que busca "pintar" aquello que se ve en lugar de lo que se sabe. Este acercamiento intrépido al ser bruto no debe ser visto como ilusión o error sino como momento privilegiado en que su naturaleza puede ser expresada tal cual es, es decir, poéticamente. En este último punto nos valdremos de los trabajos de los estudiosos de la obra de Proust, como V. Descombes, A. Simon, entre otros, para mostrar cómo la *Recherche* puede ser entendida como una "pintura de los errores" de los sentidos para alcanzar la verdad. Propondremos finalmente dos vías posibles de interpretación de la novela: la "vía del cuerpo" y la "vía clásica".

El segundo bloque está compuesto por el último capítulo "En busca de la verdad. Las ideas sensibles en *A la busca del tiempo perdido*" y el texto final que explora los temas y la trama de *A la busca del tiempo perdido*. En el quinto capítulo realizaremos un análisis de diversos pasajes de la *Recherche* en los que explicitaremos la expresión de las ideas sensibles que brillan en la literatura proustiana. La expresión de la verdad, de lo real, es decir, de las ideas sensibles que estructuran la carne de la experiencia, puede darse en la literatura porque ella hace uso del lenguaje en su dimensión creativa. Esto implica que la palabra literaria se vale del lenguaje-cosa para sostener las relaciones que la han visto nacer y expresarlas. Nuestra tarea solo puede limitarse a señalar y analizar sucintamente estas ideas que se manifiestan en la literatura ya que ellas no pueden ser separadas de la experiencia en que nos son dadas. El primer bloque preparó la fundamentación teórica mediante la que sostuvimos que el lenguaje, en su dimensión creativa, tiene la capacidad de expresar la verdad del mundo circundante, lo real. El ser en el mundo del cuerpo propio –que no es distinto del ser en la verdad– implica el entrecruzamiento de mi carne con la carne del mundo y la aparición –fruto de este encuentro– de las ideas sensibles que estructuran la carne de la experiencia. Por esto, "Nadie ha ido más lejos que Proust en la fijación de las relaciones entre lo visible y lo invisible, en la descripción de una idea que no es lo contrario de lo sensible, sino su doblez y profundidad",[33] es preciso sumergirse en la obra del literato para asistir a la expresión de tales ideas. Será el quinto capítulo el momento ahondar en la expresión de las ideas sensibles que Merleau-Ponty aprehende al contacto con la obra proustiana. El capítulo se estructurará siguiendo el orden de los siete tomos de *A la busca del tiempo perdido* y seleccionando de cada uno de ellos uno o dos pasajes en los que identifiquemos la expresión de una idea sensible. Cada pasaje será analizado intentando poner de manifiesto aquella "pintura de los errores" que permite a Proust construir un texto que logre sostener y expresar literariamente las ideas sensibles.

Es relevante señalar que este trabajo presenta una bisagra que tiene un lugar explícito: la segunda parte del cuarto capítulo. Allí entra en escena Proust y su particular modo de expresión. En los primeros tres capítulos y la primera parte del cuarto la figura de Maurice Merleau-Ponty se halla constantemente presente, configurando el contexto, otorgando las herramientas teóricas para llevar a cabo el análisis. A partir de la mitad del cuarto capítulo Marcel Proust hace su entrada para quedarse hasta el final. Primero su modo de presentar como literato y luego los pasajes seleccionados de su novela. La bisagra a la que nos referimos no supone un cambio drástico, no se presenta como un viraje repentino, sino

---

33 MERLEAU-PONTY, M., *Le visible et l'invisible*, p. 193.

que gradualmente la figura de Proust comienza a enervarse haciéndose cada vez más notoria hasta tomar el centro de la escena justo allí dónde Merleau-Ponty la abandona. La exposición desarrollada en el libro buscará sostener el equilibrio entre la presentación teórica, la estructuración de la propuesta merleaupontiana en torno al problema de la relación del lenguaje con la verdad (primer bloque), y la expresión de las ideas sensibles en la novela proustiana (segundo bloque).

Es preciso advertir que *A la busca del tiempo perdido*[34] es una novela notoriamente extensa y compleja. Por esto hemos redactado un texto que se halla en el segundo bloque, luego de la conclusión, y se titula: "*A la busca del tiempo perdido*". La lectura de este texto final facilitará al lector que desconoce la totalidad de la *Recherche* la comprensión de los temas, la trama y los personajes más relevantes de la colosal novela proustiana.[35] El texto se encuentra dividido en dos partes: "I. Los temas: la *Recherche* una obra sobre el tiempo, la memoria y la verdad" y "II. La trama: líneas generales, pasajes y personajes de *A la busca del tiempo perdido*". En el primer punto, explicitaremos brevemente tres de los temas centrales en torno a los cuales gira la narración proustiana: el tiempo, la memoria y la verdad. Explicaremos sucintamente el tratamiento que hace el novelista francés de cada uno de estos temas en la *Recherche*. En el segundo punto, se propondrá primero, una de las posibles líneas de interpretación bajo la cual puede leerse toda la historia relatada por el Narrador y, luego, elaboraremos un resumen de los hechos y personajes centrales de cada tomo de *A la busca del tiempo perdido*.

---

34 Proust, M., *À la recherche du temps perdu. Du côté de chez Swann*, Paris, Gallimard, Collection Folio Classique, 1987-89. Édition publiée sous la direction de Jean-Yves Tadié. / *A la busca del tiempo perdido. Por la parte de Swann*, Madrid, Valdemar, 2005. Traducido por Mauro Armiño. Antes de finalizar la introducción es necesario aclarar que en todo nuestro trabajo siempre que se refiera la novela proustiana se indicarán tanto la edición francesa editada bajo la dirección de Jean-Yves Tadié, como la traducción castellana de Mauro Armiño bajo el sello de Valdemar para facilitar la comprensión del trabajo a aquellos lectores que no estén familiarizados con la lengua francesa.

35 Hemos de hacer explícito en este punto que las aspiraciones de este texto no persiguen de ningún modo realizar un resumen o un análisis exhaustivo de la novela de Proust –tarea innecesaria de llevar a cabo si se tiene en cuenta la cantidad y la óptima calidad de los estudios que existen de la obra– sino elaborar una breve presentación de los temas y personajes que consideramos importantes en relación a nuestro trabajo.

1. El Lenguaje

La problemática en torno al lenguaje tiene un desarrollo gradual en la filosofía de Maurice Merleau-Ponty. En su obra podemos distinguir tres períodos que se suceden y en los que la cuestión aparece de modo cada vez más relevante. En un primer momento, la temática aparece esbozada en *La estructura del comportamiento,* cuando se intenta una superación de lo biológico con la noción de comportamiento y, luego, es desarrollada en *Fenomenología de la percepción*, texto en que el autor trabaja, entre otros temas, el poder significante del cuerpo. El segundo momento es el correspondiente a los Cursos dictados por Merleau-Ponty en la Sorbonne (1949-1952) y en el Collège de France (1952-1961). En este período, conocido como "intermedio", ahonda en el problema en los cursos que dedica a temas como las "Investigaciones sobre el uso literario del lenguaje", "El problema del habla" y "La consciencia y la adquisición del lenguaje". Este momento de transición culminará con el proyecto de investigación inconcluso en el que se preveía un análisis profundo de los problemas de la expresión y la verdad –cuestiones en las que Merleau-Ponty pensaba que se hallaba la clave para una nueva ontología–. Estas reflexiones son esencialmente las que encontramos en *La prosa del mundo* y en *Lo visible y lo invisible*.[1]

---

1 Es relevante señalar que el abandono del manuscrito de *La prosa del mundo* probablemente haya sucedido en el otoño de 1951. Esto lo ubicaría –solo temporalmente– en el segundo momento de los tres que hemos señalado. Sin embargo, como indica Claude Lefort, un lector que conozca los últimos escritos de Merleau-Ponty "no dejará de entrever en *La prosa del mundo* una nueva concepción de la relación del hombre con la historia y con la verdad, y de identificar en la meditación sobre el 'lenguaje indirecto' los primeros signos de la meditación sobre 'la ontología indirecta' que vendrá a nutrir *Lo visible y lo invisible*" (Lefort, C., "Prólogo" de Merleau-Ponty, M., *La prose du monde,* p. XII).

Al recorrer sus obras principales descubrimos entonces que la reflexión del autor en torno al lenguaje cobra mayor relevancia con el correr de los años y sus estudios (acerca de la lingüística, fonética, etc.), hasta que adquiere un valor inestimable hacia el final de su vida. ¿Por qué el lenguaje alcanza paulatinamente un lugar más importante en el pensamiento de M. Merleau-Ponty? Sería ingenuo responder de manera apresurada a esta pregunta. Sin embargo, podemos indicar que la respuesta reside, esencialmente, en la analogía que ve el filósofo entre el lenguaje y la percepción (tema que ha ocupado constantemente al pensador) y entre el lenguaje y la verdad (concepto central en los textos inconclusos de su obra).[2] Estos tres conceptos: percepción – lenguaje – verdad, dibujan una tríada que, creemos, contiene en germen toda la problemática de la obra del pensador francés. Este privilegio, del que goza el lenguaje al ser situado en uno de los vértices de este triángulo de la filosofía merleaupontiana, es lo que justifica que en nuestro primer capítulo nos lancemos a realizar una presentación de este concepto a la luz de los textos principales del autor y sus comentadores. Además, esta elucidación del lenguaje será el sustento de ulteriores reflexiones en torno a las que girará nuestra investigación. Este primer paso es sumamente importante ya que la explicitación de este concepto nos servirá como punto de apoyo al que constantemente nos remitiremos en el transcurso del presente libro. Por esta razón la cuestión del lenguaje debe ser tratada en primer lugar, esta se erige como el punto de partida y el fundamento de lo que intentaremos sostener a través de estas páginas.

En este capítulo presentaremos al lenguaje a partir de los textos más importantes de Merleau-Ponty y sus lectores más reconocidos. Intentaremos dar una visión de conjunto de la fenomenología del lenguaje elaborada por el filósofo francés a lo largo de su obra. El recorrido que proponemos tiene como fin principal describir la dinámica del lenguaje "operante", "conquistador" de nuevas significaciones, al que el filósofo hace alusión en repetidas ocasiones. Para ello nuestro itinerario tendrá como punto de partida un primer apartado titulado: "Ferdinand de Saussure inspirador de Maurice Merleau-Ponty: El lenguaje como sistema de identidades y diferencias", en el que nos avocaremos

---

2 "¿Debemos nosotros ahora generalizar, decir que eso que es verdadero de la percepción lo es también en el orden de la intelección, y que de una manera general toda nuestra experiencia, todo nuestro saber, comportan las mismas estructuras fundamentales, la misma síntesis de transición, el mismo género de horizontes que nosotros creímos haber encontrado en la experiencia perceptiva?" (MERLEAU-PONTY, M. *Le primat de la perception ses conséquences philosophiques*, Grenoble, Cynara, 1989. p. 56). De este modo comienza Merleau-Ponty la reflexión en torno a la tesis que aparece formulada como una interrogación, esta es, la analogía de la estructura de la percepción con la de la intelección que nosotros señalaremos.

a explicitar la particular apropiación que realiza Merleau-Ponty del *Curso de lingüística general* de Ferdinand de Saussure. Este primer momento es clave para comprender el desarrollo ulterior de la propuesta merleaupontiana. El filósofo francés descubre en la lingüística, principalmente en Saussure, una interesante herramienta para abordar el problema del lenguaje. Las nociones aprehendidas a partir de las lecturas del *Curso de lingüística general* serán tomadas por Merleau-Ponty y modificadas según sus necesidades al enfrentar el problema del lenguaje. Los conceptos de diacronía, sincronía, lengua, habla, valor, signo, etc. serán las claves del abordaje saussureano y, al mismo tiempo, las principales "adquisiciones" que hará Merleau-Ponty. Será preciso entonces reconstruir sucintamente la propuesta del lingüista para apreciar los alcances y limitaciones de su perspectiva y, luego, poder advertir las modificaciones que realiza el filósofo al adaptar esas categorías según las exigencias que le plantea el problema.

En la segunda parte del capítulo referida como "La fenomenología del lenguaje como dialéctica entre la sincronía y la diacronía", el objetivo es introducir el método fenomenológico como la herramienta esencial para abordar la dinámica del lenguaje expuesta en la primera sección del capítulo. Merleau-Ponty descubrirá, a partir de un artículo de H-J. Pos sobre fenomenología y lingüística,[3] las ventajas que propicia el método fenomenológico para abordar el problema suscitado (y no resuelto por Saussure) entre las relaciones de la sincronía con la diacronía y de la lengua (*langue*) y el habla (*parole*). El abordaje de la lingüística desde la fenomenología propiciará el establecimiento de una *dialéctica* entre las dos disciplinas del lenguaje: la ciencia objetiva del lenguaje y la fenomenología de la palabra (*parole*).

En el último apartado de este capítulo, que reviste para nosotros gran importancia, nos dedicaremos a exponer la propuesta en torno al problema del lenguaje tal como Merleau-Ponty la ha elaborado en su obra. Este intento por describir el desarrollo del problema a partir de las nociones centrales que encontramos en sus escritos lleva el título: "La fenomenología del lenguaje de Merleau-Ponty". El propósito de esta sección final es delimitar la fenomenología del lenguaje del filósofo a partir de las nociones centrales y la evolución de las mismas a lo largo de su obra. Nuestro intento será reconstruir la reflexión merleaupontiana en torno al lenguaje estructurándola a partir del *cómo* dice el lenguaje y del *qué*. Así podremos demostrar que, a pesar de las necesarias oscilaciones del pensamiento del autor, existe una coherencia argumentativa del desarrollo de este problema a lo largo de su vida.

---

3   Pos, H. J., "Phénoménologie et Linguistique" en *Revue Internationale de Philosophie* 2 (1939).

I. Ferdinand de Saussure inspirador de Maurice Merleau-Ponty: El lenguaje como sistema de identidades y diferencias

El punto de partida de nuestro análisis se halla en el hecho central y generador de toda la dinámica en que se desplegará el lenguaje: existe en el cuerpo "una intencionalidad y un poder de significación".[4] Nuestro cuerpo está en el mundo y *quiere* decir sus vivencias. Esa pretensión no queda inconclusa ya que contamos con el *poder* de significar aquel mundo, de referir al otro nuestra experiencia. Este poder de significar que nos caracteriza puede realizarse de diversas maneras; entre ellas, se encuentra la *palabra*. Ahora bien: ¿qué es el lenguaje? y ¿por qué creemos que puede expresar las vivencias corporales? Estos interrogantes son los primeros que debemos aclarar para poder avanzar.

A la hora de enfrentarse con la pregunta por el lenguaje descubrimos en los textos de Merleau-Ponty una influencia que se destaca por sobre las demás. Esa fuente inspiradora –de la que el filósofo se reconoce deudor– es el conocido *Curso de lingüística general* dictado por quien ha sido considerado el padre de la lingüística: Ferdinand de Saussure. No es casual que la primera frase de Merleau-Ponty en el primer capítulo de *Signos*, "El lenguaje indirecto y las voces del silencio", sea la siguiente:

> Lo que hemos aprendido en Saussure es que los signos uno por uno no significan nada, que cada uno de ellos expresa menos un sentido que marca una desviación de sentido entre él y los demás. Como puede decirse de estos, la lengua está hecha de diferencias sin términos, o más exactamente, los términos en ella no son engendrados sino por las diferencias que aparecen entre ellos.[5]

Esta cita es de vital importancia para comprender el lenguaje tal como Merleau-Ponty lo concibió: como un sistema de identidades, oposiciones y diferencias en el que cada término se define distinguiéndose de los demás por oposición y en el que el sentido no está dado de modo directo, sino que aparece al borde del enlace lateral que se da entre los signos. La lengua no es una totalidad lógica en la que sus elementos pueden deducirse de una idea general, sino que Merleau-Ponty entiende al signo de modo diacrítico, es decir, la lengua comprendida como un todo en el que las partes cobran sentido diferenciándose en su coexistencia. Esta idea ha sido trabajada por Merleau-Ponty a partir de la lectura de la obra de Saussure quien sentó las bases de la lingüística

---

4 MERLEAU-PONTY, M., *Phénoménologie de la perception*, p. 203.
5 MERLEAU-PONTY, M., *Signes*, p. 49.

del siglo XX. Es preciso retomar las nociones básicas del pensamiento de Ferdinand de Saussure para que la propuesta merleaupontiana en torno al lenguaje y su funcionamiento pueda ser comprendida desde su marco inspirador.

Podríamos estructurar la lingüística saussureana a partir de los conceptos centrales trabajados por el autor en el *Curso*. Esos conceptos nos permitirán recrear la dinámica del lenguaje que Ferdinand de Saussure quiere describir. Las nociones más relevantes que discernirá el lingüista dentro del todo del lenguaje son: lengua; habla; signo, valor, lingüística diacrónica y lingüística sincrónica.

Saussure, heredero de una tradición positivista, establece para la lingüística distintos objetivos, entre ellos la búsqueda de leyes generales del lenguaje a partir de las que sea posible reducir todos los fenómenos particulares de su historia. Para intentar alcanzar tales metas necesitaba de un campo firme del lenguaje en el que practicar la investigación: se lo proporcionaría la "lengua" (*langue*), definida por él como "un sistema de signos que expresan ideas",[6] "el conjunto de hábitos lingüísticos que permiten al sujeto comprender y hacerse comprender"[7] donde "es esencial la unión del sentido y la imagen acústica".[8] Este sistema es un producto social de la facultad del lenguaje que comprende un conjunto de convenciones necesarias manifestadas como una totalidad en sí que conlleva un principio de clasificación. Las unidades del lenguaje son los signos. Estos presentan dos caras: por un lado, el significado, y por el otro, el significante, esto es, el concepto (significado) referido por una imagen acústica (significante). El lazo que une al significante (imagen acústica, por ej. la palabra "perro") con el significado (concepto, ej. el mamífero de cuatro patas que ladra) es arbitrario.[9]

La lengua es el aspecto social del lenguaje, el sistema establecido de signos del que hace uso el individuo para el ejercicio de la facultad del lenguaje. Para Saussure la lengua debe ser tomada como norma de todas las otras manifestaciones del lenguaje.[10] Esta importancia capital que el lingüista le confiere a la lengua reside en el hecho que antes señalábamos: la lengua es un sistema susceptible de ser abordado con un método positivo. El autor ve en ella la esencia del lenguaje, además, es el sistema del que se nutrirán las otras manifestaciones del lenguaje, como por ejemplo el habla.

---

6   SAUSSURE, F. de, *Cours de linguistique générale*, Payot & Rivages, Paris, 1916, p. 33.
7   *Ibidem*, p. 112.
8   *Ibidem*, p. 32.
9   Cfr. *Ibidem*, pp. 97-100.
10 Cfr. *Ibidem*, p. 25.

El "habla" (*parole*) será para Saussure la ejecución individual del lenguaje, es decir, las combinaciones del código de la lengua utilizadas por el individuo para expresar su pensamiento. La distinción que establece el lingüista entre lengua y habla es correlativamente la de lo social y lo individual, la de lo esencial y lo accesorio. Esto llevará a Saussure a afirmar que la lengua "es exterior al individuo, que por sí solo no puede crearla ni modificarla";[11] ella se asemeja a un diccionario al que todos los hablantes recurren para expresar sus pensamientos.

En afirmaciones de este carácter queda al descubierto uno de los "sacrificios" que realiza Saussure para poder manipular el lenguaje a partir de un método positivo. La lengua es pensada como un sistema de oposiciones y correspondencias donde los valores están marcados por las diferencias, pero que, por sobre todas las cosas, es extraindividual y homogéneo. El lingüista ve en la lengua un sistema autónomo de signos separado de su uso e independiente de los sujetos que lo individualizan; en cambio, aquel del habla, se presenta como individual y por lo tanto heterogéneo. Esta hermetización del concepto de lengua es el modo que encuentra para allanar el camino del estudio del lenguaje. El mismo Saussure afirma que "el fenómeno lingüístico presenta perpetuamente dos caras que se corresponden, sin que la una valga más que la otra".[12] Sin embargo, para constituir un objeto de estudio simple sin tener que abordar la engorrosa complejidad que suponen las relaciones entre lengua y habla que él mismo explicita, opta por tomar a una –la lengua– como norma de todas las demás porque no hay otra solución posible.[13] Lo que aquí se está dejando de lado –no porque no se advierta su existencia o no se considere su valor, sino por la irreductibilidad de su complejidad– es el espíritu del sujeto hablante que se manifiesta en el habla (*parole*). El habla, como tal, no puede ser estudiada como un objeto delimitado que presente leyes que regulen su dinamismo, está sujeta al azar, a la creatividad del sujeto hablante. Por este motivo es abandonada por Saussure que nos promete, pero jamás realiza, una "lingüística del habla".[14]

Es en esta hermetización y posterior separación tajante donde hallamos a nuestro juicio una de las reducciones del problema que más caro ha de costar a Saussure. El lingüista, con el objetivo de someter el estudio de la lengua a un método positivo que le permita abordar el problema del lenguaje de un modo

---

11 *Ibidem*, p. 31.
12 *Ibidem*, p. 23.
13 Para la explicitación de esta complejidad ver *Ibidem*, pp. 23-25.
14 En el siguiente apartado del capítulo "La lingüística del habla expuesta por A. Sechehaye" esbozaremos un acercamiento a este fenómeno descartado por el lingüista.

más ordenado y claro, decide no enfrentar de modo directo, o dar una respuesta simple, a ciertos problemas esenciales como, por ejemplo, los que constituyen las relaciones entre lengua y habla, dándole mayor jerarquía a una que a la otra, o problemas como el de las relaciones entre diacronía y sincronía, es decir, el problema de las evoluciones de la lengua y sus estados particulares.[15]

En el caso de la separación entre la diacronía y la sincronía se nos presenta el mismo problema: Saussure estructura el fenómeno del lenguaje apuntando antinomias irreductibles en que cada lado no parece tener contacto con su contrario. Los beneficios que supone esta separación se ven plasmados en la posibilidad de avanzar firmemente a la hora de pensar el problema de modo teórico. Sin embargo, en el lenguaje estos objetos no parecen separados y, mucho menos, sin contacto. Cuando nos referimos a la sincronía hablamos de lo que Saussure definió como la ciencia de los estados de la lengua o *lingüística estática*; en cambio, la diacronía, será la *lingüística evolutiva* o aquella ciencia que busque explicar los fenómenos que hacen pasar a la lengua de un estado a otro describiendo su evolución.[16] El corte sincrónico es la actividad que realiza el lingüista con la finalidad de tomar como objeto de estudio un determinado estado de la lengua, es un corte transversal. La lingüística sincrónica se en-

---

15 Especialistas de la obra de Saussure coinciden en que estos "sacrificios" realizados en el *Curso* no deberían atribuírsele de modo directo al lingüista suizo sino más bien a los editores: Charles Bally y Albert Sechehaye. Sobre este punto Beata Stawarska afirma que "La doctrina oficial es en gran parte una proyección póstuma de los dos editores del *Curso* quienes impusieron una visión dogmática de la lingüística general como un sistema deductivo compuesto por enunciados como axiomas sobre el lenguaje (*la langue*) para promover su propia concepción de la lingüística general como una ciencia; los editores suprimieron eficazmente la dimensión crítico-reflexiva y filosófica de la lingüística general de Saussure como fue desarrollada en las fuentes materiales originales, ya que estos no encajaban en el molde de la ciencia objetiva [...]. Los pares de oposiciones: el significante y el significado, sincronía y diacronía, el lenguaje como un sistema estructurado de signos (*la langue*) y la actividad de hablar (*la parole*) han sido considerados como el distintivo de la actividad estructural en filosofía y las ciencias humanas (Barthes, *Critical Essays*, 1972, p. 213). Es importante destacar que no están construidos como distinciones neutrales sino como jerarquías violentas, con el significante, la sincronía y el sistema estructurado posicionados por encima de la actividad de hablar, la diacronía y el discurso. Los primeros son elevados a la condición de objetos científicos en el propio sentido y considerados en los términos de un sistema autónomo y cerrado cuyos mecanismos internos deben ser estudiados independientemente de cualquiera y de toda realización contingente de la actividad de significar en prácticas lingüísticas particulares (y otras construcciones de sentido) por individuos concretos en puntos específicos del tiempo" (Stawarska, B., "Uncanny errors, productive contresens. Merleau-Ponty's phenomenological appropriation of Ferdinand De Saussure's general linguistics" en *Chiasmi International*, 15 (2014) pp. 151-152).
16 Cfr. Saussure, F. de, *Cours de linguistique générale*, pp. 116-117.

contrará con un sistema en que los términos están mutuamente implicados conformando el todo en ese momento. Allí cada signo se revestirá de un determinado valor dado por su relación con los demás. El corte diacrónico de la lengua es un corte longitudinal, implica el estudio de la sucesión de los estados particulares, la evolución de un estado a otro.

Estos dos abordajes: el sincrónico y el diacrónico, según Saussure no están relacionados –contraponiéndose a lo que uno podría pensar a medida que avanza en la lectura del *Curso*, esto es, que la sincronía de uno u otro modo contiene el germen que dará origen al cambio diacrónico y que, a su vez, dicho cambio inaugurará un nuevo estado–. Saussure afirma de modo desconcertante que "un hecho diacrónico es un suceso que tiene su razón de ser en sí mismo; las consecuencias sincrónicas particulares que se puedan derivar le son completamente extrañas".[17] Lo ejemplifica con una partida de ajedrez. Tanto en la lengua como en el ajedrez estamos en presencia de un sistema de valores que sufre modificaciones. Cada estado del juego se corresponde con un estado de la lengua y el valor de las piezas está dado por su posición en el tablero al igual que el valor de los términos de la lengua está determinado por su oposición o identidad con los otros términos. Ese valor no se obtiene del elemento aislado y de la idea representada, sino que consiste en la solidaridad e interdependencia de cada significación con las demás, emana del sistema e implica la presencia concreta de este en cada uno de sus elementos. Los valores lingüísticos no están definidos positivamente, en cuanto a sus contenidos, sino negativamente en contraste con los otros términos del mismo sistema. Por otro lado, el sistema es momentáneo y varía de posición a posición, aunque depende de una convención inmutable: las reglas del juego predeterminadas. En la lengua estas reglas son los principios constantes de la semiología. Por último, para pasar de un equilibrio a otro, es decir, de una sincronía a otra, es suficiente el movimiento de una pieza, esto implicará una revalorización de las restantes. Saussure agrega además que "el desplazamiento de una pieza es un hecho absolutamente distinto del equilibrio precedente y del equilibrio subsiguiente".[18]

I.1. La lingüística del habla expuesta por A. Sechehaye

¿Por qué Saussure intenta sostener con tanto empeño esa distinción tajante entre diacronía y sincronía? Nuestra postura sigue la línea de pensamiento

---

17 *Ibidem*, p. 121.
18 *Ibidem,* p. 126.

de Albert Sechehaye, uno de los discípulos y continuadores del pensamiento de Saussure. Según Sechehaye la solución al problema de las relaciones entre sincronía y diacronía debe ser buscada en la prometida, pero no trabajada, lingüística del habla (*parole*) propuesta por Saussure mencionada anteriormente. Sechehaye afirma que "Entre las dos [la lingüística sincrónica y la diacrónica] se encuentra la *lingüística del habla*, la cual tiene por objeto el fenómeno que, naturalmente, sirve de intermediario entre el hecho sincrónico y el hecho diacrónico".[19] Este "fenómeno", del que habla uno de los más reconocidos discípulos de Saussure, es de particular importancia para nosotros y es el que nos permitirá establecer posteriormente una relación directa con la filosofía del lenguaje de M. Merleau-Ponty.

En su artículo "Las tres lingüísticas saussureanas", publicado más de 20 años después de haber realizado la edición del *Curso*, A. Sechehaye hace un recorrido por la lingüística de la lengua que comprende tanto la lingüística sincrónica como la diacrónica y, posteriormente, se detiene a elucidar la nunca concluida lingüística del habla. El discípulo de Saussure afirma que en el estudio del habla está la clave para comprender las evoluciones y los estados del lenguaje: "El habla tiende a la vez a la sincronía, ya que esta se funda sobre un estado de la lengua determinado, y a la diacronía, en tanto que esta contiene en potencia el germen de las transformaciones futuras".[20] Es en el habla (*parole*) donde se halla el gozne de la ciencia del lenguaje, el habla es la que da realidad a la lengua y solo en el habla es donde se operan los futuros cambios de estado de esta; puede resolver la antinomia entre diacronía-sincronía porque participa en ambas y se instituye como nexo para pasar de una a otra y establecer un vínculo entre los estados determinados de la lengua y su evolución.[21]

La lingüística del habla (*parole organisée*) o del funcionamiento del lenguaje, expuesta por Sechehaye, presenta algunas características que nos permitirán comprender e introducir la postura de Merleau-Ponty frente al problema del lenguaje.[22] Según Sechehaye la lingüística del habla se interesa por los

---

19 Sechehaye, A., "Les trois linguistiques saussuriennes", en *Vox Romanica,* 5 (1940), p. 7.
20 *Ibidem.*
21 Esta centralidad del habla también es resaltada por Merleau-Ponty cuando afirma que "el habla no realiza tan sólo las posibilidades inscritas en la lengua. Ya para Saussure, a pesar de definiciones restrictivas, el habla está lejos de ser un simple efecto; modifica y sostiene la lengua tanto como es llevada por esta" (Merleau-Ponty, M., *Résumés de cours. Collège de France 1952-1960,* Paris, Gallimard, 1968. p. 33).
22 Es preciso aclarar que, a pesar de que en términos temporales es factible que Merleau-Ponty leyera el artículo de A. Sechehaye, publicado en 1940 –algunos años antes de que aparezcan referencias a la lingüística saussureana en su obra–, no existen alusiones explícitas que hagan pensar que Merleau-Ponty lo haya conocido. La relación que se establecerá aquí en la que el

fenómenos concretos: los actos en los que la lengua está puesta al servicio del pensamiento. Estos actos concretos surgen en un lugar y tiempo determinados entre interlocutores situados que tienen una personalidad y circunstancias que los determinan. La clave se encuentra en un cierto empleo de los recursos de la lengua –más precisamente el lenguaje simbólico– que son combinados espontáneamente por el sujeto hablante. Estas combinaciones pueden resultar muchas veces banales o poco importantes, pero en ocasiones se manifiestan como el esfuerzo inteligente del sujeto hablante por adaptar los medios disponibles a las exigencias de su pensamiento.[23] Es justamente en estas situaciones en que "el habla se manifiesta como una potencia creadora, ordenadora y fecunda".[24]

Esta potencia creadora de la palabra (*parole*)[25] es lo que posteriormente encontraremos en los escritos de Merleau-Ponty como palabra creadora u hablante. Es aquella región del lenguaje que puede decir más de lo que las palabras dicen ya que están ordenadas de tal modo que señalan un *más allá* del lenguaje, aquello que aún permanecía innombrado. Aclaremos entonces la migración del término de un autor a otro:

> En la reformulación de Merleau-Ponty de la infraestructura general de Saussure, el término *parole* se convirtió en dos términos separados: por un lado, lo que a veces él llama *parole parlante*, o habla (*speech*) hablante, correspondiente al uso activo del sistema del lenguaje con la intención de expresar algo nuevo, y por lo tanto transformarlo; y, por otro lado, *parole parlée*, habla (*speech*) hablada, el sistema constituido a través de la primera actividad, y al mismo tiempo presupuesto por esta.[26]

---

texto de Sechehaye funciona como pivote entre el *Curso de lingüística general* y la propuesta merleaupontiana, es sugerida por nosotros.
23 Cfr. Sechehaye, A., "Les trois linguistiques saussuriennes", p. 17.
24 *Ibidem*.
25 Es necesario aclarar en este punto del desarrollo que el término francés *parole* puede ser traducido como "habla" y también como "palabra" al español. "*Parole*, sin embargo, tiene dos facetas en la definición de Saussure: por un lado, es un evento material, la utilización de las facultades del lenguaje, como la fonación. Por el otro lado, es un acontecimiento significativo, o 'semiótico': es el uso de la *lengua* para expresar y comunicar un pensamiento personal" (Foultier, A., "Merleau-Ponty's encounter with saussure's linguistics: Misreading, reinterpretation or prolongation?" en *Chiasmi International*, 15 (2014) p. 136). En el caso en que el término es traducido como "habla", lo que se busca referir principalmente es aquella facultad del sujeto de ejecutar una lengua, de individualizar un sistema. Cuando el término es traducido por "palabra" la acepción que se intenta señalar es aquella en que la "palabra" es comprendida como una palabra o conjunto de palabras, un acto de habla (*acte de parole*), que tiene por objetivo expresar una vivencia del sujeto.
26 *Ibidem*, p. 138.

Esta cita clarifica el modo en que Merleau-Ponty se apropió del término *parole* utilizado por Saussure. El "habla" puede ser comprendido en el filósofo francés tanto como habla hablante u habla hablada, lenguaje hablante o lenguaje hablado, *parole parlante* o *parole parlée*. Esta distinción que realiza M. Merleau-Ponty le permitirá pensar el dinamismo del lenguaje, el cambio de un estado sincrónico a otro, teniendo como clave comprensiva la dinámica instituyente de nuevas significaciones que da lugar a nuevos estados del lenguaje. La palabra (*parole*) como acontecimiento semiótico tiene el poder de instituir nuevas significaciones a partir de las significaciones adquiridas y así dar origen a nuevos estados sincrónicos. Este concepto se muestra entonces muy relevante a la hora de explicar las relaciones entre diacronía y sincronía, la evolución de la lengua de un estado a otro.

II. La fenomenología del lenguaje como dialéctica entre sincronía y diacronía

H. J. Pos en su artículo "Phénoménologie et Linguistique" realiza una distinción de la que Merleau-Ponty se apropiará para encarar el problema del lenguaje. Al mismo tiempo también logrará desprenderse –sin abandonarlas por completo– de las categorías aprendidas en Saussure que le han permitido y le permitirán pensar el problema. La distinción que Pos lleva adelante, que busca separar y caracterizar un conocimiento originario o primario de un conocimiento científico, o una actitud fenomenológica de una actitud objetiva, será retomada por Merleau-Ponty en una disertación titulada "Sobre la fenomenología del lenguaje", presentada en el año 1951.[27]

En su artículo, Pos comienza afirmando que la fenomenología, tal como ha sido inaugurada por Husserl, es "una visión del mundo que está a la base de todo saber científico y que nosotros podemos conocer gracias a una reflexión sobre la subjetividad que es el punto de partida de todo saber ulterior".[28] El conocimiento científico implicaría la toma de posición de un sujeto como observador de un objeto a ser conocido. Pos sostiene entonces que en el caso de las ciencias humanas aparece un problema particular: cuando la ciencia se acerca al hombre ya existe en este un conocimiento previo, aquel originado por la conciencia de uno mismo. Este saber se presenta como anterior a todo abordaje científico. Cualquier conocimiento científico sobre el hombre que

---

27 Véase: MERLEAU-PONTY, M., *Signes,* p. 105-122.
28 POS, H. J., "Phénoménologie et Linguistique", p. 354.

reclame para sí un punto de vista absoluto no puede escapar de la situación en que el observador se encuentra y de los conocimientos inmediatos que existen de modo previo por ser un sujeto consciente de sí mismo.[29]

El caso de la lingüística puede ser tomado como ejemplo. Pos advierte que antes de cualquier observación del problema del lenguaje de modo objetivo, la lingüística se encontrará con un conocimiento previo que es aquel que se da de modo inmediato en el sujeto hablante. Antes de la ciencia objetiva del lenguaje existe la experiencia subjetiva. La consciencia lingüística originaria, que aparece en el sujeto antes de cualquier abordaje objetivo, es el conocimiento de que

> Yo dispongo de palabras para expresarme. Por las palabras hay una unión con el mundo de las cosas, ya que yo puedo nombrarlas, y con el de las personas, puesto que puedo comulgar con ellas. Las palabras pertenecen a las cosas, ellas las revelan, es gracias a ellas que hay una intimidad con las cosas.[30]

Esta intimidad de la que habla Pos, de la que uno se apercibe siendo sujeto hablante, es lo que más adelante constituirá el punto de partida de la reflexión de Merleau-Ponty. La elucidación del problema del lenguaje inicia en el saber inmediato de que dispongo de un conjunto de palabras que permiten expresarme. Esta será la propuesta merleaupontiana: un "retorno al sujeto hablante, a mi contacto con la lengua que yo hablo",[31] entendiendo a la lengua como "un sistema cuyos elementos concurren a un esfuerzo de expresión único vuelto hacia el presente o el porvenir, y por consiguiente gobernado por una lógica actual".[32] Merleau-Ponty encarará el problema del lenguaje con la misma impronta que H. J. Pos lo hace en su artículo. El filósofo adoptará una actitud fenomenológica –en contraposición a la actitud objetiva– que intente pensar la cuestión a partir del lenguaje encarnado que se manifiesta como "el sistema de diferenciaciones en el que se articula la relación del sujeto con el mundo"[33] y que le permite expresarlo.

A partir de esta reflexión centrada en el sujeto podrá entonces elaborar una fenomenología del lenguaje (*langage*) que implique una superación (*dépassement*) de

---

29 "Esa unión entre la ciencia y el fenómeno originario existe en todas partes. En el dominio de las ciencias humanas esta se revela como una condición de posibilidad de las ciencias: hay una lingüística por el hecho de que el hombre es un sujeto hablante y se conoce como tal, por el aspecto subjetivo, por la intuición que tiene de su propia realidad" (*Ibidem*, p. 365).
30 *Ibidem*, p. 357.
31 MERLEAU-PONTY, M., *Signes*, p. 106.
32 *Ibidem*, p. 107.
33 MERLEAU-PONTY, M., *Résumés de cours. Collège de France 1952-1960*, p. 37.

la antítesis subjetividad-objetividad propiciada por el abordaje del problema desde el método fenomenológico. La efectividad de este método, en contraposición a otros, no reside en afirmar conocimientos en tanto que sean mensurables o generales, sino que es un saber fundado en la descripción cualitativa que, más que establecerse como conocimiento subjetivo u objetivo, es un saber intersubjetivo: describe lo que es observable por todos.[34]

Merleau-Ponty se pregunta entonces si es posible yuxtaponer estas dos perspectivas que acabamos de distinguir en el lenguaje, es decir, el lenguaje como propio y el lenguaje como objeto de pensamiento.[35] El filósofo responde que "eso es lo que hacía, por ejemplo, Saussure, cuando distinguía una lingüística sincrónica de la palabra y una lingüística diacrónica de la lengua".[36] Esta respuesta que Merleau-Ponty atribuye al lingüista ha sido motivo de controversia. Debemos ante todo dejar claro que Saussure jamás elaboró una lingüística de la palabra (*parole*), justamente esto es lo que antes señalábamos y por lo que recurrimos a la propuesta de Séchéhayé. Por esto, a primera vista y tal como pensaron muchos, la respuesta que Merleau-Ponty atribuye a Saussure parece ser fruto de un error de lectura. Sin embargo, quedarnos con esta interpretación sería menospreciar a un lector tan perspicaz como lo era el fenomenólogo francés quien deja demostrado, sobradas veces y en diferentes textos, que conoce muy bien los conceptos de la lingüística saussureana.[37] Lo que debemos comprender es que "Merleau-Ponty no lee a Saussure como filólogo, sino como suelo y fertilizante de sus propias reflexiones".[38] De este modo entonces la pregunta es: ¿por qué, a pesar de conocer claramente el *Curso*, Merleau-Ponty decide realizar este entrecruzamiento de conceptos?, ¿por qué, si el filósofo ha estudiado los cursos dictados por Saussure, comete esta "equivocación"? La respuesta está a la vista en los textos de Merleau-Ponty. No existe aquí, como se podría pensar, un error de lectura, sino una construcción intencionada de la frase que ha sido motivada por una interpretación merleaupontiana de la propuesta de Saussure.

La verdadera búsqueda de Merleau-Ponty es la de establecer una *dialéctica* entre las dos disciplinas del lenguaje: la ciencia objetiva del lenguaje y

---

34 Cfr., MERLEAU-PONTY, M., *Merleau-Ponty à la Sorbonne. Résume de cours 1949-1952*, Cynara, Grenoble, 1988, p. 14.
35 Este interrogante por la posibilidad de la yuxtaposición de las perspectivas descriptas no solo aparece en *Signes*, como la nota siguiente indica, sino que también es motivo de la reflexión del autor en *La prose du monde*, p. 34.
36 MERLEAU-PONTY, M., *Signes*, p. 107.
37 Cfr. MERLEAU-PONTY, M., *Merleau-Ponty à la Sorbonne. Résume de cours 1949-1952*, pp. 84-85.
38 ALLOA, E., *La resistencia de lo sensible. Merleau-Ponty. Crítica de la transparencia*, Buenos Aires, Nueva Visión, 2009, p. 60.

la fenomenología de la palabra (*parole*). El filósofo francés entiende que "la lingüística se halla ante la tarea de superar la alternativa de la lengua como cosa y de la lengua como producción de los sujetos hablantes".[39] Por esto, apropiándose de las nociones saussureanas,[40] expone que ambos puntos de vista se comprenden mutuamente: "el punto de vista 'subjetivo' engloba el punto de vista 'objetivo'; la sincronía encierra la diacronía".[41] El pasado del lenguaje ha sido presente, los hechos lingüísticos que la ciencia objetiva del lenguaje demuestra están enmarcados en un lenguaje que a cada momento era un sistema que presentaba una lógica interna. Y, por otro lado, "[...] la diacronía engloba a la sincronía",[42] el lenguaje comprendido como sistema de un momento necesariamente debe implicar fisuras en las que los acontecimientos brutos puedan venir a insertarse y se genere un nuevo orden, es decir, el paso a un nuevo estado sincrónico.

Merleau-Ponty propone entonces una tarea doble: por un lado, encontrar un sentido en el devenir del lenguaje, concebirlo como un "equilibrio en movimiento" en el que las diversas expresiones para comunicar el mundo van cayendo en desuso y, al mismo tiempo, la comunidad hablante va instituyendo nuevas significaciones que vienen a expresar aquellos vacíos suscitados (lingüística diacrónica de la lengua); por otro lado, es preciso comprender los estados sincrónicos como un corte transversal en el devenir diacrónico, esto es, entender que el sistema dado en determinado estado no está completamente en acto sino que presenta siempre cambios latentes o incubaciones de nuevas significaciones que serán origen de nuevos estados (lingüística sincrónica de la palabra).

No es posible yuxtaponer una fenomenología de la palabra –entendida sólo como la experiencia de la lengua en mí– y una ciencia objetiva del lenguaje que se ocupa de la historia del lenguaje que ha devenido en lo que es ahora, ya que el presente difunde en el pasado porque este ha sido presente y la historia del lenguaje es la historia de las sincronías que se suceden. Es necesario emprender el camino de una fenomenología del lenguaje (*langage*)[43] en

---

39 MERLEAU-PONTY, M., *Sens et non-sens*, Paris, Nagel, 1948, p. 153.
40 "La lingüística de Saussure legitima, en el estudio de la lengua, además de la perspectiva de la explicación causal, que une cada hecho a un hecho anterior y establece, por lo tanto, la lengua frente a la lingüística como un objeto natural, la perspectiva del sujeto hablante que vive su lengua (y eventualmente la modifica)" (*Ibidem*, p. 152).
41 MERLEAU-PONTY, M., *Signes*, p. 108.
42 *Ibidem*.
43 "Es evidente que Merleau-Ponty no ha querido construir una lingüística como ciencia sino una lingüística como fenomenología del lenguaje. Y esa lingüística tiene por objeto la palabra" (SLATMAN, J., *L'expression au-delà de la représentation. Sur l'aisthêsis et l'esthétique chez Merleau-Ponty*, Vrin, Paris, 2003, p.158).

tanto que esta disciplina es "una nueva concepción del ser del lenguaje, que es ahora lógica en la contingencia, sistema orientado, y que sin embargo elabora siempre casualidades, reasunción de lo fortuito en una totalidad que tiene un sentido, lógica hecha carne".[44]

La fenomenología del lenguaje elaborada por Merleau-Ponty no buscará entonces yuxtaponer ambos abordajes, sino que intentará establecer la dialéctica entre las sucesivas evoluciones de la lengua (diacronía) y los estados del sistema en un momento determinado (sincronía). La fenomenología del lenguaje es el abordaje del problema desde una perspectiva que permite explicar la dinámica del lenguaje que describe un devenir diacrónico que se opera a partir de la sucesión de los estados sincrónicos. Esta perspectiva se asienta implícitamente en aquella lingüística del habla o *parole organisée* de la que habla A. Sechehaye ya que

> La intervención de la lingüística del habla entre la lingüística estática y la lingüística diacrónica no es otra cosa que un efecto de la primacía del factor humano y vital en materia de expresión sobre el factor de abstracción intelectual y de la institución sociológica que la lengua representa.[45]

lo que nos permitirá explicar el problema del lenguaje es el acercamiento fenomenológico al habla (*parole*). Merleau-Ponty llevará adelante el programa de Pos que tiene como centro aquella experiencia originaria del lenguaje que se da en el sujeto consciente de sí mismo que sabe que dispone de significaciones para referir sus vivencias. Esto se justifica en tanto que "Al principio existía la palabra"[46] y es allí donde hemos de hallar la superación de las antinomias saussureanas. La fenomenología del lenguaje merleaupontiana representará, entonces, un esfuerzo por establecer las relaciones nunca trabajadas por Saussure entre las evoluciones de la lengua y los estados particulares que constituyen su historia.

---

44 MERLEAU-PONTY, M., *Signes*, p. 110.
45 SECHEHAYE, A., "Les trois linguistiques saussuriennes", pp. 9-10.
46 Sechehaye explica que puede trasladarse esta célebre frase del Evangelio de Juan a la lingüística (Cfr. *Ibidem*, p. 9). La idea es sugerente, así como en el relato evangélico: "Todas las cosas fueron hechas por medio de la Palabra y sin ella no se hizo nada de todo lo que existe" (Jn. 1,3). En la lingüística la palabra tiene un rol fundante, la experiencia del lenguaje del sujeto hablante es primordial y decisiva para todo análisis ulterior.

III. La fenomenología del lenguaje de Merleau-Ponty

La elaboración de una fenomenología del lenguaje puede advertirse con claridad desde la primera obra de Merleau-Ponty. Representa un esfuerzo significativo creciente. El desarrollo que describe esa fenomenología del lenguaje tiene como punto de partida la propuesta de un cuerpo en el que reside un poder significante del que nace la palabra como un gesto que nombra el mundo –gesto que reasume lo dado en la situación del sujeto e instituye una significación de orden trascendente–. Este punto de partida otorga sentido al capítulo de la *Fenomenología de la percepción* titulado "El cuerpo como expresión y la palabra". Este primer momento de la reflexión de Merleau-Ponty en torno al problema busca insertar el sentido del lenguaje en el cuerpo viviente, del que emerge la palabra como un gesto que nos conducirá finalmente hasta el lenguaje articulado. Merleau-Ponty entiende que, así como el gesto esboza su propio sentido porque aparece en la estructura del mundo común en que me encuentro con el otro, la palabra opera de modo análogo y, por lo tanto, debe ser comprendida también como gesto. El caso particular de la palabra será considerado gesto *lingüístico,* ya que modula sobre un teclado de significaciones adquiridas, alude a un paisaje mental común a los sujetos que está constituido por las significaciones disponibles.[47] El origen de esta idea reside en que

> Ya la simple presencia de un ser vivo transforma el mundo físico, hace aparecer aquí 'alimentos', allá 'un escondrijo', da a los 'estímulos' un sentido que no tenían. Con mayor razón, la presencia de un hombre en el mundo animal. Los comportamientos crean significaciones que son trascendentes en relación con el dispositivo anatómico y, sin embargo, inmanentes al comportamiento como tal, puesto que se enseña y se comprende. No puede dejarse a un lado esta facultad irracional que crea significaciones y que las comunica. La palabra es solo un caso particular.[48]

En esta concepción, el lenguaje aparece como un comportamiento simbólico del cuerpo que no da lugar a ningún tipo de convención ya que, en última

---

47 "El gesto lingüístico, como todos los otros, esboza por sí mismo su sentido […] La gesticulación verbal, por el contrario, alude a un paisaje mental que no está dado primeramente a cada uno y que justamente tiene por función comunicar. Pero lo que la naturaleza no da en este caso, la cultura lo procura. Las significaciones disponibles, esto es, los actos de expresión anteriores, instauran entre los sujetos que hablan un mundo común al cual se refiere la palabra actual y nueva como el gesto se refiere al mundo sensible. Y el sentido de la palabra no es otra cosa sino la manera en que maneja este mundo lingüístico, en que modula sobre este teclado las significaciones adquiridas" (MERLEAU-PONTY, M., *Phénoménologie de la perception*, p. 217).
48 *Ibidem,* p. 221.

instancia, "[…] el lenguaje nunca es considerado por fuera de la perspectiva del cuerpo expresivo".[49] La palabra es, en este primer momento, un modo más de expresión del cuerpo, con la particularidad de que "la palabra es, entre todas las operaciones expresivas, la única capaz de sedimentarse y constituir una adquisición intersubjetiva".[50] Esto lo lleva a elaborar una teoría gestualista del lenguaje que implícitamente busca insertar el problema de la idealización en el comportamiento mismo para evitar cualquier tipo de dualismo. Es notorio cuando nos topamos con afirmaciones en torno a la palabra tales como "no se puede decir de la palabra ni que es una 'operación de la inteligencia', ni que es un 'fenómeno motor': es por entero motricidad y por entero inteligencia".[51]

Detrás de la reflexión merleaupontiana se aprecia una oscilación para no derivar en las posiciones clásicas en las que el sentido del lenguaje o bien es transferido al orden empírico o bien es fruto del pensamiento. El sentido no está en las cosas y tampoco es instaurado por un gesto simbólico de nominación al modo del gesto adámico. Merleau-Ponty comienza a elaborar una propuesta en la que el sentido del lenguaje no se reduce ni al pensamiento ni al movimiento, sino que acaece de modo intralingüístico. Hacia el final de su obra descubrimos que el filósofo no se conforma con insertar el sentido del lenguaje en un cuerpo viviente haciendo de la palabra un gesto como los otros. Por el contrario, iluminado por la lingüística saussureana, se ve llevado a renovar su concepción del cuerpo viviente para concebirlo como sistema diacrítico.

> Tener un cuerpo capaz de gesticulación expresiva o de acción y tener un sistema fonemático como capacidad de construir signos, es la misma cosa. Esquema corporal y sistema fonemático.
>
> Como el sistema fonemático, el esquema corporal es potencia de variar un cierto principio sin conocimiento expreso de ese principio.[52]

Esta afirmación anticipa las analogías entre la percepción y el lenguaje que le permitirán pensar la sublimación de cierta idealidad que se encuentra en la carne (*chair*) del mundo en la carne del lenguaje.[53]

---

49 ALLOA, E., *La resistencia de lo sensible. Merleau-Ponty. Crítica de la transparencia*, p. 57.
50 MERLEAU-PONTY, M., *Phénoménologie de la perception*, p. 221.
51 *Ibidem*, p. 227.
52 MERLEAU-PONTY, M., *Le monde sensible et le monde de l'expression. Cours au Collège de France. Notes, 1953,* MêtisPresses, Ginebra, 2011, p. 204.
53 El problema de las relaciones entre el mundo percibido y el mundo expresado serán el tema principal del segundo capítulo de nuestro libro. Allí se trabajarán los conceptos de analogía y sublimación como las posibles vías para explicar el paso de un mundo a otro.

La propuesta final de Merleau-Ponty intentará fundamentar la afirmación de que el lenguaje puede sostener, por su propia disposición, un sentido, captarlo en sus tejidos. Ella refleja el verdadero triunfo de la interpretación merleaupontiana de Saussure. El éxito radica en pensar que una lengua no es una suma de signos sino un medio metódico de discriminar unos de otros, y de construir de ese modo un universo de lenguaje del que luego podamos decir que puede expresar un universo de pensamiento.[54]

Presentaremos el itinerario de la fenomenología del lenguaje de Merleau-Ponty estructurándolo a partir de los conceptos nodales que nos permitirán trazar un camino coherente desde sus primeras reflexiones hasta el final de su obra, y presentar lo que el lenguaje es para él: algo que nunca dice nada, que no hace otra cosa que inventar signos que presentan diferencias entre sí para replicar, y así poder proporcionarnos, la traza y los contornos del universo de sentido.[55]

III.1 La palabra tiene un sentido

En *Fenomenología de la percepción* Merleau-Ponty decide enfrentar el problema en torno al lenguaje en su reconocido capítulo "El cuerpo como expresión y la palabra". Allí presenta su tesis central de manera simple y clara: *"La palabra tiene un sentido"*.[56] Esta frase es el corolario del razonamiento que desarrolla para demostrar el error en que incurren tanto la interpretación empirista del lenguaje como la intelectualista. Ambas corrientes deslizan el sentido de las palabras o bien al pensamiento (intelectualismo) o bien a las imágenes verbales (empirismo).

En la concepción empirista del lenguaje la evocación de la palabra no es mediatizada por ningún concepto, sino que es suscitada por los estímulos o "estados de conciencia" dados que se rigen por una suerte de mecánica nerviosa. La palabra no entraña ningún sentido, sino que se presenta como un simple "fenómeno psíquico, fisiológico o inclusive físico, yuxtapuesto a los demás y producido por el juego de una causalidad objetiva".[57] Algo similar ocurre en el caso de la concepción intelectualista, pero en esta corriente hay detrás una operación categorial. La palabra es desprovista de una eficacia propia y aparece, simplemente, como el signo exterior de un pensamiento. El problema de ambas interpretaciones reside en que la palabra no tiene sig-

---

54 Cfr. Merleau-Ponty, M., *La prose du monde*, p. 45.
55 Cf. *Ibidem*, p.46-47.
56 Merleau-Ponty, M., *Phénoménologie de la perception*, p. 206.
57 *Ibidem*.

nificación: "En la primera concepción, nos quedamos más acá de la palabra como significativa, en la segunda nos situamos más allá".[58] En la corriente empirista la evocación de la palabra es fruto de un juego de causalidades objetivas que responden a estímulos; en la visión intelectualista, la palabra no es más que el signo exterior de un pensamiento que es donde residiría finalmente el sentido. Sobre esto señalará Slatman: "Esas dos concepciones descansan sobre la misma presuposición, aquella de una relación exterior y causal entre la palabra y el sentido de la palabra".[59] A partir de estas lecturas del fenómeno de la expresión Merleau-Ponty intentará construir una interpretación superadora que tendrá como objetivo fundamentar que *el sentido de las palabras es inducido por las palabras mismas.*

Si admitimos que el sentido se halla en las palabras podemos comprender cómo el otro puede decirme algo *nuevo*. Si la palabra es portadora de sentido, el lenguaje no es jamás el simple vestido de un pensamiento que se poseería a sí mismo con toda claridad.

> La palabra no es "signo" del pensamiento, si con ello se entiende un fenómeno que anuncia otro, como el humo anuncia el fuego. La palabra y el pensamiento no soportan está relación exterior [...] en realidad están envueltos uno en otro, el sentido está apresado en la palabra y la palabra es la existencia exterior del sentido.[60]

El fenómeno de la comunicación sería ilusorio si las palabras fueran sólo el signo del pensamiento, ya que en las palabras del otro yo sólo podría escuchar mis propios pensamientos y nunca nada nuevo; la conciencia sólo podría encontrar en las palabras del otro lo que de antemano haya puesto allí. Pero las palabras, lejos de ser el signo de los objetos y sus significaciones, son el vehículo de estas: no se limitan a traducir un pensamiento sino a realizarlo.

Para que la comunicación sea posible es menester que comprenda las palabras del otro, su vocabulario y su sintaxis deben ser para mí algo ya conocido. Sin embargo, esto no implica que las palabras actúen en mí provocando "representaciones" que se les asociarían reproduciendo en mí las "representaciones" originarias de quien habla. Cuando me comunico no lo hago con "representaciones", sino que me comunico con un sujeto que habla, con un cierto estilo de ser y con el mundo a que apuntan sus gestos lingüísticos.[61]

---

58 *Ibidem.*
59 SLATMAN, J., *L'expression au-delà de la représentation,* p. 140.
60 MERLEAU-PONTY, M., *Phénoménologie de la perception,* pp. 211-212.
61 Cf. *Ibidem.*, p. 214.

Hay, pues, una reasunción del pensamiento del otro a través de la palabra, una reflexión en el otro, un poder de pensar *según el otro* que enriquece nuestros propios pensamientos. Es menester, en este caso, que el sentido de las palabras sea, finalmente, inducido por las palabras mismas, o más exactamente, que su significación conceptual se forme como en relieve sobre una *significación gesticulante*, que es inmanente a la palabra.[62]

Merleau-Ponty propone una posibilidad que puede dar explicación al fenómeno enriquecedor de la comunicación y entender cómo el otro puede decirme algo que yo no sabía o conocía: *La palabra tiene un sentido*, es portadora del mismo, ostenta el poder de hacernos comprender algo que se encuentra *más allá* de lo que pensamos espontáneamente. Todo lenguaje transporta su sentido al espíritu del auditor, instaura en él algo que no estaba allí, segrega una nueva significación, transporta un pensamiento. Esta idea se comprende más fácilmente cuando entendemos que es posible descubrir "bajo la significación conceptual de las palabras una significación existencial que no sólo traducen, sino que las habita y les es inseparable".[63] Las palabras no son el instrumento para construir un memorándum, sino que hacen existir la significación como cosa en el corazón mismo del texto, la hacen vivir en ese organismo que es el lenguaje. El poderío de la expresión reside en esta capacidad esencial.

El sentido no se encuentra en las cosas ni tampoco está instaurado por un gesto simbólico que se pareciera al gesto de nominación adámica, sino que, como señala Emmanuel Alloa: "El sentido del lenguaje no puede reducirse al movimiento ni al pensamiento, sino que obedece a una lógica inmanente y su acaecer es intralingüístico".[64] Merleau-Ponty desarrolla su reflexión en un vaivén entre la concepción intelectualista y la empirista, y la salida de esta dicotomía en torno a la emergencia del sentido reside en el lenguaje mismo y su disposición interna, disposición diacrítica que replica la del mundo perceptivo.

Lenguaje y percepción son sistemas análogos. Merleau-Ponty sostiene que así como el sentido de una cosa percibida emerge en tanto que es siempre percibida como figura sobre un fondo, es decir, como una cierta *diferencia* respecto del nivel de espacio, tiempo, de movilidad, y en general, de significación en que estamos establecidos;[65] el lenguaje replica este sistema y hace aparecer el sentido a través de una *deformación coherente*, un desvío (*écart*) en que emerge, se instituye, una significación para ex-presar el mundo sobre el fondo del

---

62 *Ibidem*, pp. 208-209.
63 *Ibidem*., p. 212.
64 Alloa, E., *La resistencia de lo sensible. Merleau-Ponty. Crítica de la transparencia*, p. 58.
65 Cfr. MERLEAU-PONTY, M., *Résumés de cours. Collège de France 1952-1960*, p. 12.

lenguaje, es decir, de las significaciones ya instituidas. La noción para articular ambos sistemas es la de *expresión,* que aparece en el último pensamiento de Merleau-Ponty como la "[…] propiedad que tiene un fenómeno, por su disposición interna, de hacer conocer otro fenómeno que no está o incluso nunca ha sido dado".[66] Tanto la percepción como el lenguaje se estructurarán como sistemas diacríticos. Esta semejanza permitirá el paso de uno a otro, del *Logos endiathetos* (λογος ενδιαθετος) al *Logos prophorikos* (λογος προφορικος).

III.2 El lenguaje conquistador

La virtud del lenguaje reside en cumplir a la perfección su tarea más esencial: arrojarnos sobre lo que significa. Su objetivo consiste en hacerse olvidar en la medida en que logra expresar: "su triunfo está en borrarse y darnos acceso, por encima de los vocablos, al pensamiento mismo del autor".[67] Así como un gesto señala un sector de la realidad, una parte del mundo, el lenguaje busca hacer aparecer ante nosotros aquello que el sujeto quiere decir, "*dar con* esa frase hecha ya en los limbos del lenguaje, captar las palabras que sordamente el ser murmura".[68] Este es el sentido de la aserción merleaupontiana que afirma que "la palabra es un gesto y su significación un mundo".[69]

La palabra interpretada como gesto nos posiciona de una manera distinta frente al problema del lenguaje. Que la palabra sea un gesto implica que entrañe su sentido así como el gesto entraña el suyo pero, además, que ésta sea entendida de la misma manera que los gestos. El sentido de los gestos no es dado, sino que es reasumido por el espectador frente al que aparece señalándole determinados puntos sensibles del mundo al que le invita a unirse. El gesto lingüístico esboza su propio sentido. Las palabras, las vocales, los fonemas son otras tantas maneras de cantar el mundo destinadas a representar los objetos ya que extraen de ellos y expresan su esencia emocional.[70] Las palabras funcionarían como gestos que entrañan un sentido instituido y que nos invitan a unirnos a determinados puntos del mundo. La significación de la que está preñado un signo "[…] es ante todo su configuración en el uso, el estilo de las relaciones interhumanas que emana de éste".[71]

---

66 MERLEAU-PONTY, M., *Le monde sensible et le monde de l'expression. Cours au Collège de France. Notes, 1953,* p. 48.
67 MERLEAU-PONTY, M., *La prose du monde,* p. 16.
68 *Ibidem,* p. 11.
69 MERLEAU-PONTY, M., *Phénoménologie de la perception,* p. 214.
70 Cf. *Ibidem,* pp. 217-218.
71 MERLEAU-PONTY, M., *La prose du monde,* p. 52.

La noción de institución (*Stiftung*) es la clave para comprender la dinámica del lenguaje y su capacidad de expresión.[72] La institución debe ser considerada a partir del concepto husserliano de fundación (*Fundierung*) utilizado por el filósofo alemán para pensar la relación esencial entre lo fundante y lo fundado.[73] Merleau-Ponty toma como punto de partida ese concepto de Husserl para poder explicar la relación entre la percepción y el pensamiento, lo irreflejo y la reflexión, el lenguaje y el pensamiento, sin tener que recurrir al pensamiento causal. Sin embargo, la noción de *Fundierung* ha sido siempre considerada en el marco de pensamiento de una fenomenología estática. La originalidad de Merleau-Ponty respecto de Husserl reside en remarcar que la relación entre lo fundante y lo fundado no puede describirse en dicho marco, sino que es necesaria una descripción genética en la que intervenga la noción de *Fundierung* para vehiculizar la génesis del sentido, de la idealidad.[74] Por esto apela a la noción de institución, porque como señala Frank Robert:

> La relación entre lo fundante y lo fundado surge, nace, emerge, precisamente porque hay *Stiftung* –y la percepción es, en un sentido, siempre *Stiftung*, es decir fundación, instauración, advenimiento de lo nuevo, de lo novedoso, que retrospectivamente, en un movimiento y en un tiempo nos hará retomar, hacer o fundar el sentido.[75]

La noción de institución tal como Merleau-Ponty la piensa implica una fundación histórica. La *Stiftung* es siempre histórica ya que el advenimiento de lo nuevo se da a partir de lo ya instituido y exige nuevos advenimientos. La definición que Merleau-Ponty nos dará de institución iluminará la dinámica del lenguaje.

> Se entiende [...] por institución esos acontecimientos de una experiencia que la dotan de dimensiones durables, en relación con las cuales toda una serie de otras experiencias tendrán sentido, formarán una serie pensable o una historia; o aún más, los acontecimientos que depositan en mí un sentido, no a modo de supervivencia y de residuo, sino como llamado a una continuidad, exigencia de un futuro.[76]

---

72 Este concepto clave de la fenomenología merleaupontiana –noción en la que Merleau-Ponty hallará un remedio a las dificultades de la filosofía de la conciencia– será analizado más extensamente en el punto "I. La institución" del tercer capítulo dedicado al problema de la verdad. Por ello la alusión que aquí haremos es breve y en función del desarrollo del presente tema.
73 Para una exposición más exhaustiva del término de *Stiftung* en la fenomenología husserliana puede leerse: Terzi, R., "Événement, champ, trace: le concept phénoménologique d'institution", *Philosophie*, 2016/4 (Nº 131), en especial el primer punto: "Stiftung, *sujet et histoire chez Husserl*", pp. 53-57.
74 Cf. Robert, F., "Fondement et fondation", en *Chiasmi international*, Nº 2 (2000), p. 352-354.
75 *Ibidem*, p. 355.
76 Merleau-Ponty, M., *Résumés de cours. Collège de France 1952-1960*, p. 61.

El lenguaje está constituido por un conjunto de signos, palabras, que entrañan un significado ya instituido y que conforman el marco de sentido (sentido adquirido a partir de las relaciones interhumanas que dan lugar al nacimiento de significaciones) a partir del cual se dará lugar al nacimiento de nuevas instituciones. El lenguaje, como movimiento de constante institución de sentido, se encuentra en un estado presente (corte sincrónico) que como tal ostenta una "fecundidad ilimitada" que da lugar a la creación de nuevas expresiones (devenir diacrónico).

La palabra, como señalamos anteriormente, se diferencia del resto de los modos de expresión porque es capaz de sedimentar un sentido.[77] Sobre esta capacidad señala Stefan Kristensen: "La sedimentación es el proceso histórico por el cual los sistemas significantes se reestructuran y dan lugar a configuraciones nuevas".[78] El gesto tiene una historia que se constituye a partir de una dinámica temporal que implica una institución, una sedimentación, y una reactivación del sentido ya instituido en pos de una nueva institución. Mauro Carbone explicita esta particularidad de la siguiente manera:

> El lenguaje conserva con el tiempo una relación particular que le dona el poder de sedimentar los actos expresivos anteriores, poder que constituye su privilegio en relación a las otras formas de expresión, en tanto que este le permite instalar como adquisiciones intersubjetivas eso que lleva a la manifestación.[79]

El lenguaje tiene la capacidad de sedimentar en los signos los sentidos otorgados por los sujetos hablantes. Luego estas sedimentaciones permanecen como adquisiciones intersubjetivas disponibles para la comunidad hablante, como significaciones adquiridas en las que se mantiene latente la posibilidad de señalar, mediante una reestructuración, un nuevo sector del mundo que aún permanecía mudo. A partir de las significaciones instituidas pueden instituirse otras nuevas. El lenguaje se encuentra en una constante recreación. Para explicar el modo de operar del lenguaje Merleau-Ponty establece una distinción:

---

77 "Lo que es verdad –y justifica la situación particular que se da ordinariamente al lenguaje– es que la palabra es, entre todas las operaciones expresivas, la única capaz de sedimentarse y de constituir una adquisición intersubjetiva" (MERLEAU-PONTY, M., *Phénoménologie de la perception*, p. 221).
78 KRISTENSEN, S., "Valéry, Proust et la vérité de l'écriture littéraire", *Chiasmi international*, N° 9, (2007), p. 337.
79 CARBONE, M., *La visibilité de l'invisible. Merleau-Ponty entre Cézanne et Proust.*, Georg Olms Verlag, Zurich, 2001, p. 80.

> Digamos que hay dos lenguajes: el lenguaje adquirido, de que disponemos, y que desaparece ante el sentido en cuyo portador se ha convertido –y el lenguaje que se hace en el momento de la expresión, y que va justamente a hacerme deslizar desde los signos al sentido–; el lenguaje hablado y el lenguaje hablante.[80]

Comprender esta diferenciación establecida por Merleau-Ponty es primordial para advertir la dinámica del lenguaje. Existen dos regiones entrecruzadas del lenguaje: el lenguaje hablado (*langage parlé*) y el lenguaje hablante (*langage parlant*). El primero es aquel que contiene las significaciones ya adquiridas, significaciones cerradas que manipulamos de manera constante y natural. El segundo es aquel lenguaje que me hará deslizar desde los signos al sentido, es el que, mediante un arreglo o *desviación* de los signos y significaciones ya disponibles, viene a segregar una nueva significación, a ex-presar.

El lenguaje hablante u operante es en el que va a habitar el poder de la palabra, aunque, paradójicamente, este poderío sólo es posible por la existencia del lenguaje adquirido. A partir de las significaciones conocidas, instituidas, el lenguaje realiza una "torsión secreta" en la que "las significaciones disponibles se anudan súbitamente según una ley desconocida, y de una vez por todas, un nuevo ser cultural ha empezado a existir".[81] El lenguaje hablante se sirve de las significaciones adquiridas y opera con ellas para que, mediante una redistribución de estas, una determinada disposición y ordenamiento en el relato, sea segregada una nueva significación, se produzca un *excedente*, una significación superadora que se erija como una nueva institución a partir de las significaciones adquiridas.

Esta superación (*dépassement*) se opera a partir de las significaciones conquistadas hacia la nueva significación. El todo organizado dice más que las partes, cierta disposición de los gestos lingüísticos nos reenvía hacia un sentido que aún no conocíamos. El misterioso poder del lenguaje reside en esta nueva disposición de las palabras ya conocidas en las que se nos señala una nueva palabra. Dicho poder:

> aparece cuando el lenguaje constituido, súbitamente descentrado y privado de su equilibrio, se ordena de nuevo para enseñar al lector –y hasta al autor–, lo que no sabía pensar ni decir. El lenguaje, nos lleva a las cosas mismas en la exacta medida en que, antes de *tener* una significación, *es* significación.[82]

---

80 Merleau-Ponty, M., *La prose du monde*, p. 17.
81 Merleau-Ponty, M., *Phénoménologie de la perception*, p. 213.
82 Merleau-Ponty, M., *La prose du monde*, p. 22.

La potencia del lenguaje radica en que *es* significación. La palabra, comprendida en su naturaleza de gesto lingüístico entraña en sí misma un sentido y, mediante el juego "azarosamente dirigido" de sus significaciones, instituye una nueva significación, señala una parte de nuestro mundo que hasta ahora había pasado inadvertida, un sector de nuestro entorno impensado, innominado. El lenguaje conquistador es aquel lenguaje que avanza conquistando regiones del mundo del sujeto que permanecían sin palabra. El escritor "[…] trata de producir un sistema de signos que restituya, gracias a su ordenamiento interno, el paisaje de una experiencia".[83] Las palabras del autor lo dirigen hacia un sentido que aún no sabía pensar ni decir: la disposición cuidadosa, en la que se reutilizan las significaciones adquiridas, le permite decir algo que no se había dicho aún, usurpar un territorio foráneo.

"El libro, artefacto para crear significaciones"[84] es el terreno en que los escritores construyen las significaciones que conquistan dicho territorio. El autor se sirve de las significaciones comunes (instituidas) entre él y yo para instalarse en mi mundo y, luego, desviando los signos de su sentido ordinario, me reenvía hacia otro sentido que encontraré y que se ha ido tejiendo por detrás.[85] El lenguaje conquista cuando expresa y "el momento de la expresión es aquel en el que la relación se invierte, en el que el libro toma posesión del lector".[86]

III.3 La expresión creadora

Establecidas ya las dos regiones del lenguaje es preciso centrarnos en la más relevante para nuestra reflexión posterior: el lenguaje hablante. Este tipo de lenguaje se caracteriza esencialmente por su tarea creadora. Podemos distinguir en él un uso *empírico*, el que se asocia con la utilización de un lenguaje que señala directamente un determinado punto del mundo (lenguaje hablado), y un uso *creador*, el que significará de manera lateral, oblicua, indirecta

---

83 MERLEAU-PONTY, M. *Résumés de cours. Collège de France 1952-1960*, p.40.
84 MERLEAU-PONTY, M., *La prose du monde*, p. 20.
85 MERLEAU-PONTY elabora el concepto de "gran prosa" para referirse a aquellos libros que logran llevar a cabo una recreación del instrumento significante. Estos libros –como por ejemplo *A la busca del tiempo perdido*– tocando significaciones ya instaladas en la cultura consiguen captar un sentido que no había jamás sido objetivado y hacerlo accesible a todos aquellos que hablan la misma lengua. "La gran prosa como obra de arte que expresa el mundo vivido" será elucidada en el punto final del capítulo en torno al problema de la verdad del lenguaje literario.
86 *Ibidem*.

(lenguaje hablante).[87] Para Merleau-Ponty el lenguaje creador es el ser que dará vida a la expresión creadora, expresión que no es otra cosa que "una operación del lenguaje sobre el lenguaje que de repente se descentra hacia su sentido".[88]

La expresión adquirida corresponde punto por punto a giros, formas y palabras instituidas, donde no existen los silencios ni las lagunas, donde cada palabra tiene una sola significación. Pero cuando Merleau-Ponty habla de un descentramiento del lenguaje hacia un sentido, busca describir la *expresión creadora*. En esa expresión se da una influencia de unas palabras sobre otras de tal manera que, en ese tumulto, evocan un sentido más imperiosamente que si cada una de ellas fuera portadora de un lánguido significado del que ya estaría cargada. La reunión de los gestos lingüísticos provistos de sentido busca un desvío (*écart*) del lenguaje hacia la institución de una nueva significación que, posteriormente, pasará del lado de las significaciones instituidas. Por ello se puede afirmar que "el lenguaje dice concluyentemente cuando renuncia a decir la cosa misma",[89] cuando no busca atrapar una realidad sino manifestarla rodeándola, de manera indirecta. La "secreta torsión" del lenguaje involucraría una *deformación coherente* de las formaciones ya existentes hacia una nueva formación en vías de instituirse.

Esta dinámica que presenta el lenguaje lo hace aparecer como un organismo vivo que se encuentra en constante proceso hacia un horizonte, como sistema de "útiles lingüísticos" que, más que una significación, tienen un *valor de empleo* que se presta para la expresión.[90] Existe un "ejercicio" del lenguaje en el que el sentido de las expresiones en trance de formación es "[…] un sentido lateral u oblicuo, resultado del comercio de las palabras mismas";[91] este ejercicio es un modo de sacudir el aparato del lenguaje para que diga algo que aún no se ha dicho, pero que está latente.

La expresión busca traducir el "libro interior" de la experiencia. Ahora bien, esta traducción no es la expresión de algo ya escrito, sino que es una creación. La lectura del "libro interior" de la experiencia es interpretada ella misma como acto creador. No existe para Merleau-Ponty mejor ejemplo de esta traducción creadora que la novela de Marcel Proust: *À la recherche du temps perdu*; en ella encuentra que "hablar o escribir es *traducir* una experiencia que sólo se convierte texto por el habla que suscita".[92] Cuando leo el libro interior de mi experiencia no hago más que traducir las palabras que esta engendra y

---

87 Cfr. MERLEAU-PONTY, M., *Signes*, p. 56.
88 *Ibidem*, p. 55.
89 *Ibidem*.
90 Cfr. MERLEAU-PONTY, M., *La prose du monde*, p. 41.
91 *Ibidem*, p. 65.
92 MERLEAU-PONTY, *Résumés de cours*, Gallimard, Paris, 1968, p. 41.

esto es posible porque la carne (*chair*) del lenguaje se monta (*empiète*) sobre la carne del mundo.[93]

La creatividad de la expresión radica en el *excedente* de lo que quiero decir sobre lo que es o lo que ha sido dicho.[94] "Yo expreso cuando, utilizando todos esos instrumentos ya hablantes [palabras adquiridas], les hago decir algo que no han dicho nunca".[95] Existe un excedente, un saldo superior. A partir de las palabras adquiridas y su disposición, el lenguaje se retuerce creativamente y se desvía para dar a luz a una nueva significación, para decir algo *nuevo*. El milagro del lenguaje consiste en el hecho de que él es más que el lenguaje existente; por lo tanto, no puede ser comprendido ni por sus orígenes ni por sus consecuencias. "Esta maravilla [...] que el sentido lingüístico nos oriente sobre un más allá del lenguaje, es el prodigio mismo del decir, y quien quiera explicarlo por su 'comienzo' o por su 'fin' perdería de vista su 'hacer'".[96]

III.4 El poder de la palabra y la expresión de las ideas sensibles

Luego de haber explicitado *cómo* dice el lenguaje es menester que nos ocupemos del *qué*, es decir, el tema del lenguaje. Merleau-Ponty afirma que "las significaciones de la palabra son siempre ideas".[97] En este punto es preciso referirse a las "ideas sensibles" de las que nos hablan tanto Merleau-Ponty como Marcel Proust.

Las ideas sensibles ser perfilan como el tema principal de la expresión. Son del orden prereflexivo, preobjetivo y pertenecen, en principio, al ámbito mudo de la existencia del sujeto. Están "incrustadas en el cuerpo", son ideas de la carne (*chair*), ideas no conceptualizables o ideas sin concepto, que están recubiertas por un velo. Ese velo las hace irradiar, de la misma manera que la esencia del amor irradia en la "pequeña frase" de la *Sonata* de Vinteuil, igual que lo invisible se perfila en lo visible.[98] En *Lo visible y lo invisible* Merleau-Ponty señala que "la

---

93 El Narrador de la *Recherche* descubrirá que "[...] ese libro esencial, el único libro verdadero, un gran escritor no tiene, en el sentido corriente del término, que inventarlo, puesto que ya existe en cada uno de nosotros, sino traducirlo" (Proust, M., *Le Temps retrouvé*, p. 197 / *El tiempo recobrado*, p. 770).
94 Sobre la nociones de desvío (*écart*), traducción, y excedente, ver Waldenfels, B., "Fair voir par les mots. Merleau-Ponty et le tournant linguistique", *Chiasmi international*, Nº 1, (1999).
95 Merleau-Ponty, M., *Signes*, p.113.
96 Merleau-Ponty, M., *La prose du monde*, p. 59.
97 Merleau-Ponty, M., *Signes*, p. 112.
98 El concepto de "idea sensible", noción fundamental en nuestra exposición, fue sucintamente descripto en este párrafo ya que será ampliamente desarrollado en el cuarto capítulo.

esencia en estado viviente (*vivent*) y activo es siempre cierto punto de fuga señalado por la disposición de las palabras".[99] La esencia se expresa por medio del ordenamiento de los signos, de las palabras, que son gestos que señalan un lugar del mundo, son palabras "conquistadoras", palabras que *dicen* las cosas mismas.

Esto permite discernir en el lenguaje el *excedente* de lo que se va a decir sobre lo dicho, porque ese *excedente* es la esencia de las cosas, la verdad del mundo vivido. Esta tarea será emprendida con la convicción que el mismo Merleau-Ponty tenía: la literatura es la exploración de un invisible, es develamiento de un universo de ideas.[100]

El poder del lenguaje reside en que "las palabras, en lugar de limitarse a revestir y vehiculizar significaciones preestablecidas, están animadas por una vitalidad autónoma".[101] Vitalidad instituida por un proceso de sedimentación en el que, a partir de la reestructuración de las significaciones adquiridas, aparece una nueva significación mediante la cual el lenguaje literario manifiesta una idea sensible, una parte del mundo. Esta epifanía tiene como vehículo la literatura. Este vehículo es ambiguo ya que, por un lado, es como la música o la pintura, "palabra de vida" adoptada no conscientemente por el escritor y, por el otro, a diferencia de estas, la palabra literaria se encuentra relativamente libre de un contexto, por ello puede hacer existir un universo para el lector.[102]

¿Qué es entonces lo que HAY que decir? En *Lo visible y lo invisible* encontramos una aclaración entre corchetes en la que el autor expresa que el pensamiento no es otra cosa que la sublimación de un HAY, la realización de un invisible que es el reverso de lo visible.[103] Es preciso señalar que Merleau-Ponty resalta la importancia del HAY escribiendo esta palabra en mayúsculas como aquí lo hacemos. Esta relevancia otorgada al HAY reside en el hecho de que el autor considera que la idealidad no puede ser entendida separada del mundo, o, mejor dicho, de la carne (*chair*).

Hay un mundo que suscita mis pensamientos, un mundo desde el cual emergen y del que no pueden ser escindidos. Merleau-Ponty afirma que vivimos en una estrecha complicidad con el mundo, la verdad y el Ser. Esta complicidad se funda en nuestro cuerpo, entendido como unidad prerreflexiva que, lejos de rivalizar con el mundo, se erige como el único medio que tenemos de ir al corazón

---

99 Merleau-Ponty, M., *Le visible et l'invisible*, p. 157.
100 Cf. *Ibidem*, pp. 193-194.
101 Carbone, M., *La visibilité de l'invisible*, p. 61.
102 Cf. Kristensen, S., "Valéry, Proust et la vérité de l'écriture littéraire", p. 338.
103 Cf. Merleau-Ponty, M., *Le visible et l'invisible,* p. 188.

de las cosas, haciéndonos mundo y haciéndolas carne.[104] Nuestro cuerpo está en el Ser, no se encuentra *ante* el Ser, sino que se halla *en medio* del Ser.

El cuerpo debe ser entendido como el campo de experiencias en que se presenta el mundo. Entre lo visible y nosotros existe una intimidad tan estrecha como la del mar y la playa: están el uno en el otro, aunque ninguno se funde en el otro. El cuerpo está *en medio* del Ser, se encuentra ubicado entre las cosas. Por esto debe ser entendido de una manera doble: como cuerpo sensible y como cuerpo sintiente, es decir, como cuerpo objetivo y cuerpo fenoménico. Esta distinción busca descubrir aún más el despliegue de mi cuerpo en el mundo. Para Merleau-Ponty, el cuerpo es un ser de dos hojas: por un lado, cosa entre las cosas y, por el otro, el que las ve y las toca.[105] Es cuerpo sentido y cuerpo sintiente, facetas que se dan como el reverso y el anverso, como un único ser de dos caras.

Este ser de dos dimensiones es el único que puede llevarnos a las cosas, ya que ellas tienen una profundidad que las hace inaccesibles a un sujeto que ejerce una mirada poderosa sobre estas, una mirada que las sobrevuela. El cuerpo, sintiente y sensible, cosa entre las cosas y a la vez Visibilidad, coexiste en el mundo y, al ser carne, es decir, facticidad, puede abrir el mundo en toda su hondura. Para Merleau-Ponty el cuerpo es un *sensible ejemplar* que ofrece a quien lo habita y siente con qué sentir todo lo que afuera se le parece. El cuerpo es el pivote entre el mundo y la idea porque es carne que ha emergido de la carne del mundo, en palabras del autor:

> Lo que hace el peso, la consistencia, la carne de cada color, de cada sonido, de cada textura táctil, del presente y del mundo, es que quien los aprehende se siente emerger de ellos por una especie de enroscamiento o de repetición, fundamentalmente homogéneo a ellos, es que es lo sensible mismo viniendo a sí, y que recíprocamente lo sensible es para mí como su doble o una extensión de su carne.[106]

Las cosas del mundo solo existen en esos rayos de espacialidad y temporalidad emitidos en el secreto de mi carne, no aparecen al sujeto que sobrevuela el mundo porque este sujeto no es mundo, no tiene profundidad; en cambio, mi cuerpo es carne entre la carne, es sintiente sensible, es hondura, es cosa del mundo y Visibilidad. Por esta cualidad inherente a mi condición es que lo sensible se presenta en mí como lo hace a sí mismo, porque mi cuerpo es un sensible sintiente en el que la carne del mundo se extiende y se siente.

---

104 Cf. *Ibidem*, p.176.
105 Cf. *Ibidem*, p. 178.
106 *Ibidem*, pp. 150-151.

Ahora bien, "hay" un mundo, "hay" cosas, y ellas propician la idealidad. Merleau-Ponty propone que toda ideación es sostenida por la cohesión de un extremo al otro de un solo Ser: bajo la idea está el tejido de la experiencia.[107] La idea es un sentido segundo o figurado de la visión, es sublimación de la carne en pensamiento. Mi visible se confirma como ejemplar de una universal visibilidad en presencia de otros videntes. Lo que "hay" es sublimado, es realización de un invisible, una idea que no puede ser desprendida de lo visible porque ella es su reverso.

La idealidad sensible es afirmar la presencia de la esencia en la cosa; la íntima relación entre hecho y esencia, que no son antitéticos –creencia que ha sido impuesta por un pensamiento que mira el Ser desde frente y no desde su centro– sino que son anverso y reverso del mismo Ser, una sola y misma cosa vista desde diferentes perspectivas. Merleau-Ponty nos dice: "Hechos y esencias son abstracciones: lo que existe son mundos, un mundo y un Ser [...]. Este mundo, este Ser, facticidad e idealidad indivisas".[108] Las ideas se encuentran incrustadas en mis articulaciones, mi carne –extensión de la carne del mundo– sublima la experiencia en pensamiento, sublimación que solo se hace posible por la cualidad de mi cuerpo de ser sintiente y sensible.

Esta génesis de la idealidad comprendida a partir de la noción de carne debe ser pensada tal como Mauro Carbone lo señala cuando intenta dar explicación de ese quiasmo que se da entre lo empírico y lo trascendental. Carbone nos dice que

> Eso que venimos de entender en la descripción de Merleau-Ponty puede en otros términos configurarse como *iniciación empírica* –no empirista– *al trascendental*, aquel no preexiste a la experiencia; pero en nuestra *apertura* a ella él encuentra la condición para abrirse a su vez.[109]

Aquí el trascendental debe ser entendido –en los términos de Merleau-Ponty– como lo "invisible de ese mundo", es decir, la idea. Es en la experiencia corporal donde la idea encuentra la posibilidad de desplegarse. En el contacto con lo visible descubrimos la textura carnal de la idea que se presenta como la ausencia de toda carne, así como un hueco, un adentro. No vemos ni oímos las ideas, ni siquiera podríamos decir que las percibimos con el ojo del espíritu y, de todos modos, están. Merleau-Ponty lo explica de la siguiente manera:

---

107 Cf. *Ibidem*, p. 148.
108 *Ibidem*, p. 154.
109 CARBONE, M., *Proust et les idées sensibles,* Paris, Vrin, 2008, p. 54.

Con la primera visión, el primer contacto, el primer placer, hay iniciación, es decir, no posición de un contenido, sino apertura de una dimensión que ya no podrá cerrarse, establecimiento de un nivel al que de ahora en más será referida toda nueva experiencia. La idea es ese nivel [...] lo invisible *de* este mundo, el que lo habita, lo sostiene y lo hace visible, su posibilidad interior y propia, el Ser de ese siendo.[110]

La idealidad se abre como dimensión a partir del encuentro de la carne del cuerpo con la carne del mundo. En mi experiencia del mundo ya se dibuja una idealidad prereflexiva o, mejor dicho, una idealidad sensible, idealidad del cuerpo perceptor. Esta es la idealidad de que nos habla Merleau-Ponty cuando sostiene que

> Hay una idealidad rigurosa en experiencias que son experiencias de la carne: los momentos de la sonata, los fragmentos del campo luminoso, adhieren uno a otro por una cohesión sin concepto, que es del mismo tipo que la cohesión de las partes de mi cuerpo, o la de mi cuerpo y el mundo.[111]

Esta relación entre carne e idea no implica de ninguna manera la liberación de lo visible, es decir, una especie de desprendimiento de lo sensible, sino como explica Mauro Carbone siguiendo a Merleau-Ponty: "El pasaje implica una *metamorfosis* de la carne de lo sensible en la carne del lenguaje".[112] Este pasaje resulta de una importancia sustancial para el autor: dicha "metamorfosis" es el hecho por medio del cual aparece en nosotros la idealidad. Merleau-Ponty explica esta conversión con las siguientes palabras:

> La idealidad pura no es ella misma sin carne, ni libre de las estructuras de horizonte: *vive* de ellas, aunque se trate de otra carne y de otros horizontes. Es como si la visibilidad que anima al mundo sensible emigrara, no afuera de todo cuerpo, sino a otro cuerpo, menos pesado, más transparente; como si cambiara de carne, abandonado la del cuerpo por la del lenguaje, y quedara por ello momentáneamente exenta, pero no definitivamente libre, de toda condición.[113]

Esta migración de la visibilidad que anima al mundo sensible hacia el cuerpo menos pesado del lenguaje, no es un hecho azaroso. Merleau-Ponty afirma

---

110 MERLEAU-PONTY, M., *Le visible et l'invisible,* p. 196.
111 *Ibidem,* pp. 196-197.
112 CARBONE, M., *The thinking of the sensible. Merleau-Ponty's A-Philosophy,* Illinois, Northwestern Univ. Press, 2004, p. 39.
113 MERLEAU-PONTY, M., *Le visible et l'invisible,* p. 198.

esto porque conoce las facultades del lenguaje para recibir y mantener dicha visibilidad animadora de lo visible. La estructura y dinámica conquistadora del lenguaje operante permite que la idealidad sensible, que era del orden prerreflexivo, pueda tornarse idealidad pura que es estructurada en la carne menos pesada del lenguaje. Explica que el lenguaje se presenta como una pantalla que se instala entre el cuerpo y las cosas cortando el tejido que las une. La carne del lenguaje se monta (*empiète*) sobre la carne del mundo y, como amoldándose a su estructura, se despliega tomando su forma.

La palabra es parte total de las significaciones como lo es la carne de lo visible; por ello, al igual que esta, se establece como relación al Ser a través de un ser. La palabra puede ser señalada como elemento, al igual que la carne, que por medio de cierta "metamorfosis", siendo parte del mundo, despliega y abre otro mundo, el mundo de la idealidad. La palabra que es parte del mundo visible es, a su vez, asilo del mundo inteligible porque prolonga en lo invisible.

Es el lenguaje el que abre un campo de lo nombrable y lo decible metamorfoseando las estructuras del mundo visible. Al igual que la visibilidad sostiene la percepción, la palabra sostiene la idealidad. La palabra se manifiesta como fenómeno reversible, existe una reversibilidad entre ella y lo que significa, del mismo modo como sucede con el vidente y el visible.

Habiendo expuesto esto podemos ahora entender al lenguaje como lenguaje operante, lenguaje que no necesita ser traducido en significaciones y pensamientos, sino que, siendo parte del mundo, se refiere a este y solo puede entenderse en su interior. Podremos entonces descubrir que "así como el mundo está detrás de mi cuerpo, la esencia operante está detrás de la palabra también operante, la que es menos poseedora que poseída por la significación, que no habla *de* ella, sino que *la* habla, o habla *según* ella o la deja hablar y hablarse en mí".[114] Dicho lenguaje sólo vive del silencio ya que ha germinado en el país mudo de la percepción. Este es un lenguaje que, llamado por las voces del silencio, continúa un ensayo de articulación que es el Ser de todo ser.[115]

---

114 *Ibidem*, p. 156.
115 Cf. *Ibidem*, p. 166.

2. Del mundo del silencio al mundo de la expresión

En el capítulo anterior hemos indagado el problema del lenguaje. Allí intentamos presentar la dialéctica que describe el devenir diacrónico que se da en el paso de un estado sincrónico a otro; en otras palabras: el dinamismo creativo del lenguaje tal como Merleau-Ponty lo entiende a lo largo de su obra. Hacia el final presentamos la noción de carne (*chair*). Este elemento será ahora el concepto central para entender en conjunto la unidad del sentido perceptivo y del sentido "lenguajario"[1] (*langagier*) y su diferencia. En el presente capítulo buscaremos entonces alcanzar "el objetivo de la filosofía de la carne [que] es pensar a la vez, en el mismo gesto, la continuidad y la ruptura entre el mundo silencioso y el mundo hablante".[2]

---

1   Traducimos el término *langagier* por el neologismo "lenguajario" porque no existe una traducción directa al español. En general es traducido por "lingüístico" o "relativo al lenguaje", pero ninguna traducción nos parece justa: "lingüístico" supone una referencia ineludible a la ciencia positiva de la lengua, especificidad que oscurece el sentido que Merleau-Ponty le da a esta palabra, ya que no está ligada a lo científico o al análisis positivo del lenguaje; "relativo al lenguaje" implica lo contrario: un grado de generalidad tal que *langagier* podría englobar cualquier característica del lenguaje, vaciando el sentido específico de este concepto en la obra del filósofo francés: lo relativo al sentido inmanente que tiene un acaecer intralingüístico y que se manifiesta cuando la intención significativa, ese deseo mudo del sujeto hablante, se da un cuerpo y se conoce a sí misma valiéndose de los signos instituidos que están definidos por sus diferencias, oposiciones e identidades, para dirigirse hacia un nuevo sentido del que tomará conciencia por medio de ese acto expresivo. Sugerimos también comprender la noción de "sentido lenguajario" en contraste con la de "sentido perceptivo". Así como el sentido perceptivo es aquel que aparece en la estructura diacrítica del fenómeno de la percepción, el sentido lenguajario será el que se manifieste a partir de la estructuración diacrítica del lenguaje.

2   Kristensen, S., "Foi perceptive et foi expressive" en *Chiasmi International,* 5 (2003) p. 266.

Uno de los problemas que permanece irresuelto en la *Fenomenología de la percepción* es el que busca explicitar la relación entre el ser percibido y el lenguaje: "el problema del pasaje del sentido perceptivo al sentido lenguajario [*langagier*]".³ En *Lo visible y lo invisible* Merleau-Ponty había emprendido un proyecto que tenía por objetivo elaborar una *nueva ontología*. Esta aspiración se venía gestando, al modo de una "síntesis pasiva", desde los cursos dictados en el *Collège de France*. Allí anunciaba que hasta ese momento había realizado una aproximación al mundo percibido organizada en función de los conceptos clásicos como percepción, consciencia, síntesis, etc.⁴ Sin embargo, le parecían insuficientes en tanto que esa terminología le imponía límites a los análisis que pretendía desarrollar –aquellos que querían dar cuenta del paso del mundo sensible al mundo de la expresión– y, por lo tanto, buscaría establecer un nuevo campo de conceptos para dicho propósito. La nueva ontología iniciada en los Cursos y continuada en *Lo visible y lo invisible* –aunque inconclusa a causa de su muerte– pondrá en juego nociones como la de carne (*chair*), institución, conciencia perceptiva, dimensión, etc., claves para pensar el pasaje de un *logos* a otro, del silencio a la palabra.⁵

Hacia el final de su obra Merleau-Ponty esbozará una vía de superación de este problema y, para ello, posicionará la noción de carne (*chair*) como pivote

---

3 MERLEAU-PONTY, M., *Le visible et l'invisible*, p. 227.
4 "Hemos intentado un análisis del mundo percibido que lo distingue en lo que tiene de original en oposición al mundo de la ciencia o del pensamiento objetivo. Pero este análisis estaba con todo organizado en función de conceptos clásicos como: percepción (en el sentido de posición de un objeto aislable, determinado, considerado como una forma canónica de nuestras relaciones con el mundo); consciencia (entendiendo por esto el poder centrífugo del *Sinn-gebung* que encuentra en las cosas lo que ella misma ha puesto); síntesis (que supone elementos a ser reunidos) (por ejemplo, problema de la unidad de las *Erlebnisse*), materia y forma del conocimiento" (MERLEAU-PONTY, M., *Le monde sensible et le monde de l'expression. Cours au Collège de France. Notes, 1953*, pp. 45-46).
5 En referencia al pasaje citado en la nota precedente y en pos de explicar el porqué de la renovación de las categorías con que pensar el paso del mundo de la percepción al mundo de la expresión que Merleau-Ponty lleva a cabo en el primer lustro de la década del 50', Mariana Larison, en su "Presentación" de la *La institución, la pasividad. Notas de cursos en el Collège de France (1954-1955)*, sostiene acertadamente que "Este lúcido pasaje acerca de los límites que le imponía, en sus propios análisis, la terminología de la consciencia nos permite entender en qué sentido Merleau-Ponty busca establecer un nuevo campo de conceptos: la vida personal a la que refiere el seminario nos coloca fuera del estrecho límite de la consciencia y nos permite pensar una nueva forma de comprender tanto la dimensión intencional (que ya no podrá ser pensada bajo la categoría de *acto*) y la operación que ésta inaugura (que ya no puede ser pensada como *constitución* sino, precisamente, como *institución*), y, finalmente, nos obliga a una revisión de los correlatos implicados en esta relación: el mundo, los otros, la acción" (LARISON, M., "Presentación", MERLEAU-PONTY, M., *La institución, la pasividad. Notas de cursos en el Collège de France (1954-1955)*, p. X).

necesario para explicar la articulación entre ambas dimensiones. No aspiraba a erigirse como una solución definitiva, sino que pretendía replantear el problema. Entender el cuerpo como carne es pensar que "[...] está hecho de la misma carne que el mundo (es un percibido), y que además esta carne de mi cuerpo es partícipe del mundo, él la *refleja*, él la invade [*empiète*] y ella a él (lo colma de subjetividad y a la vez colma de materialidad), están en relación de transgresión o de traspaso".[6]

Ese pasaje se dará como *sublimación* de un orden –el perceptivo– en otro –el del lenguaje–. Tal sublimación, que tiene como punto de partida la carne del mundo y de llegada la carne del lenguaje, será vehiculizada por la palabra (*parole*). Este concepto será la piedra fundamental de la relación entre un mundo y otro. La palabra es quien "metamorfosea las estructuras del mundo visible y se hace mirada del espíritu".[7] En este concepto tendremos que "creer" (hacia el final del capítulo comprenderemos en qué sentido estamos llamados a creer), ya que detrás de él se esconde una *fe expresiva*, fe que nos invita a pensar que la palabra hablante (*parole parlante*) tiene la capacidad de decir la verdad del mundo silencioso de la percepción.[8]

En este capítulo sostendremos que el mundo percibido está estructurado como un lenguaje y, justamente por ello, es posible pensar la posibilidad del pasaje del mundo mudo al mundo hablante. Merleau-Ponty afirmaba que

> El filósofo sabe mejor que nadie que lo vivido es vivido-hablado, que, nacido en esa profundidad, el lenguaje no es una máscara sobre el Ser, sino –si se lo sabe recuperar con todas sus raíces y su frondosidad– el más válido testigo del Ser, al que no interrumpe por una inmediación sin él perfecta; sabe que la visión misma, el pensamiento mismo, como se ha dicho están 'estructurados como un lenguaje'.[9]

El cuerpo es ya lenguaje porque es respuesta al llamado del mundo percibido. En ambos mundos el sentido aparece de modo diacrítico, es decir, a

---

6 Merleau-Ponty, M., *Le visible et l'invisible*, p. 297.
7 *Ibidem*, p. 200.
8 El concepto de "fe expresiva" es elaborado por S. Kristensen con el siguiente objetivo: "De la misma manera que la fe perceptiva está destinada a responder a las antinomias de una filosofía reflexiva del ser bruto, que reconoce a la vez las insuficiencias y la necesidad del proceso reflexivo, la fe expresiva debe responder a las antinomias de una filosofía del sentido que reconoce a la vez la derivación de la palabra en relación a la percepción y la transformación que ella introduce: un pensamiento que considera que la unión de la palabra a la realidad, el hecho de que esté destinada a decir verdad es un hecho primero tan incontestable como imposible de probar" (Kristensen, S., "Foi perceptive et foi expressive", p. 276).
9 Merleau-Ponty, M., *Le visible et l'invisible*, p. 165.

partir de un desvío, de una diferencia que otorga sentido al todo percibido u expresado. El contacto entre ambos mundos análogos se da a partir de la carne entendida como sensible pivote que nos permite sublimar lo percibido y hacer migrar el sentido hacia el tejido más liviano del lenguaje.

I. La conciencia perceptiva como expresión

En el curso titulado "El mundo sensible y el mundo de la expresión", dictado los días jueves del año académico 1952/1953, Merleau-Ponty emprende un camino de renovación de las categorías con las que pensar el mundo sensible. Por ello intenta redefinir ciertos conceptos fenomenológicos centrales para poder comprender el problema esencial de la filosofía. Este problema no es otro que aquel que ha sido señalado por E. Husserl en sus *Meditaciones cartesianas* y que, constantemente, es retomado por Merleau-Ponty: el problema que concierne a "la experiencia pura y por así decirlo aún muda, que debe ser llevada a la expresión pura de su propio sentido".[10] Dentro de los principales conceptos que han sido repensados por Merleau-Ponty nos ocuparemos, en este primer apartado, del abandono que realiza el filósofo francés de la noción de conciencia en pos de la renovada conciencia perceptiva. Esta redefinición de la conciencia –a la que de ahora en adelante habrá que comprender en los términos de la percepción– es el primer momento que debemos atravesar para comenzar a elaborar una posible respuesta a la dificultad que supone el pasaje de la percepción a la expresión.

Luego de exponer a finales de 1946 "Le primat de la perception et ses conséquences philosophiques" frente a la Sociedad francesa de Filosofía y de ser fuertemente cuestionado por las tesis allí sostenidas, en sus Notas preparatorias del curso sobre el mundo sensible y el mundo de la percepción, Merleau-Ponty establece como uno de sus objetivos generales: "profundizar el análisis del mundo percibido mostrando que este ya supone la función expresiva".[11] A lo largo del Curso el autor caracterizará a la percepción señalando que "toda percepción es percepción de algo sólo mientras es también relativa impercepción de un horizonte o de un fondo, al que implica sin tematizar"[12] y en la que

---

10 Husserl, E., *Cartesianische Meditationem und Pariser Vorträge, Hussserliana I*, p. 77. Para ahondar en la apropiación merleaupontiana de esta frase de Husserl puede verse Waldenfels, B., "Le paradoxe de l'expression chez Merleau-Ponty", en *Recherches sur la phénoménologie de Merleau-Ponty*, Paris, PUF, 1998, bajo la dirección de R. Barbaras, pp. 331-348.
11 Merleau-Ponty, M., *Le monde sensible et le monde de l'expression. Cours au Collège de France. Notes, 1953*, p. 45.
12 Merleau-Ponty, M., *Résumés de cours. Collège de France 1952-1960*, p. 12.

> El sentido de la cosa percibida, si se la distingue de todas las otras, no está aún aislado de la constelación en que aparece; sólo se pronuncia como cierto *desvío* [*écart*] respecto del nivel de espacio, de tiempo, de movilidad y, en general de significación en que estamos establecidos; sólo se da como una deformación –pero sistemática– de nuestro universo de experiencia.[13]

Esta concepción gestáltica de la percepción propiciará en el autor el abandono de la noción fenomenológica clásica de conciencia en favor de la novedosa conciencia perceptiva interpretada a la luz de la función expresiva. Él mismo señalará las principales diferencias entre ambos conceptos para justificar la necesidad de renovación de esta noción clave de toda filosofía fenomenológica.

Al comenzar las Notas de curso en torno al mundo sensible y el mundo de la expresión Merleau-Ponty señala las principales dificultades del concepto de conciencia constituyente. En primer lugar –nos dice–: "Tener conciencia = hacer aparecer, delante de la oscuridad del sujeto, un ser que, de esta circunstancia, es elevado al valor o a la significación".[14] Concebida de esta manera la conciencia sólo puede tener relación con sus significaciones, su poder centrífugo de *Sinngebung* encuentra en las cosas lo que ella misma ha puesto. Ella es ambivalente en tanto que presencia inmediata a todo ser, conciencia de sus objetos, nada la separa de ellos. Pero también es, al mismo tiempo, distancia infranqueable en tanto los posee de punta a punta en su mirada de sobrevuelo absoluto, jamás puede ser "tomada" por los objetos. Esta conciencia comprende el sentido como esencia, aquello que responde a la pregunta: "¿qué?" y busca definir, delimitar, significar. La conciencia constituyente es, desde un principio, posición de un enunciado, algo que está sobreentendido, ella es ya hablante. Esta noción de conciencia es la que constituye su objeto en una total claridad; es monádica en tanto que no deja abiertos horizontes más allá de sí misma; es única, no a fuerza de individualidad sino de universalidad.[15] Esta concepción estática y positiva de la conciencia será firmemente rechazada y reinterpretada a la luz de la fenomenología genética de Husserl.

En contraposición, Merleau-Ponty caracteriza a la conciencia perceptiva a través de estas tres notas principales y distintivas en relación a la noción clásica de conciencia. Es imprescindible notar aquí la debilitación de la conciencia en su aspecto constituyente, donador de sentido. Es ahora el mundo el que

---

13 *Ibidem*.
14 MERLEAU-PONTY, M., *Le monde sensible et le monde de l'expression. Cours au Collège de France. Notes, 1953*, p. 48.
15 Esta noción de conciencia que describe Merleau-Ponty es la que le atribuye al primer Husserl y al Sartre escritor de *La trascendencia del ego* (Cfr. *Ibidem*, p. 55).

se percibe en mi cuerpo, la carne del cuerpo es dónde la carne del mundo se sabe. El propósito de Merleau-Ponty es "mostrar, en cambio, que el filósofo aprende a conocer, al contacto de la percepción, una relación con el ser que hace necesario y posible un nuevo análisis del entendimiento".[16]

En primer lugar, la conciencia perceptiva no se relaciona con valores o significaciones, sino que lo hace con seres existentes. Hay una superposición ontológica (*empiètement ontologique*) de las cosas sobre ella, está rodeada, es parte del mundo en el que ocupa un punto de vista, no se encuentra absolutamente fuera del ser que nos presenta. Las cosas toman posesión del cuerpo para hacerse percibir: "es desde el interior del mundo que yo percibo y ni contorno, ni formas geométricas tendrían sentido de otra manera. [Hay] relación de connivencia entre la cualidad y mi campo sensorial",[17] hay una relación expresiva entre los sensibles y el órgano perceptor. De este modo la proximidad y la distancia no son irreconciliables, existe una proximidad entre ella y los existentes que está fundada sobre el sistema de equivalencias que se establece entre mi esquema corporal y la estructura del ser sensible, sobre la "relación expresiva" que hay entre mi manera de ser y la de la cosa. Sin embargo, esta proximidad no puede reducir la distancia que separa los campos análogos que constituyen la manera de ser de las cosas y mi manera de ser, no se posee el ser como tal, sino que él resuena en mí y yo vibro al unísono con él, yo lo *vivo* sin jamás *poseerlo*.[18]

En segundo lugar, el sentido aquí no es esencia sino *diferencia*. El existente, en tanto que percibido, otorga un sentido común tácito que se revela en la armadura del paisaje en el que el sentido de una cosa percibida no está aislado de la constelación. El sentido –ya sentido perceptivo– más que estar subsumido debajo de una esencia o significación, se da en el encuentro cuerpo-mundo como modulación de una cierta dimensión, como modo de desvío o diferencia sobre un nivel.[19] La conciencia perceptiva no es aquella conciencia de una

---

16 Merleau-Ponty, M., *Résumés de cours. Collège de France 1952-1960*, pp. 11-12.
17 Merleau-Ponty, M., *Le monde sensible et le monde de l'expression. Cours au Collège de France. Notes, 1953*, p. 56.
18 Cfr. Saint Aubert, E., "Prólogo" de Merleau-Ponty, M., *Le monde sensible et le monde de l'expression. Cours au Collège de France. Notes, 1953*, p. 16.
19 Respecto a la idea de considerar el sentido no como esencia sino como diferencia (*écart*) véase Alloa, E., "The diacritical nature of meaning: Merleau-Ponty with Saussure", en Chiasmi International, 15 (2014) pp. 167-179. Se buscará allí sostener que Merleau-Ponty elabora –a partir de la lectura de Saussure– "una concepción del sentido que ya no es pensada en términos de referencialidad, sino en los términos de una articulación diacrítica inmanente" (Ibid. p. 168) en tanto que "el sentido emerge no de lo *sustancial, sino* de la relación *lateral*" (Ibid. p. 169). Véase también Kearney, R., "Ecrire la chair: L'expression diacritique chez Merleau-Ponty" en Chiasmi International, 15 (2014) pp. 183-198, artículo dedicado a sos-

figura en ausencia de cualquier fondo, sino que es conciencia de un desvío, de un movimiento, que se da como modulación sobre un nivel, como cambio que se distingue sobre un paisaje.

En tercer y último lugar, "la conciencia perceptiva no es posición de un enunciado, ella es tácita",[20] el sentido de lo percibido no está hecho de significaciones libres y que existen por sí, sino que "hay equivalencias, una sintaxis del contexto, una virtud de la coexistencia o de la proximidad espacial".[21] La significación está unida, implicada en lo sensible, existe un sentido no hablante, un "mutismo" de la percepción en la que ella se perfila como una suerte de lenguaje.[22]

A partir de la consideración de las propiedades características de la conciencia perceptiva Merleau-Ponty afirmará que "la percepción es expresión, expresión del mundo".[23] Entendiendo por expresión la "[...] propiedad que tiene un fenómeno, por su disposición interna, de hacer conocer otro fenómeno que no está o incluso nunca ha sido dado".[24] Percibir es ya expresar en tanto que la percepción se da como un fenómeno que, por su disposición, nos da a conocer otro fenómeno que no está o no ha sido dado. La percepción es la constelación en la que por desviación (*écart*) de un nivel se *expresa* un sentido oculto. La significación aparece unida a la constelación en que aparece, "lo sensible nos habla un cierto lenguaje que todos comprendemos como si entre nuestro aparato perceptivo y él estuviera establecido un pacto lingüístico".[25] Merleau-Ponty puede entonces entender a la conciencia perceptiva como expresión y, sin rodeos, puede titular el apartado en que caracteriza a la conciencia perceptiva con la frase "conciencia perceptiva o expresión". Ya que percibir es expresar, son dos caras de la misma moneda. El acto en que percibo es aquel en que se expresa un fenómeno que aún permanecía oculto o no dicho: el sentido de la cosa percibida que se desvía sobre el nivel del paisaje en que aparece.

La conciencia perceptiva es expresiva porque percibir, implica advertir cierta diferencia en relación a un nivel, una modulación de una cierta dimensión que hace aparecer un sentido que permanecía oculto, el sentido de aquella cosa percibida en su desvío respecto de un plano. La percepción implica la institución

---

tener que todas las formas de expresión comparten la función diacrítica y que "el sentido se encuentra allí donde la expresión diacrítica cruza la experiencia de la carne" (Ibid. p. 183).
20 MERLEAU-PONTY, M., *Le monde sensible et le monde de l'expression. Cours au Collège de France. Notes, 1953*, p. 50.
21 *Ibidem, p. 57.*
22 Cfr. *Ibidem,* pp. 49-58.
23 *Ibidem,* p. 48.
24 *Ibidem.*
25 *Ibidem.* p. 50.

de un todo con sentido, un todo que es expresivo y en el que se deja entrever un sentido inaugurado en el *quiasmo* en que se entrelazan cuerpo y mundo.

Esta aparición del sentido se da de modo diacrítico. En una nota de trabajo del curso que Merleau-Ponty dedica al tema del pasaje entre un mundo y otro encontramos la siguiente explicación de la "concepción diacrítica del signo perceptivo":

> Es la idea que podemos percibir diferencias sin términos, desvíos en relación a un nivel que no es objeto él mismo –único medio de dar de la percepción una conciencia que le sea fiel y que no transforme lo percibido en ob-jeto, en su significación en la actitud aislante o reflexiva.[26]

En este pasaje Merleau-Ponty interpreta la percepción como "testigo de un desvío fundamental en nuestra experiencia sensible *en tanto que expresión implícita*".[27] La propuesta implica abandonar la ilusoria concepción de la percepción entendida en los términos de una conciencia que está frente a un ob-jeto que aparece allí fruto de la reflexión que lo aísla y lo hace un ser percibido.[28] Esta nueva concepción supone que percibir siempre es servirse de signos diacríticos, al igual que realizar con el cuerpo una gesticulación expresiva, cada signo no tiene otro valor que el de diferenciarse de los demás.[29] Lo percibido "tiene un sentido, no como subsumido debajo de una esencia o significación, participando en una idea, o en una categoría –sino como modulación de una cierta dimensión".[30]

Para explicar esta "modulación de una cierta dimensión", Merleau-Ponty toma el caso de la percepción de un círculo: no es interpretado como el círculo geométrico que es unión de puntos, sino como modo de desvío. La circularidad no está dada como una esencia, sino que es vivida como una modulación típica del espacio local. Explica que el sentido es percibido como modo de curvatura, como cambiando de dirección a cada instante siempre con el mis-

---

26 *Ibidem* p. 203. El subrayado pertenece al original.
27 KEARNEY, R., "Ecrire la chair: L'expression diacritique chez Merleau-Ponty", p. 185.
28 "La conciencia de desvío revela en fin cuanto el mito del cara a cara de la conciencia y del objeto es una ilusión retrospectiva: no hay jamás *un* objeto, sino siempre varias *cosas* –será– solo la figura y el fondo, con la posibilidad y la inminencia misma de su inversión" (SAINT AUBERT, E., "Prólogo" de MERLEAU-PONTY, M., *Le monde sensible et le monde de l'expression. Cours au Collège de France. Notes, 1953*, p. 19).
29 Cfr. MERLEAU-PONTY, M., *Le monde sensible et le monde de l'expression. Cours au Collège de France. Notes, 1953*, p. 203.
30 *Ibidem* p. 56. El subrayado pertenece al original.

mo desvío. El sentido aparece por relación a lo que hay desvío (en el caso del círculo sería la tangente del punto considerado), no es algo puesto, es sobre entendido como fondo, como nivel implícito. El sentido perceptivo es entonces desvío por relación a un nivel que no es tema. Es así que el sentido no aparece como esencia sino como *diferencia* al igual que en el lenguaje.[31]

A partir de la analogía que ya comienza a esbozarse entre ambos campos entendemos la centralidad que cobrará la comprensión de la estructuración diacrítica del sentido: ella es la que nos permitirá establecer una continuidad entre ambos mundos. Y como señala E. Alloa: "Merleau-Ponty le da un nombre a este andamiaje de la diacriticidad: la carne".[32] Detengámonos en esta noción que permitirá abrir la puerta que comunica un mundo con el otro.

II. La carne: sensible pivote

En el punto III.4 del capítulo en torno al lenguaje, titulado "El poder de la palabra y la expresión de las ideas sensibles", nos hemos referido sucintamente al rol que tiene la noción de carne (*chair*) en el último período de la obra de Merleau-Ponty. Sin embargo, no hemos ahondado allí en la clarificación de este concepto clave de la filosofía merleaupontiana que se vuelve un eje central de la explicitación del pasaje del mundo de la percepción al mundo de la expresión. Por esta razón nos avocaremos a delinear las características principales de la carne. Este será elemento constitutivo común, tanto del mundo, como del cuerpo y del lenguaje y, por ende, se perfilará como el salvoconducto de la sublimación del sentido perceptivo en el sentido lenguajario.

En *Lo visible y lo invisible* encontramos a Merleau-Ponty esforzándose constantemente por desentrañar el sentido de la carne. El problema que presenta este concepto es que no parece ser susceptible de una delimitación o definición estricta ya que no puede ser encasillado dentro de las categorías clásicas de la filosofía.[33] Es así que más que definir lo que podemos es seña-

---

31 Tanto en la percepción como en el lenguaje el sentido se estructura de modo diacrítico. En el caso del lenguaje la institución de nuevas palabras cobra sentido en relación al todo del lenguaje que funciona como el nivel implícito sobre el que se diferenciarán. La diacriticidad del sentido será desarrollada en el punto III.I del presente capítulo.
32 Alloa, E. "The diacritical nature of meaning: Merleau-Ponty with Saussure", p. 174.
33 Para profundizar en el devenir histórico de esta noción ver Carbone M., "Flesh: Towards the History of a Misunderstanding", en *Chiasmi International* (4) 2002. En este artículo encontramos una breve historia que gira en torno al concepto de carne (*flesh; chair*). M. Carbone buscará presentar esa noción recogiendo las palabras de aquellos pensadores que se interesaron

lar, delinear, conjuntamente con Merleau-Ponty, las notas esenciales de esta noción clave.

La carne designa para Merleau-Ponty un tipo de ser que "no tiene nombre en ninguna filosofía"[34] ya que "no es materia, no es espíritu, no es substancia".[35] La carne es "una *cosa general*, a medio camino entre el individuo espacio-temporal y la idea",[36] debe ser pensada con el antiguo término de "elemento" que utilizaban los griegos para referirse al agua, al aire, etc. La carne no es unión o compuesto de dos sustancias, es la noción última que quiere sostener la relación entre el cuerpo y el mundo, el cuerpo y el espíritu, entre lo visible y el vidente. Estos no pueden ser tajantemente separados, sino que tienen que ser comprendidos teniendo en cuenta que "hay inserción recíproca y entrelazamiento de uno en el otro".[37] La carne es, como afirma Mauro Carbone, la noción por medio de la cual

> Merleau-Ponty logra designar el tejido ontológico común que entreteje nuestro cuerpo, el del otro y las cosas del mundo, envolviéndolas en un horizonte de *co-pertenencia* en el interior del cual sujeto y objeto no están aún constituidos, de suerte que todo cuerpo y toda cosa no se da más que como *diferencia* en relación a otros.[38]

En una nota de trabajo de junio de 1960 Merleau-Ponty reflexiona en torno a cómo deben ser comprendidas las relaciones referidas. Quiere romper de una vez por todas con el pensamiento dicotómico que ha intentado instalar la polaridad cuerpo-espíritu. Por ello afirma que "hay un cuerpo del espíritu y un espíritu del cuerpo y un quiasmo entre ellos".[39] Este quiasmo se da en la carne (*chair*) –noción a la que Merleau-Ponty decide apelar para no perma-

---

    por este término como Merleau-Ponty, Husserl, Franck, Nancy, Derrida y Henry. Finalmente, el autor reforzará lo que para él constituye lo esencial del término que no es otra cosa que la reversibilidad.
34 Merleau-Ponty, M., *Le visible et l'invisible*, p. 191.
35 *Ibidem*, p. 181.
36 *Ibidem*, p. 182.
37 *Ibidem*, p. 180. Más adelante Merleau-Ponty insiste: "Una vez más, la carne de la que hablamos no es la materia. Es el enroscamiento de lo visible sobre el cuerpo vidente, de lo tangible sobre el cuerpo tocante, que es evidenciado especialmente cuando el cuerpo se ve, se toca viendo y tocando las cosas, de manera que, simultáneamente, *como* tangible, desciende entre ellas, *como* tocante, las domina todas y extrae de él mismo esa relación, e incluso esa doble relación, por dehiscencia o fisión de su masa […] La carne (la del mundo o la mía) no es contingencia, caos, sino textura que vuelve en sí y se adecua a sí misma" (*Ibidem*, pp. 189-190).
38 Carbone, M., *Una deformación sin precedentes. Marcel Proust y las ideas sensibles*, Barcelona, Anthropos, 2015, p. 144.
39 Merleau-Ponty, M., *Le visible et l'invisible*, p. 307.

necer en el lenguaje propio del pensamiento tradicional–: "Hay que pensar la carne no a partir de las substancias, cuerpo y espíritu, pues entonces sería la unión de contradictorios, sino, decíamos, como elemento, emblema concreto de una manera de ser general".[40] Es la carne la que nos permitirá elaborar el problema de estas dos regiones de un modo novedoso.

> La noción esencial para una filosofía tal es la de la carne, que no es el cuerpo objetivo, que tampoco es el cuerpo pensado por el alma (Descartes) como suyo, que es lo sensible en el doble sentido de lo que uno siente y lo que siente. Lo que uno siente = la cosa sensible, el mundo sensible = el correlato de mi cuerpo activo, lo que le 'responde' – Lo que siente = no puedo plantear un único sensible sin plantearlo como arrancado de mi carne, extraído de mi carne, y mi carne es uno de los sensibles en el cual se hace inscripción de todos los otros, sensible pivote en el cual participan todos los otros, sensible-llave, sensible dimensional.[41]

La noción de carne se erige como bisagra, pivote, entre un mundo y el otro. Es lo que propiciará el pasaje entre una dimensión y la otra, es la llave para abrir la puerta entre la percepción y el lenguaje. Entre estos dos mundos hay ruptura y continuidad: el quiebre se visibiliza en el pasaje de uno a otro –en el cambio que implica el paso del *Logos endiathetos* al *Logos prophorikos*–; la continuidad se hace patente en la noción de sentido, noción unitaria que permanece tanto en uno como otro y que permite pensarlos debajo del mismo horizonte.

> El problema de las relaciones entre percepción y lenguaje no es aquel del pasaje entre dos órdenes sin medida común, sino más bien el de la interpretación del origen común en la esencia comprendida como la 'textura de la experiencia, su estilo, mudo al principio, proferido después.[42]

Tanto percepción como lenguaje no son, a fin de cuentas, órdenes distintos que no tienen contacto entre sí, sino que ambos proceden de un origen común que se encuentra en la esencia tal como es comprendida por Merleau-Ponty hacia el final de su obra en *Lo visible y lo invisible*. Para él la esencia será "[…] *aquello sin lo cual* no habría mundo, ni lenguaje, ni cosa alguna".[43] En otras palabras, la esencia es el sentido tanto de lo percibido como de lo hablado y lo pensado.

Merleau-Ponty sostiene que vivimos en complicidad con el mundo, la ver-

---

40 *Ibidem* p. 191.
41 *Ibidem* pp. 307-308.
42 Kristensen, S., "Foi perceptive et foi expressive", p. 266.
43 Merleau-Ponty, M., *Le visible et l'invisible*, p. 143.

dad y el ser y, cuándo nos volvemos hacia ellos y nuestro pensamiento los dobla, constatamos que el sentido del pensamiento es sentido del sentido. Es decir, existe una unidad común que sostiene tanto el sentido de mi pensamiento y mi lenguaje, como también el sentido del mundo, sentido que no duplico ni copio, sino que des-pliego. La esencia es lo que sostiene aquel sentido, es *aquello sin lo cual* no habría ni mundo, ni lenguaje, ni cosa alguna y que me permite establecer una continuidad entre estas dimensiones.

La esencia se encuentra sostenida por el tejido de la experiencia, por la carne del tiempo. Toda ideación posible, cualquier invariante que hallemos en la cosa, es sostenido por la cosa misma: "toda ideación es sostenida por ese árbol de mi duración y las duraciones; esa savia ignorada nutre la transparencia de la idea".[44] La esencia está enraizada en los hechos y el sentido perceptivo que está apresado allí puede ser sublimado en el lenguaje y en el pensamiento porque, como más arriba afirmábamos, percepción y lenguaje surgen de un origen común: la esencia.[45]

Esta concepción de la esencia que describimos se encuentra en aquella "región salvaje"[46] en que las ideas aparecen articuladas en los ejes secretos de nuestra experiencia. Son aquellas esencias carnales, alógicas, que no pueden desprenderse del hecho en que aparecen ya que no pueden sernos dadas independientemente de lo sensible, son esencias salvajes.[47]

Históricamente hemos llevado a cabo una bifurcación del hecho y la esencia porque ello es lo que imponía el pensamiento que miraba el ser de frente, pero hemos aprendido que

---

44 *Ibidem*, p. 148.
45 "Nuestro tratamiento de los hechos permanece diferente del tratamiento inductivo o científico. No es cuestión para nosotros de considerar la palabra o el pensamiento como la simple suma de hechos de la lengua o de los hechos del pensamiento, tal como ellos están producidos aquí o ahí, en tal o tal fecha. En cada uno de ellos, nosotros ensayamos captar eso que retoma y sublima lo precedente, anticipa lo siguiente, la emergencia de una estructura, de un campo de experiencia, que producen, más que un acontecimiento, una institución" (MERLEAU-PONTY, M., "Titres et travaux. Projet d'enseignement" en *Parcour deux 1951-1961*, Langrasse, Verdier, 2000. pp. 24-25).
46 MERLEAU-PONTY, M., *Le visible et l'invisible*, p. 152.
47 "La esencia salvaje no es una idea positiva, no podemos asignarle un 'trazado', es decir una regla de experiencias, una inteligencia anónima se fija fines y ordena la naturaleza según planes bien definidos. La esencia es un fenómeno de ecos entre variaciones contingentes completamente originales de suerte que la unión entre ellas permanece mágica, sin principio positivo. Se trata de un sentido diacrítico, negativo y abierto, que tomará nuevas inflexiones en el corazón de próximas variaciones" (DUFOURCQ, A., *Merleau-Ponty: Une ontologie de l'imaginaire*, Phaenomenologica, Vol. 204, Springer, p. 53).

al no estar más el Ser *ante mí*, sino rodeándome y, en un sentido atravesándome, y al no hacerse mi visión del Ser desde otra parte sino desde el medio del Ser, los pretendidos hechos, los individuos espacio-temporales, se encuentran desde el inicio montados sobre los ejes, los pivotes, las dimensiones, la generalidad de mi cuerpo; y las ideas, por ende, ya incrustadas en sus articulaciones.[48]

La esencia no se halla entonces ni encima ni debajo de las apariencias, sino que está incrustada en la carne del mundo que, a su vez, está íntimamente articulada con la carne de mi cuerpo. Según Mauro Carbone la carne debe ser entendida como la condición de posibilidad de la comunicación de la experiencia.[49] Esta noción es central para comprender la migración del sentido de un mundo al otro y funcionará como la bisagra que hace posible la sublimación de la experiencia en el lenguaje.

Esta región del mundo, la carne, es el lugar propicio para que se dé el *quiasmo* entre ambas dimensiones. Es en ese punto inaccesible en que la carne del lenguaje se incrusta (*empiète*) en la carne del mundo posibilitando sublimar la experiencia del *logos endiathetos* al *logos prophorikos*. El quiasmo es comprendido por Merleau-Ponty como un "intercambio [...] de lo que percibe con lo percibido: lo que comienza como cosa termina como conciencia de la cosa, lo que comienza como 'estado de conciencia' termina como cosa".[50] Esta relación no puede ser explicada recortando la experiencia entre la región del Para-sí y la del En-sí, "es necesaria una relación con el Ser que se haga *desde el interior del Ser*".[51]

Será la carne quien establezca esta relación, más precisamente la carne del lenguaje: la palabra. Ella –como el cuerpo que realiza la milagrosa promoción del Ser a la conciencia porque es uno de los visibles que se ve a sí mismo y por esto se hace luz natural y abre a lo visible su interior–: "es también órgano o resonador de todos los demás y, por tanto, coextensiva a lo pensable. La palabra es parte total de las significaciones como la carne de lo visible, como ella, relación al Ser a través de un ser".[52]

---

48 MERLEAU-PONTY, M., *Le visible et l'invisible*, pp. 151-152.
49 Cfr. CARBONE M., "FLESH: Towards the History of a Misunderstanding", p.50.
50 MERLEAU-PONTY, M., *Le visible et l'invisible*, p. 264.
51 *Ibidem*. La referencia de Merleau-Ponty a la ontología sartreana no hace más que reafirmar la idea que intentamos sostener, aquella que afirma que no puede seguir haciéndose un análisis del mundo percibido mirando el ser de frente, como ob-jeto.
52 *Ibidem*, pp. 155-156.

II.I La palabra: relación al Ser a través de un ser

El quiasmo entre el mundo mudo y el mundo de la expresión, ese intercambio en que lo visible se torna invisible y viceversa, sucede en la palabra (*parole*) entendida como acontecimiento semiótico en que se instituye una nueva significación. En la palabra se da aquella relación al Ser a través de un ser que clamaba ser hecha desde su interior y no desde fuera. Es el elemento constitutivo de la carne del lenguaje, ella forma parte de lo visible y al mismo tiempo se prolonga en el mundo inteligible. El lenguaje hablante, conformado por palabras conquistadoras, aquellas que usurpan un territorio foráneo que permanecía innombrado, es la dimensión del sujeto en la que se da la sublimación de la experiencia muda del encuentro con el mundo; es el lugar del quiasmo en que el mundo mudo se entrecruza y se confunde con el mundo de la expresión. La palabra es un ser del mundo visible y al mismo tiempo abre a lo invisible. Tomemos una cita que, aunque extensa, intenta explicar el problema al que nos referimos:

> El envolvimiento (*enroulement*) en el sujeto viviente de lo visible y de lo vivido sobre el lenguaje, del lenguaje sobre lo visible y lo vivido, los intercambios entre las articulaciones de su paisaje mudo y las de su palabra, en fin, ese lenguaje operante que no necesita ser traducido en significaciones y pensamientos, ese lenguaje-cosa que vale como arma, como acción, como ofensa y como seducción, porque hace aflorar todas las relaciones profundas de lo vivido donde se ha formado, y que es el de la vida y de la acción, pero también el de la literatura y la poesía, entonces ese logos es un tema absolutamente universal, es el tema de la filosofía. Ella misma es el lenguaje, descansa en el lenguaje; por eso no la descalifica para hablar del lenguaje ni para hablar del pre-lenguaje y del mundo mudo que los dobla: por el contrario, ella es lenguaje operante, ese lenguaje-allí que no puede saberse sino desde adentro, por la práctica, que está abierto a las cosas, llamado por las voces del silencio, y continua un ensayo de articulación que es el Ser de todo ser.[53]

El lenguaje operante del que nos habla Merleau-Ponty hace referencia al lenguaje vivo que despliega un dinamismo creativo que busca constantemente instituir nuevas significaciones para decir el mundo. Este lenguaje es el que se sirve de las palabras instituidas y las utiliza como herramientas para decir *más*. Las palabras que entrañan un sentido que ha nacido en el entramado de las relaciones en que vive el sujeto son entendidas como ese "lenguaje-cosa" que

---

53 *Ibidem* pp. 165-166.

vale como un instrumento de acción.⁵⁴ Estas palabras carnales son parte del mundo visible y, simultáneamente, abren al mundo inteligible. Es menester remarcar el juego intencionalmente construido que se propone de aquí en adelante entre las expresiones "entrañar", "palabras carnales" "palabras preñadas": sólo lo carnal puede llevar algo en las entrañas, solo lo carnal puede estar preñado de un sentido. La carne del lenguaje-cosa, sus palabras carnales, entrañan el sentido que está establecido por las relaciones en que han nacido y que luego ellas harán aflorar en la situación en que el sujeto hablante o el escritor las utilice para dirigirse hacia aquello que quiere expresar.⁵⁵ Son palabras cargadas de un sentido instituido que hacen renacer las relaciones profundas en que han sido dadas a luz y que ahora sostienen y, son también, aquellas palabras de la literatura, significaciones que nos abren un mundo invisible.

Para introducirnos en el problema de la sublimación del mundo mudo en el mundo de la expresión –verdadero problema de la filosofía que llamada por las voces del silencio continúa ensayando la articulación que es el Ser de todo ser– es necesario tener en cuenta que el lenguaje debe considerarse siempre en su estado naciente, creativo, y no como conjunto de significaciones cerradas y unívocas. Las palabras a las que hacemos referencia no son conceptos vacíos de algún mundo inteligible, son palabras carnales, palabras que –como dice Merleau-Ponty– actúan, ofenden, seducen. Estas son las palabras que pertenecen al mundo visible, que forman parte del Ser y por ello pueden establecer una relación desde el ser. Es en ellas dónde se da el quiasmo entre lo visible y lo invisible ya que, como el cuerpo que es una cosa entre las cosas, pero al mismo tiempo el que las ve y las toca, de ellas podemos decir que son seres entre los seres, pero al mismo tiempo pueden ser su asilo. La palabra acoge el mundo silencioso y metamorfosea sus estructuras para abrir el mundo de la expresión.

> Cuando la visión silenciosa cae en la palabra y cuando, a la inversa, la palabra, abriendo un campo de lo nombrable y lo decible, se inscribe allí, en su lugar, según su verdad, en resumen, cuando ella metamorfosea las estructuras del mundo visible y se hace mirada de la mente, *intuitus mentis*, es siempre en virtud del mismo fenómeno fundamental de reversibilidad que sostiene tanto a la percepción muda

---

54 El sentido en que debe interpretarse este lenguaje-cosa hace referencia al hecho de que las palabras tienen una acción efectiva sobre el mundo, como un arma, o un gesto, el poder de seducción, etc. De ninguna manera debe interpretarse esta expresión con el fin de ver en el lenguaje una cosa que existe del mismo modo que los objetos del mundo.

55 A esto es a lo que se refería Merleau-Ponty en *Fenomenología de la percepción* al explicar que "Descubrimos bajo la significación conceptual de las palabras una significación existencial que no sólo traducen, sino que las habita y les es inseparable" (MERLEAU-PONTY, M., *Phénoménologie de la perception*, p. 212).

como a la palabra, y que se manifiesta tanto por una existencia casi carnal de la idea, como por una sublimación de la carne.[56]

La reversibilidad es la característica esencial de la palabra en que Merleau-Ponty se apoyará para sostener la posibilidad de la migración de un mundo a otro. La relación que existe entre el sentido de lo percibido y el sentido del lenguaje es una relación dialéctica en que silencio y lenguaje constituyen las dos dimensiones de esta verdad.[57]

Habiendo explicitado en el primer punto del trabajo la conciencia perceptiva comprendiéndola como expresión y, en el segundo punto, la noción de carne y palabra, podemos ahora centrarnos en el momento crítico en que el sentido percibido es sublimado en el lenguaje. En el tercer y último apartado del capítulo expondremos la continuidad de ambas dimensiones fundada en sus estructuras análogas, luego, podremos ocuparnos de la parcial ruptura que supone la sublimación.

III. Analogía y sublimación

Para dar respuesta al problema del pasaje entre un mundo y otro Stefan Kristensen afirma que es posible distinguir en la filosofía merleaupontiana cuatro vías diferentes: la analogía de estructura, el *logos* interior, el lenguaje como *praxis*, y la sublimación. Las primeras tres posibilitarán precisar los términos dentro de los que debemos plantear el problema y, solamente la cuarta –la sublimación–, nos aportará elementos para esbozar una posible solución. Estas cuatro vías no pueden ni deben ser comprendidas de modo independiente, sino que es preciso pensarlas entremezcladas unas con otras.[58]

Este tercer apartado del capítulo estará estructurado en dos partes principales: III.1 "Analogía" y III.2 "Sublimación", que sintetizan lo expuesto en los puntos I y II. Las nociones de analogía y sublimación nos permitirán pensar el binomio continuidad-ruptura[59] ya anunciado en el inicio del presente capítulo que existe entre el mundo de la percepción y el mundo de la expresión.

---

56 Merleau-Ponty, M., *Le visible et l'invisible*, p .200.
57 Cfr. Ralón de Walton, G., "La reversibilidad del silencio y el lenguaje", *Agora* (1996), Vol. 15, Nº 1. p. 161.
58 Cfr. Kristensen, S., "Foi perceptive et foi expressive", p. 267.
59 La ruptura no supone una separación absoluta entre el mundo percibido y expresado, sino que debe ser comprendida como transformación del mismo, lo que ocurre es que mediante la sublimación hay una conservación y transformación del sentido percibido hacia el sentido proferido.

La continuidad será trabajada en la primera parte que dimos en llamar "Analogía". Allí sentaremos las bases del problema y mostraremos que la estructuración de ambos mundos hace posible el establecimiento de una continuidad entre un orden y el otro. La posible prolongación de lo percibido en lo expresado está sustentada en la concepción unitaria del sentido entendido de modo diacrítico. Para la exposición de este problema nos remitiremos a la noción de conciencia perceptiva ya expuesta en el punto I del presente capítulo. La renovación de conciencia entendida como conciencia perceptiva o expresión será lo que nos habilitará, conjuntamente con la concepción diacrítica del sentido, a establecer una analogía entre ambos mundos.

La ruptura será encarada en la segunda parte titulada "Sublimación". En ese apartado retomaremos lo expuesto en el punto II. La noción de carne nos permitirá comprender la discontinuidad, esta es pivote entre ambos mundos que, aunque análogos, distintos. La palabra se manifestará como esa región de la carne que posibilitará pensar una vía de sublimación entre estos dos mundos diversos, pero no por ello incomunicados.

Por último, es importante aclarar que el mundo de la expresión es de una amplitud considerable y el análisis de cada una de las formas de expresión se tornaría una tarea ardua y, sobre todo, prescindible para el problema en cuestión. Por este motivo es que decidimos esclarecer el problema del pasaje de un mundo a otro centrándonos específicamente en el campo que nos concierne: el lenguaje escrito y hablado. Esta región del mundo de la expresión es de vital importancia para nuestros ulteriores análisis que buscarán desentrañar la relación entre el lenguaje y la verdad en la obra proustiana. Sin embargo, es menester advertir también que el análisis del lenguaje no nos aleja de las otras formas de expresión que pueden darse, sino que, al contrario, consideramos que todas estas tienen en común una cierta función diacrítica, una función que, si no es lenguaje, al menos está estructurada como tal.[60]

III.1 Analogía

Existe un "juego mimético" entre la estructura del lenguaje y la estructura de la percepción. Ambos mundos no son equivalentes, pero sí análogos. El lenguaje recrea, imita de modo semejante el movimiento de la dinámica perceptiva.

---

60 Cfr. KEARNEY, R., "Ecrire la chair: L'expression diacritique chez Merleau-Ponty", p. 183.

Esta acción a distancia del lenguaje, que coincide con los significados sin tocarlos, esta elocuencia que los designa de manera perentoria, sin cambiarlos nunca en palabras ni hacer cesar el silencio de la conciencia, son un caso eminente de la intencionalidad corporal [...]. A condición de que yo no reflexione expresamente sobre él, la conciencia que yo tengo de mi cuerpo es inmediatamente significativa de un determinado paisaje a mí alrededor.[61]

Cuando hablo voy tejiendo una red de significaciones que busca referirse –de modo análogo– a la red originaria y fundante de mi experiencia perceptiva. Puedo establecer entre ambos mundos una *correspondencia estructural*[62] que nos invita a pensar una analogía, nos sugiere llevar a cabo un razonamiento que está basado en la semejanza de atributos que se da entre estos dos seres diferentes: el mundo percibido y el mundo expresado.

En una nota de trabajo titulada "Percepción y lenguaje" con fecha del 27 de octubre de 1959 Merleau-Ponty apunta: "Describo la percepción como el sistema diacrítico, relativo, opositivo –el espacio primordial como topológico (es decir, tallado en una voluminosidad total que me rodea, donde estoy, que está detrás de mí y también ante mí...)".[63] La percepción tiene una característica o nota esencial que atañe a su estructura: esta queda definida como sistema diacrítico, relativo y opositivo, esto es, como sistema en que el sentido aparece por la diferencia o modulación que se da entre las relaciones de oposición establecidas entre los términos del sistema. El mundo percibido –como hemos señalado más arriba– se encuentra estructurado como un lenguaje, es decir, como un juego de oposiciones y de relaciones entre los términos en que aparece el sentido por desvío (*écart*) sobre un nivel implícito. El sentido de lo percibido, la percepción de una cosa, se da en el encuentro de la carne del mundo con la carne del cuerpo. Por ello, Merleau-Ponty señala que cuando percibo no percibo un color aislado, un trozo de ser absolutamente macizo, indivisible, algo que se ofrece desnudo a la visión, sino que, al contrario, lo que se da es

---

61 MERLEAU-PONTY, M., *Signes*, p. 111.
62 Ya en los inicios de su filosofía Merleau-Ponty esboza esta analogía entre el mundo de la percepción y el mundo de la expresión afirmando que lo expresado y la expresión tienen en común las mismas propiedades estructurales, entre ellos se da una correspondencia estructural en la que "el signo verdadero representa lo significado, no según una asociación empírica, sino porque su relación con los otros signos es la misma que la relación del objeto significado por él respecto a los otros objetos" (Merleau-Ponty, M., *La Structure du comportement*, Paris, PUF, 1942, p. 132).
63 MERLEAU-PONTY, M., *Le visible et l'invisible*, p. 263.

algo que viene a tocar suavemente y hace resonar a distancia diversas regiones del mundo colorido o visible, cierta diferenciación, modulación efímera de este mundo, menos cosa o color, pues, que diferenciación entre cosas y colores, cristalización momentánea del ser colorido o visibilidad.[64]

Por otro lado, podemos señalar en el mundo de la expresión una estructura análoga a la del mundo de la percepción como la que se da en el caso del lenguaje. Es interesante advertir la intención de Merleau-Ponty de establecer una notoria semejanza con el mundo de la percepción, tal es esta relación que el filósofo selecciona cuidadosamente las mismas palabras para caracterizar ambas estructuras. La siguiente cita nos permitirá vincular directamente un mundo con otro:

> Definimos con Saussure los signos no como los representantes de ciertas significaciones, sino como medios de diferenciación del encadenamiento verbal y de la palabra, como 'entidades opositivas, relativas y negativas'. Una lengua no es tanto una suma de signos (palabras y formas gramaticales y sintácticas) cuanto un medio metódico de discriminar unos signos de otros y de construir de ese modo un universo de lenguaje, del que luego podamos decir —cuando llegue a ser tan preciso que pueda cristalizar una intención significativa y hacerla renacer en otro— que expresa un universo de pensamiento.[65]

Esta extensa cita no hace más que confirmar la analogía que queremos establecer entre ambos mundos, en ella resuena el eco de la definición de la percepción como sistema diacrítico. El lenguaje conformado por entidades opositivas, relativas y negativas, funciona como una estructura en la que el sentido aparece por la posibilidad de discriminar unos signos de otros.[66] La emergencia del sentido que se da en la estructura del lenguaje —cuando logra precisarse— puede finalmente cristalizar una intención significativa y hacer renacer en el otro el universo de pensamiento del sujeto hablante. Este es el "juego mimético" al que nos referíamos al comienzo de este apartado, el ser del lenguaje se asemeja al ser de la percepción en tanto que sus estructuras son análogas y por esto podemos afirmar sin reparos que

---

64 *Ibidem* p.173.
65 MERLEAU-PONTY, M., *La prose du monde*, p. 45.
66 Esta naturaleza del lenguaje y su dinamismo ha quedado explicada en nuestro primer capítulo cuándo retomamos las lecturas que Merleau-Ponty realizó del *Curso de lingüística general* de Ferdinand de Saussure.

> *El lenguaje no dice nunca nada, lo que hace es inventar una gama de gestos que presentan entre sí diferencias lo suficientemente claras como para que el comportamiento del lenguaje a medida que se repite, se implica y se confirma a sí mismo, nos proporcione de manera irrecusable la traza y los contornos de un universo de sentido.*[67]

Tanto el lenguaje como la percepción presentan una dinámica de funcionamiento en la que la emergencia del sentido se da como modulación, como diferencia o desvío sobre un nivel. El pasaje de un sistema a otro es posible porque ambos atrapan el sentido estructurándolo del mismo modo. La continuidad que puede ser establecida reside en la concepción diacrítica del sentido: principio unitario que permite pensar percepción y lenguaje debajo del mismo horizonte. La incipiente analogía entre ambos mundos que acabamos de insinuar cobra entonces su mayor fuerza a la luz de la consideración del problema de la emergencia diacrítica del sentido. Explicitar lo diacrítico en ambos mundos nos permitirá asentar definitivamente la continuidad que puede observarse entre las dos regiones y que queremos explicitar.

En los ya citados cursos en torno al mundo sensible y el mundo de la expresión Merleau-Ponty establece esa analogía diciendo: "Percibir una fisonomía, una expresión, es siempre usar signos diacríticos, al igual que realizar con el cuerpo una gesticulación expresiva. Aquí cada signo no tiene otro valor que el de diferenciarlo de los otros".[68] Es que tanto percibir como expresar implican la necesidad de desentrañar el sentido diacrítico establecido por los signos. La categoría de lo diacrítico es aprendida por Merleau-Ponty en la lectura del *Curso* de Saussure. Como ya tratamos en nuestro primer capítulo, que el signo sea diacrítico supone "que solo opera por diferencia, por una cierta separación entre él y los otros signos, y no primero evocando una significación positiva".[69] Lo diacrítico debe ser entendido etimológicamente como aquello "a través de lo cual" (*dia*) una "separación" (*diakrisis*) habrá de hacerse.[70] Percibir las cosas y sus aspectos particulares supone advertir aquel desvío sobre el nivel que aparece en el entramado de los términos que configuran el todo de lo percibido. Expresarse es usar esos signos y disponerlos de tal manera que puedan dirigir la expresión hacia lo expresado, hacia lo que se quiere decir, modular los gestos para referirse a algo. Percepción y lenguaje, más que sistemas de referencia directa, son configuraciones que insinúan el sentido de lo que aparece o se

---

67 *Ibidem*, pp. 46-47. La cursiva pertenece al texto original.
68 MERLEAU-PONTY, M., *Le monde sensible et le monde de l'expression. Cours au Collège de France. Notes, 1953*. p. 203.
69 MERLEAU-PONTY, M., *Signes*, p. 146.
70 Cfr. ALLOA, E., "The diacritical nature of meaning: Merleau-Ponty with Saussure", p. 171.

muestra a través de ellos, son conjuntos de signos en que se destaca un sentido que solo puede ser comprendido en la relación establecida entre estos y que nos reenvía hacia lo que se quiere mostrar o decir.[71]

> Como los signos en el lenguaje los puntos atravesados en el movimiento no tienen más que un valor diacrítico, ellos no funcionan cada uno por su cuenta anunciando un lugar sino solamente marcando un pasaje como las palabras de la frase son la huella de una intención que solo trasparece. El lenguaje es apertura de un campo reorganizado, con otros contornos, otras coordenadas que aquellas del campo perceptivo 'natural'.[72]

La percepción y lenguaje operan del mismo modo, los signos diacríticos que aparecen nos envían a lo que se muestra, nos insinúan lo que se expresa. "La percepción, como el lenguaje, no es enfrentamiento de un ob-jeto. El ob-jeto solo me habla lateralmente, *i.e.* el me afecta, no de frente, sino de costado, despertando en mi complicidad".[73] El lenguaje como sistema diacrítico es la continuidad de la diferenciación diacrítica de lo sensible; abre un campo análogo al de la percepción en que este mundo es reorganizado, es retomado, pero esta migración del sentido se da sin corromper el juego de equivalencias y oposiciones preexistente en la percepción. Por ello, Graciela Ralón sostiene que

> Lo percibido y lo dicho se destacan a partir de un campo, de un trasfondo, y de la misma manera que la forma perceptiva no es como tal separable del trasfondo ya que sólo existe en la diferenciación del campo perceptivo, la diferenciación lingüística no es separable del sistema de los signos, puesto que sólo existe en la diferenciación del campo lingüístico.[74]

Sin embargo, afirmar que en ambos campos el sentido se manifiesta diacríticamente no explica la migración de uno a otro, ¿cómo es posible entonces expresar nuestra experiencia? ¿Cuál es el modo en que el lenguaje alcanza a

---

71 En una nota al margen el filósofo resalta la analogía entre ambos órdenes explicitando "Todo esto no hace más que poner mejor en evidencia la trascendencia de la significación con relación al lenguaje. Como el análisis de la percepción pone en evidencia la trascendencia de la *cosa* con relación a los contenidos y *Abschattungen* […] el poder de trascendencia de la palabra y de la percepción resulta precisamente de su propia organización" (Merleau-Ponty, M., *La prose du monde*, p. 53).
72 Merleau-Ponty, M., *Le monde sensible et le monde de l'expression. Cours au Collège de France. Notes, 1953*. p. 205. El subrayado pertenece al texto original.
73 *Ibidem*.
74 Ralón, G., "La reversibilidad de silencio y lenguaje según Merleau-Ponty", p. 156.

decir aquello que hemos percibido? ¿Cómo es que estos dos mundos análogos que estructuran el sentido de tal modo que posibilitan la continuidad logran finalmente hacer migrar el sentido perceptivo hacia el lenguaje? En el último apartado intentaremos sostener que la sublimación es lo que fundamenta la migración del sentido perceptivo al sentido lenguajario.

III.2 Sublimación

La institución de una significación acontece en un determinado contexto en que la cosa es percibida, situación en que el sentido de lo percibido aparece por desvío sobre un nivel. Aquel contexto que ha visto nacer la significación es del que está preñado la palabra instituida. El signo –instituido en la dinámica de un lenguaje operante– pasa del lado de las significaciones adquiridas para hacerse una herramienta más del cuerpo con la que decir su experiencia.[75] Las palabras son paridas en medio del mundo y las conductas comunes de los sujetos hablantes. La significación naciente queda inseparablemente unida a ese mundo común en que se delinea el sentido de aquello que quiere ser expresado. El lenguaje recrea el paisaje de la percepción ya que sus elementos son el fondo sobre el que se destaca el sentido de una palabra, así como el contexto perceptivo es el nivel sobre el que se desvía el sentido de la cosa percibida.

Merleau-Ponty propone entonces que

> tratamos solamente de deshacer el tejido intencional que liga uno a otro, de volver a encontrar los caminos de la sublimación que conserva y transforma el mundo percibido en el mundo hablado (*monde parlé*), y este solo es posible si describimos la operación de la palabra (*parole*) como una tematización, como una reconquista de la tesis del mundo, análoga en su orden a la percepción y diferente de ella.[76]

Toda esta dinámica instituyente de nuevas significaciones del lenguaje[77] en la que las palabras aparecen tematizando el mundo, entrañando las rela-

---

75 "La palabra, la que yo profiero o la que oigo, está preñada de un significado que es legible en la textura misma del gesto lingüístico" (MERLEAU-PONTY, M., *Signes*, p. 111). "La primera palabra encontraba su sentido en el contexto de conductas ya comunes […] La palabra en un sentido recupera y sobrepasa, pero en otro, conserva y continua la certidumbre sensible, no penetra nunca del todo el 'silencio eterno' de la subjetividad privada" (MERLEAU-PONTY, *La prose du monde*, p. 61).
76 MERLEAU-PONTY, M., *La prose du monde*, p. 173.
77 La dinámica instituyente de nuevas significaciones del lenguaje fue expuesta detalladamente en el primer capítulo, ver III.2 "El lenguaje conquistador".

ciones en las que han nacido, está orientada por lo que Merleau-Ponty llama la "significación lenguajaria (*langagière*) del lenguaje que realiza la mediación entre mi intención aún muda y las palabras".[78] La intención significativa está fundida con las palabras y las anima, mi intención de decir lo que percibo se ve asistida por estos elementos del lenguaje que me permiten dar las pinceladas necesarias para significar el paisaje de mi experiencia.

Si utilizamos la división impuesta al lenguaje por Saussure para facilitar nuestro análisis, podemos decir que la región del lenguaje que nos permitirá comprender la sublimación es la del habla (*parole*).[79] Esto es lo que Merleau-Ponty afirmaba al decir que sólo es posible encontrar los caminos de la sublimación del mundo percibido en el hablado si describimos la operación de la palabra como una reconquista de la tesis del mundo. Es en el habla en donde el sujeto hace uso del referido lenguaje-cosa. Aquel lenguaje que hace aflorar las relaciones en las que ha nacido y que entraña. Pero ¿cómo puede una palabra sostener las relaciones existentes en el mundo percibido? ¿Cómo podemos expresar el *logos* mudo en el que nos encontramos? ¿Cómo podemos comunicar al otro el sentido de lo que vivimos y pensamos?

En *Lo visible y lo invisible* encontramos una nota sin título, fechada en enero de 1959, en la que Merleau-Ponty afirma que el "mundo perceptivo es en el fondo el Ser en el sentido de Heidegger [...] y que, captado por la filosofía en su universalidad, aparece como conteniendo todo lo que será dicho siempre y, sin embargo, dejándonos crearlo (Proust): es el λογος ενδιαθετος *que apela al* λογος προφορικος".[80] En esa misma nota también se aclara que aquel mundo perceptivo es el mundo aún no tematizado que está allí como mundo de la vida (*Lebenswelt*) y que la filosofía no aparece en rivalidad o como antinomia de este, sino como quien lo devela.[81]

Esta nota delimita el proyecto general en que buscaba inscribirse la filosofía merleaupontiana: llevar a cabo una recuperación del mundo de la vida a través de la tematización, de la develación que opera la filosofía al sublimar el mundo perceptivo en el mundo del lenguaje por medio de la palabra. Se insinúa allí que Marcel Proust puede ser tenido en cuenta para descubrir en

---

78 MERLEAU-PONTY, M., *Signes*, p. 111.
79 Es preciso recordar la distinción que ya hemos hecho en torno a la apropiación merleaupontiana de la noción saussureana de *parole* para comprender que el uso indistinto de "habla" y "palabra" no supone problemas en tanto estos se refieran al acontecimiento significativo para comunicar un pensamiento personal. Esta distinción puede hallarse en el apartado "I.1. La lingüística del habla expuesta por A. Sechehaye" del primer capítulo de este libro.
80 MERLEAU-PONTY, M., *Le visible et l'invisible*, pp. 221-222.
81 Cfr. *Ibidem*.

su obra esa creación del lenguaje en que puede advertirse el pasaje del silencio de la percepción a la palabra. Esto es de especial importancia para los últimos capítulos de nuestra investigación en que buscaremos en la obra proustiana pasajes en los que las ideas que se encuentran incrustadas en la carne del mundo, ideas sensibles, pueden ser sublimadas en el lenguaje gracias a la palabra hablante de la literatura.[82]

Es ineludible entonces la centralidad que cobra el término freudiano de *sublimación* que se perfila como la noción que le permitirá al fenomenólogo francés pensar la relación entre percepción y lenguaje sin la intervención de la modalidad donadora de sentido del espíritu. Es menester, ya que Merleau-Ponty se apropiará del concepto de sublimación para pensar la migración del sentido de un mundo a otro, detenernos brevemente en este término psicoanalítico para esclarecer su génesis y definición.

III.2.I. Origen y definición del término "sublimación"

En el escrito "Tres ensayos de teoría sexual"[83] S. Freud introduce, por primera vez en un texto publicado, el término de sublimación. No es casual que esta primera referencia, a la que Merleau-Ponty ha prestado especial atención, se encuentre debajo del subtítulo "Tocar y mirar"[84] en el curso del desarrollo que el autor viene realizando en torno a las "Fijaciones de metas sexuales provisionales". Freud explica que las condiciones internas o externas, que pueden dificultar o posponer el alcance de la meta sexual normal, refuerzan la inclinación a demorarse en actos preliminares a partir de los cuales son constituidas nuevas metas sexuales que pueden remplazar a las normales. El análisis del tocar y el mirar, como metas sexuales provisionales, es utilizado como ejemplo para demostrar que aquellos nuevos propósitos extraños ya están esbozados en

---

82 En el quinto capítulo, "En busca de la verdad. Las ideas sensibles en *A la busca del tiempo perdido*", buscaremos verificar la expresión de las ideas sensibles en la novela proustiana.
83 FREUD, S., "Tres ensayos de teoría sexual y otras obras", en Obras Completas Vol. VII, Buenos Aires, Amorrortu, 1983, pp. 109-211. Trad. de *Drei Abhandlungen zur Sexualtheorie*, Leipzig y Viena, Deuticke, 6ta. ed., 1925. Traducido por José Luis Etcheverry.
84 S. Kristensen nos da la razón por la cual ese subtítulo es de especial importancia para la comprensión del rol que jugará la noción de sublimación en la última filosofía de Merleau-Ponty: "Encontramos en ese texto una prefiguración de la reversibilidad entre el tocar y el ver, tema central en la última parte de *Lo visible y lo invisible* dónde, en efecto, la visión sublima el tocar. Lo que para mi propósito es significativo es que la reversibilidad tiene una doble función: ella permite, por un lado, postular la unión entre dos sistemas sensoriales en vista de la satisfacción del deseo sexual y, por otro, ella se ubica como principio explicativo de las idealidades culturales" (KRISTENSEN, S., "Foi perceptive et foi expressive", p. 271).

las prácticas normales. Tanto un cierto grado de uso del tacto como de la visión forman parte indispensable para el logro de la meta sexual y, siempre que el acto sexual siga adelante, estas prácticas no son consideradas perversiones.[85] Freud afirma allí que el mirar deriva del tocar continuando el camino por el que ha de desarrollarse el objeto sexual en el sentido de la belleza y que,

> la ocultación del cuerpo, que progresa junto con la cultura humana, mantiene despierta la curiosidad sexual, que aspira a completar el objeto sexual mediante el desnudamiento de las partes ocultas. Empero, puede ser desviada ("sublimada") en el ámbito del arte, si uno puede apartar su interés de los genitales para dirigirlo a la forma del cuerpo como un todo.[86]

En esta primera alusión, sublimar implica desviar el interés de los genitales y dirigirlo a la forma del cuerpo como un todo. La sublimación sería principalmente un proceso mediante el cual las pulsiones sexuales se desvían de sus metas y se orientan hacia otras nuevas.

Más adelante, cuando Freud se ocupa del período de latencia sexual de la infancia y de sus rupturas, vuelve a recurrir a la utilización de la noción de sublimación. Debajo del subtítulo "Formación reactiva y sublimación", el autor explica que existen en el niño mociones sexuales infantiles que permanecen activas incluso en el período de latencia, pero que su energía "es desviada del uso sexual y aplicada a otros fines".[87] Atribuye a los historiadores la suposición de que "mediante la desviación de las fuerzas pulsionales sexuales de sus metas, y su orientación hacia metas nuevas (un proceso que merece el nombre de *sublimación*), se adquieren poderosos componentes para todos los logros culturales".[88]

La intención de Freud es utilizar la noción de sublimación para describir el proceso en el que se da una desviación de las pulsiones sexuales hacia una meta distinta, nueva, de la que se había sostenido hasta ese momento. Este proceso implica la adquisición de poderosos componentes culturales. Esta característica es importante para nosotros ya que Freud ubica a la sublimación en el límite entre lo somático y lo psíquico. Es decir, lo que pertenece a la

---

85 No serán desarrolladas en nuestro análisis –ya que no contribuyen al objetivo de nuestro trabajo– las posibles perversiones que podrían manifestarse si el placer de tocar o ver, en lugar de ser metas intermedias en las que el sujeto puede demorarse acaban suplantando las metas sexuales normales.
86 Freud, S., "Tres ensayos de teoría sexual y otras obras", p. 142.
87 *Ibidem*, p. 161.
88 *Ibidem*.

pulsión sexual es desviado hacia una nueva meta en la que puede formarse un componente cultural. El concepto de sublimación, tal como Merleau-Ponty lo toma de Freud, supondrá la posibilidad de ligar lo corporal con lo cultural, la posibilidad de poner en un mismo nivel lo sensible y lo ideal. La sublimación sería entonces aquel proceso por el cual a partir de la dialéctica entre el deseo y lo otro del deseo se formarían unidades culturales que tienen como destino ser adquisiciones intersubjetivas.

La importancia que tiene esta migración del concepto de sublimación del psicoanálisis freudiano a la fenomenología merleaupontiana reside en que la sublimación puede ser considerada como el proceso por el cual los sujetos se relacionan a un mundo común y le donan sentido a su vida. La sublimación se posiciona así como la función simbólica del sujeto.[89]

III.2.II La sublimación: fundamento de la reversibilidad entre percepción y lenguaje

Luego de haber aclarado sucintamente el origen y la definición del término de sublimación podemos posicionarlo en el centro de la explicación que Merleau-Ponty llevará a cabo para dar cuenta del pasaje del mundo sensible al mundo de la expresión. La sublimación será aquello que explicitará y fundará la reversibilidad[90] entre ambas dimensiones. No retoma esta noción en su vertiente sexual, sino que se apropia de ella con otra intención: "por 'sublimación', Merleau-Ponty designa siempre el proceso por el cual un sentido se estabiliza y se libera del contexto que lo vio nacer para prestarse a una reproducción".[91] Esto es lo esencial del concepto: la posibilidad de vehiculizar un sentido hacia otra dimensión en la que será re-producido. La sublimación, como hemos dicho anteriormente, será aquel proceso por el

---

89 Cfr. KRISTENSEN, S., *Parole et subjectivité. Merleau-Ponty et la phénoménologie de l'expression*, Hildesheim, Georg Olms Verlag, 2010. p.160.
90 La reversibilidad será el entrelazo entre las cosas y la palabra que viene a decir un modo de identidad en la diferencia, la idealidad invisible del lenguaje ilumina el mundo y pone de manifiesto su sentido, a su vez, el lenguaje surge de la dehiscencia y repliegue sobre sí misma de la carne del mundo. El lenguaje es el medio en que el mundo se refleja y se piensa. No duplica ni copia el mundo, es el modo como el sentido del mundo se despliega. Esta relación de reciprocidad en que ninguno de los elementos es inteligible por sí mismo es la relación de reversibilidad (Cfr. ASPIUNZA, J., "El lenguaje en el Pensamiento de Merleau-Ponty" en *Fenomenología y Hermenéutica. Actas del I Congreso Internacional de Fenomenología y Hermenéutica.*, Editora: Sylvia Eyzaguirre Tafra, RIL Editores, Chile, 2008, p. 114).
91 KRISTENSEN, S., *Parole et subjectivité. Merleau-Ponty et la phénoménologie de l'expression*, p. 164.

cual el sentido perceptivo es conservado y transformado para migrar hacia otro orden.⁹²

Se trata de deshacer el tejido intencional que liga el mundo percibido al mundo hablado y de encontrar los caminos de sublimación que conservan y transforman uno en el otro. Este pasaje de una dimensión a la otra debe ser interpretado como una reorganización de aquello que se encuentra en una estructura dada o como realización temática del *logos* del mundo sensible en una arquitectónica diferente.

Nuestra argumentación tiene como fundamento una noción de sentido unitaria que reside en el concepto de carne. Es posible reconstruir en la filosofía merleaupontiana del último período una teoría carnal de las ideas. La carne es dónde residen las esencias que no pueden ser separadas de los hechos en que se manifiestan. La carne del mundo se incrusta (*empiète*) sobre la carne del cuerpo y es en ese quiasmo en el que el sentido de lo percibido puede reorganizarse para migrar al sentido del lenguaje. La articulación del silencio y la palabra deben ser pensadas teniendo en cuenta que los nudos de sentido, las ideas, no son positividades opuestas al mundo sensible, sino que, al contrario, las ideas son un nivel que no es extraño a la carne sino que le da su profundidad y dimensiones. Merleau-Ponty explica que "como la nervadura sostiene la hoja desde dentro, desde el fondo de su carne, las ideas son la textura de la experiencia; su estilo, mudo al comienzo, proferido después".⁹³

El concepto que permitirá sublimar un sentido en el otro es la palabra (*parole*) que, como nos indicaba Merleau-Ponty, es en donde se encuentra la clave para comprender este acontecimiento. La palabra es la operación que supone una reconquista de la tesis del mundo porque ella, carne del mundo, puede prolongar en lo invisible y abrir el mundo de la idea. El cuerpo y la palabra constituyen los modos originarios de apertura al mundo y así "como la estructura sensible no puede comprenderse sino por su relación con el cuerpo, con la carne –la estructura invisible no puede comprenderse sino por su relación con el logos, con la palabra".⁹⁴ La estructura de lo sensible se sostiene en relación a la carne del cuerpo y, análogamente, la estructura de lo invisible se encuentra en tensión con la palabra.⁹⁵

---

92 "Hay sublimación, no superación, hacia otro orden. El λεκτόν no está apoyado en un λόγος independiente del 'mundo estético'"(MERLEAU-PONTY, M., *L'institution dans l'histoire personnelle et publique. Le problème de la passivité, le sommeil, l'inconscient, la mémoire. Notes de Cours au Collège de France 1954-1955*. Paris, Belin, 2003. p. 90).

93 MERLEAU-PONTY, M., *Le visible et l'invisible*, p. 157.

94 MERLEAU-PONTY, M., *Le visible et l' invisible*, p. 273.

95 La idea de que palabra y cuerpo constituyen los modos originarios de apertura al mundo

Ambas estructuras, la del mundo sensible y la del mundo de la expresión, presentan una organización análoga. Por esto se puede instaurar la posibilidad de pasar de una a otra. Pero para que se produzca la migración del sentido no es suficiente el establecimiento de cierto paralelismo o analogía de estructuras. El paso del mundo del silencio a la palabra se sostiene por el fenómeno fundamental de la reversibilidad que puedo establecer entre uno y otro, esta se manifiesta "[…] tanto por una existencia carnal de la idea como por una sublimación de la carne".[96]

La sublimación del silencio en la palabra, del mundo percibido en el mundo hablante, se erige como el principio explicativo de las unidades culturales. El silencio del mundo, el *logos* de la percepción reversible en palabra, encuentra su lugar en la estructura del *logos* proferido gracias a la sublimación que implica un entrecruzamiento, una metamorfosis de un sentido en el otro.

> Se trata, por ambos lados, de la misma trasmutación, de la misma migración de un sentido esparcido en la experiencia, que abandona la carne en la que no llega a adquirir cohesión, que moviliza en provecho propio instrumentos ya investidos, y los emplea de tal manera que acaban por convertirse para él en el mismo cuerpo que necesitaba mientras pasa a la dignidad de significación expresada.[97]

El sentido esparcido por el mundo abandona la carne y migra hacia la carne del lenguaje. Este puede, por su disposición propia, captarlo en sus tejidos cada vez que la palabra emerge de lo más profundo de la experiencia cristalizando la intención significativa del sujeto hablante e instituyendo una nueva

---

y que sus estructuras no pueden ser comprendidas más que en el juego que se establece entre el cuerpo y el mundo, la palabra y la experiencia, ha sido sugerida en obras anteriores del autor. Es relevante remitirnos, por ejemplo, a *Fenomenología de la percepción* donde el sentido del mundo percibido aparece en el encuentro de las cosas con el cuerpo y la experiencia es tal en relación a la palabra. "La cosa no puede nunca ser separada de alguien que la perciba, nunca puede ser efectivamente en sí porque sus articulaciones son las de nuestra existencia misma y porque se pone en el fin de una mirada o en el término de una exploración sensorial que la recubre de humanidad. En tal medida, toda percepción es una comunicación o una comunión, la reasunción o el acabamiento, por nuestra parte, de una intención extraña, o inversamente el cumplimiento desde fuera de nuestras facultades perceptivas y algo así como el emparejamiento de nuestro cuerpo con las cosas" (MERLEAU-PONTY, M., *Phénoménologie de la perception*, p. 370). "Más aún, no hay experiencia sin palabra, lo puro vivido, ni siquiera existe en la vida hablante del hombre. Pero el sentido primero de la palabra reside, sin embargo, en este texto de la experiencia que se esfuerza por proferir" (*Ibidem*, p. 388.).

96 MERLEAU-PONTY, M., *Le visible et l' invisible*, p. 200.
97 MERLEAU-PONTY, M., *La Prose du monde*, p. 67.

significación, sublimando de este modo el sentido percibido y transformándolo en una adquisición intersubjetiva.⁹⁸ El sentido perceptivo sublimado se convierte en una institución originaria del mundo hablado. Esto sucede porque la sublimación no es otra cosa que el movimiento de pasaje de la intencionalidad corporal a la intencionalidad de la palabra.⁹⁹

El pasaje del logos mudo al logos proferido es un movimiento reversible que supone que el mundo visible se conserva en la palabra y que la palabra emerge y re-produce aquel mundo. Esa reversibilidad es el principio de explicación del pasaje y también lo que caracteriza ambas instancias, a la palabra y a la percepción. Lo percibido en tanto que es parte de la carne es aquello que es decible; inversamente, lo dicho, en tanto que enraizado en la carne es, esencialmente, lo dicho de lo percibido. La sublimación será para Merleau-Ponty la posibilidad de principio de esa reversibilidad comprendida como simbolización de la carne.¹⁰⁰

III.2.III La fe expresiva

"Nosotros vemos las cosas mismas, el mundo es eso que vemos".¹⁰¹ Con esta frase Merleau-Ponty inicia *Lo visible y lo invisible*. Explica que fórmulas de ese tipo "expresan una fe que es común al hombre natural y al filósofo desde que abre los ojos, remiten a un fundamento profundo de 'opiniones' mudas implicadas en nuestra vida".¹⁰² Su objetivo es elaborar una armoniosa reflexión filosófica en torno al problema de la percepción, presente ya desde las primeras páginas del libro. Si bien se trata de un tema que atraviesa toda su obra, nos detenemos en este texto porque allí es reelaborado a partir de una noción que nos importa especialmente: la fe (*foi*).¹⁰³

---

98 "La intención significativa nueva sólo se conoce a sí misma recubriéndose de significaciones ya disponibles, resultado de actos de expresión anteriores. Las significaciones disponibles se anudan súbitamente según una ley desconocida, y de una vez por todas, un nuevo ser cultural ha empezado a existir" (MERLEAU-PONTY, M., *Phénoménologie de la perception*, p. 213).
99 KRISTENSEN, S., *Parole et subjectivité. Merleau-Ponty et la phénoménologie de l'expression*, p. 166.
100 Cfr. *Ibidem*, p. 170.
101 MERLEAU-PONTY, M., *Le visible et l'invisible*. p. 17.
102 *Ibidem*.
103 En *Fenomenología de la percepción* Merleau-Ponty ya se había referido a la noción de fe en diversas ocasiones, sobre todo ligada a la percepción, cuándo en el capítulo sobre "La cosa y el mundo natural" escribía: "La percepción natural no es una ciencia, no tematiza las cosas de las que se ocupa, no las aleja para observarlas, vive con ellas, es la 'opinión' o la 'fe originaria' que nos liga a un mundo como a nuestra patria, el ser de lo percibido es el ser antepredicativo hacia el cual está polarizada nuestra existencia total" (MERLEAU-PONTY, M.,

El primer capítulo, titulado "Reflexión e interrogación", inicia con el siguiente subtítulo: "La fe perceptiva y su oscuridad", en el que se pone de manifiesto el fenómeno de la percepción y su misteriosa naturaleza. Remitiéndose a San Agustín, quien afirmaba que el tiempo era familiar para cada uno pero que nadie podía explicarlo a los demás, nos dice que la misma característica debe ser aplicada al mundo. Vivimos en íntima relación con este y nadie dudaría de que vemos las cosas mismas y el mundo es aquello que vemos. Empero, cuando nos preguntamos qué es *ver*, qué es *cosa* o *mundo*, entramos en un laberinto de dificultades y contradicciones.

Históricamente el filósofo ha querido recorrer este laberinto y para ello ha elaborado constantemente nuevos conceptos que le permitan designar aquella evidencia del mundo que se da en el contacto cotidiano. El problema que una y otra vez se presenta y representa, de diversos modos, es aquel que, en el afán de explicar esa intimidad en que vivimos con el mundo, esa evidencia indubitable del sujeto que está en el mundo, la reflexión deviene en pensamientos aparentemente más sofisticados en los que el hombre natural ya no se reconoce. En este punto sobrevienen las clásicas críticas al pensamiento filosófico, al que se acusa de oscurecer lo claro y hacer complejo lo simple.

La verdadera tarea del filósofo no sería entonces aquella de intercambiar el mundo de la experiencia por las significaciones que lo reflejan. La filosofía no puede ser considerada un léxico a la que debemos imponerle la tarea de buscar los sustitutos verbales del mundo. La ocupación del filósofo es la de interrogarse, no en pos de negar el mundo intercambiando el ser por el "puede ser", sino para desplegar una interrogación en la que se haga lugar a nuestra visión del mundo y a las paradojas que ella supone. En palabras de Merleau-Ponty, su tarea parte de la premisa de que "son las cosas en sí mismas, desde el fondo de su silencio, lo que la filosofía quiere conducir a la expresión".[104]

Phénoménologie de la pereception, pp. 371-372). También había hecho referencia a aquella fe primordial que es el fundamento de nuestra racionalización al final del capítulo sobre "El cogito" cuando concluye su reflexión afirmando que "El pensamiento absoluto nunca me es más claro que mi espíritu finito, puesto que por este pienso aquél. Estamos en el mundo, es decir: se esbozan cosas, un inmenso individuo se afirma, toda existencia se comprende y comprende las otras. No queda sino reconocer estos fenómenos que dan fundamento a todas nuestras certidumbres. La creencia en un espíritu absoluto o en un mundo en sí desprendido de nosotros es solo una racionalización de esta fe primordial" (*Ibidem* p. 468). Sin embargo, esta noción, aunque es utilizada en el mismo sentido, no tiene allí el rol central que si puede advertirse en *Lo visible y lo invisible* donde desarrollará mucho más extensamente.

104 MERLEAU-PONTY, M., *Le visible et l'invisible*, p. 18.

Este itinerario lleva a Merleau-Ponty a dar mayor importancia a la noción de fe. Una fe que, como él anota al margen del manuscrito, "no es la fe en el sentido de decisión sino en el de lo que es antes de toda posición".[105] Con ello no busca desentrañar el misterio de aquella evidencia ingenua del mundo, no quiere recorrer el laberinto, sino referir, sin oscurecer, aquel milagro, esa evidencia ingenua de saber que nosotros vemos las cosas mismas y el mundo es aquello que vemos.

> Para nosotros, la "fe perceptiva" envuelve todo lo que se ofrece al hombre natural en original en una experiencia-fuente, con el vigor de lo que es inaugural y presente en persona, según una visión que, para él, es definitiva y no podría concebirse más perfecta o más próxima, ya se trate de las cosas percibidas en el sentido corriente de la palabra o de su iniciación al pasado, al imaginario, al lenguaje, a la verdad predicativa de la ciencia, a las obras de arte, a los otros, o a la historia.[106]

Nos hemos remitido a la noción de fe perceptiva porque es la herramienta a la que Merleau-Ponty recurre a la hora de responder a las antinomias que supone la elaboración de una filosofía reflexiva del ser bruto que descubre las insuficiencias y, al mismo tiempo, la necesidad del proceso reflexivo. Esta fe nos ayudará a pensar también las antinomias de una fenomenología de la expresión que busca que "la experiencia pura y por así decirlo aún muda, sea llevada a la expresión pura de su propio sentido". La contradicción que una filosofía tal presenta implica, por un lado, el hecho irrefutable de que la palabra es derivada de la percepción y, por el otro, la transformación (*bouleversement*) que ella introduce al expresarla. Es, en otras palabras, la paradoja del lenguaje que no es primero, ni siquiera autónomo y, sin embargo, es siempre en él en donde se dice aquello que lo precede, su fundamento. ¿Es la palabra dicha sobre el mundo palabra verdadera? ¿Lo dicho sobre la percepción es lo percibido? Se trata de una cuestión insalvable: es la aporía a la que nos arroja toda reflexión que busque explicitar el fenómeno de la expresión. Ella constituye un círculo vicioso en el que sabemos que la percepción suscita la expresión, pero, expresar –único modo de manifestar lo percibido– parece transformar lo vivido.

No casualmente comenzamos este capítulo explicando que el pasaje de un mundo a otro iba a darse como sublimación y que la vehiculización de la migración del sentido iba a ser llevada a cabo por la palabra (*parole*), concepto

---

105 *Ibidem*, p. 17.
106 *Ibidem*. pp. 207-208.

en el que tendríamos que "creer". Llegando al final de este segundo capítulo es preciso que esa creencia sea "explicada". La "fe expresiva" es un concepto que elabora S. Kristensen para responder a las antinomias de una filosofía del sentido. Esta filosofía supone que la unión de la palabra a la realidad, el hecho de que ella este destinada a decir la verdad del mundo, es un hecho tan incontestable como imposible de probar.[107]

La palabra hablante, palabra conquistadora, por su carácter indeterminado puede significar con exactitud; introduce un acontecimiento inédito sin el cual no podríamos tener acceso a aquello sobre lo que se funda. La fe expresiva, si asumimos la posición de Kristensen, envolvería al sujeto hablante de tal modo que le haría concebir como posición primera, anterior a todo análisis, el hecho de que las palabras nombran mi relación con el mundo. Es evidente el hecho de que

> hablamos y comprendemos la palabra mucho antes de aprender por Descartes (o de descubrir por nosotros mismos) que nuestra realidad es el pensamiento. Al lenguaje, en el que nos instalamos, aprendemos a manejarlo de una supuesta forma antes de aprender por la lingüística los principios inteligibles (suponiendo que ella los enseñe) en los cuales 'se apoyan' nuestra lengua y cualquier lengua.[108]

Al hablar digo aquello que percibo y puedo comunicar mi experiencia hasta lograr que la intención significativa que surge del encuentro de mi carne con la carne del mundo logre cristalizarse de tal modo que pueda ser reasumida por otro. Así como la fe perceptiva es aquello que se da antes de toda posición, la certeza incontestable de que vemos las cosas mismas y el mundo es aquello que vemos, (certeza que luego será necesariamente oscurecida por la reflexión filosófica); la fe expresiva es la certidumbre, anterior a toda reflexión, de que las palabras están ligadas de tal modo a la experiencia que al hablar lo que nombro es el mundo de mis vivencias. Tanto la fe perceptiva como la expresiva suponen que estamos en el mundo y en el lenguaje, respectivamente, antes de tematizarlo, antes de volver sobre este.

Todo intento de conceptualización de esta situación inicial del sujeto en que se encuentra en una silenciosa coincidencia con el mundo, es ilícito. Desde el momento en que el lenguaje conceptual quiere envolver dicho silencio inicial del ser-en-el-mundo él lo desgarra. Será entonces un lenguaje diferente el que posibilite el salvoconducto a la percepción silenciosa de la que nace la

---
107 Cfr. Kristensen, S., "Foi perceptive et foi expressive", p. 276.
108 Merleau-Ponty, M., *Le visible et l'invisible*, p. 28.

expresión. Esto explicaba Merleau-Ponty en una nota de febrero de 1959 titulada "Genealogía de la lógica, Historia del ser, Historia del sentido" al escribir:

> Tomar posesión del mundo del silencio, tal como lo efectúa la descripción del cuerpo humano, ya no es ese mundo del silencio, es el mundo articulado, elevado al *Wesen*, hablado –la descripción del λογος προφορικος. ¿Puede terminar ese desgarramiento de la reflexión (que sale de sí mismo queriendo entrar en sí mismo)? Haría falta un silencio que envuelva a la palabra nuevamente después de que uno se haya percatado de que la palabra envolvía al pretendido silencio de la coincidencia psicológica. ¿Qué será ese silencio? Así como la reducción, finalmente, no es para Husserl inmanencia trascendental, sino develamiento de la *Weltthesis*, ese silencio no será lo contrario al lenguaje.[109]

Ese silencio que no será contrario al lenguaje y que nos permitirá llevar la experiencia a la expresión de su propio sentido, es el silencio al que nos conducen, de modo indirecto, lateral, los signos del lenguaje literario. Las palabras conquistadoras instituidas por la literatura son aquellas que dicen susurrando y nos enseñan que "hablar poéticamente del mundo es casi callarse".[110]

---

109 MERLEAU-PONTY, M., *Le visible et l'invisible*, p. 230.
110 MERLEAU-PONTY, M., *Causeries*, p. 59.

3. La verdad (del lenguaje literario)

Durante el año 1951 Merleau-Ponty trabajaba en un ensayo en el que intentaba elaborar una teoría de la expresión tanto como una de la historia. Avanzaba interrogando los trabajos del lingüista y del psicólogo, el arte del pintor y del escritor. No finalizará este manuscrito –que Claude Lefort editará en 1969 con el título *La prosa del mundo* y en el que Merleau-Ponty buscaba confeccionar una teoría de la verdad– pero publicará en 1960 un libro titulado *Signos*. Este libro contiene diversos ensayos y artículos del autor en el que hallamos algunos escritos que pertenecen al citado período y que nos permitirán acercarnos también, desde otros textos, a la reflexión de aquel momento de su vida. Entre estos textos se halla la ponencia presentada al primer Coloquio Internacional de Fenomenología, en Bruselas en el año 1951. En esa ponencia titulada "Sobre la fenomenología del lenguaje" encontramos una cita que puede introducirnos al problema que queremos abordar en este capítulo en torno a la verdad y que contiene, germinalmente, toda la propuesta merleaupontiana acerca de esta noción tan compleja de su obra. Merleau-Ponty escribe:

> Decir que hay una verdad es decir que, cuando mi reasunción encuentra el proyecto antiguo o extranjero y cuando la expresión lograda libera aquello que estaba cautivo en el ser desde siempre, en el espesor del tiempo personal e interpersonal se establece una comunicación interior por la cual nuestro presente se convierte en la *verdad de* todos los demás acontecimientos cognoscentes […] En ese momento se ha fundado alguna cosa en su significación, una experiencia se ha transformado en su sentido, ha devenido verdad. La verdad es otro nombre de la sedimentación, que es a su vez la presencia de todos los presentes en el nuestro.[1]

Desde la perspectiva merleaupontiana la verdad está ineludiblemente ligada a la expresión en que se manifiesta. Cuando reasumimos un fenómeno ya

---

1 Merleau-Ponty, M., *Signes*, p. 120.

instituido, una expresión lograda, nos encontramos con un ser cautivo que ha sido liberado y se ha hecho accesible a quien retoma esa expresión. Para pensar este problema esencial el fenomenólogo echará mano a la noción de institución (*Stiftung*) que le permitirá elucidar el dinamismo que supone la experiencia de la verdad del estar-en-el-mundo del cuerpo propio. La noción de institución a la que apelará le permitirá remediar ciertas dificultades de la filosofía de la conciencia que le impedían pensar en su complejidad este problema central.

En el capítulo "El algoritmo y el misterio del lenguaje" de *La prosa del mundo*, Merleau-Ponty lleva a cabo una reflexión en torno al problema de la verdad que es vehiculizada mediante un caso matemático tomado de *El pensamiento productivo* de Max Wertheimer. El filósofo señala al final de ese capítulo que "lo esencial del pensamiento matemático radica por tanto en ese momento en el que una estructura se descentra, se abre a una interrogación, y se reorganiza de acuerdo con un nuevo sentido que sin embargo es el sentido de esa misma estructura".[2] Esta aseveración podría hacernos creer que el problema de la verdad no es más que el problema del desenvolvimiento de un concepto hacia un fin en el que este alcanzaría su plenitud, es decir, a una suerte de verdad definitiva. Sin embargo, el problema es planteado de modo muy diferente por Merleau-Ponty. Él cree que toda verdad no es más que un conjunto de relaciones establecidas "*más un horizonte abierto de relaciones por construir*".[3] La explicación del autor busca sustentar que el problema de la verdad no es otro que el problema del "*devenir del sentido*, en el que el *devenir* no es una sucesión objetiva, transformación de hecho, sino un devenir sí mismo, un devenir sentido"[4] que debe desplegarse *a partir de* las relaciones establecidas y las contingencias propias del momento y de los sujetos. De este modo el lugar propio de la verdad será aquel de la recuperación del objeto de pensamiento en la nueva significación instituida a partir de aquellas relaciones, *más* la construcción de nuevas relaciones en las que el sentido de las primeras queda contraído y comprendido y en las que, simultáneamente, hay una desviación que otorga sentido a la nueva estructura.

Para desentrañar el problema de la verdad, brevemente introducido, nos avocaremos primero, a explicitar la institución de un saber que puede hacerse asequible a todos mediante la cristalización en una significación. Para ello utilizaremos dos ejemplos de los que podremos extraer ciertas afirmaciones que a través de ellos traslucen. Por un lado, presentaremos el problema del triángulo

---

2 MERLEAU-PONTY, M., *La prose du monde,* p. 178.
3 *Ibidem* p. 175.
4 *Ibidem* p. 178.

al que Merleau-Ponty recurrirá tanto en *Fenomenología de la percepción* como en las Notas de curso sobre la institución y, por el otro, la historia del pequeño Gauss y su problema de la sumatoria de los *n* primeros números naturales tratado tanto en *La prosa del mundo* como en las Notas. Estos dos ejemplos, que nos permitirán pensar el problema de la verdad en el ámbito "lógico", no serán más que el preámbulo para introducir el problema más relevante de nuestra investigación: la verdad que se manifiesta a través del lenguaje literario. En la segunda parte de este capítulo, titulada "La verdad del lenguaje literario", intentaremos desplegar y comenzar a desentrañar el problema a partir del curso sobre "El problema de la palabra", aún inédito, dictado por Merleau-Ponty en el Collège de France en el año académico 1953-1954. Esta segunda parte tiene por objeto mostrar cómo la gran prosa construida por el escritor puede estructurar el sentido que emerge en el encuentro de la carne del cuerpo con la carne del mundo. El lenguaje conquistador de la literatura es aquel que despliega ante nosotros el devenir del sentido, es decir, la expresión de mi ser-en-el-mundo que, como el mismo Merleau-Ponty afirma, no es distinto del ser-en-la-verdad.[5]

En conclusión, el curso de este capítulo se desarrollará en dos partes que están comprendidas y anunciadas en el título "La verdad (del lenguaje literario)". La primera, introductoria y necesaria, buscará elaborar el problema de la verdad en la filosofía merleaupontiana a partir de la noción central de institución. La segunda parte, dedicada al lenguaje literario y la verdad que allí se expresa, indagará el concepto de *gran prosa* sugerido por el autor en diversos textos que nos permitirá entender cómo se expresa mediante la palabra literaria una verdad. De este modo el problema de la institución de un saber funcionará como marco general de la comprensión de la institución de la verdad que se manifiesta en el lenguaje literario.

I. La institución

El concepto de institución fue elaborado por Merleau-Ponty con el objetivo de buscar "un remedio a las dificultades de la filosofía de la conciencia"[6] e intenta describir el dinamismo que supone la fundación de un sentido, su sedimentación y posterior reactivación. En *La prosa del mundo* el autor señala literalmente la apropiación del término tal como E. Husserl lo utilizaba:

---

5   Cfr. MERLEAU-PONTY, M., *Phénoménologie de la perception*, p. 452.
6   MERLEAU-PONTY, M., *Résumés de cours. Collège de France 1952-1960*, p. 59.

Husserl ha empleado la hermosa palabra *Stiftung* para designar en primer lugar esta fecundidad indefinida de cada momento del tiempo, que precisamente porque es singular y pasa, no podrá dejar nunca de haber sido o de ser universalmente, y en segundo lugar, la fecundidad (derivada de la primera) de las operaciones de la cultura que abren una tradición, que continúan siendo válidas después de su aparición histórica, y que exigen más allá de ellas mismas otras y las mismas operaciones.[7]

Con la noción de institución se intenta poner de manifiesto, por una parte, que la dimensión histórica comporta la presencia de nudos o emblemas de sentido y, por otra parte, que la institución hace visible una dimensión temporal peculiar, es decir, una duración que no se inmoviliza en sí misma, sino que se continúa en la medida en que es retomada y que perdura en el tiempo en tanto que se pluraliza. "La *Stiftung*, por último, supone un campo que la precede y sobre el cual descansa, pero que también deforma",[8] esa desviación (*écart*) operada es la que da lugar a la novedad, a la inauguración de algo inédito.

En el curso dictado los días jueves del año académico 1954-1955, Merleau-Ponty intenta aproximar está noción a través de cuatro órdenes de fenómenos. Los tres primeros tienen que ver con la historia personal o intersubjetiva y, el último, con la historia pública. En este curso, del que se han publicado las correspondientes notas y resúmenes, la institución es presentada como una *matriz simbólica*[9] que propiciará sentido a otros acontecimientos, apertura de un campo. Es decir, un acontecimiento fundador, advenimiento de un sentido,[10] de una experiencia que permitirá la continuidad de otras experiencias que se comprenderán en relación a esta. La institución se perfila entonces como el marco de referencia en que se situarán una serie de acontecimientos que, si se los mira de manera conjunta, conforman una sucesión de eventos con sentido, una historia, y establecen dimensiones durables respecto de las cuales toda otra serie de experiencias tendrá sentido.

La institución busca remediar las dificultades de la filosofía de la conciencia. Los principales problemas de esa filosofía residen en lo que se conoce

---

7 Merleau-Ponty, M., *La prose du monde*, pp. 95-96.
8 Robert, F., "Fondament et fondation", p. 356.
9 "[La] institución en sentido fuerte [es] matriz simbólica que permite que haya apertura de un campo, de un futuro según dimensiones, de ahí la posibilidad de una aventura común y de una historia como consciencia" (Merleau-Ponty, M., *L'institution dans l'histoire personnelle et publique. Le problème de la passivité, le sommeil, l'inconscient, la mémoire. Notes de Cours au Collège de France 1954-1955*, p. 45).
10 Cfr. Robert, F., "Fondament et fondation", p. 356.

como fenomenología estática, de la cual Merleau-Ponty intenta separarse, porque sus categorías le imposibilitan tratar ciertos problemas. ¿Cuáles son las dolencias de esta filosofía que deben ser remediadas? En la introducción de las notas de curso Merleau-Ponty explica que cuando la vida personal es considerada como vida de una consciencia entonces esta es presencia al todo y el otro no es más que una negación vacía, el pasado se convierte en consciencia del pasado, un cuadro superado, y el obrar se realiza en función de un fin.[11]

Merleau-Ponty intenta una renovación de la noción de sujeto que implica un replanteamiento de sus relaciones con el mundo, el otro, el obrar, y el tiempo. Concebirá al sujeto como campo de presencia que está expuesto a, pero, simultáneamente, pone en marcha una actividad, un acontecimiento; inicia un presente, que es productivo después de él. Este sujeto renovado debe ser comprendido como campo de campos, aquel que se encuentra en y a quien pueden advenir órdenes de acontecimientos a partir de los cuales es capaz de abrir un futuro. Este sujeto, concebido a la luz de la noción de institución, será un sujeto instituido-instituyente; existe en un mundo que lo precede; nace en una tradición; pero es quien puede reactivar el sentido apresado y reconfigurarlo por medio de una desviación (*écart*) hacia una nueva institución.

Es a este sujeto al que advienen los acontecimientos históricos que se relacionan y en los que se puede establecer una simultaneidad que dará origen a futuras instituciones. Él puede coexistir con otros porque lo que ha sido instituido no es el reflejo inmediato de sus acciones, sino que existe como gozne, como consecuencia y garantía de su pertenencia a un mundo común.[12] Comprendido de este modo: el otro no es mi negación sino un otro instituido-instituyente con el que me comunico verdaderamente por la implicancia lateral que me une a él y en la que los objetos culturales conforman el medio, la bisagra que existe entre nosotros, e inauguran un campo intersubjetivo. La relación que establezco con el otro no es la de un sujeto frente a un objeto –relación propia de una vida personal que es vida de una conciencia constituyente que se manifiesta como presencia absoluta– sino que inauguro un campo simbólico (cultura) que es campo de juntura, lugar de encuentro. El obrar se asemeja al ver en tanto que se dirige a las fisuras del paisaje, hacia el a-hacer, y no aparece como posición de un fin, como operación que está cerrada en

---

11 Cfr. MERLEAU-PONTY, M., *L'institution dans l'histoire personnelle et publique. Le problème de la passivité, le sommeil, l'inconscient, la mémoire. Notes de Cours au Collège de France 1954-1955*, p. 33.
12 Cfr. SCHILARDI, Ma. del C., "El saber como institución y la verdad como praxis en Maurice Merleau-Ponty", en *Fenomenología e historia*, Madrid, Universidad Nacional de Educación a Distancia, 2003, p. 79.

una significación celosa, sino que se despliega instituyendo un sentido como respuesta a la pregunta que se lee en los movimientos fijos de las cosas. Por último, el tiempo no es ni envolvente ni envuelto. Existe desde el sujeto hacia el pasado un espesor que no está hecho ni de una serie de perspectivas ni de la consciencia de relación entre ellas, sino que es obstáculo y lazo, así como Proust lo concibe.[13]

El ritmo característico de la institución es "el ritmo de conservación, reasunción [*reprise*] y superación de los acontecimientos antiguos".[14] La institución humana implica la integración del pasado a una nueva significación que supone una desviación que, al mismo tiempo que integra, deforma la estructura pasada del acontecimiento para transformarlo en una institución novedosa. Es así que "la nueva estructura se nos aparece como presente ya en la antigua, o la antigua como presente todavía en la nueva, el pasado no está simplemente sobrepasado, sino *comprendido*, lo que se expresa diciendo que hay verdad, y que aquí emerge el espíritu".[15]

En las Notas, Merleau-Ponty explica que la institución puede ser relacionada con el nacimiento: ambos implican un acontecimiento fundante que se nutre de lo ya instituido y exige una continuación.[16] Ya en *Fenomenología de la*

---

13 Cfr. Merleau-Ponty, M., *L'institution dans l'histoire personnelle et publique. Le problème de la passivité, le sommeil, l'inconscient, la mémoire. Notes de Cours au Collège de France 1954-1955* pp. 34-35. En su reconocida obra *À la recherche du temps perdu* M. Proust no concibe el tiempo como una sucesión de ahoras ordenados por una conciencia, sino como una dimensión que puede, por un obstáculo que se presente al sujeto, abrir otra dimensión pasada y recobrar así, en toda su riqueza, vivencias de otro tiempo que se han dado porque aquel "obstáculo" se enlaza con un "obstáculo" similar de aquel tiempo. Existen múltiples ejemplos de estos "obstáculos" a lo largo de la obra proustiana, referimos solo dos de ellos. El primero es el reconocido pasaje del té y la magdalena que se halla en las primeras páginas de la obra. El Narrador puede ser reenviado por medio de ese "obstáculo" –el sabor que experimenta al mojar la magdalena en el té– a las mañanas de domingo en Combray en que iba a dar los buenos días a su tía Léonie quien le convidaba un poco de su magdalena mojada en el té que estaba tomando. Este obstáculo permite al Narrador reabrir aquella niñez vivida en casa de su tía (Cfr. Proust, M., *Du côté de chez Swann*, pp. 100-104 / *Por la parte de Swann*, pp. 42-45). Un segundo ejemplo puede hallarse en el pasaje en que el Narrador tropieza con un adoquín mal colocado y este obstáculo abre, en su máxima riqueza, un viaje pasado en el que había visitado la ciudad de Venecia (Cfr. Proust, M., *À la recherche du temps perdu. Le temps retrouvé*, pp. 173-174 / *A la busca del tiempo perdido. El tiempo recobrado*, pp. 749-750). A esto se refiere Merleau-Ponty al indicar que debemos comprender el tiempo del mismo modo que Proust, esto eso, como obstáculo y lazo.
14 Merleau-Ponty, M., *Résumés de cours. Collège de France 1952-1960*, p. 61.
15 Merleau-Ponty, M., *La prose du monde*, p. 148.
16 Respecto de la analogía institución-nacimiento, Ives Thierry anota: "Aquello que se produce con un nacimiento, según una fórmula de la fenomenología, es "una nueva posibilidad

percepción el pensador francés ha deslindado la idea de que puedo descubrir en mi "huellas de una organización, de una síntesis que se *hacía*".[17] Esta "síntesis" que se "hacía" es la labor realizada por la intencionalidad operante que trabaja con las sedimentaciones de la conciencia perceptiva. Es una síntesis que se realiza detrás de mí, una síntesis pasiva, subterránea, que va gestando una nueva institución. Aparece aquí la relación instituido-instituyente que el autor intenta plantear: *a partir de,* la historia está *abierta a.* "La institución condensa y abre un futuro. No es mera impronta, sino impronta fecunda".[18]

El pasado está constituido por aquellos acontecimientos que conforman una experiencia respecto a la cual una serie de otras experiencias cobrará sentido. El porvenir será comprendido dentro de un marco de experiencias que ha sido conservado y que reasumirá frente a una nueva experiencia que se verá dotada de sentido en referencia a una primera institución. Esta es la "lógica subterránea" que sustenta la institución en todas sus formas, tanto en la historia personal como en la pública. Un pasado que cristaliza en el futuro y viceversa: "simultáneamente hay descentración y recentración de los elementos de nuestra propia vida, movimiento de nosotros hacia el pasado, y del pasado reanimado hacia nosotros".[19]

I.1. La institución de un saber: la suma de los ángulos del triángulo y la historia del pequeño Gauss

En el apartado sobre la "institución de un saber" de las Notas de curso sobre la institución, Merleau-Ponty retoma una reflexión que puede rastrearse hasta la *Fenomenología de la percepción* y que también tiene un importante lugar en las páginas de *La prosa del mundo.* En las mentadas Notas, el filósofo

---

de situaciones". Aparece un ser que, en primer lugar, no se define como una serie de estados de conciencia ni como una mónada, sino como un campo de experiencias: "En la casa donde un niño nace, todos los objetos cambian de sentido, ellos esperan de él un trato aún indeterminado, alguien nuevo está ahí, una nueva historia, breve o larga, acaba de ser fundada, un nuevo registro es abierto'" (THIERRY, Y., "L'institution et l'événement selon Merleau-Ponty", en *Merleau-Ponty de la perception à l'action,* Bonan, R. (ed.), Aix-en-Provence, Publicactions de l'Université de Provence, 2005, p. 144, la cita de Merleau-Ponty corresponde a MERLEAU-PONTY, *Phénoménologie de la perception,* p. 466).

17 MERLEAU-PONTY, M., *Phénoménologie de la perception,* p. 436.
18 MERLEAU-PONTY, M., *L'institution dans l'histoire personnelle et publique. Le problème de la passivité, le sommeil, l'inconscient, la mémoire. Notes de Cours au Collège de France 1954-1955,* p. 59.
19 MERLEAU-PONTY, M., *Résumés de cours. Collège de France 1952-1960,* pp. 64-65.

francés se pregunta si no deben establecerse respecto del problema de la verdad dos órdenes, a saber: el orden del acontecimiento y el de la esencia o del sentido puro, aquella verdad por adecuación, tal como la concibe la lógica. Merleau-Ponty advierte que, en una primera aproximación a esta cuestión, tradicionalmente se ha separado una verdad subjetiva, aquella correspondiente a la institución de una vida, de un sentimiento; de una verdad objetiva, comúnmente asociada al algoritmo matemático, a la lógica. Es decir, se ha establecido una separación tajante entre el acontecimiento y la esencia. Avanzando más lejos en esa dirección se podría preguntar si no es necesario admitir que el orden al que llamamos el de la verdad objetiva pretende de derecho subordinar a los otros órdenes. Lo que se intenta es reducir la historia de los acontecimientos a esencias atemporales que son accesibles a todos, ideas que constituirían la verdad de esos hechos particulares.[20]

Sin embargo, no podemos apartar el hecho de que lo verdadero, la esencia, no sería nada sin lo que nos conduce hasta ella, y el orden del acontecimiento no parece ser superado y abandonado en el pasado sino *sublimado*.[21] Así como la palabra entraña un sentido que no es otro que la sublimación del mundo percibido, el significado, aquello que afirmamos, no se sustenta en un logos independiente del mundo estético.[22] Ya en el capítulo sobre "El Cogito" de *Fenomenología de la percepción,* Merleau-Ponty advertía que la certidumbre que tenemos de nuestros pensamientos deriva de su existencia efectiva, sólo en el "hacer" me comprometo con la realidad y me conozco conociendo las cosas, es en la certidumbre de la cosa y del mundo en donde se funda el conocimiento

---

20 Cfr. MERLEAU-PONTY, M., *L'institution dans l'histoire personnelle et publique. Le problème de la passivité, le sommeil, l'inconscient, la mémoire. Notes de Cours au Collège de France 1954-1955,* p. 89.

21 "Estamos en el mundo, es decir, se esbozan cosas, ese individuo inmenso se afirma y toda existencia se comprende y comprende a las otras, son estos fenómenos los que dan fundamento a nuestras certezas y cualquier creencia en un espíritu absoluto o en un mundo desprendido de nosotros no es más que fruto de la racionalización de este saber primordial" (Cfr. MERLEAU-PONTY, M., *Phénoménologie de la perception,* p. 468).

22 Esto era lo que señalábamos hacia el final del segundo capítulo cuando al tratar el concepto de sublimación indicábamos que el significado de un signo no es independiente del mundo estético, no solo se nutre de este, sino que lo entraña y no puede ser comprendido sin él. El sentido perceptivo es conservado y transformado para migrar hacia otro orden (ver "III.2.II La sublimación: fundamento de la reversibilidad entre percepción y lenguaje" en el segundo capítulo de este libro). En el caso de la institución de un saber sucede lo mismo, el orden de los acontecimientos es diferente de la esencia, pero esta vive de lo contingente porque ha surgido de ello y es lo que ha conservado y transformado cristalizándolo en una significación accesible a todos.

tético de sus propiedades y este es inseparable de ellos.[23] Pero esto no se aplica simplemente a las verdades subjetivas, de las que hablábamos más arriba, como podrían ser los sentimientos o la voluntad, sino que también es válido para aquellas verdades que suponen una adquisición intersubjetiva.

Para ilustrar el dinamismo de la institución del saber intersubjetivo, es decir, aquel que puede hacerse accesible a todos por medio de significaciones, expondremos dos casos que Merleau-Ponty trabaja a lo largo de su obra en diferentes ocasiones y que considera ilustrativos de la institución del saber. El primero de ellos es el que concierne a la esencia y propiedades del triángulo, el segundo, es el que hace alusión a la reconocida historia del pequeño Gauss trabajada también por Max Wertheimer. En ambos ejemplos se advertirá aquello que queremos sostener: que toda formalización es siempre retrospectiva y vive del pensamiento intuitivo, es en la intuición el lugar en que se forma toda certidumbre y aparece una verdad.

I.1.I La suma de los ángulos del triángulo

El ejemplo del triángulo es tratado, principalmente, en *Fenomenología de la percepción*. En ese texto Merleau-Ponty imagina un triángulo y afirma que si se prolonga uno de sus lados y se traza una paralela por uno de los vértices en relación al lado opuesto (figura 1) nos percatamos de que dicho vértice y esas líneas forman una suma de ángulos igual a la suma de los del triángulo e igual a dos rectos (figura 2).[24]

---

23 Cfr. *Ibidem*, p. 439.
24 Cfr. *Ibidem* pp. 440-441. Es menester señalar que las indicaciones de Merleau-Ponty para la formulación del problema del triángulo son sumamente ambiguas y dan lugar a varias interpretaciones que generarán diversas graficaciones, por ejemplo, la que realiza Lawrence Hass, quien en el capítulo 6 "Expression and the Origin of Geometry" de su libro *Merleau-Ponty's philosophy*, lleva a cabo también una reconstrucción de este pasaje de *Fenomenología de la percepción* (Cfr. Hass, L., *Merleau-Ponty's philosophy*, Bloomington, Indiana University Press, 2008, p. 150). El principal error de Hass –que expone en su libro un gráfico diferente al nuestro– es que no ha tenido en cuenta para su esquematización del problema la proposición 29 del libro de los *Elementos* de Euclides que Merleau-Ponty parece estar leyendo y que sustentará este ejemplo. Además, en la esquematización que realiza L. Hass la prolongación de uno de los lados que indica Merleau-Ponty, y que es necesaria para que exista el ángulo $\hat{\delta}$, no cumple ninguna función, lo que hace aún más patente el error del esquema elaborado. Sin embargo, más allá de que la graficación del problema que lleva a cabo Hass no parezca ser la más correcta, eso no impide que el autor llegue a conclusiones similares a las nuestras en relación al concepto de expresión e institución de un saber, ya que el ejemplo del triángulo es accesorio. Sólo es posible obtener la que nosotros creemos que

Figura 1   Figura 2

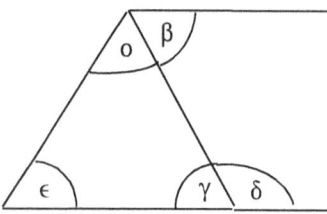   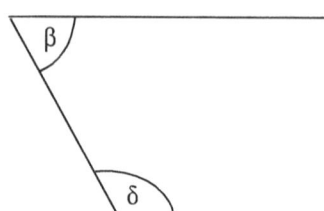

La relación que Merleau-Ponty intuye, y es preciso comprobar, es que la suma de los ángulos β y δ, surgidos de las líneas trazadas, es igual a 180° lo que también es, evidentemente, igual a la suma de dos ángulos rectos y, también, igual a la suma de los ángulos internos del triángulo. La comprobación de esto se deduce de la proposición 29 del libro I de los *Elementos* de Euclides que Merleau-Ponty parece estar leyendo para expresar ciertas relaciones a partir de lo establecido por el geómetra. Allí Euclides explica que "la recta que incide sobre rectas paralelas hace los ángulos alternos iguales entre sí, y el (ángulo) externo igual al interno y opuesto, y los (ángulos) internos del mismo lado iguales a dos rectos"[25] (Figura 3). Esta proposición algo confusa a primera vista puede ser esquematizada del siguiente modo:

Figura 3

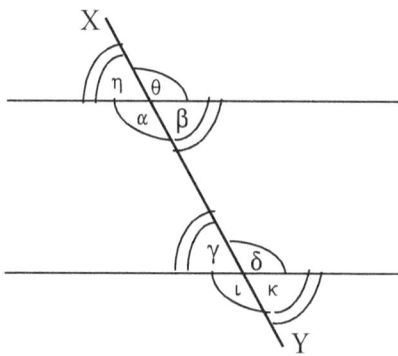

Las relaciones que Merleau-Ponty establece y las conclusiones a que llega se comprueban a partir de lo establecido por la proposición 29 que está esquematizada en la figura 3 y puede expresarse así:

---

  es la esquematización correcta (figuras 1 y 2) si se tiene en cuenta la lectura del libro de los *Elementos* de Euclides que está llevando a cabo Merleau-Ponty y que se puede entrever en las páginas del capítulo en cuestión.
25 Euclides, *Elementos,* Madrid, Gredos, 1991, p. 238.

$\hat{\alpha} + \hat{\beta} = 180°$
$\hat{\alpha} + \hat{\beta} = \hat{\gamma} + \hat{\delta}$
$\hat{\alpha} = \hat{\delta}$
$\hat{\beta} = \hat{\gamma}$
$\hat{\beta} + \hat{\delta} = 180°$
$\hat{\epsilon} + \hat{o} + \hat{\gamma} = 180° = 90° + 90° + \hat{\beta} + \hat{\delta}$

Lo que Merleau-Ponty intenta mostrarnos con este ejemplo en torno a la figura del triángulo es que aquellas relaciones que puedo establecer surgen de la intuición del triángulo imaginado, del tanteo que puedo realizar a partir de su estructura dada, y sólo serán cristalizadas posteriormente. En este caso particular es evidente que la suma de los ángulos $\hat{\beta}$ y $\hat{\delta}$ es igual a 180° y por lo tanto igual a la suma de dos rectos y a los interiores de un triángulo. Sin embargo, luego se deberá llevar a cabo un trabajo de formalización para instituir dichas relaciones y hacerlas accesibles a todos. Ese trabajo es el que ha realizado Euclides. Es a partir de la esencia, del campo que ella abre, desde dónde podré crear e instituir nuevas características que no estaban contenidas allí de antemano, sino que han sido establecidas de ahora en adelante y solo puedo hallarlas en el triángulo de modo retrospectivo.[26]

El filósofo explica que aquella estructura que es la figura del triángulo, y en la cual puedo establecer relaciones que dependen de su esencia y que son trasladables a otra serie indefinida de figuras empíricas, no ha nacido de una suerte de *eidos* eterno que encerrara de antemano sus propiedades. Esa estructura solo es posible si se considera la intuición que se tiene de la figura, es decir, el triángulo dibujado en el papel o imaginado, la disposición concreta de sus líneas, su *Gestalt*. El triángulo como tal, su configuración, es para mí un sistema de líneas orientadas pero que deben ser consideradas a partir de mi posición en el mundo. La esencia de la que hablamos es una *estructura vivida*.

> Si palabras como "ángulo" o "dirección" tienen para mí un sentido, es sólo en tanto que me sitúo en un punto y desde ahí tiendo hacia otro, en tanto que el sistema de las posiciones espaciales es para mí un campo de movimientos posibles. De este modo capto la esencia concreta del triángulo, que no es un conjunto de "caracte-

---

[26] "La necesidad de la demostración no es una necesidad analítica: la construcción que permitirá concluir no está realmente contenida en la esencia del triángulo, sólo es posible a partir de esta esencia. No hay una definición de triángulo que encerrara de antemano las propiedades que se demostrarán a continuación y las intermedias por las cuales pasaremos para llegar a esa demostración" (Merleau-Ponty, M., *Phénoménologie de la perception*, p. 441).

res" objetivos, sino la fórmula de una actitud, de una determinada totalidad de mi dominio sobre el mundo, una estructura.[27]

Lo que aquí entra en juego es la imaginación productora (*imagination productrice*)[28] que a partir de mi domino sobre el mundo, es decir, de la posición de mi cuerpo desde el que se abre un sistema de posiciones espaciales como campo de movimientos posibles, genera alternativas, recorre los caminos posibles que me permiten "jugar" con la estructura del triángulo y explicitar, a partir de su configuración, nuevas posibilidades de este.[29] Pero toda formalización es siempre retrospectiva y no hace más que cristalizar el pensamiento intuitivo. No es posible construir una definición lógica que me permita igualar la fecundidad que tiene la visión de la figura del triángulo, cualquier conclusión que establezca se nutre siempre de la intuición.

> Nada limita nuestro poder de formalizar, o sea de construir expresiones cada vez más generales de un mismo hecho, pero, por lejos que vaya la formalización, su significación queda como en suspenso, no quiere decir actualmente nada y no encierra ninguna verdad mientras no apoyemos sus superestructuras sobre una cosa vista.[30]

---

27 *Ibidem*, p. 442.
28 Este término, que nos invita a pensar un paralelismo con el de *pensamiento productivo* acuñado por M. Wertheimer, es utilizado por Merleau-Ponty en el análisis del problema del triángulo: "La construcción tiene valor demostrativo porque la hago brotar de la fórmula motriz del triángulo. Expresa la facultad que tengo de hacer aparecer los emblemas sensibles de un determinado dominio sobre las cosas que es mi percepción de la estructura del triángulo. Se trata, pues, de un acto de la imaginación productora y no de una vuelta a la idea eterna de triángulo" (*Ibidem* p. 443).
29 En su libro *Merleau-Ponty: Une ontologie de l'imaginaire*, Anabelle Dufourcq trata sucintamente el problema de los ángulos del triángulo y sostiene una postura similar a la nuestra sobre el dinamismo de la institución de la verdad: "Merleau-Ponty señala que esa demostración [la de la suma de los ángulos del triángulo] es una creación (más exactamente una retoma creativa). Esa propiedad no está *en* la primera figura del triángulo y no podríamos decir que se trata simplemente de encontrarla allí [...] La inteligencia es una actividad de conquista [...] es pues "*insight*" o espíritu de finura, una suerte de intuición perspicaz que toma anticipadamente eso que no está aún dado perceptivamente [...] [El sujeto] procede a la *reestructuración activa de la figura* [...] Una novedad inaudita puede siempre aparecer, esta es llamada por el mundo, por el sentido ya instituido, aparece en el diálogo con estos, pero solo depende de la audacia de un sujeto creador el que surja o no" (Dufourcq, A., *Merleau-Ponty: Une ontologie de l'imaginaire*, Phaenomenologica, Vol. 204, Springer. 2012, pp. 301-303).
30 Merleau-Ponty, M., *La prose du monde*, pp. 150-151.

I.1.II La historia del pequeño Gauss y la sumatoria de los primeros n números naturales

El segundo ejemplo en que nos detendremos, y que Merleau-Ponty trabaja tanto en *La prosa del mundo* como en las Notas de curso sobre la institución, es el caso del pequeño Gauss. Este caso, además de mostrarnos cómo la intuición está a la base de toda formalización, también evidenciará la institución de un saber. El caso del pequeño Gauss es analizado por Max Wertheimer en el libro *El pensamiento productivo*. Este título nos remite directamente a la "imaginación productora" de la que recién hablábamos y que probablemente haya surgido de la lectura de este autor que será citado recurrentemente por el filósofo en distintas obras.[31] Es preciso narrar entonces esta historia para poder distinguir en ella ciertos conceptos que nos permitirán pensar la institución de un saber y su dinamismo.

Según cuentan, cuando Gauss, el reconocido matemático, tenía alrededor de 7 u 8 años asistía a una escuela primaria de la pequeña ciudad de Brunswick. Un día el maestro durante la clase de aritmética propuso a los alumnos el problema de sumar los números del 1 al 100. Casi inmediatamente el pequeño Gauss exclamó: "*Ligget se*" ("ya está", empleando el dialecto de la Baja Sajonia). El maestro, sorprendido, no podía comprender cómo Gauss había obtenido la respuesta con tanta rapidez. Ignoramos lo que Gauss respondió exactamente, pero su explicación pudo haber sido muy parecida a la siguiente: "Si hubiera sumado 1 más 2, luego le hubiera agregado 3, luego 4, 5, y así, sucesivamente, la operación me hubiera llevado mucho tiempo, y, seguramente, habría cometido errores por la cantidad de sumas que debía realizar. Pero, observe usted que 1 más 100 tiene como resultado 101, y 2 más 99 también resulta 101. Por lo tanto, puede establecerse que tomando los extremos de la serie numérica dada, siempre resulta de su adición el número 101, por ello, sólo debo multiplicar 101 por 50 (la cantidad de pares de la serie 1-100)".

Para facilitar la explicación de la anécdota del pequeño Gauss y del *quid* del teorema[32] que él había descubierto, M. Wertheimer toma la serie 1-10 y nos explica que la expresión gráfica de la resolución de Gauss sería según lo dicho:

---

31 Max Wertheimer es citado recurrentemente por Merleau-Ponty, véase, por ejemplo MERLEAU-PONTY, M., *Phénoménologie de la perception*, p. 440; *Le visible et l'invisible*, p. 243; *Résumés de cours. Collège de France 1952-1960*, p. 64; *La prose du monde*, p. 167; *L'institution dans l'histoire personnelle et publique. Le problème de la passivité, le sommeil, l'inconscient, la mémoire. Notes de Cours au Collège de France 1954-1955*, p. 95.

32 $Sn = (n+1)\frac{n}{2}$

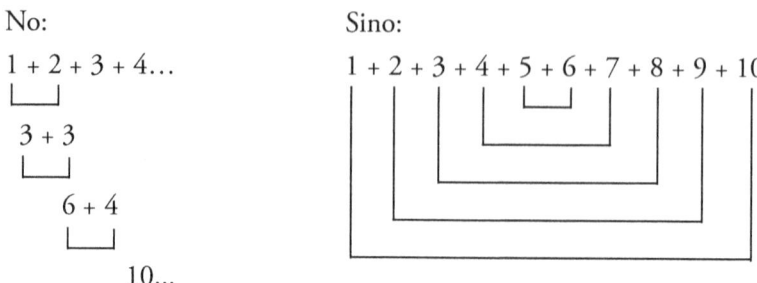

¿Qué es aquello que Gauss ha hecho? ¿Qué es lo novedoso? Está claro ya que, sumando los extremos de la serie, los pares formados por 1-10; 9-2; 8-3 obtendremos 11 y si lo multiplicamos por la cantidad de pares (5) el resultado será la sumatoria, esto es, 55. Pero Gauss ha advertido, *imaginando* la serie, una relación que explicamos aquí tal como M. Wertheimer la expone:

> La serie tiene una dirección en su orden creciente. Una suma carece de dirección. Ahora bien, el *aumento* de izquierda a derecha implica una *disminución* correspondiente de derecha a izquierda. Esto *tiene* que ver con la suma: ⟶ cada vez más; ⟵ cada vez menos, en la misma cantidad. Si voy de izquierda a derecha, del primer número al segundo, hay un aumento de 1, si voy de derecha a izquierda, del último número al penúltimo, hay una disminución de 1. Por lo tanto, la suma del primer y último número debe dar el mismo resultado que la suma del siguiente par, yendo hacia dentro. ¡Y esto debe valer para toda la serie! Sólo queda un interrogante: ¿cuántos pares hay? Evidentemente, la cantidad de pares es la mitad del total de números, o sea, la mitad del último número.[33]

El proceso de pensamiento productivo que ha llevado a cabo Gauss consiste esencialmente en reagrupar y reorganizar la serie a la luz del problema. Este reagrupamiento no es azaroso, sino que emerge racionalmente cuando Gauss procura captar la relación interna entre la suma de la serie y su estructura. "Durante el proceso los diversos elementos adquieren evidentemente un nuevo significado; aparecen determinados de manera distinta desde el punto de vista funcional".[34] Es así que cuando por un proceso de este tipo o mediante uno similar alcanzamos la fórmula general: $Sn = (n+1)\frac{n}{2}$, estos términos son comprendidos a la luz de toda la estructura, representando así $(n+1)$ el valor de un par, en este caso 11, y $\frac{n}{2}$ representa el número total de pares, 5 para el

---

33 WERTHEIMER, M, *El pensamiento productivo*, Barcelona, Paidós, 1991, p. 102. Trad. de *Productive Thinking*, Ney York, Harper and Brothers, por Leandro Wolfson.
34 *Ibidem*.

caso tratado. Ahora bien, para muchos que conocen la fórmula a ciegas —es decir, no comprenden la estructura interna del problema que nos ha llevado a constituirla— todas las formas posibles: $(n + 1)\frac{n}{2}$ ó $\frac{n(n+1)}{2}$ ó $\frac{n^2+n}{2}$ son equivalentes. Pero "no se dan cuenta de que en la primera fórmula la *n* es un miembro de un par en la expresión *n* + 1, en tanto que en $\frac{n}{2}$ la *n* representa la cantidad de términos que integran la serie, determinando el número de pares".[35] Las tres fórmulas dan el mismo resultado final y son equivalentes en cierto modo, pero no lo son en sentido psicológico.

Lo que aprendemos del ejemplo de Gauss es que no podemos ser ciegos a la ubicación estructural y al significado funcional de los términos del problema en cuestión. En un proceso de pensamiento productivo como el que se da en la historia tratada, el pensamiento consiste en "concebir las características y requerimientos estructurales y comprenderlos; proceder según estos requerimientos y en la forma que ellos determinan; modificar así la situación dirigiéndola hacia mejoras estructurales".[36]

Cuando Merleau-Ponty analiza el teorema que se desprende de la historia del pequeño Gauss nos señala algo fundamental respecto de la relación entre hecho y esencia. Lo que Gauss entiende al figurarse el problema es que la sumatoria de los *n* primeros números naturales está hecha de $\frac{n}{2}$ sumas parciales, y cada una ellas son igual a *n* + 1, así arriba a la formulación de Sn = $(n + 1)\frac{n}{2}$. Cuando aplica esta significación a cualquier serie continua de números naturales, lo que le da la certeza de haber alcanzado su esencia y su verdad es que logra *ver* cómo se derivan de la serie de los números las parejas de valor constante que va a contar, en lugar de realizar la suma. Pero la fórmula $\frac{n}{2}(n + 1)$ no contiene la esencia de este hecho matemático, esta sólo queda demostrada en tanto comprendemos que bajo el signo *n*, que empleamos dos veces, debe verse una doble función: primero, *n* como el número de cifras que sumar y luego, *n* como el número final de la serie. Quien pueda advertir esta doble función de *n*, primero como la cantidad total de las cifras que sumar, es decir, 10 cifras (número que debo dividir para obtener la cantidad de pares de la serie), y luego como el número final de la serie, esto es, 10 (miembro de un par), es quien ha identificado la ubicación estructural y el significado funcional de este término y, justamente, es aquel para quien la fórmula no será equivalente a las demás en sentido psicológico.

Las fórmulas equivalentes que pueden obtenerse de ella son ciegas, como señalaba Wertheimer, si no se comprenden a la luz de su intermediaria $\frac{n}{2}(n+1)$

---
35 *Ibidem*, p. 103.
36 *Ibidem*, p. 199.

que es la que nos permite ver la relación entre el objeto considerado y su verdad.[37]

Lo que sucede, tanto en el ejemplo del triángulo –en el que a partir de su graficación en el papel o su imaginación uno es capaz de descubrir nuevas propiedades "jugando" y elaborando posibilidades surgidas de su intuición– como en el ejemplo de la sumatoria de Gauss –que puede encontrar una solución al problema mediante la imaginación de la serie que le permite entender la dirección creciente y la decreciente y establecer que la suma de los extremos se mantiene constante– es que la intuición sensible del problema en el que logramos advertir la estructura interna del mismo, es decir su *Gestalt,* es luego sublimada mediante el lenguaje (el algoritmo matemático en este caso) y cristalizada dicha intuición en una forma que es accesible a todos y se instituye como un saber. Esta formalización aparta la ilusión de un préstamo empirista al hecho percibido. Sin embargo, aquello a lo que se refiere la matemática formalizada toma su sentido del ser percibido.[38] Lo evidente de esta situación queda al descubierto por el camino inverso: si uno conoce la fórmula a secas, el algoritmo matemático vacío, pero no las propiedades y la estructura interna que han dado lugar a esa formulación y que la sostienen, la aplicará ciegamente sin comprender cómo es que funciona y qué propiedades de la estructura significa y explica. En cambio, si uno entiende la ubicación estructural y el significado funcional de cada término entonces puede trasladar esa fórmula, forzarla o modificarla, para que mediante una leve desviación (*écart*) se dé lugar a la institución de un nuevo saber.[39]

Lo que ocurre con el movimiento continuo de la institución del saber es que, frente a un problema intelectual que está estructurado de determinado modo en relación a la perspectiva desde el que se lo ha abordado hasta ese mo-

---

37 "Con la fórmula $\frac{n+1}{2} n$ la evidencia no se *verá*. Podemos lógicamente, formalmente, pasar de una fórmula a la otra, ellas son equivalentes, reversibles, recíprocas, parecen indicar una necesidad en sí. Pero la iluminación de la demostración llega a la segunda de la primera" (Merleau-Ponty, M. *L'institution dans l'histoire personnelle et publique. Le problème de la passivité, le sommeil, l'inconscient, la mémoire. Notes de Cours au Collège de France 1954-1955*, p. 96). Podríamos agregar que, en el equivalente $\frac{n^2+n}{2}$ aún se torna más complejo comprender la estructura interna del problema sin haber pasado por la primera.

38 Cfr. Merleau-Ponty, M., *L'institution dans l'histoire personnelle et publique. Le problème de la passivité, le sommeil, l'inconscient, la mémoire. Notes de Cours au Collège de France 1954-1955*, p. 96.

39 "La verdad está hecha de significaciones *abiertas*, y nosotros debemos rechazar la alternativa de los lógicos modernos, que solo encuentran en el dominio de las significaciones exactas, cerradas, recetas para operaciones ciegas" (Merleau-Ponty, M., *Parcours deux 1951-1961*, "Titres et travaux. Projet d'enseignement", p. 31).

mento, el sujeto instituido-instituyente advierte lagunas a ser llenadas a partir de las cuales puede elaborar nuevas estructuraciones.⁴⁰ El *insight* implica conferir un sentido que conserva la estructura anterior superándola en una nueva.

> Para que haya verdad, es necesario y basta que la reestructuración que da el nuevo sentido retome realmente la estructura inicial, sea lo que sea de sus lagunas y opacidades [...] El lugar propio de la verdad es por tanto esa recuperación del objeto de pensamiento en su nueva significación, aún cuando el objeto siga conservando, en sus repliegues, relaciones que utilizamos sin advertirlas.⁴¹

Nuestro cuerpo, inseparable de su perspectiva del mundo, es la condición de posibilidad no sólo de la síntesis geométrica o de la sumatoria de la serie de números, sino de todas las operaciones expresivas y de todas las adquisiciones del mundo cultural. El pensamiento espontáneo no es la coincidencia de este consigo mismo, sino su rebasamiento por medio de la palabra en la que es estructurado, eternizado en verdad. Y, al mismo tiempo, puede ser retomado por la posteridad ya que su estructura es conservada en la significación y reactivada en pos de nuevas estructuraciones del siempre inacabado estar-en-el-mundo del cuerpo propio.⁴²

El problema de la institución de un saber, que retoma la estructura antigua subsumiéndola en la nueva mediante una reestructuración que implica una novedad y abre nuevos horizontes, no es más que un problema regional del problema más general de la expresión.

> Expresar no quiere decir sustituir por medio del pensamiento nuevo un sistema de signos estables a los cuales se hayan enlazado pensamientos seguros, sino asegurarse, por el empleo de palabras ya usadas, de que la intención nueva retoma la herencia del pasado; incorporar por un solo gesto el pasado al presente y soldar este presente a un porvenir, abrir todo un ciclo del tiempo donde el pensamiento "adquirido" permanecerá presente a título de dimensión, sin que tengamos necesidad, a partir de entonces, de evocarlo o reproducirlo.⁴³

---

40 "La historicidad del saber no es su carácter 'aparente', que nos dejaría libres para definir analíticamente la verdad 'en sí'. Incluso en el orden del saber exacto debemos tender hacia una concepción 'estructural' de la verdad (Wertheimer). Hay verdad en el sentido de un campo común a las diversas empresas del saber" (MERLEAU-PONTY, *Résumés de cours. Collège de France 1952-1960*, p. 64).
41 MERLEAU-PONTY, *La prose du monde*, p. 179.
42 Cfr. MERLEAU-PONTY, M., *Phénoménologie de la perception*, p. 445.
43 *Ibidem*, pp. 449-450.

Podríamos decir entonces que la institución de un saber se encuentra indefectiblemente ligada a la expresión del mismo. Cada nuevo saber instituido deberá incorporar el pasado al presente y ligar este a un porvenir que se abrirá para continuar reproduciendo está dinámica infinita de reestructuración que da lugar a nuevas instituciones intersubjetivas. Esto es lo que expresa Merleau-Ponty en sus Notas al decir que

> Entonces, lo que tenemos en cada momento [es] "verdad estructural", ligada a perspectiva, a centrado, a estructuración. Cierto, otras estructuraciones son posibles, formalizaciones, de ahí [se sigue que] la estructuración actual es superada […] La historia del saber se contrae sobre sí misma a medida que avanza, pero no horada nunca en el orden de las estructuras, su luz no está nunca completamente presente, hay una doble relación de *Fundierung*.[44]

La clave para comprender la institución del saber tiene que buscarse en la noción de fundación (*Fundierung*)[45] a la que ya hemos apelado anteriormente para desentrañar la dinámica del lenguaje conquistador. Este concepto sostiene la idea de que

> El término fundante –el tiempo, lo irreflexivo, el hecho, el lenguaje, la percepción– es primero en el sentido de que lo fundado se da como una determinación o una explicitación de lo fundante, lo que le impide reabsorberlo y, sin embargo, lo fundante no es primero en el sentido empirista y lo fundado no deriva simplemente

---

44 MERLEAU-PONTY, M., *L'institution dans l'histoire personnelle et publique. Le problème de la passivité, le sommeil, l'inconscient, la mémoire. Notes de Cours au Collège de France 1954-1955*, pp. 91-92.

45 En la "Presentación" de la *La institución, la pasividad. Notas de cursos en el Collège de France (1954-1955)*, Mariana Larison explica óptimamente la apropiación que lleva a cabo Merleau-Ponty de este concepto husserliano: "El término alemán *Stiftung*, que en su uso corriente puede ser traducido, tanto en francés como en español, por fundación o institución, cobra, dentro del pensamiento husserliano, un sentido técnico específico a partir de sus análisis sobre la formación de sentidos en el campo de la fenomenología genética. Pues bien, uno de los aspectos principales de la lectura merleaupontiana de Husserl, a diferencia de otros contemporáneos del filósofo francés, es haber sido formada, desde el comienzo, por el estudio de los textos correspondientes al desarrollo de la fenomenología genética y, sobre todo, de los textos más tardíos del maestro alemán […] Muy probablemente por haber tenido un contacto muy temprano con estos textos Merleau-Ponty haya escogido la traducción de *Stiftung* por *institución* y no por *fundación*: es, en efecto, a la problemática de la institución, con sus capas de sedimentación y reactivaciones de sentidos, y no a la de fundación (que bien puede ser considerada como uno de los momentos) a lo que reenvía el uso husserliano del termino *Stiftung*" (LARISON, M., "Presentación", MERLEAU-PONTY, M., *La institución, la pasividad. Notas de cursos en el Collège de France (1954-1955)*, p. XI-XII).

de ahí, puesto que es a través de lo fundado que se manifiesta lo fundante. De este modo puede decirse indiferentemente que el presente es un esbozo de la eternidad y que la eternidad de lo verdadero no es sino una sublimación del presente.[46]

¿Qué nos indica Merleau-Ponty en este pasaje? No es más que la explicitación de aquello que ha ido trasluciéndose en los dos casos que hemos tratado acerca del fenómeno de la institución de un saber: la verdad de la que hablamos debe ser comprendida siempre como una sublimación del término fundante en aquello que es fundado. Sin embargo, esta primacía de lo fundante no es advertida sino en lo fundado que manifiesta lo fundante y que es primero en el orden del saber, pero segundo en el ontológico. Lo fundado, aquella significación que no es más que la cristalización de lo que se ha intuido, vive de lo fundante, de la experiencia del cuerpo propio. No obstante, sólo a través de lo fundado puedo descubrir lo fundante. Esta reciprocidad en la que primero y segundo se hacen indistintos porque uno vive del otro, porque uno es en el otro (*Ineinander*), es lo que se trasluce en nuestra experiencia de la verdad. Porque al estar en el mundo:

> No tenemos la experiencia de un verdadero eterno y de una participación en lo Uno, sino de actos concretos de reasunción, por los cuales, en el azar del tiempo, establecemos relaciones con nosotros mismos y con el otro, en una palabra, la experiencia de una *participación en el mundo*, el 'ser-en-la-verdad' no es distinto del ser en el mundo.[47]

II. La verdad del lenguaje literario

En este segundo apartado del capítulo intentaremos profundizar en el problema de la verdad y de su institución en el lenguaje literario. Retomaremos lo expuesto hasta aquí para avanzar hacia el horizonte que motiva nuestra reflexión, aquel en que conjuntamente con Merleau-Ponty, vislumbramos que, así como puede instituirse un saber en el campo de la geometría o del álgebra también puede manifestarse la verdad por medio de una construcción literaria. Es decir, puede experimentarse esa verdad a través de la poesía o la prosa. De hecho, para el filósofo francés, este campo será privilegiado porque logra decir esas verdades de un modo único: la literatura puede recoger el sentido

---

46 MERLEAU-PONTY, M., *Phénoménologie de la perception*, p. 451.
47 *Ibidem*, p. 452.

naciente que aparece en el entrecruzamiento de la carne del cuerpo con la carne del mundo y estructurarlo en una obra.[48]

En el ámbito de la literatura también debemos tener como clave para la comprensión de la institución de la verdad la relación ya explicitada que contiene el término de *Fundierung*. En el lenguaje literario nos encontramos ante un fenómeno en dónde lo fundante se manifiesta a través de lo fundado y, a su vez, lo segundo no podría ser comprendido sin lo primero. La palabra –herramienta privilegiada de la expresión literaria– reasume el contexto que la ha visto nacer y que ella entraña. Su sentido "no está formado de un cierto número de caracteres físicos del objeto, es, ante todo, el aspecto que asume en una experiencia humana".[49] Esta palabra recoge y sublima la experiencia que comunica, que es, al mismo tiempo, la que la hace comprensible. La palabra, especialmente aquella palabra literaria, conquistadora, que tiene un sentido y conlleva ese complejo nudo de relaciones de las que emerge y que conocemos quienes estamos en el lenguaje, es la que nos permite, mediante el juego y el comercio con los otros signos, construir una gran prosa en que se cristalice una significación. En otras palabras, que se pueda finalmente llevar a la expresión propia de su sentido al mundo vivido, decir la verdad.[50]

II.1 La gran prosa como obra de arte que expresa el mundo vivido

Hacia el final del primer apartado del presente capítulo establecimos que el ser-en-la-verdad no es distinto del ser en el mundo. La verdad a la que Merleau-Ponty se refiere no es otra cosa que la expresión de la estructuración presente de un determinado ámbito de nuestra realidad. El lenguaje literario, que se manifiesta plenamente en el trabajo del escritor, tiene como función primordial conquistar aquellas regiones foráneas, innombradas, esto es, estructurar en la palabra el sentido naciente del mundo en que nos encontramos.[51]

---

48 Luego de analizar la expresión algorítmica en "El algoritmo y el misterio del lenguaje", mostrando que en ella aparece el desajuste y la reestructuración características del lenguaje, Merleau-Ponty afirma que "La expresión algorítmica es por tanto segunda. Es un caso particular de la palabra" (Merleau-Ponty, M., *La prose du monde*, p. 180).

49 Merleau-Ponty, M., *Phénoménologie de la perception,* p. 462. Sobre la capacidad de la palabra para entrañar el contexto que la ha visto nacer puede consultarse el punto II.I "La palabra: relación al Ser a través de un ser" del segundo capítulo.

50 Es en la palabra en donde hemos de hallar el modo de expresar el mundo vivido porque "la palabra es el vehículo de nuestro movimiento hacia la verdad, como el cuerpo es el vehículo del ser en el mundo" (Merleau-Ponty, M., *La prose du monde*, p. 181).

51 Cfr. Merleau-Ponty, M., *Recherches sur l'usage littéraire du langage. Cours au Collège de*

En *La prosa del mundo* Merleau-Ponty intentaba ofrecer una teoría de la verdad. Allí su objetivo era sostener que la comunicación en la literatura no es una simple apelación del escritor a significaciones que formarían parte de un *a priori* del espíritu humano, sino que ellas son quienes suscitan en él su aparición por seducción o por una suerte de acción oblicua. En un texto escrito durante la preparación de este inconcluso libro se deslindaba el concepto de "gran prosa" (*grande prose*):

> Toda gran prosa es también una recreación del instrumento significante, en adelante manejado según una sintaxis nueva. Lo prosaico se limita a tocar por signos convenidos significaciones ya instaladas en la cultura. La gran prosa es el arte de captar un sentido que no había jamás sido objetivado hasta aquí y de hacerlo accesible a todos aquellos que hablan la misma lengua.[52]

La gran prosa –a diferencia de "lo prosaico" que solo tiene por objetivo designar aquella referencia cerrada, instalada en el lenguaje–, tiene la tarea de referir indirectamente el mundo común en que nos encontramos y expresarlo de tal modo que pueda hacer asequible, a quien se anime a transitar sus sinuosos caminos, el sentido naciente del mundo que se da en el encuentro de su carne con la del cuerpo. Cuando Merleau-Ponty escribía en *Lo visible y lo invisible* que "nadie ha superado a Proust en la instauración de las relaciones entre lo visible y lo invisible, en la descripción de una idea que no es lo contrario de lo sensible, sino su doblez y profundidad",[53] se refería justamente a esta capacidad de la literatura proustiana de dar cuerpo a las verdades que emergen en el encuentro con el mundo. En las páginas de una gran prosa se lleva a cabo la exploración de un invisible que no puede ser desprendido de las apariencias sensibles a las que está ligado, esto es, que no puede ser comprendido sin pasar por la intuición que ha abierto ese abanico de ideas de ella surgidas.[54]

En el caso particular de la novela asistimos a un fenómeno maravilloso en que el escritor se nos aparece como un nuevo idioma que se construye y se in-

---

France. Notes, 1953., Genève, Mêtis Presses, 2013, p. 61.
52 MERLEAU-PONTY, M., *Parcours deux 1951-1961*, "Un inédit de Maurice Merleau-Ponty", p. 45.
53 MERLEAU-PONTY, M., *Le visible et l'invisible*, p. 193.
54 En una de las conferencias pronunciadas por Merleau-Ponty en 1948 para ser difundidas en el programa radial *Hora de cultura francesa*, el filósofo parafraseaba a Maurice Blanchot y decía que "una novela lograda existe no como suma de ideas o de tesis, sino a la manera de una cosa sensible, y de una cosa en movimiento que se trata de percibir en su desarrollo temporal, a cuyo ritmo hay que adaptarse y que deja en el recuerdo no un conjunto de ideas, sino más bien el emblema y el monograma de esas ideas" (MERLEAU-PONTY, M., *Causeries*, pp. 60-61).

venta medios de expresión para elaborar una gran prosa que, como más arriba afirmábamos, no es otra cosa que el arte de captar un sentido que nunca hasta el momento había sido objetivado y hacerlo accesible a todos aquellos que hablan la misma lengua. Cuando nos sumergimos en la lectura de una gran prosa nos dejamos conducir hacia donde los signos nos indican y rehacemos con el escritor, a cada palabra, la pareja del ciego y el paralítico. Está metáfora, que utiliza Merleau-Ponty para describir la relación del lector con el texto y con el autor y que aquí citamos, puede introducirnos en la tarea que el lenguaje literario que hallamos en una gran prosa realiza:

> *Pero esta es precisamente la virtud del lenguaje:* nos arroja sobre lo que significa; se disimula a nuestros ojos en su misma operación; su triunfo está en borrarse y darnos acceso, más allá de las palabras, al pensamiento mismo del autor, de tal suerte que retrospectivamente creamos haber estado conversando con él sin palabras, de espíritu a espíritu. Las palabras una vez enfriadas vuelven a caer sobre la página reducida a simples signos, y precisamente porque nos han proyectado muy lejos de sí, nos parece increíble que tantos pensamientos nos hayan podido venir de ellas. Sin embargo, son los vocablos los que nos han estado hablando, durante la lectura, cuando, sostenidos por el movimiento de nuestra mirada y de nuestro deseo, pero a la vez sosteniéndole y no dándole tregua, rehacían con nosotros la pareja del ciego y el paralítico –cuando eran gracias a nosotros, y nosotros éramos gracias a ellos, palabra más que lenguaje, la voz y su eco al mismo tiempo.[55]

La metáfora para explicar este maravilloso juego del lenguaje, en que autor y lector se ven implicados y en el que uno no puede ser sin el otro, es sutilmente deslizada por Merleau-Ponty y, en una primera lectura del texto, puede pasar inadvertida. En ella el paralítico –el autor– va guiando al ciego –el lector– hacia esa idea que quiere desentrañar y que se encuentra incrustada en el mundo sensible al que ambos pertenecen. El escritor configura una gran prosa en la que, mediante el arreglo de determinadas palabras, podrá dar cuerpo a las ideas que se hallan inseparablemente unidas a la experiencia en que se manifiestan y que migran de la carne del mundo a la carne menos pesada del lenguaje. El lector ira empujando la silla del paralítico hacia dónde este le indique mediante signos –palabras– y así ambos descubrirán ese pensamiento que sólo puede hacerse en el lenguaje, irán abriendo el camino hacia ese lugar desconocido. El lenguaje conquistador de la gran prosa confeccionada por el paralítico será el conjunto de signos que llevarán al ciego hacia esa región del mundo innombrada, a la institución de una verdad del mundo vivido que se

---

55 MERLEAU-PONTY, *La prose du monde*, pp. 16-17.

realiza en el momento de la expresión literaria. Dicha verdad trasparece en la expresión lograda, allí cuando el lenguaje consigue arrojarnos sobre lo que significa, cuando triunfa al darnos acceso al mundo al que se refiere.

En la obra de arte, y sobre todo en el caso particular de la novela, el lenguaje ostenta su capacidad de introducirnos a perspectivas extrañas, distintas de las nuestras. Ese es el lenguaje conquistador del que tanto hablamos en nuestro primer capítulo. Detengámonos entonces en una cita en la que Merleau-Ponty pone de manifiesto esta primacía de la obra de arte por sobre la obra analítica.

> Lo que no es reemplazable en la obra de arte, lo que hace de ella mucho más que un medio de placer: un órgano del espíritu, cuyo análogo se encuentra en todo pensamiento filosófico o político si es productivo, es que contiene, más que ideas, *matrices de ideas*, que nos proporciona emblemas de los que nosotros no hemos nunca terminado de desarrollar el sentido, que, justamente puesto que se instala y nos instala en un mundo del que nosotros no tenemos la clave, nos enseña a ver y finalmente nos da que pensar como ninguna obra analítica puede hacerlo, porque el análisis no encuentra en el objeto más que lo que hemos puesto en él.[56]

La obra de arte es calificada como un órgano del espíritu porque es una herramienta que lleva a cabo la expresión de nuestro ser en el mundo. Es un órgano que tiene por función decir nuestro ser en el mundo, que no es otra cosa que la verdad. En la novela el mundo resuena. Cuando el escritor utiliza las palabras para llenar ese vacío de lo que se quiere decir, utiliza justamente aquellas palabras que "transportan a quien habla y a quien las entiende a un universo común arrastrándolas a un significado nuevo por una potencia de designación que excede su definición recibida".[57] El escritor, por medio de la obra, nos revela y se revela un sentido salvaje que permanecía oculto y que ha sido posible desentrañar por medio de la creación artística.[58]

La institución de la verdad en el lenguaje literario tiene un dinamismo análogo a la institución del saber intersubjetivo del que hablamos en la primera parte del capítulo. Merleau-Ponty afirma que en la gran prosa "las palabras del escritor descentran la significación usual y a través de usos convergentes indi-

---

56 Merleau-Ponty, M., *Signes*, pp. 96-97.
57 Merleau-Ponty, *Le problème de la parole*, Cours au Collège de France 1953-1954, BNF, (inédito) p. 94.
58 En el inédito curso sobre "El problema de la palabra" Merleau-Ponty se propone, entre otras cosas, estudiar en el escritor "la función conquistadora de la palabra, su capacidad de expresión (Ombredane) como recreación del contexto por el texto. [Ya que] Es indudablemente en la literatura que la palabra creadora se encuentra en su plenitud" (*Ibidem*, p. 93).

can nuevos sentidos que son desviaciones".[59] El escritor utiliza su lenguaje y la significación de las palabras que él emplea son lo que ellas arrastran consigo de las configuraciones de su paisaje. Una novela es una gran construcción en la que los acontecimientos relatados son puestos en relación y su estructuración instaura un sentido que permanecía latente y ahora se hace manifiesto. El lector es introducido por el lenguaje conquistador del escritor en perspectivas extrañas, novedosas.[60] A medida que nos sumergimos en la lectura y nos dejamos llevar allí hacia dónde los signos nos dirigen, descubrimos una idea que sólo puede ser expresada por medio de los giros y desviaciones elaborados por la obra y que es inseparable de su expresión.[61] El escritor

> nos transporta del mundo ya dicho a otra cosa. Y de la misma manera que nuestro cuerpo no nos guía entre las cosas sino a condición de que cesemos de analizar para hacer uso de él, el lenguaje no es literario, es decir productivo, sino a condición de que cesemos de pedirle a cada momento justificaciones para seguirle a donde él va, de que dejemos a las palabras y a todos los medios de expresión del libro rodearse de esa aureola de significado que deben a su disposición singular.[62]

El sentido que trasparece en la lectura de una novela es inseparable de las construcciones literarias en la que se nos da. Además, y es preciso explicitarlo, la elaboración de una gran prosa supone un trabajo minucioso de preparación de un nivel del cual luego se podrá distinguir, se diferenciará algo, que es lo que otorgará sentido al todo de la obra dando lugar a que acaezca tal o cual significación que solo puede ser aprendida atravesando la lectura de ese texto y haciendo propias las significaciones que el autor ha dispuesto de un determinado modo y no de otro. Lo que hace que un escritor se destaque por sobre los demás es que ha logrado ir tejiendo una gran red en que se entremezclan personajes

---

59 MERLEAU-PONTY, M., *L'institution dans l'histoire personnelle et publique. Le problème de la passivité, le sommeil, l'inconscient, la mémoire. Notes de Cours au Collège de France 1954-1955*, p. 90.
60 En palabras de M. Proust: "[...] ciertas novelas son como grandes lutos momentáneos, abolen el hábito, vuelven a ponernos en contacto con la realidad de la vida, pero sólo por unas horas, como una pesadilla, la alegría que aportan por la impotencia del cerebro para luchar contra ellas, y recrear lo verdadero, se imponen infinitamente sobre la sugestión casi hipnótica de un bello libro, que, como todas las sugestiones, tiene efectos muy breves" (PROUST M., *Albertine disparue*, pp. 142-143 / *La fugitiva*, p. 480).
61 Este tipo de ideas son las ideas sensibles, ideas inseparables de su expresión y que manifiestan las esencias que se hallan incrustadas en la carne del mundo y se revelan en el encuentro con la carne del cuerpo. Estas ideas sensibles, centrales para nuestra argumentación, serán ampliamente desarrolladas en el cuarto capítulo del libro.
62 MERLEAU-PONTY, M., *Signes*, p. 97.

con determinadas características, lugares, situaciones, pensamientos, etc.; que va construyendo un universo que se prepara para dar a luz a aquel sentido que se quiere poner de manifiesto y que precisa de todo ese trabajo previo, de todo ese mundo sin el que no podría ser comprendido. El trabajo del escritor supone la elaboración de ese paisaje que será el fondo sobre el cual determinados gestos y palabras cobrarán un sentido único, se destacarán. Así lo explica Merleau-Ponty cuando toma el ejemplo de Stendhal y señala cómo la obra expresa tácitamente, a partir de esa construcción llevada a cabo por el autor.

> Una novela expresa tácitamente como un cuadro. Se puede contar el tema de la novela como el del cuadro. Pero lo que cuenta, no es tanto que Julien Sorel, al enterarse de que es traicionado por Mme. de Rênal, vaya a Verrières y trate de matarla —como, tras la noticia, ese silencio, ese viaje de ensueño, esa certeza sin pensamientos, esa resolución eterna. Ahora bien, eso no se dice en ninguna parte. No hay necesidad de "Julien pensaba", "Julien quería". Basta, para expresar, con que Stendhal se deslice en Julien y haga a aparecer ante nuestros ojos, a la velocidad del viaje, los objetos, los obstáculos, los medios, los azares. Basta con que decida contar en una página en vez de contar en cinco.[63]

El lenguaje literario expresa no solo por lo que se dice, sino también por los silencios, por lo que no se dice. Para quien conoce *Rojo y Negro* es sumamente significativo el hecho de que el autor —que en general elabora largas descripciones tanto de los pensamientos de Julien como de las situaciones en que se encuentra— narre casi fugazmente ese viaje y, sobre todo, un hecho tan crucial como el intento de asesinato que lleva a cabo el protagonista de quien ha sido su primer y verdadero amor.[64] La obra de arte como un todo implica un modo

---

63 *Ibidem*, p. 95.
64 Vale la pena citar el pasaje en para comprender más ampliamente lo que se quiere expresar y cómo las palabras dan cuenta de esa verdad no solo por lo que dicen, sino por lo que no dicen y sugieren. "Julien había partido hacia Verrières. En aquel viaje rápido no pudo escribir a Mathilde, como había proyectado, pues su mano no trazaba en el papel más que rasgos ininteligibles. Llegó a Verrières un domingo por la mañana. Entró en casa del armero del pueblo, que le llenó de felicitaciones por su reciente fortuna. La noticia corría por la comarca. Julien tuvo que hacer un gran esfuerzo para hacerle comprender que quería un par de pistolas. El armero las cargó obedeciendo a sus órdenes. Dieron las *tres campanadas*; es una señal muy conocida en los pueblos de Francia y que después de los distintos toques de la mañana anuncia el comienzo inmediato de la misa. Julien entró en la iglesia de Verrières. Todas las ventanas altas del edificio estaban veladas con cortinas carmesí. Julien se encontró a algunos pasos de distancia del banco de la señora de Rênal. Le pareció que oraba con fervor. La vista de aquella mujer que tanto le había amado hizo temblar de tal modo el brazo de Julien que le impidió de momento ejecutar su propósito. 'No puedo —se decía a

de significar oblicuo, lateral, que dice tanto por las palabras que se escriben, su modo de disponerlas, como por lo que no está escrito sino sugerido. Y, todo esto, al mismo tiempo aparece sobre el fondo que el escritor ha ido tejiendo, ese universo que el lector ha ido conociendo, en que cada personaje es alguien, cada sitio un lugar y el sentido aparece porque las palabras no se lanzan al vacío, sino que resuenan sobre la gran sinfonía de la novela.[65] La tarea que el escritor lleva a cabo implica acomodarse en ese lenguaje común que compartimos, aquel lenguaje en el que estamos iniciados por el simple hecho de tener un cuerpo y estar en un mundo. Desde allí, el escritor recreará el instrumento significante, realizará una torsión, una *deformación coherente*, para dar a luz a un sentido que permanecía oculto.

Esta deformación es siempre única en tanto que depende de quién exprese y de su *estilo* particular. El concepto de estilo es utilizado por Merleau-Ponty para referirse al modo de comerciar con el mundo de cada uno, es decir, la manera en que recreamos el mundo de acuerdo con los valores con que lo descubrimos. Esta recreación es como "a pesar nuestro", es el modo de acercarnos al mundo que tenemos y, en este sentido, toda percepción ya es estilización. Lo que pinte o escriba será el modo que tengo de morar en el mundo de las cosas y el cómo se me dan, no expresarán otra cosa que mi relación con el ser. El estilo es mi forma de deformar el mundo. Tanto en el escritor como en el pintor, lo que sucede no es un intento de duplicación del mundo percibido, sino que es más bien una alusión de sí mismo a sí mismo en que el estilo que él tiene de acercarse al mundo se hace accesible al espectador o al lector. Dicho estilo ha cristalizado en una obra que ha germinado en la superficie de su experiencia en que un sentido operante y latente se ha encontrado con los emblemas que debían librarle y hacerle manejable para el artista al mismo tiempo que accesible a los demás.[66] Significamos cuando los datos del mundo son sometidos por nosotros a esa deformación coherente por la cual concen-

---

sí mismo–; físicamente, no puedo'. En aquel momento, el monaguillo que ayudaba a misa tocó para anunciar la *elevación*. La señora de Rênal bajó la cabeza, que quedó casi oculta entre los pliegues de su chal. Julien ya no la reconocía tan bien; disparó un tiro sobre ella, y no hizo blanco; disparó un segundo tiro, ella cayó" (Stendhal, *Rojo y Negro*, Buenos Aires, Penguin, 2015, p. 610).

65 Esta capacidad de construir un complejo universo, una gran sinfonía, que pueda dar lugar al nacimiento de una significación, a la emergencia de un sentido novedoso que expresa el mundo, es una de las características que más ha cautivado a Merleau-Ponty al leer la obra proustiana. Por esto *A la busca del tiempo perdido* es un lugar fecundo para buscar y mostrar aquello que el filósofo francés señalaba constantemente en la expresión literaria: las ideas sensibles que constituyen la esencia del mundo, su verdad.

66 Cfr. Merleau-Ponty, M., *Signes,* p. 66.

tramos el sentido todavía diseminado en la percepción y lo hacemos existir de manera expresa. De este modo es que somos reenviados a aquel sentido que permanecía desconocido y, las palabras, que conservan y contienen el pasado, sufren una transformación para hacernos entrega de su *verdad*.

II.2 La literatura conquistadora de la verdad

La certeza de que existe una verdad que sólo puede ser develada de modo literario –es decir, que existe un sentido del mundo vivido que exige como lugar privilegiado para su despliegue la gran prosa que elabora un escritor– es una certeza que Merleau-Ponty parece ir descubriendo gradualmente a lo largo de su obra y que cada vez se torna más central en ella. Existen muchos escritos en los que el filósofo francés se ha dedicado a elucidar el problema que supone pensar la literatura como lugar de expresión de la verdad. Podemos destacar, entre otros, *La prosa del mundo,* el capítulo sobre "El cuerpo como expresión y la palabra" de *Fenomenología de la percepción*, "El lenguaje indirecto y las voces del silencio" y "Sobre la fenomenología del lenguaje", ambos publicados en *Signos*, etc. Sin embargo, existe un texto inédito en el que aún no hemos profundizado y que merece un análisis especial por la importancia que cobra en relación al tema que nos ocupa.

En el año académico 1953-1954 Merleau-Ponty dictó un curso en el Collège de France –del que se conserva el resumen y las notas correspondientes que aún permanecen inéditas pero que es posible consultar en la Biblioteca Nacional de Francia– al que tituló "El problema de la palabra" (*Le problème de la parole*). En los *Resúmenes de curso* Merleau-Ponty escribe que "el curso buscaba ilustrar y extender esta noción saussureana de la palabra como función positiva y conquistadora".[67] Como es esperable de un resumen, allí solo podemos encontrar un esbozo de ideas generales que nos invitan a profundizar en las notas para darles fundamento. Pero lo que resulta claro es que Merleau-Ponty tiene la intención de desentrañar el fenómeno del lenguaje literario para demostrar esta función conquistadora y hacernos ver cómo el escritor "trata de producir un sistema de signos que restituya, gracias a su ordenamiento interno, el paisaje de una experiencia".[68] Esta es la idea que subyace a toda expresión literaria, ella no es más (ni menos) que el esfuerzo por poner en palabras el silencio hablante de las cosas.

---

67 MERLEAU-PONTY, M., *Résumés de cours. Collège de France 1952-1960*, p. 34.
68 *Ibidem*, p. 40.

¿Cuál es entonces la afirmación central a la que intentamos dar un sustento en este capítulo? Esa tesis es, probablemente, uno de los ejes estructurales de dicho curso y es aquella que sostiene que "la literatura tiene por función conquistar una verdad".[69] Esta verdad que se manifiesta en el leguaje conquistador de una gran prosa se encuentra siempre en las entrañas del mundo vivido. Por lo tanto, el objeto de la literatura será revelar dicho mundo ya que ella se perfila como el modo universal de contacto mudo e individual con los otros y las cosas.[70]

El curso sobre el problema de la palabra intentaba clarificar la acción de la literatura mediante el análisis de las obras de algunos escritores como Marcel Proust –autor en quien Merleau-Ponty veía un claro exponente del lenguaje conquistador de la gran prosa–. El filósofo francés encontraba en el lenguaje literario una primordial vocación por la verdad y su expresión, y veía en la literatura esa capacidad de transformación del mundo vivido en lenguaje. Esta convicción es la que lo llevaba a sostener que "el objeto de la literatura es transformar en 'lenguaje universal' el mundo vivido. Se trata de vocación de la verdad".[71] En el caso particular de Proust podemos hallar el pasaje a la idea por medio del acto de la expresión creativa que se desenvuelve en su obra.[72] Lo que inicialmente sucede es que ya nos encontramos comprometidos en un mundo. Ese estar en el mundo del cuerpo propio busca expresar esa situación y la literatura se manifiesta como la herramienta principal para vehiculizar esa expresión: "literatura es conversión de esa coexistencia, elaboración a partir de ella de un sistema de lenguaje".[73]

La clave para esta reconversión del mundo vivido en la expresión, es decir, lo central de todo el aparato que el escritor pone en funcionamiento para construir una obra literaria en que ocurra la transformación de ese mundo vivido en lenguaje universal, la conversión de mi coexistencia con las cosas en un sistema de lenguaje, es la palabra. Este concepto que ya ha sido trabajado por nosotros en los dos capítulos anteriores, es la piedra de toque, el fundamento de la propuesta merleaupontiana para explicar la reconversión del silencio en lenguaje, para dar cuenta de la sublimación de la experiencia del mundo de la

---

69 MERLEAU-PONTY, M., *Le problème de la parole*, Cours au Collège de France 1953-1954, BNF. p. 119v.
70 Cfr. *Ibidem*, p. 119.
71 *Ibidem*, p. 122v.
72 Esta "vocación de verdad" que señala Merleau-Ponty en la literatura es lo que encontramos principalmente en *A la busca del tiempo perdido*, que, como algunos estudiosos de la obra proustiana afirman, debería titularse *A la busca de la verdad* (véase por ej. DESCOMBES, V., *Proust. Philosophie du roman*, Éditions de Minuit, Paris, 1987, pp. 12-13). Los últimos dos capítulos estarán dirigidos a elucidar esta obra y su vocación de manifestación de la verdad.
73 MERLEAU-PONTY, M., *Le problème de la parole*, p. 126.

percepción en el mundo de la expresión. La palabra en la literatura será la que posibilite la manifestación de la verdad, esto es, la vehiculización del ser-en-el-mundo del cuerpo propio hacia la expresión. Según Merleau-Ponty:

> La palabra tendrá por función tomar por tema esa aparición del mundo en la trascendencia, esa estructura perspectiva-realidad, esa presencia en la perspectiva justamente de la realidad, [...] esa presentación lateral, por perfil, que es la garantía de totalidad situada más allá de ella –todo eso reposando sobre nuestra encarnación en un punto de vista (sin el que no habría perspectiva alguna), sobre nuestra espacialidad [...].[74]

Es, una y otra vez, la palabra la que sostiene ese vínculo inefable entre lo vivido y lo expresado. Es en ella donde se da el quiasmo entre lo visible y lo invisible, es la palabra hablante de la literatura la que articula el silencio sonoro de las cosas del mundo de la percepción para quienes saben escucharlo.[75] Existe entre mi cuerpo y las cosas una complicidad, un pacto tácito, una continuidad que solo puede ser dicha de modo indirecto. Merleau-Ponty entiende que "hay allí una continuidad- Los poderes de la literatura no son distintos que los de la palabra: una relación preobjetiva al mundo y al otro".[76]

En nuestro primer capítulo explicamos la dinámica de sedimentación, reactivación y posterior institución que caracteriza al lenguaje. Cada acto de expresión deja huellas que luego pueden ser reutilizadas por un espíritu capaz de llevar a cabo una recuperación de lo que en ellas se encuentra cautivo. Lo sedimentado en la palabra es el sentido del mundo que se encuentra allí contraído y que es posible recobrar en pos de nuevas estructuraciones de sentido, de nuevas expresiones del mundo vivido en la palabra.[77] En la obra literaria asistimos a ese evento en el que el escritor intenta "conquistar por las palabras el contacto mudo [...] hacer accesible a los otros aquello mismo que es mu-

---

74 *Ibidem*, p. 95v.
75 En una nota de mayo de 1960 de *Lo visible y lo invisible* titulada, no casualmente, "La filosofía de lo sensible como literatura" Merleau-Ponty elabora una crítica a la psicología científica y sugiere que, a diferencia del acercamiento científico al mundo, el del filósofo es como el del escritor en tanto que el mundo lo inspira y lo moviliza a decir la verdad que entraña, él escribe: "Los *hechos* no tiene en ella [psicología científica] otra función que despertar fenómenos adormecidos - La verdad es que el *quale* aparece opaco, indecible, como la vida no inspira nada al hombre que no es escritor. Lo sensible es, por el contrario, como la vida, tesoro siempre lleno de cosas para decir para quien es filósofo (es decir, escritor)" (Merleau-Ponty, M., *Le visible et l'invisible*, p. 300).
76 Merleau-Ponty, M., *Le problème de la parole*, p. 101r.
77 Cfr. *Ibidem* p. 91 r.

do".⁷⁸ Aquella experiencia fundamental de la trascendencia de las cosas, de un mundo silencioso que busca ser expresado, es la que invita al autor a escribir, a decir la verdad del mundo circundante tal como se presenta en la percepción.⁷⁹ Cada escritor tendrá un particular modo de acercase al mundo, de expresar su experiencia de las cosas, eso es lo que constituirá su estilo único que no quedará definido más que por los medios por los cuales transforme en lenguaje su experiencia del mundo.⁸⁰ El prodigio de las grandes obras reside en aquella virtud propia del artista que implica lograr expresar, hacer comunicable a otros, su particular encarnación en el mundo.

> El acto de escribir, como el acto de pintar, es el intento de restituir la participación metafórica de las cosas entre ellas, de nosotros a las cosas y a los otros. La palabra literaria se prepara por organización de nuestra vida en tanto que ella es confrontación con las otras vidas, constitución de dimensiones, de analogías, de equivalencias, paisaje cada vez más significativo con sus relieves y vectores.⁸¹

El escritor emprende la tarea de construir un sistema de lenguaje que pueda sostener las dimensiones del mundo trascendente de las cosas. La obra del literato es la expresión que, por medio de giros, analogías y el establecimiento de equivalencias, logra restituir el paisaje de la experiencia con sus relieves, desviaciones y relaciones. La expresión es traducción del libro interior de la experiencia en el que descubrimos que las cosas llaman a palabra, su interior es palabra.⁸² Cuando esta expresión es feliz, lo que logra manifestarse es el sentido naciente del mundo de la percepción. Este sentido se cristaliza en una significación que se instituye y que nos permite alcanzar la verdad. La palabra del escritor "hace existir un universo para el lector, deviene expresión en el sentido de testimonio, expresión en el sentido de creación, y, precisamente por esa razón, porque reconstituye delante de él la situación que traduce, aparece como diciendo un en sí".⁸³

El escritor deberá entonces sacudir el lenguaje para hacerlo decir más de lo que está dicho. La tarea de llevar a la expresión aquel silencio hablante del

---

78 *Ibidem* p. 94v.
79 "Escribir no es hablar a alguien, justamente porque se trata, escribiendo, de hacer existir la verdad" (*Ibidem* p. 124).
80 "El estilo es el ensamble de medios por los cuales nosotros transformamos en lenguaje, es decir nosotros volvemos comunicable la textura de nuestra experiencia" (*Ibidem* p.124).
81 *Ibidem* p. 125.
82 Cfr. *Ibidem* p. 96v.
83 *Ibidem* p. 102.

mundo de las cosas es siempre elaborada a partir del aparto preexistente del lenguaje del que el autor se sirve para reordenarlo y, mediante una secreta torsión, instituir una nueva significación.[84] Dicha novedad siempre se produce por el establecimiento de una diferencia sobre un nivel implícito. El sentido aparece como desviación, como una deformación, no totalmente distinta, sino coherente. En las conclusiones del curso sobre el problema de la palabra Merleau-Ponty explica esto afirmando que

> […] hemos visto que la significación (la 'idea' en el sentido de Proust) es siempre desvío entre 2 o más significaciones, aparición de un vacío determinado, no posesión intelectual de un contenido y, por consiguiente, su relación a eso que es dicho no es jamás directa, es siempre oblicua […] Ella es la palabra creadora originaria.[85]

La literatura, la gran prosa, es dónde se desenvuelve esta palabra creadora originaria. El lenguaje conquistador del escritor es el que mediante el arreglo de los signos buscará expresar aquellas "esencias alógicas, esto es, no comprendidas, inseparables de la impresión que deja la obra".[86] Para Merleau-Ponty *A la busca del tiempo perdido* es, probablemente, una de las obras más acabadas para dar cuenta de la tarea del lenguaje literario. En esa obra constantemente asistimos a la presentación lateral, oblicua, de aquel mundo de la experiencia que transparece a lo largo de su lectura. Proust busca en toda la extensión de su novela recobrar aquel mundo perdido, aquella verdad de su pasado y, para ello, apela al poder del lenguaje que conserva el sentido del mundo apresado en sus significaciones y que mediante una reordenación es capaz de decir aquella verdad tan ansiada.[87]

---

84 "Solo se nos puede hablar en un lenguaje que ya comprendemos, cada una de las palabras de un texto difícil despierta en nosotros pensamientos que nos pertenecían de antemano, pero estas significaciones se anudan a veces en un pensamiento nuevo que las readapta todas, nos transportamos al centro del libro, damos con la fuente" (MERLEAU-PONTY, M., *Phénoménologie de la perception*, p. 208).
85 MERLEAU-PONTY, M., *Le problème de la parole*, p. 135.
86 *Ibidem* p.112.
87 "¡La verdad que tanto he buscado, que tanto he temido, no es otra cosa que estas pocas palabras dichas en una conversación […]" (PROUST M., *Albertine disparue*, p. 182 / *La fugitiva*, p. 515).

4. Las ideas sensibles

En este cuarto capítulo converge la reflexión que hemos llevado a cabo en los tres capítulos ya recorridos. La primera consideración, realizada en torno al problema del lenguaje, tenía como propósito clarificar ese fenómeno para entender el operar del lenguaje y su *poder creativo que se manifiesta en las nuevas significaciones*. Nuestro segundo capítulo, sobre el *paso del mundo sensible al mundo de la expresión*, nos introdujo en la problemática que gira en torno a cómo el lenguaje es capaz de recoger en sus redes el encuentro del cuerpo con el mundo, cómo la palabra es sublimación del mundo de la percepción. El tercer capítulo, *acerca de la verdad*, integraba los dos primeros. Allí explicamos que a partir de las significaciones instituidas se podía dar lugar a significaciones novedosas que den cuenta de una disposición particular del mundo circundante, que logren, desde lo instituido y mediante una reestructuración operada por la imaginación productora, expresar la verdad de ese mundo vivido en el que nos encontramos. Finalizamos aquella reflexión abordando el concepto de "gran prosa" con el que nos referimos a las grandes novelas que podían recrear el instrumento significante y construir un universo novedoso que permita captar un sentido que, hasta ese momento, jamás había sido objetivado. En otras palabras: novelas que podían expresar una verdad.

Ese sentido que una gran prosa puede captar y expresar no es otro que *la verdad del mundo vivido*. Esa verdad está constituida por aquellas ideas sensibles que se encuentran incrustadas en la carne del mundo, ideas que estructuran nuestra experiencia y que se hacen comunicables por medio de la palabra instituyente. La noción de idea sensible se torna entonces imprescindible para comprender la verdad del mundo expresada en la literatura; verdad que no puede ser separada de su aparecer visible, pero que supone, al mismo tiempo, un invisible. Dichas ideas se encuentran incrustadas en la carne del mundo estructurando nuestra experiencia sensible. Son aquellas ideas como la nervadura que sostiene a la hoja por dentro, ideas que son la textura de la experiencia. Su estilo, que es mudo al principio, puede ser proferido luego.

Este capítulo, en torno al concepto de idea sensible, supondrá, por lo tanto, el análisis del concepto tal como lo elaboró Merleau-Ponty y, por otro lado, la exposición del particular modo de presentación de estas ideas que llevó a cabo Proust en la *Recherche*. Este cuarto capítulo, entonces, se estructurará en dos grandes partes. Por un lado, la primera de ellas se titulará "Las ideas sensibles". En este punto se analizará el concepto de idea sensible tal como es formulado por Merleau-Ponty que ha sabido entreverlo en la obra de Proust. Es en la *Recherche* en que el fenomenólogo francés descubre aquellas "ideas veladas por tinieblas, desconocidas, impenetrables para la inteligencia [...]",[1] que lo llevan a elaborar el concepto de idea sensible. Para desentrañar esta noción estructuraremos nuestra exposición en tres apartados. En el primero de ellos, "Inseparabilidad de las ideas y su aparecer sensible", intentaremos sostener que, contrariamente a lo que se ha afirmado, las ideas no pueden ser separadas de su aparecer sensible, sino que es justamente *a través* de lo sensible, *por medio* de lo sensible, que una idea aparece. En el segundo, "Génesis y tiempo de las ideas sensibles: el quiasmo entre empírico y trascendental", buscaremos, siguiendo la interpretación de Mauro Carbone, esclarecer el origen y el tiempo mítico en que aparecen esas ideas. En el tercer y último apartado de esta primera parte, "Las ideas sensibles", daremos forma a este concepto central del capítulo atendiendo a la apropiación que lleva el mismo Merleau-Ponty al acercarse a la novela proustiana. Siguiendo esa lectura elaboraremos las líneas principales que caracterizan esta noción clave para el desarrollo de nuestra exposición.

La segunda parte de este cuarto capítulo la hemos titulado "El modo de presentar de la novela proustiana". Allí, por un lado, explicaremos cuáles son las herramientas fundamentales que Proust utiliza para llevar a la expresión las ideas sensibles, manifestando de este modo la esencia de las cosas. Este apartado se titulará "Memoria involuntaria, metáfora y esencia extratemporal de las cosas". En este punto diferenciaremos la memoria involuntaria de la voluntaria, expondremos la particular metáfora proustiana y su modo de expresar la esencia extratemporal del mundo circundante mediante la reunión de dos sensaciones análogas de tiempos distintos. En el segundo apartado, nos avocaremos a explicitar cómo la obra de Proust logra expresar esas ideas sensibles y, enriqueciendo nuestra postura con las ideas de algunos notables estudiosos de la *Recherche*, buscaremos afirmar que el particular modo de presentación

---

1 PROUST, M., *Du côté de chez Swann*, p. 477 / *Por el camino de Swann*, p. 310.

de la novela proustiana implica "pintar errores" para posteriormente alcanzar la expresión del mundo. Ese apartado lleva como título "La *Recherche:* como pintura de los errores para alcanzar la verdad". Por último, se esbozarán dos posibles vías de interpretación de la *Recherche* que hemos dado en llamar la "vía clásica" y la "vía del cuerpo".

I. Las ideas sensibles

Lo visible y lo invisible es, sin duda, una de las obras más inquietantes de Merleau-Ponty; no solo por lo que allí se propone, por la calidad de su prosa refinada y madura, por la evolución que hasta ese momento había alcanzado su pensamiento; sino también por lo que este inconcluso libro deja planteado e impone como tarea a las generaciones posteriores. Ya en "El filósofo y su sombra", publicado en *Signos,* Merleau-Ponty señalaba, citando a Heidegger, que la obra de un escritor es considerada grande, no tanto por la extensión ni el número de escritos, sino por la *riqueza de lo impensado*, es decir, aquello que llega a nosotros a través de la obra y solo a través de ella, como algo jamás pensado aún.[2] Este mismo elogio que Merleau-Ponty atribuía a E. Husserl en aquel texto en que se disponía a "tratar de evocar este impensado de Husserl",[3] bien puede ajustarse a su obra, especialmente, a *Lo visible y lo invisible*. Cuando se analiza este escrito es posible hallar un gran impensado que busca ser desentrañado o, mejor dicho, estructurado, ya que está sugerido, esbozado, y exige ser creado.

Este último libro de Merleau-Ponty parece ser una reflexión espiralada —que nunca toca el centro porque no pretende hacerlo— sobre temas diversos en los que no intenta deslindar o delimitar conceptos sino, al contrario, proponer nociones abiertas que le permitan pensar sin agotar algo tan inabarcable como el estar en el mundo del cuerpo o, en línea con el texto, de ahondar sobre la carne del cuerpo, sensible-sintiente, y su relación con la carne del mundo. La pretensión de fundar una nueva ontología, la fe perceptiva, el quiasmo, las ideas sensibles, etc., son elementos nacidos de la pluma del escritor que están empezando a ser pensados y que, a causa de su repentina muerte, pasan a formar parte de aquel gran impensado que su obra nos impone.

En un capítulo titulado "Las ideas sensibles, entre vida y filosofía" del libro *Merleau-Ponty viviente,* Mauro Carbone afirma que la dirección hacia la que

---
2   Cfr. Merleau-Ponty, M., *Signes*, p. 202.
3   *Ibidem*.

se encaminaba el pensamiento del último Merleau-Ponty obliga a plantearse una cuestión ineludible:

> Si desde las ciencias de la naturaleza, así como desde las experiencias pictóricas –pero también desde las literarias y las musicales–, emerge una nueva configuración de las relaciones entre el hombre y el Ser, la idea de filosofía que la tradición occidental ha formulado, ¿estará preparada para asumir la actitud y el lenguaje adecuados para expresar esta mutación? ¿no será necesario más bien repensar la idea de filosofía? Y en este caso, ¿cuáles mutaciones en la idea misma de filosofía son necesarias para expresar la mutación de las relaciones entre el hombre y el Ser?[4]

Esta dirección del pensamiento del último Merleau-Ponty está regida –como bien expresa Carbone– por el hecho de que tanto las ciencias naturales como las expresiones artísticas han reconfigurado las relaciones del hombre con el Ser. Por ello, es preciso plantearse si la filosofía, tal como hasta ahora la hemos conocido, es capaz de cambiar de tal modo que pueda adecuar su lenguaje y sus conceptos para asumir esa mutación. Nosotros creemos que el impensado de Merleau-Ponty suponía ese gran proyecto. En el último tramo de su obra quiso desplegar aquellas nociones que le permitían dar cuenta de la mutación de las relaciones del hombre con el Ser. Dentro de ese gran impensado podemos hallar la noción de idea sensible propuesta por el filósofo francés como una de las formas *par excellence* para dar cuenta de aquella mutación. Elaboraremos entonces ese concepto a partir de lo que él indicó y complementado con aquello que sus líneas de pensamiento sugieren, principalmente aquella que atribuye a Proust la capacidad de expresar tales ideas sensibles.

I.1. Inseparabilidad de las ideas y su aparecer sensible

Es necesario abandonar de una vez por todas la pretensión impuesta por cierta tradición filosófica de que la idea debe darse como algo separado del mundo, idéntica a sí misma, abstracta. Esta concepción de la idea como algo escindido de nuestro encuentro con el mundo, este posicionamiento de la idea como algo que está más allá de la cotidianeidad de nuestro estar en el mundo es, más bien, una evasión racionalista del problema que supone pensar las ideas dentro de nuestra experiencia, es una solución facilista al problema de cómo se dan las esencias en nuestra experiencia del mundo.

---

4 Carbone, M., "Las ideas sensibles, entre vida y filosofía", en *Merleau-Ponty viviente*, Coord.: Mario Teodoro Ramírez, Anthropos, Barcelona, 2012, pp. 100-101.

Esta concepción tradicional de la idea ha surgido del supuesto ontológico de que existe un sujeto frente a un objeto; es decir, que nuestra relación con el Ser es una relación de oposición en la cual el sujeto designa aquello que tiene *enfrente*. Según este planteo el mundo es considerado como el "gran objeto" en el cual uno mismo no está implicado. El mundo no es más que un espectáculo que se despliega bajo nuestros ojos y que hemos considerado representar, sea pictóricamente, científicamente, etc.[5] Sin embargo, Merleau-Ponty aprende a partir de la pintura de Cézanne, de la literatura de Proust, etc., que la relación con el ser no es una relación de enfrentamiento sino de coexistencia carnal. Esto implica que la idea no puede ya ser entendida como una re-presentación del objeto que está frente a mí, sino que debe ser repensada. Y lo primero que descubrimos es que hecho y esencia son inseparables.

La idea no puede ser separada del fenómeno en que se da:

> La literatura, la música, las pasiones, tanto como la experiencia del mundo visible son, no menos que la ciencia de Lavoisier y de Ampère, la exploración de un invisible y, como ella, develamiento de un universo de ideas. Simplemente, ese invisible, esas ideas, no se dejan, como las de aquellos, desprender de las apariencias sensibles, ni erigir en positividad secundaria.[6]

Las ideas son inescindibles de su aparecer sensible y por ello son llamadas *ideas sensibles*, porque es justamente *a través* de lo sensible, *por medio* de lo sensible, que esas ideas aparecen. No es fuera de la experiencia, detrás de la contingencia, sino *en* y *por* ella que aprendemos las ideas que se encuentran en su entramado y que no pueden ser desprendidas de él, sino, solamente, ad-

---

5 Cfr. *Ibidem*, pp. 99-100.
6 Merleau-Ponty, M., *Le visible et l'invisible*, pp. 193-194. La referencia a Lavoisier y a Ampère no es casual. El autor los toma como ejemplo porque está pensando en un pasaje de *A la busca del tiempo perdido* en que el Narrador compara el descubrimiento que lleva a cabo Vinteuil de la "pequeña frase" que encierra la esencia del amor, con los de ambos científicos. Antoine-Laurent Lavoisier (1743-1794) es considerado el fundador de la química moderna por su *Tratado elemental de la química*, descubrió la composición del aire y del agua, el papel del oxígeno en las combustiones, etc., y André-Marie Ampère (1775-1836), autor del *Ensayo sobre la filosofía de las ciencias*, descubrió la creación de los campos magnéticos por las corrientes eléctricas. El pasaje de la novela nos remite a un pensamiento que formula Swann al escuchar la sonata: "¡Qué audacia!, se decía; acaso tan genial como la de un Lavoisier, o de un Ampère, la audacia de un Vinteuil experimentando, descubriendo las leyes secretas de una fuerza desconocida, llevando a través de lo inexplorado, hacia la única meta posible, los invisibles corceles en que confía y nunca podrá ver" (Proust, M., *Du côté de chez Swann*, p. 480 / *Por el camino de Swann*, p. 312). En conclusión, tanto el músico como los científicos llevan a cabo la exploración de un invisible y lo develan mediante la expresión sensible.

vertidas y expresadas sin ser separadas del medio en que existen y sin el que no podrían ser comprendidas. Este aprendizaje que lleva a cabo Merleau-Ponty muy probablemente debe atribuírsele a su lectura de la obra proustiana. Es en la *Recherche* donde descubre a Swann obnubilado por la "pequeña frase" que contiene la esencia del amor y de la felicidad que no pueden ser desprendidas de cierta melodía, aquella de la sonata de Vinteuil. En *El ojo y el espíritu* Merleau-Ponty expresaba esta característica constitutiva cuando escribía que

> Cuando veo a través del espesor del agua el enlosado del fondo de la piscina, no lo veo a pesar del agua y de los reflejos, sino que lo veo justamente *a través* de ellos y *por* ellos. Si no hubiera esas distorsiones, estos rayados de sol, si yo viera sin esa carne la geometría del enlosado, entonces dejaría de verlo como es, dónde es, a saber: más lejos que todo lugar idéntico.[7]

El darse del mundo es siempre un darse contingente en el que puede aprenderse una esencia inseparable del aparecer mismo. Merleau-Ponty hace hincapié en este punto: no debemos anhelar una idea que pueda erigirse como positividad secundaria, como un algo detrás de lo que se muestra, aquella idea inmaculada que un día alcanzaremos a ver cara a cara sin interferencias, sin velos ni pantallas que la enrarezcan. Al contrario, afirma que "las ideas de las que hablamos no serían mejor conocidas por nosotros si no tuviéramos cuerpo ni sensibilidad; justamente nos serían inaccesibles".[8] El punto está en que estas ideas se nos presentan en carne propia y solo a partir de nuestra encarnación es que podemos salir a su encuentro porque solo pueden sernos dadas en una experiencia carnal. "No es solamente porque encontremos allí la *ocasión* de pensarlas; es porque ellas detentan su autoridad, su poder fascinante, indestructible, precisamente por el hecho de que están en transparencia detrás de lo sensible o en su centro".[9] A esto nos referíamos cuando señalábamos el enlosado en el fondo de la piscina, su esencia trasparece detrás de lo sensible o en su centro, no es a pesar del agua que lo veo, sino *a través* de sus reflejos y *por* medio de ellos que nos es dado.

Esta inseparabilidad de las ideas y su aparecer sensible se debe, principalmente, al modo en que nos relacionamos con el mundo y lo habitamos. El vidente y el visible no se encuentran enfrentados, sino que están envueltos el uno en el otro. La mirada no nos presenta las cosas como en la punta, sino

---

7   MERLEAU-PONTY, M., *L'oeil et l'esprit,* Paris, Gallimard, 1964, p. 70. La cursiva es mía.
8   MERLEAU-PONTY, M., *Le visible et l'invisible,* p. 194.
9   *Ibidem.*

que las viste con su carne.[10] Al mirar el mundo este no se me da como algo separado, idéntico, sino que cada característica aparece como emergiendo de un todo en que existe atmosféricamente.[11] Las cosas, en este caso el rojo, aparecen en el tejido que las acompaña y las sostiene; así como el embaldosado era visto a través y por el agua, "es que la espesura de la carne entre el vidente y la cosa es constitutiva de su visibilidad a ella como de su corporeidad a él; no es un obstáculo entre ellos, es su *medio de comunicación*".[12]

Para que haya un pensamiento, para que haya ideas, es imprescindible aquello que "hay". El pensamiento es inconcebible sin lo sensible, lo invisible es el reverso de lo visible. Merleau-Ponty lo expresa en una nota inserta en el texto mientras prepara *Lo visible y lo invisible*, él escribe que "Desde el momento en que decíamos VER, VISIBLE, y describíamos la dehiscencia de lo sensible, estábamos, si se quiere, en el orden del pensamiento".[13] La idea es entonces inseparable de su aparecer sensible, de lo que hay, porque que es elaborada a partir de su sublimación, pero ¿cómo se vincula la carne de lo sensible con la idea? ¿Cómo se liga lo visible y lo invisible?

Al plantearse esta pregunta Merleau-Ponty señala que "tocamos aquí el punto más difícil, es decir, el vínculo entre la carne y la idea, entre lo visible y el armazón interior que él manifiesta y oculta".[14] Esta relación es aquella que nadie mejor que Proust ha sabido explorar e instaurar al describir las ideas como el doblez y la profundidad de lo sensible.[15] Uno de los grandes hallazgos de la literatura proustiana es que no hay visión sin pantalla, es decir, no hay idea

---

10 Cfr. *Ibidem* 171.
11 La expresión "existencia atmosférica" aunque pueda parecer algo curiosa es sumamente adecuada ya que significa lo que se quiere expresar óptimamente. Merleau-Ponty la utiliza al describir la percepción que puede tenerse del color rojo, él explica que este no es un *quale* que se da por separado, sino que pertenece a una determinada atmósfera en la que es percibido y de la que no puede ser escindido (Cfr. *Ibidem* p. 172.). Este término puede rastrearse también en la *Fenomenología de la percepción*, sobre todo en el capítulo sobre "El sentir" (cfr. MERLEAU-PONTY, M., *Phénomènologie de la perception*, pp. 244-249). La atmósfera puede ser comprendida o bien como la capa gaseosa que rodea la Tierra o bien como un ambiente, una situación favorable o adversa a alguien. La idea de fondo es que existe un todo en el que cada parte tiene un sentido y esa característica o parte –como los gases de la capa que rodea la Tierra o las características de una determinada situación– no puede ser comprendida sino es dentro de esa constelación, emergiendo de esta.
12 MERLEAU-PONTY, M., *Le visible et l'invisible*, p. 176. La cursiva es mía.
13 *Ibidem*, p. 188. Las mayúsculas pertenecen al original.
14 *Ibidem*, p. 192.
15 "Nadie ha ido más lejos que Proust en la fijación de las relaciones entre lo visible y lo invisible, en la descripción de una idea que no es lo contrario de lo sensible, sino su doblez y profundidad" (*Ibidem*, p. 193).

separada de la contingencia, sino que, al contrario, las ideas son conocidas *porque* tenemos un cuerpo y *porque* tenemos sensibilidad. "No es solamente que encontremos allí la *ocasión* de pensarlas; es que ellas obtienen su autoridad, su poder fascinante, indestructible, precisamente por el hecho de que están en trasparencia detrás de lo sensible o en su corazón".[16]

I.2 Génesis y tiempo de las ideas sensibles: el quiasmo entre empírico y trascendental.

Llegado este punto de la reflexión en el que nos cuestionamos por el vínculo entre lo sensible y la idea, su ligazón, se torna ineludible la obra de Mauro Carbone quien ha dedicado gran parte de su trabajo a la elucidación de las ideas sensibles.[17] En su libro *Una deformación sin precedentes. Marcel Proust y las ideas sensibles,* busca reencontrar, explorar y desarrollar algunas de las cuestiones que la obra de Marcel Proust plantea a la filosofía. Principalmente, se analizan allí las ideas sensibles. Según Mauro Carbone, ha sido Merleau-Ponty el primero en señalar la centralidad de esas ideas y explicar que Proust ha sabido mostrar en su obra que estas –contrariamente a lo que la tradición del pensamiento occidental nos ha enseñado–, no están separadas ni se oponen a lo sensible, sino que surgen precisamente de nuestro encuentro con éste.[18] M. Carbone intentará a lo largo del libro investigar y prolongar la elaboración merleaupontiana de la noción de idea sensible.

En el segundo capítulo de la obra hallamos un apartado de gran importancia para explicar la génesis de las ideas sensibles; Carbone lo titula "El quiasmo entre empírico y trascendental". El autor resalta allí la importancia de la noción de institución (*Stiftung*) comprendida como "iniciación". Él retoma las palabras de Merleau-Ponty para afirmar que, con el primer contacto, la primera visión, el primer placer, "hay iniciación, es decir, no posición de un contenido, sino apertura de una dimensión que ya no podrá cerrarse, establecimiento

---

16 *Ibidem*, p. 194.
17 Entre otros textos de Mauro Carbone en relación al tema pueden destacarse: *La visibilité de l'invisible. Merleau-Ponty entre Cézanne et Proust*, Zurich, Georg Olms Verlag, 2001; "Le sensible et l'excédent. Merleau-Ponty et Kant", en *Maurice Merleau-Ponty, Notes de cours sur L'origine de la géométrie de Husserl. Suivi de Recherches sur la phénoménologie de Merleau-Ponty*, Paris, PUF, 1998 ; *Proust et les idées sensibles,* Paris, Vrin, 2008 ; *The thinking of the sensible. Merleau-Ponty's a-philosophy,* Illinois, Northwestern univ. Press, 2004; *Una deformación sin precedentes. Marcel Proust y las ideas sensibles,* Barcelona, Anthropos, 2015.
18 Cfr. Carbone, M., *Una deformación sin precedentes. Marcel Proust y las ideas sensibles,* Barcelona, Anthropos, 2015, p. 8.

de un nivel que servirá de referencia a toda experiencia futura".[19] La idea es este nivel, esa dimensión que se establece, el invisible de este mundo que lo habita, lo sostiene y lo hace visible, en otras palabras: el Ser de ese ente.[20] ¿Pero cómo se accede a esa idea?, ¿cómo trasparece ella a través de lo visible?, ¿cómo es posible ver en el doblez de lo particular una generalidad?

Para responder a estos interrogantes es que surge la propuesta de Carbone de una concepción quiasmática de la relación entre lo empírico y lo trascendental. Esta idea supone que lo que se da es una *"iniciación empírica* –no empirista– *a lo trascendental,* el cual no preexiste a la experiencia, sino que en nuestra *apertura* a esta se encuentra la condición para abrirse a su vez".[21] Lo trascendental, lo invisible de este mundo, aquello que trasciende la experiencia, solo es accesible mediante y en nuestra apertura a esta. La génesis de la idea sensible, su origen, es la apertura de aquella dimensión que se abre simultáneamente con nuestro primer encuentro con sus ejemplares.

La génesis de una idea implica, como más arriba introducíamos, una reformulación necesaria de las relaciones entre el hombre y el Ser. Es preciso entonces dejar de lado las categorías de actividad y pasividad, conciencia y mundo, pensamiento y cosa, etc. para dar paso a una nueva forma de comprender el proceso de ideación. En el artículo citado anteriormente, "Las ideas sensibles, entre vida y filosofía", Carbone sugiere pensar dicho proceso como un dejar-ser en nosotros el encuentro con la carne del mundo; es decir, acoger ese encuentro con el mundo entrando en resonancia con él. En lugar de hablar de sujeto, prefiere decir hueco (*creux*),[22] pero no en el sentido de una absoluta pasividad, de un lugar de sola recepción del mundo, sino de un hueco comprendido como caja de resonancia en la que es acogida la melodía del mundo, en la que una idea es originada. Es así que, vibrando al unísono con el mundo, una idea puede ser creada por nosotros. Se da un acoger creativo que implica una indistinción o, mejor dicho, una superación del binomio pasividad-actividad. Lo que sucede simultáneamente es:

---

19 MERLEAU-PONTY, M., *Le visible et l'invisible,* p. 196.
20 Cfr. *Ibidem.*
21 CARBONE, M., *Una deformación sin precedentes. Marcel Proust y las ideas sensibles,* p. 60.
22 La elección del término hueco por parte de M. Carbone no es azarosa. Es relevante señalar que este término es utilizado por Merleau-Ponty para abandonar el dualismo que supondría seguir hablando de sujeto y llevar a cabo la mentada mutación necesaria de las relaciones entre el hombre y el Ser. Merleau-Ponty escribe: "el cuerpo visible, por un trabajo sobre sí mismo, prepara el hueco (*creux*) donde se hará una visión, desencadena la larga maduración a cuyo término súbitamente verá, es decir, será visible para él mismo, instituirá la interminable gravitación, la infatigable metamorfosis del vidente y de lo visible […]" (MERLEAU-PONTY, M., *Le visible et l'invisible,* p. 191).

> Por un lado, pues, desde el momento en que nosotros obramos en tanto que hueco, una indistinción entre nuestro ser activo y pasivo aparece; por otro lado, en el seno de esta indistinción, lo que viene a la expresión no es lo que hacemos nosotros mismos, sino el ser mismo de nuestro encuentro con el mundo: este ser que *se refleja* o, por decirlo de otra manera, que *se piensa en nosotros* […] Se trata en efecto de un hueco donde resuene nuestro encuentro con la carne del mundo, donde este "resonar" no sea la simple reproducción de un sonido producido en otro lugar, sino que —es lo que aprendemos de la caja de resonancia— revista un valor creativo particular.[23]

Este acontecimiento produce simultáneamente mi devenir-hueco y la idea. Es en el encuentro de mi carne con la del mundo en que me descubro siendo hueco y descubro al mundo resonando en mí. "Por lo tanto, ni el hueco preexiste a la idea, ni la idea al hueco, sino los dos —mi devenir-hueco donde la melodía resuena y donde ella se forma por la resonancia— surgen juntos".[24]

El paradigma de toda esta concepción es, sin lugar a dudas, la novela proustiana que expresa, vasta y minuciosamente, el origen de una esencia que se da con la apertura a una determinada experiencia. Es Proust aquel que propone que cuando una experiencia sensible actual, que comparte una característica, una nota común, con otra experiencia anterior, se abre de ese modo el pasado en una riqueza hasta ahora desconocida, en toda su verdad.

Sin embargo, es preciso aún, antes de detenernos en la particular metáfora proustiana, hablar del tiempo en que estás ideas aparecen. Este es, según Merleau-Ponty, un tiempo mítico. En una nota de trabajo abril de 1960 titulada "Pasado 'indestructible' y analítica intencional, - y ontología", él escribe:

> La idea freudiana del inconsciente y del pasado como "indestructibles", como "intemporales" = eliminación de la idea común del tiempo como "serie de *Erlebnisse*" – Hay pasado arquitectónico. *Cf.* Proust: los *verdaderos* espinos blancos son los espinos del pasado – Restituir esa vida sin *Erlebnisse*, sin interioridad, […] que es, en realidad, la vida "monumental", la *Stiftung*, la iniciación.
> Ese "pasado" pertenece a un tiempo mítico, al tiempo antes del tiempo, a la vida anterior, "más lejos que la India y que la China".[25]

Junto con la dimensión que se abre en aquella iniciación empírica a lo trascendental, es decir, junto con la idea sensible que se despliega simultánea-

---

23 Carbone, M., "Las ideas sensibles, entre vida y filosofía", pp. 107-108.
24 *Ibidem* p. 106.
25 Merleau-Ponty, M., *Le visible et l'invisible*, pp. 291-292.

mente con nuestro encuentro con sus ejemplares, se inaugura un tiempo *mítico* en el que ciertos acontecimientos de los principios conservan una eficacia continuada. La idea se establece en ese tiempo que nunca fue vivido, es decir, tiempo que nunca fue presente.

El tiempo ya no es una sucesión de vivencias, una serie de *Erlebnisse*, sino que se torna simultaneidad en que pasado y presente se entremezclan y, en ese encuentro, en que se desdibujan los límites de uno y de otro, la expresión viene a proveer por medio de la palabra el andamiaje necesario para que una idea se instituya. Esta idea no puede ser adscripta a ningún tiempo particular, sino que acontece en esa simultaneidad. En sus *Notas de curso* correspondientes a los años 1958/59 y 1960/61 hallamos un apartado titulado "Lo visible y lo invisible: Proust" en el que Merleau-Ponty delinea esta particular situación:

> El Tiempo: nos parece siempre que los *verdaderos* espinos blancos son los del pasado –sea que en efecto la fe que crea, solo existe al principio, sea que la realidad se forma solamente en el recuerdo: esto es a distancia, por evocación principalmente por la recreación [por parte] del lenguaje. El pasado está perdido –pero extraña resurrección a través del medio de la palabra. Ausencia que reúne (que puede hasta *crear* sola) la presencia – Lo sensible no es entonces más que llamada a la palabra (últimos años de *Proust*) – sea por el cuerpo y la memoria, sea por la palabra, el Tiempo en todo caso pasa a ser otra cosa que sucesión: pirámide de "simultaneidad".[26]

El extraño fenómeno que advierte el filósofo a partir de la lectura de Proust es que en el proceso de formación de la realidad siempre está presente la memoria. Lo sensible, aquel mundo en que estamos y sobre el que hablamos, alcanza su verdadero sentido al ser recreado por nosotros. Esta operación se da tanto en la memoria, que es expresión del pasado, como en el lenguaje, por medio de la palabra, que es ausencia que hace presente aquel encuentro. Lo que queda claro es que en esta recreación las ideas que son llevadas a la expresión existen siempre en un tiempo mítico, un tiempo que nunca existió como tal, que ha surgido de la simultaneidad entre el pasado y el presente. En este tiempo la expresión de las ideas quedará cristalizada. Aquel pasado lejano, aquella vivencia de los espinos blancos, es evocada en el presente con palabras que entrañan un sentido. La realidad es *creada* por medio del lenguaje –medio para hacerla existir– y esta recreación expresa la verdad de aquel mundo vivido que solo puede aparecer en esta simultaneidad. El pasado nunca es la recuperación de la vivencia inalterada, de la vivencia tal como fue presente a

---

26 MERLEAU-PONTY, M., *Notes des cours au Collège de France 1958-1959 et 1960-1961*, Gallimard, Paris, p. 197.

la que volvemos como por un mecanismo mental. El tiempo en que la verdad del mundo se manifiesta no es el de la ordenada sucesión de las vivencias, sino aquel de la simultaneidad entre pasado y presente en que se da la recreación de lo vivido por la memoria y la palabra.[27] Este tiempo de la verdad es aquel en que aparecen las ideas sensibles en la *Recherche* y es óptimamente explicado por G. Poulet:

> En Proust la exploración del pasado aparece de entrada como una empresa de una dificultad tan grande que para realizarla hace falta nada menos que la intervención de una gracia especial y el máximo de esfuerzo por parte del sujeto. Ayudado de este modo, el pensamiento debe empezar por penetrar o disipar toda una zona de mentira, que es el tiempo de la inteligencia y de las costumbres, tiempo cronológico, donde la memoria convencional dispone todo lo que cree conservar en un orden rectilíneo que disimula su nulidad [...] De tal modo, poco a poco se construye el tiempo proustiano como una entidad a la vez espiritual y sensible, hecha de relaciones entre momentos infinitamente separados los unos de los otros y que, sin embargo, todos ellos, a pesar de su aislamiento y de su carácter fragmentario, adornan la profundidad de los espacios temporales y la vuelven visible por la presencia de su multiplicidad.[28]

Encontramos este proceso de recuperación del pasado que es creado por la memoria a cada paso en *A la busca del tiempo perdido*. Proust descubre que el modo de recuperar el tiempo perdido es evocar el pasado que es recreado en la memoria por medio del lenguaje que tiene la capacidad de sedimentar un sentido y hacerlo presente. La memoria involuntaria[29] del Narrador abrirá en toda su riqueza el tiempo anterior. Y él, por medio de la palabra literaria, re-

---

27 Este tiempo, que es el modelo mismo de la institución, es el campo en que una idea sensible gracias a la recreación por medio de la memoria o el lenguaje, viene a instituirse: "El tiempo es modelo mismo de la institución: pasividad-actividad, continúa porque ha sido instituido; se dispara, no puede dejar de ser, es total porque es parcial, es un campo. Se puede hablar de una cuasi-eternidad, no por una huida de los instantes hacia el no-ser del futuro, sino por el intercambio de mis tiempos vividos entre ellos [...] Parentesco lateral de todos los 'ahoras' que produce su confusión, su 'generalidad', una 'transtemporalidad' de menoscabo y decadencia [...] institución en estado naciente" (Merleau-Ponty, M., *L'institution dans l'histoire personnelle et publique. Le problème de la passivité, le sommeil, l'inconscient, la mémoire. Notes de Cours au Collège de France 1954-1955*, p. 36).
28 Poulet, G., "Proust", en *Proust*, Colección Perfiles de Jorge Álvarez, Buenos Aires, 1969, pp. 208-209.
29 Más adelante, en el punto "II.1 Memoria involuntaria, metáfora, y esencia extratemporal de las cosas" de este capítulo, nos detendremos en la distinción y elucidación de los conceptos de memoria y memoria involuntaria que son claves para encarar la lectura de *A la busca del tiempo perdido* y también para la comprensión del concepto de idea sensible.

cuperará lo que había sido olvidado, lo que estaba perdido, mientras advierte que "la verdadera vida, la vida al fin descubierta y esclarecida, la única vida por lo tanto plenamente vivida, es la literatura".[30]

I.3 Las ideas sensibles

¿Qué son entonces las ideas sensibles? ¿Cómo es posible hallarlas en el mundo circundante? ¿Cuál es la facultad que me permite entrar en contacto con ellas y abrir esa dimensión en que se establecen como tales? La respuesta a estas preguntas nos permitirá estructurar el concepto de idea sensible y deslindarlo de tal modo que podamos, finalmente, sumergirnos en el análisis de esas ideas en la obra proustiana. Como señalamos, el concepto de idea sensible es elaborado por Merleau-Ponty a partir de la lectura de la obra de M. Proust. Por ello, para explicitar las notas esenciales de esta noción, recurriremos tanto a la obra del filósofo como a la del escritor, ya que ambos, a su manera, han contribuido a instituir este concepto.[31]

Habiendo señalado ya la inseparabilidad de las ideas sensibles y de su aparecer y, por otro lado, esclarecido la génesis y el tiempo de estas, podemos ahora de una vez desplegar este concepto central tal como lo han presentado Maurice Merleau-Ponty y Marcel Proust.

En la introducción a este capítulo citamos un pasaje de la *Recherche* que merece la pena ser recordado para emprender la caracterización de las ideas

---

30 PROUST, M., *Le temps retrouvé*, p. 202 / *El tiempo recobrado,* p. 775.
31 Una vez más es relevante señalar que la atención que Merleau-Ponty dedica a la obra de Proust no es casual. El filósofo halla en la obra del literato material enriquecedor para comprender y explicar el lazo que mantiene la carne con la idea. Esto ha sido óptimamente señalado por Glòria Farrés Famadas en su artículo "Merleau-Ponty, lector de Proust. Una presencia invisible" en el que se dedica a analizar la presencia velada de la obra de Proust en la ontología del último período del filósofo indicando tres niveles de influencia. En el segundo de estos niveles, "la naturaleza de las ideas", escribe: "Merleau-Ponty se acerca más que nunca a Proust porque posiblemente en su obra ha visto como en ninguna otra aflorar con claridad la expresión de las verdaderas relaciones del ser humano con lo sensible […] El cambio de perspectiva que el filósofo propone es más que un simple cambio de punto de vista, ya que es el emplazamiento mismo de la visibilidad lo que se ve alterado. La visibilidad manifiesta un dinamismo, una interacción que enlaza las ideas y lo sensible, y Proust nos ha mostrado estos procesos. Bajo esta perspectiva, las ideas no se hallan 'tras' lo visible, erigidas en una segunda positividad, como si fuera posible verlas y comprenderlas mejor si pudiésemos estar cara a cara, liberados de la pantalla sensible que las esconde. Al contrario, estas ideas no podemos sentirlas sin esa pantalla" (FARRÉS FAMADAS, G., "Merleau-Ponty, lector de Proust. Una presencia invisible", *Paideia*, Vol. 30 (90), 2011, pp. 81-82).

sensibles. Proust, al relatar el pasaje en que el amor de Swann es expresado en la sonata de Vinteuil, describe las ideas sensibles indicando que son "ideas veladas por tinieblas, desconocidas, impenetrables para la inteligencia, mas no menos perfectamente distintas unas de otras, no menos desiguales entre sí en valor y significado".[32] Estas ideas a las que se refiere el autor de la *Recherche* son aquellas ideas en las que Merleau-Ponty piensa cuando se refiere a "lo invisible" de este mundo; son ideas incrustadas en la carne del mundo que estructuran nuestra experiencia sensible; son aquellas ideas como la nervadura que sostiene a la hoja por dentro, desde el fondo de su carne; ideas que son la textura de la experiencia, su estilo, mudo al principio y proferido luego.[33]

La idea de la que el fenomenólogo francés nos habla es distinta a lo que la filosofía ha concebido como tal: "es lo invisible de este mundo: lo habita, lo sostiene y lo hace visible, es su posibilidad interior y propia",[34] es aquella dimensión del ser que se abre al contacto con lo sensible y que solo puede ser aprehendida en su acontecer, en el encuentro de la carne del cuerpo con la carne del mundo. Estas ideas son el nivel sobre el que se efectuará la desviación (*écart*) que me permitirá dar sentido al mundo. Pero de ningún modo lo sensible se perfila como lo que me lleva a ellas, como si fuera el medio para acceder a un mundo distinto, ideal, sino que ellas existen *en* y *por* lo sensible, no pueden ser pensadas fuera de esta dimensión como la nervadura no puede existir sin la hoja.[35]

Las ideas sensibles no son ideas puras como podrían serlo las ideas platónicas, son ideas que funcionan como niveles que se establecen al contacto con lo sensible abriendo una dimensión que jamás podrá cerrarse y en relación con la cual una serie de acontecimientos será comprendida.[36] Anteriormente hi-

---

32 PROUST, M., *Du côté de chez Swann*, p. 477 / *Por el camino de Swann*, p. 310.
33 Cfr. MERLEAU-PONTY, M., *Le visible et l'invisible*, p.157.
34 FARRÉS FAMADAS, G., "Merleau-Ponty, lector de Proust. Una presencia invisible", p. 82.
35 "La esencia, también ella, es armazón, no está por encima del mundo sensible, está por debajo, o en su profundidad, en su consistencia" (MERLEAU-PONTY, M., *Le visible et l'invisible*, p. 269).
36 Detrás de esta caracterización de las ideas sensibles resuena la definición que Merleau-Ponty nos da de la institución: "Institución [significa] entonces establecimiento en una experiencia (o en un aparato construido) de dimensiones (en el sentido general, cartesiano: sistema de referencia) en relación con las cuales toda una serie de otras experiencias tendrán sentido y formarán una *continuación, una* historia" (MERLEAU-PONTY, M., *L'institution dans l'histoire personnelle et publique. Le problème de la passivité, le sommeil, l'inconscient, la mémoire. Notes de Cours au Collège de France 1954-1955*, p. 38). Es preciso que así sea, ya que las ideas sensibles se instituyen, es decir, se da un acontecimiento en el que dicha idea sensible aparece y cristaliza de tal modo que dará sentido a acontecimientos posteriores. Para un análisis más profundo de este tema puede verse nuestro artículo: BUCETA, M., "La institu-

cimos alusión a la existencia "atmosférica" en que se me da cada característica del mundo, Merleau-Ponty intenta explicar esto a través de la presentación del color rojo y señala que este se manifiesta como cierto nudo en la trama de lo simultáneo y lo sucesivo. Es en relación y en tensión con otras variantes de rojo en la que su esencia se manifiesta. En esta tensión no se da como un ser macizo separado de los demás, sino como una variación. Permitámonos esta extensa cita para clarificar el aparecer de las esencias en el mundo sensible:

> El color es variante en otra dimensión de variación, la de sus relaciones con el entorno: ese rojo es solo lo que es uniéndose desde su lugar con otros rojos a su alrededor, con los que hace constelación, o con otros colores que él domina o que lo dominan, que él atrae o que lo atraen, que él rechaza o que lo rechazan. En resumen, es cierto nudo en la trama de lo simultáneo y lo sucesivo. Es una concreción de la visibilidad, no es un átomo. Con más razón, el vestido rojo se adhiere con todas sus fibras al tejido de lo visible, y, por él, a un tejido de ser invisible. Puntuación en el campo de las cosas rojas, que comprende las tejas de los techos, el banderín de los guardabarreras y la bandera de la Revolución, ciertos terrenos próximos a Aix o en Madagascar, como así también en el de los vestidos rojos, que incluyen, junto con vestidos de mujeres, togas de magistrados, de profesores, de obispos y fiscales, y también el de ciertos adornos y en el de uniformes. Y su rojo, literalmente, no es el mismo según aparezca en una constelación o en otra, según se precipite en él la pura esencia de la Revolución de 1917, o la del eterno femenino, o la del acusador público, o la de los Gitanos vestidos de húsares que reinaban hace veinticinco años en una cervecería de los Champs-Élysées. Un cierto rojo es también un fósil traído del fondo de los mundos imaginarios. Si se tomaran en cuenta todas estas participaciones, se vería que un color desnudo, y en general un visible, no es un trozo de ser absolutamente macizo, indivisible, que se ofrece desnudo a una visión que no podría ser sino total o nula, sino más bien una especie de estrecho entre horizontes exteriores y horizontes interiores, siempre abiertos, algo que viene a tocar suavemente y hace resonar a distancia diversas regiones del mundo colorido o visible, una cierta diferenciación, una modulación efímera de este mundo, menos cosa o color, pues, que diferenciación entre cosas y colores, cristalización momentánea del ser colorido o de la visibilidad.[37]

---

ción de un sentimiento: un amor de Swann", en *Ideas y valores,* vol. lxv, 161, (2016), pp. 109-126. Allí es elucidada la institución de un sentimiento, en ese caso, el amor que es cristalizado en la Sonata de Vinteuil que oye Swann y en la que está contenida, en la pequeña frasecita, la esencia del amor, es decir, la idea sensible del amor, a partir de la cual una serie de eventos –aquellos que componen la historia de amor entre Swann y Odette– cobrarán sentido.

37 Merleau-Ponty, M., *Le visible et l'invisible*, pp. 172-173.

Esta extensa cita nos es de utilidad para entrever el modo en que la idea trasparece en lo sensible como nivel sobre el que habrá desviación. En este caso el color rojo surge de la experiencia de sus múltiples apariciones. La esencia del rojo es aquel nudo que se da en la trama de lo simultáneo y lo sucesivo, en el entrecruzamiento de los horizontes externos e internos en que conviven los rojos de la bandera de la Revolución, de las togas de los magistrados, etc. Fruto de este entrecruzamiento es que es preciso decir que no hay "cosas" y "colores" sino, sobre todo, diferencia y modulación entre las cosas y los colores.[38] La idea de rojo es inescindible de sus apariciones. Es una idea sensible que surge en la relación entre el mundo y yo, relación en que no nos encontramos uno sobre otro, o uno frente al otro, sino que nos hallamos en una situación de entrecruzamiento, el uno en el otro (*Ineinander*), y es justamente allí, en que se manifiesta el rojo; rojo que no puede ser separado de todas sus manifestaciones y que se destaca sobre el fondo que aquellas constituyen. Su esencia es la "rojez" que, más que una idea bien delimitada, definida, pura, es un nudo, es lo que surge en el contraste dinámico de todos los rojos, se da como un todo en el que no se pueden distinguir las partes, es lo vivido que acaece y que solo retrospectivamente fraccionamos empobreciéndolo.

Por otra parte, el recurso estilístico al que Merleau-Ponty apela para expresar la esencia de lo rojo. Es este un recurso bastante proustiano, esa catarata de imágenes, de palabras que encarnan rojos distintos, rojos significativos: aquel rojo de las togas, de los Gitanos vestidos de húsares, de la Revolución, etc..[39] Una esencia manifestada en palabras que encarnan el mundo de la percepción y que desentrañan la esencia silenciosa del rojo para proferirla, no mediante conceptos cerrados, algorítmicos, sino por medio de palabras vivientes, que, en su conjunto, van construyendo la red que sostiene aquella trama de lo simultaneo y lo sucesivo que se da en la experiencia y la hacen migrar al lenguaje

---

38 M. Carbone explica esta particularidad de las ideas sensibles calificándolas como *ideas negativas*, es decir, ideas que no se pueden desprender de las apariencias sensibles y erigirse como positividades de segundo grado, sino que resultan cognoscibles sólo por diferencia (Cfr. CARBONE, M., *Proust et les idées sensibles*, p. 181).

39 En *Maurice Merleau-Ponty*, Maël Renouard señala que "Podemos remarcar la influencia de Proust sobre la amplia prosa de Merleau-Ponty. Desde la *Fenomenología de la percepción*, tiene esa belleza, ese don del ejemplo, de la imagen que viene a acompañar el análisis, como en Bergson, pero al término de una frase mucho más vasta y más inquieta, jadeante en su misma medida. La bella imagen introducida en el desarrollo teórico de las inminencias de partida, de momentos concretos que provocan en el lector una fantasía, una suerte de recuerdo, por ejemplo, sus comentarios sobre la audición de la música en el concierto (RENOUARD, M., "Littérature" en *Maurice Merleau-Ponty*, Paris, Adpf (asociation pour la diffusion de la pensée française), 2005, p. 38).

permitiéndonos ex-presar la esencia del rojo. Como bien lo explica Glòria Farrés Famadas:

> Las ideas sensibles son el indicio de una relación entre el yo y el mundo que no es un acoplamiento entre los dos sino la inversa: una fisión que provoca el nacimiento de un nodo en la trama de lo simultáneo y lo sucesivo que a su vez provoca el nacimiento del sentido del color rojo desde la experiencia de lo sensible que une para siempre aquella textura coloreada con la idea de los obispos, de los uniformes, de lo eterno femenino.[40]

Las ideas sensibles se manifiestan en el entrecruzamiento de la carne de mi cuerpo con la carne del mundo, y nadie mejor que Proust ha sabido dar cuerpo en el lenguaje a estas ideas. El recurso de estructurar en el lenguaje por medio de la palabra viviente la idea sensible que aparece en el encuentro de mi cuerpo con el mundo, brilla en la *Recherche* y Proust hace gala a cada momento. Lo que caracteriza precisamente la novela de Proust es la minuciosidad con que el escritor capta y quiere traducir el libro interior de su experiencia para poder expresar aquel sentido naciente del mundo, las ideas sensibles veladas por tinieblas que aparecen en el encuentro.[41] Esta característica de la novela proustiana es lo que no deja de sorprender a Merleau-Ponty. En los cursos sobre "El problema de la palabra" dedica numerosas páginas al análisis de Proust y señala allí que es

> restituyendo el mundo vivido, prenocional, que efectuamos el pasaje a la idea: esto es, construimos un "equivalente espiritual" de la existencia […] [que] hace aparecer verdaderas esencias que no se encuentran sino a través del claro-oscuro de lo vivido, que construimos con nuestra propia vida […] el tema propio de Proust es el pasaje a la idea por el acto de expresión creativa.[42]

---

40 Farrés Famadas, G., "Merleau-Ponty, lector de Proust. Una presencia invisible", p. 84.
41 En un estudio titulado "Proust: novela artística y novela fenomenológica" R. M. Albérès propone que la novela proustiana ha inaugurado una revolución en la literatura, aquella que él da en llamar la "revolución proustiana". En ese texto, que da cuenta de la novedad que supone la aparición de la *Recherche* en el mundo de la literatura, él explica que una de las características distintivas y novedosas de la obra de Proust reside en que "Lo real novelesco deja de identificarse con un mundo-objeto que había que descubrir cuidadosamente en un lenguaje común a todos y se convierte en un mundo naciente y frágil, a medias entre el hombre y las cosas" (Albérès, R. M., "Proust: novela artística y novela fenomenológica", en *Proust,* Colección Perfiles de Jorge Álvarez, Buenos Aires, 1969, p. 71).
42 Merleau-Ponty, M. *Le problème de la parole,* p. 122r-122v.

¿Qué es entonces aquello que brilla en la novela proustiana? ¿Qué es lo que la hace tan atractiva para Merleau-Ponty? Es, sin rodeos, el tema más característico de ella, su nota distintiva: el pasaje a la idea por el acto de expresión creativa. Proust ostenta en su escrito la misma capacidad que los escultores, quienes frente a un pedazo de piedra informe son capaces de vislumbrar la figura que allí se encuentra pero que nadie ve. A medida que se avanza en la lectura de la *Recherche* asistimos a un espectáculo en el que Proust va cincelando el diamante bruto de la experiencia, moldeándolo con las palabras necesarias para ir dando lugar a la expresión de la idea que se halla incrustada allí. Idea que —como la escultura que no puede ser comprendida sin la piedra que le da cuerpo— no puede ser separada de esa experiencia.[43] La escritura proustiana avanza de tal modo que, poco a poco, el lenguaje va desplegando su dimensión creativa. Tal como lo desarrollamos en el primer capítulo de este libro, Proust se vale de las significaciones adquiridas y las dispone de tal modo que puedan dar lugar al surgimiento de nuevas significaciones. El lenguaje sufre una secreta torsión, es reordenado por el sentido lenguajario de tal modo que un nuevo ser cultural viene a la existencia, una significación es instituida, una verdad del mundo toma cuerpo en la palabra, una idea sensible es expresada.[44]

Todo el esfuerzo proustiano es el de "volver accesible a los otros aquello que está mudo",[45] hacer aparecer las verdades del mundo vivido que se hallan en los recovecos de nuestra experiencia sensible y que solo pueden ser manifestadas mediante la construcción de un equivalente espiritual que las haga existir de ahora en adelante en un medio más asible que la huidiza experiencia pasada. Esta posibilidad de descubrir en la experiencia las verdades del mundo vivido y expresarlas, es lo que el Narrador explicita en *El tiempo recobrado* cuando asiste a la matinée en casa de la princesa de Guermantes, Él dice:

> Recordé con gusto [...] que ya en Combray fijaba con atención ante mi mente alguna imagen que me había forzado a mirarla, una nube, un triángulo, un campanario,

---

43 Esta analogía que establecemos con la escultura, puede ser extendida a la pintura y a otras expresiones artísticas. Merleau-Ponty lo afirmaba en su ensayo "La duda de Cézanne" cuando escribía que "El artista es quien fija y hace accesible a los más 'humanos' de los hombres el espectáculo del que forman parte sin verlo" (Merleau-Ponty, M., *Sens et non-sens*, p. 31).

44 "Hemos visto que la significación (la 'idea' en el sentido de Proust) es siempre desviación entre 2 o más significaciones, aparición de un vacío determinado, no posesión intelectual de un contenido, y como resultado, su relación a eso que es dicho no es jamás directa, es siempre oblicua, [...] arrastra una reordenación de significaciones adquiridas, y sin embargo, la relación indirecta es la más estrecha posible puesto que es solamente haciéndose dócil a la "deformación coherente" de significaciones adquiridas y signos[...][que]Ella es la palabra creadora originaria" (Merleau-Ponty, M. *Le problème de la parole*, p. 135r-135v).

45 *Ibidem*, p. 94v.

una flor, una piedra, sintiendo que bajo estos signos quizá había algo muy distinto que yo debía intentar descubrir, *un pensamiento del que eran traducción* a la manera de esos caracteres jeroglíficos que parecen representar únicamente objetos materiales. Sin duda este cifrado era difícil, pero solo él ofrecía alguna *verdad a leer*. Porque las verdades que la inteligencia capta directamente con claroscuros en el mundo de la plena luz tienen algo de menos profundo, de menos necesario que las que la vida nos ha comunicado a pesar nuestro en una impresión, material porque ha entrado en nosotros por los sentidos, pero de la que podemos extraer el espíritu. En resumidas cuentas [...] había que intentar interpretar las sensaciones como signos de otras tantas leyes e ideas, tratando de pensar, es decir, de hacer salir de la penumbra lo que había sentido, de convertirlo en un *equivalente espiritual*. Pero ¿qué otra cosa era este medio, que me parecía el único, sino hacer una obra de arte?[46]

Aquellos "pensamientos del que eran traducción", esa "verdad a leer" de las que nos habla el Narrador, no son otra cosa que las ideas sensibles que se hallan encriptadas en la experiencia y que buscamos hacer salir de la penumbra para convertirlas en un equivalente espiritual. Proust entiende que la vida nos comunica en una impresión verdades de las que debemos extraer el espíritu. El final de su obra, que es al mismo tiempo el principio, supone el descubrimiento de que la vida huidiza, las verdades del mundo que se me dan en las impresiones, deben ser cristalizadas en un medio accesible para mí y para los otros recobrándolas antes de perderlas por siempre en el agujero sin fin del pasado. Es entonces que, así como Vinteuil había logrado captar y volver visible la esencia del amor mediante la pequeña frase de la sonata,[47] la propuesta del Narrador será la de interpretar las sensaciones como signos de aquellas ideas, tratar de pensarlas, convertirlas en un equivalente espiritual para expresarlas, y ¿qué otro modo mejor de hacerlo sino a través de una obra de arte?[48]

---

46 PROUST, M., *Le temps retrouvé*, p. 185 / *El tiempo recobrado,* p. 760. La cursiva es mía.
47 "Estos encantos de una tristeza íntima eran precisamente los que la pequeña frase trataba de imitar, de recrear, llegando a captar, a volver visible su esencia [...] En su pequeña frase, aunque presentase a la razón una superficie oscura, se advertía un contenido tan consistente, tan explícito, al que prestaba una fuerza tan nueva, tan original, que quien la había oído la conservaba dentro de sí en pie de igualdad con las ideas del entendimiento. Swann se remitía a ella como una concepción del amor y de la felicidad [...]" (PROUST, M., *Du côté de chez Swann*, pp. 477-478 / *Por el camino de Swann,* pp. 310-311).
48 "La metafísica de Proust: el mundo exterior es incognoscible; el mundo interior es cognoscible, pero se nos escurre sin cesar entre los dedos, porque cambia; sólo el mundo del arte es absoluto" (MAUROIS, A., *En busca de Marcel Proust,* Ediciones B, Madrid, 2005, p. 184. Trad. de *A la recherche de Proust,* Paris, Hachette, 1949). La obra de arte se perfila aquí como el medio por antonomasia para la expresión del mundo vivido, es Proust quien dedica a esta idea uno de los pasajes finales de su obra cuando encontramos al Narrador describiendo aquella revelación que tiene en la biblioteca de la casa del príncipe de Guermantes. Él entien-

II. El modo de presentar de la novela proustiana

Para desentrañar, sucintamente, el particular modo de presentación de la novela proustiana nos detendremos, en primer lugar, en las herramientas privilegiadas de Proust: la memoria involuntaria y la metáfora. Ente otros, son los recursos que detenta el escritor francés para llevar a cabo el propósito de su obra: la manifestación de las verdades del mundo vivido. En otras palabras, aquellas del Narrador, el esclarecimiento de la vida por medio del arte, que se propone como inicio de la tarea de escribir en *El tiempo recobrado* cuando se descubre que él único modo de recuperar la vida es por medio de la literatura.

En segunda lugar, valiéndonos, entre otras, de la obra de Vincent Descombes, explicitaremos que el modo de presentar de la *Recherche* puede ser entendido como un "pintar los errores" para alcanzar la verdad que, como toda verdad, debe darse a su *tiempo*. Para esto indagaremos la técnica proustiana que, tal como él mismo indica, se asemeja a la de los pintores impresionistas que buscan pintar aquello que se ve y no tanto aquello que se sabe. Finalizaremos esta sección sugiriendo dos vías posibles de interpretación de la novela: por un lado, la "vía clásica", aquella en que el último tomo ilumina al primero y su lectura constituye el andamiaje teórico de la novela. Por otro, una segunda vía llamada la "vía del cuerpo", en que recurriremos a la propuesta de Jean-Marie Gagnebin para revalorizar el "entredós" de la obra al que, generalmente, se ha dejado de lado en las lecturas filosóficas de la misma.

---

de que la obra de arte es el único modo de recuperar el tiempo perdido, es decir, el mundo vivido. "La grandeza del arte verdadero [...] consistía en volver a encontrar, en volver a captar, en hacernos conocer esa realidad lejos de la cual vivimos, de la que nos apartamos cada vez más a medida que gana más espesor e impermeabilidad el conocimiento convencional con el que la sustituimos, esa realidad que corremos el riesgo de morir sin haber conocido, y que es simple y llanamente nuestra vida" (Proust, M., *Le temps retrouvé*, p. 202 / *El tiempo recobrado*, pp. 774-775). En esta misma línea, aquella que ve en el arte la expresión de la verdad, podemos referir también la obra de Gilles Deleuze *Proust et les signes*. En esta obra Deleuze sostiene que existe una jerarquía de signos: los "signos mundanos vacíos, signos embusteros del amor, signos sensibles materiales, en fin, signos esenciales del arte (que transforman todos los demás)" (Deleuze, G., *Proust et les signes*, Paris, PUF, 1998, p. 22). Los signos del arte serán aquellos en que los anteriores convergen y son comprendidos. Deleuze afirma que "[...] el Arte nos brinda la verdadera unidad; la unidad de un signo inmaterial y de un sentido por completo espiritual. La esencia es precisamente esta unidad del signo y del sentido, tal como ha sido revelada en la obra de arte" (*Ibidem*, p. 53).

II.1. Memoria involuntaria, metáfora, y esencia extratemporal de las cosas

Uno de los antiguos amantes de Proust y su amigo más fiel, el compositor Reynaldo Hahn, rememoraba que poco después de conocerle estaban paseando por un jardín cuando de pronto Proust se detuvo frente a un rosal y pidió a Hahn que siguiera caminando sin él. Cuando por fin Hahn volvió, tras haber rodeado el castillo, le encontró "en el mismo sitio, mirando fijamente las rosas. Tenía la cabeza inclinada y la cara muy seria, y parpadeó, con las cejas ligeramente fruncidas como en un acto de apasionada atención, mientras que, con un terco gesto de su mano izquierda, se llevaba la guía de su fino bigote negro a los labios y lo mordisqueaba… Cuántas veces he observado a Marcel en aquellos misteriosos lapsos en que se comunicaba totalmente con la naturaleza, el arte, la vida, en aquellos 'minutos profundos' en que todo su ser estaba concentrado […]".[49]

Esta curiosa anécdota de la vida de Proust narrada por E. White nos permite captar por un momento algo de la personalidad excepcional de M. Proust y, también, introducir este apartado sobre la memoria involuntaria, la metáfora, y la esencia extratemporal de las cosas. Justamente, lo que aquí entra en cuestión es esta hipersensibilidad del escritor de la *Recherche* que aparece como un escudriñador atento de la naturaleza con su conciencia lanzada sobre esa rosa como queriendo aprehenderla en lo más íntimo de su ser, queriendo robarle su esencia. Estos "minutos profundos" de la vida de Proust parecen filtrarse varias veces en la novela en la que encontramos al Narrador intentando desentrañar lo más propio de la realidad circundante. Leyendo la anécdota de White es inevitable, por ejemplo, establecer un paralelismo con el pasaje de *Por la parte de Swann*, en que el Narrador describe la profundidad y el esmero con que se detenía ante los espinos blancos que encontraba por el lado de Méséglise, en el jardín de M. Swann, y de los que esperaba poder admirar su secreto más profundo.[50]

---

49 White, E., *Proust*, Mondadori, Barcelona, 2001, pp. 13-14. Traducción de *Proust*, Viking Penguin, Nueva York, 1999. Traductor: Jaime Zulaika.
50 Vale la pena citar aquí el pasaje para advertir dicha similitud. Proust escribe: "Pero por mucho que me quedase ante los espinos blancos respirando su aroma sólido e invisible, llevándolo ante mi pensamiento que no sabía qué hacer con él, perdiéndolo y volviéndolo a encontrar, uniéndome al ritmo que lanzaba aquí y allá sus flores, con alegría juvenil y a intervalos inesperados lo mismo que ciertos intervalos musicales, era siempre el mismo encanto lo que me ofrecían con profusión inagotable, pero sin permitirme ahondar más, como esas melodías que uno canta cien veces seguidas sin profundizar más adentro en su secreto. Me apartaba un momento, para abordarlos luego con fuerzas más frescas […] Luego volvía ante los espinos como se vuelve ante esas obras maestras que creemos poder ver mejor

Es claro que el contacto con la experiencia del mundo circundante suscita, en este particular personaje de la historia de la literatura, una explosión de sensaciones difícil de describir. Pareciera abrirse al contacto con el mundo un bombardeo de características que el incapaz de Marcel intenta una y otra vez captar. ¿Cuál es entonces la herramienta con que develar esa idea naciente, esa idea sensible que llama a la palabra, que busca ser expresada? Según el mismo Proust las ideas sensibles pueden manifestarse tanto por un giro particular de la memoria que a través de una reminiscencia nos abre el pasado en su riqueza como por las impresiones presentes que genera una determinada realidad.[51] Sin embargo, la *Recherche* parece mostrar una predilección por el primer modo, al menos en la cantidad de pasajes dedicados a lo que Proust llama las "resurrecciones de la memoria". Además, nos da la pauta de la relevancia de dichas reminiscencias la estructura general de la obra que pone en el centro al recuerdo involuntario como el modo de recobrar el tiempo perdido.[52]

¿Qué son, pues, esas resurrecciones de la memoria? Existe un pasaje central de *El tiempo recobrado* en que el Narrador escribe:

> Y esa causa [la de la felicidad] la adivinaba yo comparando entre sí aquellas diversas impresiones bienhechoras y que tenían de común el hecho de que yo sentía a la vez en el momento actual y en un momento lejano el ruido de la cuchara sobre el plato, la desigualdad de las baldosas, el sabor de la magdalena, hasta hacer refluir el pasado en el presente, hasta hacerme dudar de saber en cuál de los dos me encontraba; a decir verdad, el ser que entonces saboreaba en mí esa impresión, la saboreaba en lo que tenía de común en un día antiguo y ahora, en lo que tenía de extratemporal, un ser que sólo aparecía cuando, gracias a una de esas identidades

---

después de haber dejado un rato de mirarlas, pero de nada servía hacerme una pantalla con las manos para no tener nada más ante los ojos: el sentimiento que en mí despertaban seguía siendo oscuro y vago, y en vano trataba de liberarse, de ir a unirse a sus flores. No me ayudaban ellos a aclararlo, ni yo podía pedir a otras flores satisfacerlo" (Proust, *Du côté de chez Swann*, pp. 217-218 / *Por la parte de Swann*, p. 125).

51 "Pero al cabo de un momento se me ocurrió, después de haber pensado en estas resurrecciones de la memoria, que, de una forma distinta, impresiones oscuras habían solicitado a veces, y ya en Combray por la parte de Guermantes, mi pensamiento a la manera de estas reminiscencias, pero ocultando no una sensación de otro tiempo sino una verdad nueva, una imagen preciosa que yo intentaba descubrir mediante esfuerzos del mismo género de los que se hacen para recordar algo […]" (Proust, M., *Le temps retrouvé*, p. 184 / *El tiempo recobrado*, pp. 759).

52 E. White, luego de narrar la anécdota en que Marcel se queda observando la rosa agrega: "Como era de prever, Proust también evocó esta misma escena, pero dijo que convocar el momento no era fructífero; solo los súbitos y espontáneos despertares del recuerdo, activados por algo ilógico e imprevisible (la magdalena, por ejemplo), podían evocar la totalidad del pasado" (White, E., *Proust*, p. 14).

entre el presente y el pasado, podía encontrarse en el único medio donde pudiese vivir, gozar de la esencia de las cosas, es decir, fuera del tiempo.[53]

Este pasaje ilustra claramente la propuesta proustiana y una de las posibles claves de lectura para encarar la gran arquitectura de *A la busca del tiempo perdido*. Esta es la novedosa forma de la metáfora elaborada por M. Proust en la que "dos elementos separados en el tiempo y en el espacio pueden ser unidos y relacionados por la mente, y derivar así del objeto una esencia nueva".[54] Ese ruido de la cuchara sobre el plato que escucho en el presente me remite al pasado en que he tenido esa sensación. Esa analogía que establezco entre un tiempo y otro, eso que tiene de común el día antiguo y ahora, es aquello que tiene de extratemporal. Este ser solo aparece cuando puedo establecer dicha identidad y por ese medio gozar de la esencia de las cosas, fuera del tiempo, ya que no pertenecen ni al pasado ni al presente.

Proust sostenía que "lo que llamamos la realidad es cierta relación entre esas sensaciones y esos recuerdos que nos rodean simultáneamente [...] relación única que el escritor debe encontrar para encadenar por siempre en su frase uno a otro los dos términos diferentes".[55] Aquello que es "causa de su felicidad" reside en el acontecimiento que se da cuándo puede establecerse una identidad entre pasado y presente propiciada por un hecho, una sensación que me remite de modo directo a un recuerdo que, "[...] gracias al olvido, no ha podido contraer ningún vínculo, echar ningún eslabón entre él y el minuto presente [...] [Y] nos hace respirar de golpe un aire nuevo, precisamente porque es un aire que se ha respirado tiempo atrás".[56] Estas son dichas resurrecciones de la memoria en que el pasado fluye inmaculado hacia el presente y, confundiéndose con él, nos sume en una imposibilidad de distinción tal en que logra liberarse del tiempo hacia la eternidad, se instituye en aquel tiempo fuera del tiempo, en el tiempo mítico de las ideas, y nos hace respirar un aire resucitado.

El recurso literario al que apela Proust es, como anteriormente señalamos, la metáfora. Esta herramienta permite establecer una analogía entre ambos momentos, haciendo posible captar aquello que tienen de común y extraerlo del orden del tiempo. La narrativa proustiana abunda en estas metáforas li-

---

53 PROUST, M., *Le temps retrouvé*, pp. 177-178 / *El tiempo recobrado*, p. 753.
54 ARMIÑO, M., "Introducción", en PROUST, M., *A la busca del tiempo perdido*, Tomo I, Madrid, Valdemar, Colección Clásicos, Nº 1, 2005, p. XXXIX.
55 PROUST, M., *Le temps retrouvé*, p. 196 / *El tiempo recobrado*, p. 769.
56 PROUST, M., *Le temps retrouvé*, p. 177 / *El tiempo recobrado*, p. 753.

beradoras en las cuales, reuniendo una y otra sensación, acercan una cualidad común liberando su esencia para sustraerla a las contingencias del tiempo.[57]

Aquel ser extratemporal no se da sino fuera de la acción del goce inmediato, se manifiesta para Proust "cada vez que el milagro de una analogía me había hecho escapar al presente. Era lo único que tenía el poder de hacerme recuperar los días antiguos, el tiempo perdido, ante lo cual siempre fracasaban los esfuerzos de mi memoria y de mi inteligencia".[58] El ser solo puede ser captado en lo que de esencial tiene fuera del tiempo, en la memoria, jamás en el momento del goce de la acción, sino en su rememoración involuntaria propiciada por las sensaciones.[59]

El tema del recuerdo involuntario, anunciado ya en la primera parte del primer tomo de *A la busca del tiempo perdido*: "Combray", no se desarrolla plenamente sino hasta *El tiempo recobrado* en que el Narrador tiene varias experiencias sucesivas que despiertan recuerdos involuntarios en los que el pasado es brillante, eternamente reconquistado y convertido en material de literatura.[60] La memoria involuntaria aquí referida es aquella que permite al Narrador aislar, al menos por un momento, un fragmento de tiempo en "estado puro".

> El ser que había renacido en mí cuando, con el estremecimiento de felicidad, había oído el ruido común a un tiempo a la cuchara que toca el plato y al martillo que golpea la rueda, a la desigualdad para los pasos de los adoquines del patio de Guermantes y del baptisterio de San Marcos, etc., ese ser sólo se nutre de la esencia de las cosas, sólo en ellas encuentra su subsistencia, sus delicias. Languidece en la observación del presente donde los sentidos no pueden proporcionársela, en la consideración de un pasado que la inteligencia le deseca, en la espera de un futuro que la voluntad construye con fragmentos del presente y del pasado a los que todavía quita parte de su realidad, conservando de ellos sólo lo que conviene al fin utilitario, estrechamente humano, que les asigna. Pero basta que un ruido,

---

57 Para ahondar en los recursos proustianos para dotar al pasado de una particular "presencia" puede verse el apartado sobre "Los medios técnicos" en MAUROIS, A., *En busca de Marcel Proust*, pp. 171-181.
58 PROUST, M., *Le temps retrouvé*, p. 178 / *El tiempo recobrado*, p. 754.
59 "Sin duda Proust nunca renunció a interpretar esos instantes como signos de lo intemporal: siempre verá en ellos una presencia liberada del orden del tiempo. La maravillosa perturbación que siente al experimentarlos, la certeza de volver a encontrarse después de haberse perdido, ese reconocimiento de su verdad mística, verdad que él no quiere poner en tela de juicio. Es su fe y su religión, del mismo modo que tiende a creer que hay un mundo de esencias intemporales que sólo el arte puede contribuir a representar" (BLANCHOT, M., "La experiencia de Proust", en *Proust*, Colección Perfiles de Jorge Álvarez, Buenos Aires, 1969, p. 171).
60 Cfr. WHITE, E., *Proust*, p 144.

un olor, ya oído o respirado tiempo atrás, lo sean de nuevo, a la vez en el presente y en el pasado, reales sin ser actuales, ideales sin ser abstractos, para que al punto la esencia permanente y habitualmente oculta de las cosas se halle liberada, y nuestro verdadero yo, que, en ocasiones desde hace mucho tiempo, parecía muerto, pero no lo estaba del todo, despierte, se anime al recibir el celestial alimento que se le aporta. Un minuto liberado del orden del tiempo ha vuelto a crear en nosotros, para sentir ese minuto, al hombre liberado del orden del tiempo. Y es comprensible que tenga confianza en su propia alegría, incluso si el simple sabor de una magdalena no parezca contener lógicamente los motivos de esa alegría, es comprensible que la palabra "muerte" no tenga sentido para él; situado fuera del tiempo, ¿qué podría temer del futuro?[61]

En esta cita ineludible de *El tiempo recobrado* el Narrador nos introduce el papel de la metáfora y el mecanismo propio de la memoria involuntaria como posibilitadoras de la liberación de la esencia de las cosas. Cuando un olor, un ruido, ya oído o respirado vuelven a serlo, el ser ya percibido renace en mí, el yo que parecía muerto, olvidado, despierta. La memoria que describimos es aquella que logra asociar involuntariamente dos impresiones: una que parece ser del presente y otra del pasado, descubriendo así al tiempo como condición de posibilidad de los objetos y liberando al hombre de su destrucción.

¿Por qué es la memoria involuntaria capaz de devolvernos el pasado en "estado puro"? ¿Por qué ella nos posibilita recobrar el tiempo y a su vez situarnos fuera de él? Para responder a estos interrogantes podemos valernos del trabajo del estudioso argentino de la obra de Proust: Julio César Moran. En su libro *Proust ha desaparecido. Una memoria de los paraísos perdidos* él explica que la contracara de la memoria involuntaria sería una memoria voluntaria o consciente, esto es, aquella memoria por medio de la que cotidianamente recordamos y podemos esforzarnos en recuperar el pasado.

> La memoria voluntaria nos traiciona pues no nos presenta nuestros sentimientos, sensaciones y experiencias, ni nuestra visión de la sociedad, tales como fueron pues es una memoria contaminada por todo aquello que hemos vivido, imaginado y sentido después, en el recorrer de nuestro tiempo. Es decir, por un entramado de convenciones, lógica abstracta, repeticiones mecanizadas, prejuicios personales, sociales y políticos, hábitos y costumbres. Por tanto, en ese sentido, deforma sospechosamente nuestro pasado.[62]

---

61 PROUST, M., *Le temps retrouvé*, p. 179 / *El tiempo recobrado*, p. 754-755.
62 MORAN, J. C., *Proust ha desaparecido. Una memoria de los paraísos perdidos*, Prometeo, Buenos Aires, 2006, p. 62.

Proust considerará a esta memoria –la voluntaria–, además de impotente, ilusoria, ya que trastocará los recuerdos y los moldeará siempre desde la perspectiva presente contaminándolos con todo lo vivido, sentido e imaginado por nosotros después. En uno de los primeros análisis que se han realizado de la *Recherche*, Samuel Beckett afirmaba que "La memoria voluntaria –Proust lo repite *ad nauseam*– carece de valor como instrumento de evocación y proporciona una imagen tan alejada de lo real como el mito de nuestra imaginación o la caricatura que nos facilita la percepción directa".[63] No podemos recurrir a ella para recobrar el pasado tal como fue, su modo de proceder, es decir, de recordar, implica una operación deformante sobre el pasado que hace de las cosas algo que no fueron.[64]

> Es por esto que la parte mejor de nuestra memoria está fuera de nosotros, en una ráfaga de lluvia, en el olor a cerrado de un cuarto o en el olor de una primera fogarada: dondequiera que volvamos a encontrar de nosotros mismos lo que nuestra inteligencia, al no utilizarlo, había despreciado, la reserva última del pasado, la mejor, esa que, cuando todas nuestras lágrimas parecen agotadas, sabe hacernos volver a llorar.[65]

De este modo se presenta la memoria involuntaria como la herramienta fundamental para recuperar el mundo en estado puro, no contaminado. Ella irrumpe inesperadamente y conecta dos sensaciones en que se funden presente y pasado para darnos la esencia de lo vivido fuera del tiempo, o, como más arriba señalamos, en un tiempo que se inaugura en su simultaneidad. Morán nos explica el operar de la memoria involuntaria diciendo que

> Nuestras impresiones retornan tal como fueron y con ella el yo que éramos y el mundo de ese entonces con su auténtica percepción sensorial. Esta verdadera memoria que subyace en nosotros y que no podemos invocar a nuestro gusto permite

---

63 BECKETT, S., *Proust y tres diálogos con Georges Duthuit*, Tusquets Editores, Buenos Aires, 2013, pp. 18-19.
64 En las primeras páginas de la novela Proust pone en palabras del Narrador una referencia a dicha memoria voluntaria en el momento en que este intenta recordar su infancia en Combray y descubre que ese pasado, al que intenta acceder mediante la inteligencia, no es más que una "especie de lienzo luminoso recortado en medio de tinieblas indistintas [...] [ya que] lo que hubiera recordado me habría venido dado únicamente por la memoria voluntaria, por memoria de la inteligencia, y como los datos que ésta proporciona sobre el pasado no conservan nada real de él, nunca habría tenido ganas de pensar en ese resto de Combray" (PROUST, M., *Du côté de chez Swann*, pp. 99-100 / *Por la parte de Swann*, p. 42).
65 PROUST, M., *À l'ombre des jeunes filles en fleurs*, p. 212 / *A la sombra de las muchachas en flor*, p. 570.

la reconstrucción de la vida y de la sociedad por el arte que fija estas fugaces experiencias y proporciona una visión de nuestra historia personal y social. De modo que con la memoria involuntaria y sus reminiscencias nos llegan a veces lo que no queremos saber o lo que somos y no creemos ser.[66]

Este es el particular modo en que el *tiempo* es *recobrado*; el mundo vivido es manifestado en su esencia cuando la memoria involuntaria, gracias a una sensación ya experimentada, abre el pasado, y con este al hombre que fuimos, otorgándonos la esencia de las cosas en estado puro, haciéndonos escapar al tiempo destructor, uniendo lo que una y otra sensación tienen de común para liberar dicha esencia del orden temporal.[67] Como dice Proust, será entonces el

---

66 MORAN, J. C., *Proust ha desaparecido. Una memoria de los paraísos perdidos*, p. 63.
67 Merleau-Ponty también dedica parte de su investigación al problema de la memoria y el modo en que esta nos permite recuperar el pasado. Este estudio es el que podemos hallar en la segunda parte de sus *Notas de curso* en torno al problema de la institución y la pasividad. En ese texto, en el que el filósofo es guiado por la lectura de la *Recherche* para considerar el problema de la memoria, encontramos afirmaciones similares a las de Proust en torno a esta cuestión. "La memoria […] tiene el pasado, no como cronología, sino a través de regiones cualitativas: su actitud es existencial (la 'forma de su fatiga'), *i.e.* busca completarse por un mundo adecuado; tiene atmósfera de generalidad. Si el sabor, el olor, los contactos, los ruidos del agua en sus conductos, los movimientos de los árboles, la manipulación de botas, las madalenas, los pavimentos [¿?] los helados mediatizan una memoria auténtica, es porque las percepciones marginales, pre-objetivas, no distantes, que tapizan la consciencia sin ser su objeto, expresan el *nexus* carnal cuerpo-mundo. De suyo el sabor, por ej., o el olor, convoca un modo de existencia, espera ser existido al mismo tiempo que nos hace existir en otro momento y ahora: [el] lazo con el pasado [se opera] por generalidad estructural o esencia alógica de la percepción carnal" (MERLEAU-PONTY, M., *L'institution dans l'histoire personnelle et publique. Le problème de la passivité, le sommeil, l'inconscient, la mémoire. Notes de Cours au Collège de France 1954-1955*, pp. 254-255). En ese curso dedicado al problema de la pasividad, el inconsciente y la memoria, ofrece algunas reflexiones acerca de la manera en que debe ser concebida la memoria. En primer lugar, plantea la necesidad de superar la oscilación entre la "memoria como conservación" y la "memoria como construcción". El camino para superar esta alternativa reside en tener presente que "la inmanencia y la trascendencia del pasado, la actividad y la pasividad de la memoria" exige dejar de plantear el problema en términos representación. El presente debe ser considerado como una "cierta posición" del índice del ser en el mundo y nuestras relaciones con el presente del mismo modo que las relaciones con el entorno espacial, se atribuyen a un esquema postural que designa las posiciones y posibilidades temporales y espaciales. El acceso a algo se da a través del cuerpo en virtud de ello recordar una corporalidad antigua significa recordar "un posible del cuerpo actual". El presente solo puede ofrecerse en virtud de aquello que como lo que está "por detrás" se adelanta al pensamiento actual "le saca su energía", "aparece como su historia". Más precisamente, el pasado y el futuro están presentes en mi cuerpo por una cierta ausencia o distancia infranqueable entre "lo posible y lo actual". El pasado se encuentra encerrado en el "yo puedo" de mi cuerpo bajo la forma de potencia sin contacto.

arte quien fije esas fugaces experiencias y nos permita manifestarlas dándonos a entender que la verdadera vida, aquella vida descubierta y al fin esclarecida, es la literatura.

II.2. La *Recherche* como pintura de los errores para alcanzar la verdad

En la introducción de su libro *Proust. Philosophie du roman*,[68] Vincent Descombes se remite a una carta enviada por Proust a Jacques Rivière el 6 de febrero de 1914 en la que escribe: "Yo encontré más probo y delicado como artista no dejar ver, no anunciar que era justamente a la busca de la Verdad (*á la recherche de la Vérité*) que yo partía, ni en qué consistía ella para mí".[69] Esta breve frase, escrita por Proust a Rivière, expresa lo más esencial del proyecto que el autor de la *Recherche* se había propuesto: una búsqueda de la Verdad.[70] Es el mismo Descombes quien advierte instantáneamente que en la locución "a la busca de la Verdad", la palabra "Verdad" se encuentra en mayúscula y, por ello, dicha "Verdad" no es la verdad fáctica de los historiadores y enciclopedis-

---

El cuerpo tiene el pasado no de manera cronológica sino a través de regiones cualitativas, su actitud es existencial, por ejemplo, el sabor o el olor, convocan un modo de existencia, "esperan ser existidos al mismo tiempo que nos hace existir en otro momento y ahora": El lazo con el pasado se realiza por "generalidad estructural o esencia alógica de la percepción carnal".

68 Descombes, V., *Proust. Philosophie du roman*, Paris, Minuit, 1987. Como bien señala Françoise Gaillard se debe tener presente que el título de la obra de Descombes no "anuncia una búsqueda escrupulosa de los pasajes de la obra de Proust en los que se manifiesta un saber filosófico […] [sino que] Hablar de 'Filosofía de la novela' es algo totalmente distinto. Implica concebir la novela como capaz, en tanto que novela, de dedicarse a esclarecer lo confuso, como lo hace la filosofía" (Gaillard, F., "Proust et la recherche de la vérité", *Esprit*, N° 316 (7) (Julio 2005), p. 173).

69 "Carta de Proust a Rivière, 6/2/1914", disponible en http://www.deslettres.fr/lettre-de-marcel-proust-jacques-riviere-vous-avez-vu-le-plaisir-que-cause-la-sensation-de-la-madeleine-trempee-dans-le/ Consultado el 4/7/19.

70 La consideración de la *Recherche* como una búsqueda de la verdad no solo puede hallarse en V. Descombes, podemos señalar, entre otros, a Gilles Deleuze y Antoine Compagnon, editor de la novela bajo la dirección de Jean-Ives Tadié. Deleuze considera que "La *Búsqueda del tiempo perdido* es de hecho una búsqueda de la verdad. Si se denomina búsqueda del tiempo perdido es sólo en la medida que la verdad tiene una relación esencial con el tiempo" (Deleuze, G., *Proust et les signes*, p. 23). Por su parte, Compagnon, también considera la *Recherche* como una novela filosófica que debe ser comprendida más que como una búsqueda del tiempo como una búsqueda de la verdad. "[…] la *Búsqueada del tiempo perdido* es, ante todo, una búsqueda de la verdad, una novela filosófica que responde a una doctrina estética: el arte no puede compararse con la vida, la trasciende, porque él es la verdadera vida […]" (Compagnon, A., "Préface", en Proust, M., *Du côté de chez Swann*, p. 9).

tas, sino la de los sabios y los metafísicos. Por esto afirma que "esa declaración de Proust sugiere que una lectura especulativa de su obra no es inoportuna. Por lo tanto, solo queda saber cómo la *Recherche* se presta a una tal lectura".[71] La respuesta que dará Descombes a esta pregunta se halla más adelante en su libro "La cuestión filosófica de la *Recherche* es [...] la de las virtudes de una forma de presentación de las cosas, la forma llamada *novela*".[72]

Pero ¿cuáles son las virtudes de esta forma de presentación llamada novela y, en particular, de la novela proustiana? En aquella misma carta dirigida a Rivière, Proust indica algo más de suma importancia para entender la forma en que construirá su novela:

> No, si yo no tuviera creencias intelectuales, si buscara simplemente recordar y superponer esos recuerdos con los días vividos, yo no emprendería, enfermo como estoy, el trabajo de escribir. Sin embargo, esa evolución de un pensamiento, no la quise analizar abstractamente sino recrearla, hacerla vivir. Yo estoy forzado entonces a pintar los errores sin creer deber decir que los considero errores; tanto peor para mí si el lector cree que los considero la verdad. El segundo volumen acentuará ese malentendido. Espero que el último los disipe.[73]

Esta aclaración de Proust a Rivière —en quien descubre un lector perspicaz—[74] nos invita a pensar primero en el plan de lectura de la obra. El itinerario tiene por objeto comprender los primeros tomos a la luz del último que disipará el malentendido generado por los primeros. Cuando Proust escribe esta carta a Rivière en 1914 su proyecto de obra consta de solo tres tomos: *Por la parte de Swann, Por la parte de Guermantes, y El tiempo recobrado*. Es a la luz del último que debe comprenderse lo narrado en los primeros. El elogio que hace Proust de la lectura inteligente de Rivière es la contracara de la tristeza que le generaba la incomprensión de los primeros tomos de su obra: "'Nadie entendió nada', se lamentaba Proust viendo que sus primeros volúmenes le ganaban el título de escudriñador de pequeños detalles cuando lo que él buscaba eran grandes leyes: su novela ofrecía la originalidad de su propuesta como una exploración, casi ilimitada, de lo vivido".[75] Probablemente aquella tristeza

---

71 GAILLARD, F., "Proust et la recherche de la vérité", p. 173.
72 DESCOMBES, V., *Proust. Philosophie du roman,* p. 103.
73 "Carta de Proust a Rivière, 6/2/1914".
74 "Señor, ¡Por fin encuentro un lector que adivina que mi libro es una obra dogmática y una construcción! Y qué alegría para mí que ese lector sea usted" (*Ibidem*).
75 ARMIÑO, M., "Introducción", p. XXXIV. "Según Paul Valéry: la cotidianeidad de los personajes, la minuciosa descripción de las herramientas de sus vidas [...] no son sino metáforas de un conjunto mayor que tiene por eje a un individuo obsesionado por apresar el tiempo

de Proust ("¡Nadie entendió nada!") sea la causante de la inclusión de pasajes autorreferenciales en los siguientes tomos de la obra como el que se lee aquí:

> El tiempo que necesita un individuo [...] para penetrar en una obra algo profunda, no es más que el compendio y como el símbolo de los años, a veces de los siglos, que transcurren antes de que el público pueda amar una obra maestra verdaderamente nueva. Por eso, para evitarse las incomprensiones de la muchedumbre, el hombre de genio tal vez se diga que, por carecer los contemporáneos de la necesaria perspectiva, las obras escritas para la posteridad sólo deberían ser leídas por esta última como ciertas pinturas que se juzgan mal observadas demasiado cerca.[76]

La *Recherche*, como las grandes catedrales que tanto admiraba Proust, debe ser concebida como una gran construcción que tiene por objeto expresar la esencia de las cosas que se revela mediante el recuerdo involuntario. Y, tal como Proust se lo expresaba a Rivière, el modo de presentar dichas esencias por medio de la novela tiene que ver con "pintar", dar pinceladas que puedan ser consideradas errores pero que, al final de la obra, puedan ser comprendidas como el todo de un cuadro que expresa.[77]

El modo de presentación que lleva a cabo la novela proustiana, aquel de "pintar los errores" que luego serán disipados cuando se mire el cuadro completo desde el final de la obra, es aquel que analiza V. Descombes en el capítulo "Le côté Dostoievski de Mme de Sévigné" de su libro *Proust. Philosophie du ro-*

---

mediante la escritura" (*Ibidem*). La opinión de Proust sobre sus primeros lectores es recogida por Armiño de un pasaje que el mismo autor introduce al final de la obra –recordemos que la última parte de *El tiempo recobrado* había sido escrita inmediatamente después que el primer tomo– en que el Narrador escribe que "No tardé en poder mostrar algunos apuntes. Nadie comprendió nada. Hasta los que fueron favorables a mi percepción de las verdades que luego quería grabar en el templo, me felicitaron por haberlas descubierto al 'microscopio', cuando por el contrario me había servido de un telescopio para captar unas cosas, pequeñísimas, cierto, pero porque estaban situadas a gran distancia, y porque cada una de ellas era un mundo. Allí donde yo buscaba las grandes leyes, me llamaban rebuscador de detalles" (Proust, M., *Le Temps retrouvé*, p. 346 / *El tiempo recobrado*, p. 901).

76 Proust, M., *À l'ombre des jeunes filles en fleurs*, pp. 101-102 / *A la sombra...*, p. 471.
77 Esta pintura que va a realizar Proust era aquello que adelantábamos en nuestro segundo capítulo, en el punto "III.2 Sublimación" cuando afirmábamos que "La intención significativa está fundida con las palabras y las anima, mi intención de decir lo que percibo se ve asistida por estos elementos del lenguaje que me permiten dar las pinceladas necesarias para significar el paisaje de mi experiencia". Merleau-Ponty sabe que la escritura proustiana ostenta este poder de expresar el mundo al modo impresionista confeccionando una "pintura de los errores".

man. El filósofo plantea en ese trabajo una analogía entre Dostoievski y Mme. De Sévigné que nos permitirá comprender el proyecto proustiano emprendido en la *Recherche* estableciendo un paralelismo con la pintura impresionista de Elstir.[78] Descombes escribe:

> Mme. Sévigné pinta los *paisajes* como Dostoievski pinta los *caracteres*, o presenta los *personajes*, comenzando por el orden sensible de la percepción en lugar de seguir el orden lógico de la explicación.
> En el orden de las percepciones, el error precede la verdad. Reconocemos el mismo proyecto de Proust: pintar los errores en búsqueda de la Verdad.[79]

Este es el modo de presentar particular que tiene la novela proustiana en que la verdad no es el punto de partida sino el resultado, la construcción de la *Recherche* implica comenzar por lo "falso" para alcanzar lo verdadero. Cada relato, cada experiencia narrada en los primeros tomos, tiene que ver con una pluma libre que busca, al modo impresionista, "pintar aquello que vemos en lugar de aquello que sabemos".[80]

El encuentro del Narrador con Elstir[81] –pintor imaginario de la *Recherche*– supone un salto decisivo en la concepción que tiene el héroe de lo real. Según Anne Simon, la revalorización que realiza el héroe de la novela, fruto del encuentro con el pintor, de aquello que llamamos "errores de los sentidos", es decisiva.[82] Simon explica que luego del encuentro con Elstir:

> El joven muchacho, que irá más lejos aún que su maestro en la experimentación de lo visible [...] accede a una nueva manera de ver reactivando su mirada sobre el mundo tal como se da y desactivando la búsqueda de la significación intelectual del sentir. En efecto, la confusión del arriba y del abajo, del cielo y del mar, del

---

78 El paralelismo establecido con Elstir también es sugerido por Descombes, véase Descombes, V., *Proust. Philosophie du roman*, p. 264.
79 *Ibidem* p. 259.
80 *Ibidem*.
81 El encuentro en cuestión puede hallarse en Proust, M., *A l'ombre des jeunes filles en fleurs* pp. 398-406 / *A la sombra...*, pp. 733-741. Este encuentro es sumamente significativo para el Narrador ya que aprende un modo de presentar, modo que utilizará en su novela, y que vislumbra en Elstir, quien, realizando "el esfuerzo de no exponer las cosas tal como sabía que eran, sino según esas ilusiones ópticas de que está hecha nuestra primera visión, le había llevado precisamente a resaltar algunas de esas leyes de perspectiva, más sorprendentes entonces, porque era el arte el primero en revelarlas" (Proust, M., *A l'ombre des jeunes filles en fleurs* p. 402 / *A la sombra...*, p. 737).
82 Cfr. Simon, A., *Proust ou le réel retrouvé. Le sensible et son expression dans À la recherche du temps perdu* Paris, Honoré Champion, 2011, p 100.

pueblo y el océano, se asimila a una tentativa por restaurar un mundo sin rupturas. La ilusión no es un error a superar sino un momento privilegiado de nuestra unión al ser bruto.[83]

Esta es la "pintura de los errores" que el Narrador aprende en su visita al atelier de Elstir. Este encuentro configurará su modo de expresar, es decir, el cómo llevar a la expresión en su novela el encuentro con el mundo sensible. El análisis que hace A. Simon sostiene que "la ilusión no es un error a superar sino un momento privilegiado de nuestra unión al ser bruto", esto es lo que ineludiblemente se desprende del encuentro del Narrador con Elstir. Existe un pasaje central que es preciso citar para comprender cómo aquel joven muchacho accede, luego de su encuentro con el pintor, a una nueva manera de ver y a un nuevo modo de presentar esa experiencia del ser bruto. Al entrar al atelier del pintor y luego de observar algunos de sus cuadros el Narrador piensa que

> A veces, estando a mi ventana en el hotel de Balbec, por la mañana cuando Françoise descorría las cortinas que ocultaban la luz, por la noche cuando esperaba el momento de irme con Saint-Loup, me había ocurrido, gracias a un efecto del sol, tomar una parte más oscura del mar por una costa lejana, o contemplar con alegría una zona azul y fluida sin saber si pertenecía al mar o al cielo. No tardaba mi inteligencia en restablecer entre los elementos la separación que mi impresión había abolido. Del mismo modo, en mi cuarto de París, me ocurría oír una disputa, casi un motín, hasta que no lo remitía a su causa, por ejemplo, el rodar de un coche que se acercaba, ruido del que entonces eliminaba aquellas vociferaciones agudas y discordantes que mi oído había percibido realmente, pero que mi inteligencia sabía que no producía ninguna rueda. Pero los raros momentos en que vemos a la naturaleza tal cual es, poéticamente, de esos momentos estaba hecha la obra de Elstir.[84]

La *Recherche*, como pintura de los errores, implica revalorizar esa primera impresión, no ver en la ilusión un error, sino el momento privilegiado de nuestra unión al ser bruto en el que vemos la naturaleza tal cual es, es decir, poéticamente.[85] A lo largo de la novela asistimos a una transformación que

---

83 *Ibidem*.
84 PROUST, M., *À l'ombre des jeunes filles en fleurs*, p. 399-400 / *A la sombra...*, pp. 734-735.
85 "El deslumbramiento que inaugura la visita al atelier del pintor y el aprendizaje de una mirada originaria engendran un nuevo vínculo con lo sensible, donde el lugar de la fragmentación se suaviza considerablemente. [...] el acceso a la visión primaria es la ocasión de reanudar los lazos rotos entre el objeto, el sujeto y las circunstancias" (SIMON, A., *Proust ou le réel retrouvé. Le sensible et son expression dans À la recherche du temps perdu*, p. 109).

no sucede frente a nuestros ojos en un instante, sino que, como todo cuadro, toma su *tiempo* el finalizarlo.[86]

En esta misma línea de interpretación Silvia Solas realiza una exposición de las coincidencias entre la figura de Elstir, pintor imaginario creado por Proust, y Cézanne, tal como Merleau-Ponty lo describe en "La duda de Cézanne".[87] Lo significativo del texto de Solas titulado "Elstir, como Cézanne, entre lo visible y lo invisible", es que se sugiere que así como Cézanne intenta "Escapar a las alternativas sentidos/inteligencia; pintor que ve/pintor que piensa [...] Proust en alusión a Elstir, sostiene: 'La recreación, que es la producción artística, implica despojarse de lo que 'se sabe' para contar con lo que 'se siente'".[88] Solas también remarca en esa comunicación que

> El narrador afirma que el intelecto es insuficiente frente al esfuerzo creativo y subraya que Elstir se empeña en despojarse en presencia de la realidad de todas las nociones de la inteligencia. Lo que implica un rechazo de la inteligencia habitual, abstracta o regida por conceptos, pero no de una inteligencia al servicio de la creación.[89]

Una postura análoga sostendrá, más adelante, J-M. Gagnebin respecto de la relación memoria del cuerpo-espíritu. Será analizada más adelante.

---

86 Cfr. DESCOMBES, V., *Proust. Philosophie du roman*, p. 271.
87 En relación a los posibles vínculos que pueden establecerse entre el pintor y el escritor en la *Recherche* es ineludible la obra de Silvia Solas (puede hallarse la mayor parte de sus escritos en la Bibliografía). Respecto de esa relación nos permitimos introducir aquí un pasaje muy significativo de la novela en que Bergotte —escritor ficticio creado por Proust— muere mientras contempla el cuadro *Vista de Delft* de Johannes Vermeer (cuadro que aparece en la portada de este libro). En *La prisionera* Bergotte dice mientras agoniza: "Así es como yo habría debido escribir, decía. Mis últimos libros son demasiados secos, habría debido pasar varias capas de color, hacer mi frase preciosa en sí misma, como este pequeño lienzo de pared amarilla" (PROUST, M., *La Prisionière*, p, 176 / *La prisionera*, p. 155). No es casual ni desatinado hablar un modo de presentación de la novela proustiana que tenga como epicentro la "pintura de los errores" ya que este texto, entre otros, nos invita a pensarlo.
88 SOLAS, S., "Elstir, como Cézanne, entre lo visible y lo invisible", III Jornadas de Investigación en Filosofía, 24 de noviembre de 2000, La Plata, disponible en www.fuentesmemoria. fahce.unlp.edu.ar/trab_eventos/ev.240/ev.240.pdf, pp. 1-2.
89 *Ibidem*, p. 4. Puede consultarse también para ilustrar las relaciones entre literatura y pintura en la *Recherche* los escritos de S. Solas: "Algunas notas sobre la concepción de la pintura en Proust", "Lo pictórico de la literatura en Proust" y "La obra como fragmento", todos ellos en MORAN, J. C., *Proust más allá de Proust*, La Plata, De la campana, 2ª edición, 2005. Allí Solas elaborará el concepto de "cuadro-idea" para sostener que "la obra pictórica se presenta como una suerte de arquetipo del resto de las artes" (p. 86).

II.2.I Una aclaración fenomenológica sobre la "pintura de los errores"

Respecto de la consideración que hemos realizado de lo que llamamos "pintura de los errores", es preciso aclarar que no debe reducirse este modo de presentar propio de la novela proustiana a una simple dicotomía entre error y verdad,[90] sino que debe considerarse lo que caracteriza la escritura proustiana: la descripción de una sucesión de intuiciones que se entrecruzan, un conjunto de vivencias que se confunden. Lo que Proust emprende a la hora de escribir es una tarea que implica pintar lo que se ve, es decir, lo que aparece tal como aparece. Lo que en la novela se atribuye al estilo de Elstir da cuenta de la posición impresionista del autor que busca atenerse a las apariencias y dejar de lado cualquier actividad depuradora de la conciencia.[91]

Este modo de expresar propio de la novela proustiana es advertido también por Merleau-Ponty mientras prepara el curso del año académico 1953/54 sobre "El problema de la palabra", en sus *Resúmenes* escribe en relación a Proust y su palabra de escritor que él:

> No hace más que recomenzar el trabajo original del lenguaje, con la resolución de conquistar y poner en circulación no solo los aspectos estadísticos y comunes del mundo, sino hasta la manera en que toca a un individuo y se introduce en su experiencia.[92]

---

90 Esta dicotomía que contrapone "errores" y "verdades" no agota el problema de nuestro acercamiento a la verdad y el problema de su expresión. Merleau-Ponty lo explicaba en su célebre capítulo de *Fenomenología de la percepción* titulado "El cogito", cuando reivindicaba la concepción fenomenológica como superadora del dogmatismo y el escepticismo afirmando: "No se trata de limitarnos a fenómenos, de encerrar la conciencia en sus propios estados reservándose la posibilidad de postular un ser más allá del ser aparente, ni de tratar nuestro pensamiento como un hecho entre los hechos, sino de definir el ser como lo que se nos aparece y la conciencia como hecho universal. Pienso, y tal o cual pensamiento se me aparece como verdadero; sé muy bien que no es verdadero sin condición y que su explicitación total sería una tarea infinita; pero esto no impide que en el momento en que pienso, piense algo, y que toda otra verdad, a nombre de la cual pretendería devaluar esta, si para mí puede llamarse verdad, tiene que concordar con el pensamiento 'verdadero' cuya experiencia tengo. [...] Lo que es verdad es que el error y la duda nunca nos separan de la verdad, porque están rodeados por un horizonte de mundo donde la teleología de la conciencia nos invita a buscar su resolución" (Merleau-Ponty, M., *Phénoménologie de la perception*, pp. 455-456).
91 Proust lo expresaba en el comienzo del prólogo de *Contra Sainte-Beuve*: "Cada día valoro menos la inteligencia. Cada día me doy cuenta mejor de que sólo es al margen de ella que un escritor puede recuperar algo de sus impresiones, es decir, alcanzar algo de sí mismo y la única materia de su arte" (Proust, M., *Contra Sainte-Beuve*, Buenos Aires, Losada, 2011, p. 17).
92 Merleau-Ponty, M., *Résumés de cours. Collège de France 1952-1960*, p. 39.

La palabra del escritor no tiene por función, simplemente, recapitular los aspectos comunes del mundo, sino que busca conquistar, incluso, la manera en que este mundo se da al individuo, es decir, intenta expresar cómo el mundo se le aparece. No siendo suficiente esta breve alusión a la tarea de la palabra propia de la expresión literaria, es decir, la palabra del escritor, Merleau-Ponty agrega algo más acerca de este particular modo de expresar:

> Así como el pintor y el músico se sirven de objetos, colores y sonidos para manifestar las relaciones de los elementos del mundo dentro de la unidad de una vida –por ejemplo, las correspondencias metafóricas de un paisaje marino–, el escritor tomando el lenguaje de todos se sirve de él para traducir la participación prelógica de los paisajes, de las moradas, de los lugares, de los gestos, de los hombres entre ellos y con nosotros.[93]

La analogía que Merleau-Ponty establece entre el pintor, el músico y el escritor, ha sido aprendida en la lectura de la *Recherche*.[94] No es casual que se haga alusión a las "correspondencias metafóricas de un paisaje marino", detrás de esto resuena el pasaje de la *Recherche* en que Albertine es presentada en una relación inseparable con el paisaje marino de Maineville.[95] No obstante, más allá de esta alusión solapada a la obra de Proust, lo significativo reside en la descripción que el fenomenólogo realiza de la tarea del escritor; él dice que lo que este busca es tomar el lenguaje común a todos y traducir la participación prelógica de los paisajes, las moradas, etc. Esta caracterización que Merleau-Ponty atribuye a la tarea del escritor es análoga a la "pintura de los errores" que más arriba describimos. Así como el pintor se vale de colores, da pinceladas, y el músico de sonidos; el escritor utiliza el lenguaje para expresar el aparecer del mundo antes de toda síntesis depurada de la conciencia, esto es, expresar la participación prelógica en que nos encontramos con las cosas, los paisajes, los otros. El esfuerzo del escritor reside en la tarea por *decir* el encuentro con lo sensible, con el ser bruto, antes que haga su intervención la actividad simplificadora, depuradora, de la conciencia, o de la inteligencia, en términos proustianos. Esto es lo que remarca Merleau-Ponty hacia el final del resumen:

---

93 *Ibidem*, pp. 39-40.
94 Esta analogía que Merleau-Ponty establece entre la tarea del pintor, el músico y el escritor es también desarrollada por S. Kristensen en su libro *Parole et subjectivité*, específicamente, en el punto: "Elstir, Vinteuil et Proust". Véase Kristensen, S., *Parole et subjectivité. Merleau-Ponty et la phénoménologie de l'expression*, pp. 148-151.
95 La descripción que realiza el Narrador de Albertine entrelazada con los motivos marinos de Maineville puede hallarse en Proust, M., *À l'ombre des jeunes filles en fleurs*, p. 493 / *A la sombra...*, pp. 816-817.

Las ideas literarias, como las de la música y de la pintura, no son "ideas de la inteligencia": nunca se desvinculan del todo de los espectáculos; se trasparentan, irrecusables como personas, pero no son definibles. Lo que se ha dado en llamar platonismo de Proust es un intento de expresión integral del mundo percibido o vivido. Justamente por esta razón el trabajo del escritor sigue siendo trabajo del lenguaje antes que de "pensamiento": se trata de producir un sistema de signos que restituya, gracias a su ordenamiento interno, el paisaje de una experiencia.[96]

El trabajo del escritor no es un trabajo que tenga como fundamento la actividad de la inteligencia, sino que su tarea implica la posibilidad de manipular un lenguaje como se manipula un pincel, volcando colores sobre la tela, escribiendo palabras sobre el papel, para lograr, al modo impresionista del Elstir, producir un sistema de signos que restituya el paisaje de una experiencia. Merleau-Ponty afirma así que esas ideas que se nos dan en el aparecer del mundo deben ser expresadas tal como se dan, sin separarlas de la experiencia en que se nos dan, porque no son "ideas de la inteligencia", sino que son ideas sensibles, propias de la música, de la pintura y de la literatura.

Tal como lo expusimos anteriormente en este mismo capítulo en el punto "I.2 Inseparabilidad de las ideas y su aparecer sensible", Merleau-Ponty sostendrá, en contraposición a su maestro, que las ideas son inescindibles de su aparecer sensible y por ello pueden ser llamadas *ideas sensibles*. El discípulo de Husserl afirma que es justamente *a través* de lo sensible, *por medio* de lo sensible, que esas ideas aparecen. No es fuera de la experiencia, detrás de la contingencia, sino *en* y *por* ella que aprendemos las ideas que se encuentran incrustadas en lo sensible y no pueden ser desprendidas de su carne, sino, únicamente, vislumbradas y expresadas sin ser separadas del medio en que existen y sin el que sería imposible comprenderlas.

Esta inseparabilidad de hecho y esencia, es lo que Merleau-Ponty aprende en la lectura de la novela proustiana y la que lo lleva a sostener que la literatura es exploración de un invisible, develamiento de un universo de ideas que no se dejan desprender de las apariencias sensibles, ni erigir en positividad secundaria.[97] En estos términos establecidos por Merleau-Ponty, Proust puede ser considerado un fenomenólogo excepcional. La "pintura de los errores" que el novelista lleva a cabo no es otra cosa que la descripción, en lenguaje literario, de las vivencias en que se me da el mundo tal como se me aparece. Estas vivencias se entrecruzan confundiéndose unas con otras ocurriendo, por

---

96 Merleau-Ponty, M., *Résumés de cours. Collège de France 1952-1960*, p. 40.
97 Cf. Merleau-Ponty, M., *Le visible et l'invisible*, pp. 193-194.

ejemplo, que muchas veces en la presentación de personajes se confundan sus características con las del paisaje. Proust busca pintar el hecho, lo que se da en la intuición, la vivencia, y no el producto elaborado por la conciencia que es del orden de la irrealidad, es decir, el producto que aparece como identidad que trasciende el fluir de las vivencias.

La pintura de los "errores" es la expresión literaria de las apariciones superpuestas que se me dan en la intuición, fuente de derecho de todo conocimiento, y que me permiten el acercamiento más originario al mundo. La descripción del aparecer es la descripción de las vivencias, el producto la conciencia es el objeto ya depurado por reflexión, no es el ser salvaje, es el ser "domesticado". Por eso Proust "pinta los errores" sin creer deber decir que los considera errores, porque de hecho no lo son; dicha pintura es su acercamiento más originario al mundo sin la intervención de la conciencia. Proust es, en rigor, un fenomenólogo,[98] porque él sí que se limita a describir el aparecer, es decir a "pintar lo que se ve y no lo que se sabe".[99]

II.3 Dos vías posibles para la lectura de *A la busca del tiempo perdido*

Es preciso decir una palabra más sobre la estructura la obra proustiana y el modo de expresar la verdad que ella manifiesta. A pesar de que Proust parece en un principio tener un plan claro para la escritura de su novela y, tal como deja entrever la carta que escribe a Rivière, la *Recherche* constará de tres tomos de los cuales el tercero disipará las dudas generadas por los dos primeros, es decir, se perfilará como el cierre, la explicación teórica de lo que de algún modo han desarrollado aquellos, esto no sucede.[100] En febrero de 1922 Proust le dice al editor

---

98 Esta consideración de Proust como fenomenólogo es compartida por otros autores como S. Kristensen: "Proust es pues un escritor en tanto que el trabajo de explicitación de la experiencia deviene su filosofía, lo que permite tratarlo como un fenomenólogo" (Kristensen, S., *Parole et subjectivité. Merleau-Ponty et la phénoménologie de l'expression*, p. 147).
99 Esta famosa frase pertenece al pintor inglés William Turner. Se dice que un crítico le recriminó a este que no pintara los ojos de buey de unos barcos en una de sus pinturas. Turner le respondió que cuando él había pintado el cuadro los barcos se encontraban a contraluz y, por lo tanto, los ojos de buey no eran visibles. Contrariado, el crítico argumentó: "de acuerdo, pero sabe usted bien que los barcos tienen ojos de buey". Entonces Turner respondió: "Sí, pero yo me dedico a pintar lo que veo, no lo que sé".
100 Sabemos por el propio Proust que "el último capítulo del último volumen fue escrito inmediatamente después del primer volumen. Todo el 'entredós' se escribió luego" (Citado en Armiño, M., "Nota introductoria" en *A la busca del tiempo perdido*, Tomo III, p. XVII). Esto nos da la pauta de que el escritor francés intenta llevar a cabo un plan de escritura en que, tal como decíamos, el último libro viene a ser el cierre de lo escrito anteriormente,

de su obra, G. Gallimard, "tengo tantos libros que ofrecerle que si muero antes no aparecerán nunca".[101] Evidentemente Proust ha dado rienda suelta a "pintar lo que se ve"[102] y la obra se le va de las manos: el cuerpo de la novela crece desmedidamente y los extremos, ya escritos, cada vez se alejan más.

Sobre esta peculiar situación se detiene Jeanne Marie Gagnebin en su artículo "Memoria involuntaria y aprendizaje de la verdad. Ricoeur relee a Proust". Allí señala que la lectura filosófica de la *Recherche* puede presentar algunas debilidades que nos parece vital no pasar por alto.

> La primera consiste en tomar en serio la teoría estética, a menudo platonizante, expuesta en el último volumen [...], una teoría ligada a la época y sin gran originalidad. La segunda debilidad, que explica en gran parte la primera, es la de no tomar, por el contrario, mucho más en serio esta especie de proliferación casi monstruosa que constituye el *cuerpo* de la *Recherche*, entre la magdalena del comienzo y el adoquinado del patio del hotel de Guermantes. Proliferación debida, en efecto, a la Primera Guerra así como a la pasión del escritor Marcel Proust por Alfred Agostinelli, pero que es también y ante todo el indicador de que la escritura de su obra escapa a la voluntad constructiva del autor (¡recordemos que Proust había previsto tres volúmenes al comenzar su novela!), como si, en este movimiento independiente de su voluntad consciente, se dijera otra verdad. Una verdad diferente, en particular, de aquella de la teoría estética del bello estilo y de la aprehensión de lo eterno por la gracia de las revivificaciones sensibles traducidas en palabras. Verdad que escapa en buena parte a los conceptos del Proust teórico y a sus lectores filosóficos; verdad que tendría que ver con la copiosidad de la escritura, con una organicidad independiente, incluso salvaje, de la pulsión narrativa.[103]

La propuesta de Gagnebin es muy interesante y presenta un argumento a favor del ya referido "entredós" que constituye el puente en la obra para llegar desde Combray hasta la velada en casa de Mme. de Guermantes en que

---

es por esto que se lo escribe inmediatamente después del primero. Sin embargo, ese "entredós" "crecía orgánica e indefinidamente en cuadernos, pruebas y revisiones mediante añadido de episodios, amplificaciones de escenas, de personajes" (*Ibidem*).

101 *Ibidem*, p. XIII.
102 Respecto de la consideración de la producción artística como una tarea que implica "pintar lo que se ve" y no lo que se sabe, puede encontrarse una explicación atinada en el artículo de Solas recientemente citado: "Algunas notas sobre la concepción de la pintura en Proust". Allí la autora explica que "La recreación, que es la producción artística, implica despojarse de lo que 'se sabe', para contar con lo que 'se siente': Elstir se esfuerza en disolver los razonamientos que conforman nuestra visión" (p. 72).
103 GAGNEBIN, J. M., "Memoria involuntaria y aprendizaje de la verdad. Ricoeur relee a Proust", en *Boletín de estética*, CIF, Nº 27, (2014), pp. 17-18.

el Narrador elabora la posibilidad de recobrar el tiempo perdido mediante la literatura. La idea que sostiene no está en contra de lo que referimos anteriormente: un escritor que busca "pintar lo que se ve" y no se detiene, avanzando de tal manera que aparece la nombrada pulsión narrativa que va construyendo una obra en la que Proust, o al menos su consciencia, ya no ejerce un dominio pleno.

La advertencia realizada por Gagnebin sobre las posibles debilidades de una lectura filosófica de la obra nos deja frente a dos vías posibles –que no se excluyen mutuamente– para leer *A la busca del tiempo perdido*. Por un lado, tenemos aquella que podríamos llamar la "vía clásica", esta es la que de algún modo Proust anuncia al insinuar a Rivière un "plan" de su novela diciendo que esta es una "construcción", de tal modo que el último tomo vendría a disipar las dudas generadas por los primeros. Esta planificación de Proust es, podríamos decir, su estrategia consciente a la hora de emprender la escritura de la *Recherche*. Leer la obra siguiendo este plan nos dejaría frente a la más reconocida de las interpretaciones, es decir, aquella en que llevando a cabo el largo recorrido propuesto se da la unión de la voz del héroe y la del Narrador, entonces el héroe reconoce al fin su vocación y deviene, escritor-narrador[104] encontrando el modo de recobrar el tiempo perdido, hallando que la verdadera vida, la vida esclarecida, es la literatura. Por otro lado, tenemos la vía que llamaremos "del cuerpo", que podría asociarse a la actividad inconsciente del escritor. Esta es la vía que Gagnebin propone en el artículo citado más arriba, vía que supone la revalorización del entredós instituido entre los extremos de la obra y que parece haberse salido de la planificación consciente de Proust dando rienda suelta a esa pulsión narrativa que hace "crecer orgánica e indefinidamente" la novela y que genera cierta desesperación en Marcel quien escribe a Gallimard que tiene tantos tomos que ofrecer que si muere antes no aparecerán nunca.

¿Pero qué es lo que podría ofrecernos el "entredós" que está ausente o debilitado en los extremos de la obra? Para explicar esto Gagnebin recurre a la interpretación de Anne Simon quien sostiene que la escritura proustiana no intenta desmaterializar el signo, sino que, al contrario, hace surgir la significación del encuentro con lo sensible.[105] Esto pone en cuestión toda interpreta-

---

104 Cfr. *Ibidem*, p. 11.
105 "La carne del lenguaje, la corporeidad general de la palabra y del sentido, es contrariamente a lo que afirma Deleuze, un tema esencial de la *Recherche* […] La interpretación de Deleuze, consistente en asimilar la concepción proustiana del arte a una teoría pura e inmaterial del signo, no toma en cuenta el hecho de que la escritura de Proust no busca desmaterializar el signo para ennoblecerlo sino, por el contrario, hacer surgir la significación, que encuentra ella misma su fundamento en el encuentro ineludible con lo sensible,

ción meramente idealista de la *Recherche* y, con ello, la tendencia generalizada a privilegiar el primero y el último de los tomos de la novela que son considerados el andamiaje teórico de la misma. A partir de esta consideración, Gagnebin entonces fundamentará que el *cuerpo* de la novela tiene algo especial para ofrecer y que debe ser atendido en una lectura filosófica del mismo.

> Si me permito hablar del *cuerpo* de la narración proustiana o de una organicidad independiente del texto, es porque me parece plausible establecer un paralelismo en la *Recherche* entre una cierta *corporeidad* de la escritura, que escapa al control de la conciencia pero que puede alimentar a esta misma conciencia, y la *corporeidad* de la memoria, en particular desde luego de la memoria involuntaria, despertada por una sensación olfativa y táctil [...] esta memoria del cuerpo no es infalible, sino más bien, indispensable para buscar y reconocer el tiempo perdido del pasado. Para volverse fértil, es necesario ciertamente el trabajo encarnizado de aquello que Proust llama "espíritu", que debe reconocer el recuerdo y darle un nombre. Pero sin cuerpo, el espíritu es estéril. O, dicho en otras palabras: el espíritu no debe luchar contra el cuerpo o controlarlo [...] sino más bien aprender a entenderlo y a escuchar su lenguaje mudo a la vez que imperioso, para nombrar aquello que el espíritu por sí solo no podría crear: lo "real recobrado".[106]

Lo que nos interesa entonces recuperar en nuestra lectura de la *Recherche* es la manifestación de las ideas sensibles entendidas como expresión del mundo, como esencias. Pero esta recuperación debe rastrearse a lo largo de toda la obra, sobre todo en aquellos recovecos en que, como afirma Gagnebin, el autor da rienda suelta a la pulsión narrativa y la pluma se sale de control para decir, o pintar, aquello que se ve, sin intervención de la limitación que puede ejercer la consciencia sobre esa expresión.[107] Reconocemos en estos cuadros

---

desde el interior de la materialidad lingüística[...]" (SIMON, A., *Proust ou le réel retrouvé. Le sensible et son expression dans À la recherche du temps perdu*, p. 81).

106 GAGNEBIN, J.M., "Memoria involuntaria y aprendizaje de la verdad. Ricoeur relee a Proust", pp. 18-20.

107 De este modo explica Simon el proyecto proustiano que implica pintar los errores: "La empresa es, pues, aquella de una ascesis del juicio: hace falta 'despojarse en presencia de la realidad de todas las nociones de su inteligencia'. El procedimiento, por cartesiano que parezca, es en realidad fenomenológico. Contrariamente a las experiencias de sensación pura efectuadas por el protagonista, el objetivo del pintor no es reducir los atributos efímeros para sintetizar la esencia de las cosas en un proceso cognitivo segundo, sino mantener en suspenso aquello que Alain de Lattre llamaba justamente '*vacilación primera*' de las cosas. Se trata pues de un deseo impresionista en sus formas, pero también cubista en sus intenciones –restituir la indecisión sensorial atravesada por la representación simultanea de todas las facetas del objeto. Lo efímero adquiere con ello un estatus ontológico que contribuirá, nosotros lo veremos, a redefinir lo real como dinamismo" (SIMON, A., *Proust*

de la novela pasajes en los que, la palabra, que entraña el sentido del mundo vivido, expresa en su modo más pleno este sentido, lo hace porque, así como el pintor da pinceladas que sin saberlo contribuyen a la expresión final del cuadro acabado, Proust escribe bajo el efecto de esa pulsión narrativa, salvaje, en que las palabras fluyen para dar expresión de las ideas sensibles que subyacen a la experiencia y que solo pueden ser cristalizas por medio del lenguaje en la literatura. Por esto, en nuestro análisis de los pasajes seleccionados de la *Recherche* no solo nos detendremos en los lugares comunes de la obra de Proust –v. gr. "la magdalena y el té"; "la pequeña frase" de la sonata– que suelen analizarse a la luz del último tomo y que incluso pueden haber sido escritos pensando en la exposición final del *tiempo recobrado*. Sino que también intentaremos trabajar aquellos pasajes del "entredós" de la novela en que hay expresión de ideas sensibles, aquellas que surgen de la pintura impresionista de los errores.

En nuestro último capítulo intentaremos entonces dar lugar a las dos vías más arriba sugeridas atendiendo, tanto al plan elaborado por Proust y leyendo la obra situados desde el último tomo para hallar las ideas sensibles elaboradas en la novela, y, también, hurgando en el entredós en el que el escritor francés ha dejado que su obra crezca orgánicamente y su mano, sin responder a las directivas limitantes del espíritu, narre vivencias libremente, constituyendo así pasajes en que las cosas se manifiestan en su esencia migrando de la carne del mundo a la carne más liviana del lenguaje literario.

---

ou le réel retrouvé. Le sensible et son expression dans À la recherche du temps perdu, p. 104 ; La cita de la *Recherche* corresponde a Proust, M., *A l'ombre des jeunes filles en fleurs* p. 404 / *A la sombra...*, p. 739).

5. En busca de la verdad:
Las ideas sensibles en *A la busca del tiempo perdido*

> "El arte [...] se trata de una conversión sacramental del pan de lo vivido en los 'pequeños milagros' de la expresión pictórica o escrita".[1]

El esfuerzo de Proust por recuperar el *tiempo perdido* implica, como ya describimos en el capítulo anterior, la "pintura de los errores" del sentir para alcanzar finalmente un cuadro que exprese la verdad del mundo, lo real. La propuesta de la *Recherche* supone un modo de presentación propio, aquel en que el autor se dispone a escribir ese acercamiento primario, ilusorio, considerado un error, pero que, como tal, forma parte de lo real y nos da un acceso a ello que no está fragmentado por la inteligencia; es decir, se realiza una pintura que reúne los lazos entre el objeto, el sujeto y las contingencias. La virtud de la narración proustiana reside en su notable capacidad para reconstruir dichas vivencias dando pinceladas que, al modo impresionista aprendido en el atelier de Elstir, nos permitan expresar las ideas sensibles que estructuran nuestra experiencia. En literatura las pinceladas serán aquellas palabras instituyentes, creadoras, que construyen un pasaje que sostiene la expresión de un sentido salvaje, aquel que se manifiesta en nuestro encuentro con el ser bruto.[2]

Hemos intentado hasta aquí dar un sustento teórico a estas ideas. La estructura de nuestra investigación sigue el orden lógico ya explicitado, en el que a partir del análisis del problema del lenguaje llegamos a la explicación de cómo este es capaz de sostener y expresar el sentido del mundo percibido para demostrar que la verdad no es otra cosa que la expresión de nuestro renovado estar en el mundo. Luego, elaboramos el concepto de idea sensible para explicar que las esencias no pueden ser separadas de la experiencia del

---

1 KEARNEY, R., "Ecrire la chair: l'expression diacritique chez Merleau-Ponty", *Chiasmi International*, 15 (2014), p. 192.
2 Cuando la expresión es completa: "La significación devora los signos [...] La expresión estética confiere a lo que expresa la existencia en sí, la instala en la naturaleza como una cosa percibida accesible a todos [...]" (MERLEAU-PONTY, M., *Phénoménologie de la perception*, p. 213).

mundo y que uno de los modos privilegiados para expresarlas es la literatura. En fin, toda nuestra reflexión ha llegado a las puertas en que emprenderemos el análisis de los pasajes de la *Recherche* en que puede apreciarse la expresión de una idea sensible.

En este quinto capítulo intentaremos entonces ir *en busca de la verdad*, de lo real, y para ello realizaremos una selección –y el correspondiente análisis– de diversas ideas sensibles que aparecen en *A la busca del tiempo perdido*. Este capítulo intentará describir el aparecer de algunas de las ideas sensibles contenidas en la *Recherche* que entrañan la verdad del mundo vivido. Es evidente que en este "describir el aparecer" resuenan las voces inconfundibles de la fenomenología. Esto se debe justamente a que nuestra intención es llevar a cabo un análisis fenomenológico de las ideas sensibles que trasparecen en la lectura de *À la recherche du temps perdu*. Por este motivo, antes de comenzar la selección de pasajes de la *Recherche*, realizaremos una breve precisión de la importancia de la descripción literaria a la hora de expresar las ideas sensibles.

Esta tarea es el corazón de nuestra exposición. Si bien "Merleau-Ponty lector de Proust: lenguaje y verdad" titula todo nuestro trabajo, hace referencia particularmente a este punto culminante, en el que queremos poner de manifiesto aquellas ideas sensibles que expresan la verdad del mundo vivido y que han sido recogidas por Marcel Proust en su *búsqueda del tiempo perdido* que es, como hemos explicado, una *búsqueda de la verdad*.

Será fundamental para toda nuestra investigación analizar "Las ideas sensibles en *A la busca del tiempo perdido*". Por ello seleccionaremos numerosos pasajes de la obra de Proust e intentaremos describir aquellas ideas sensibles que, surgidas del poder de la memoria o por la impresión presente, el literato francés ha sabido estructurar en su gran prosa. Es necesario aclarar que el sustrato principal del capítulo es la novela proustiana, por eso será necesario citar recurrentemente, y a veces de modo extenso, el texto de Proust para asistir a la presentación de las ideas, para dejar que Proust hable por sí mismo diciendo aquello que mejor sabe: las ideas sensibles del mundo vivido.

I. La descripción creativa del fenómeno: una consideración de la importancia de literatura en la expresión de las ideas sensibles

En un reciente artículo titulado "La importancia sistemática de la filosofía de la literatura de Merleau-Ponty" –ya citado en la introducción de este libro– Dimitris Apostolopoulos indica que la explicación que Merleau-Ponty otorga de la expresión literaria indirecta lo llevará, posteriormente, a desarrollar un punto de vista matizado de la descripción fenomenológica.³ Él considera, como nosotros, que "las descripciones de la experiencia son mejores cuando son complementadas con expresiones creativas, no convencionales, de la clase que típicamente se hallan en los trabajos literarios".⁴ Lo que Apostolopoulos sostiene es que la literatura y sus exclusivos modos de expresar la experiencia deben ser considerados un complemento necesario para enriquecer la descripción fenomenológica del mundo.

En contraposición a un modo de significar directo, cerrado, instituido, la expresión literaria se vale de giros, ambigüedades, elipsis, metáforas, etc. que hacen de esta una expresión creativa y no, meramente, descriptiva. Lo que la literatura tiene para enseñar a la filosofía es que una descripción directa del fenómeno, con significaciones cerradas, es decir, en términos merleaupontianos, una descripción hecha en un lenguaje instituido, no es una descripción que logre expresar nuestro verdadero encuentro con el mundo. En esta línea Renouard sostenía que *La prosa del mundo* contenía la ambición de realizar una exploración filosófica de la literatura en tanto que

> La literatura es aquella lengua nueva en la garganta de aquellos que la expresan, invención de sintaxis inauditas, inscripción de un sentido que así es comunicado a los hombres por primera vez. La literatura es ese raro lenguaje a la segunda potencia, una "palabra hablante", la irrupción en el mundo de una música y de un sentido que no habían sido nunca entendidos y, sin embargo, si verdaderamente hay literatura y genio, serán recibidos y comprendidos por otros; […] una filosofía del lenguaje no puede ignorar el acontecimiento de la palabra hablante.⁵

Como ya señalamos en la introducción, la apelación al trabajo del literato para contribuir a lograr una expresión verdadera del mundo se hace cada vez más frecuente en la filosofía merleaupontiana. Esto se evidencia en tanto que el filósofo considera que el problema de la expresión de lo sensible no reside en su posible inefabilidad sino en el modo que tenemos de *decirlo* y, atendiendo a esta cuestión, hace un llamado a la expresión literaria, viendo en ella un modo de decir capaz de expresar lo sensible.⁶

---

3   Cf. D. APOSTOLOPOULOS, "The Systematic Import of Merleau-Ponty's Philosophy of literature", *Journal of the British Society for Phenomenology*, p. 1.
4   *Ibidem* p. 2.
5   RENOUARD, M., "Littérature" en *Maurice Merleau-Ponty*, pp. 34-35.
6   La nota central citada en la Introducción y en la Conclusión que evidencia la apelación a la expresión literaria para decir lo sensible es la siguiente: "Lo sensible es […] como la vida,

La fenomenología ha realizado siempre una descripción "directa" del fenómeno, nunca alusiva ni indirecta. Merleau-Ponty propone recurrir a la descripción literaria del mundo –aquella del lenguaje indirecto–, en la que brilla la creatividad para expresar lo que acaece. Surge así la pregunta: ¿Cómo es esa expresión creativa de la literatura que puede enriquecer nuestro acercamiento al mundo o, mejor dicho, que puede expresar el sentido naciente del mundo en su verdad? En este punto la filosofía merleaupontiana se detiene y señala más allá de sí misma. El filósofo recurre al análisis de diversos literatos para explicar cómo expresa la literatura. Sin embargo, no es difícil descubrir que tiene sus preferencias, y el nombre de Marcel Proust resuena más que ningún otro.[7]

Esto se evidencia en múltiples pasajes, pero existe una nota de trabajo particular que nos parece elocuente. Merleau-Ponty escribe, en relación al *Ser bruto o salvaje (=mundo percibido)*[8] que

> El mundo perceptivo "amorfo" del que hablaba a propósito de la pintura –recurso perpetuo para rehacer la pintura– que no contiene ningún modo de expresión y que sin embargo los interpela y los exige a todos y re-sucita con cada pintor un nuevo esfuerzo de expresión–, ese mundo perceptivo es en el fondo el Ser en el sentido de Heidegger que [...] aparece como conteniendo todo lo que alguna vez será dicho y, sin embargo, dejándonos crearlo (Proust): es el λογοσ ενδιαθετοσ que apela al λογοσ προφορικοσ.[9]

La expresión de lo sensible, del ser bruto o salvaje, exige de nosotros creación en tanto que contiene todo lo que alguna vez será dicho pero ningún modo de expresión. Lo sensible llama a palabra en tanto que no es en sí mismo palabra, por ello para poder ser dicho exige que realicemos una expresión creativa. Ya que no existe una correlación directa entre lo percibido y lo proferido, sino una analogía de sus estructuras que permite que uno pueda ser sublimado en otro, es decir, que la carne de los sensible migre a la carne menos pesada

---

un tesoro siempre lleno de cosas que decir para aquel que es filósofo (es decir, escritor) [...] El fondo del asunto es que, en efecto, lo sensible no ofrece nada que se pueda decir si no se es filósofo o escritor, pero eso no se debe a que sería un en-sí inefable, sino al hecho de que no se sabe *decir*" (MERLEAU-PONTY, M., *Le visible et l'invisible*, p. 300).

7 "Eso que Merleau-Ponty busca aquí [en algunos autores como Claude Simon o Michaux], es, al igual que en Proust, una cierta manera de establecer las relaciones de lo visible y de lo invisible" (RENOUARD, M., "Littérature" en *Maurice Merleau-Ponty*, p. 35).

8 El título completo de la nota es *El Ser bruto o salvaje (=mundo percibido) y su relación con logos endiaqetos como Gebilde, a la 'Logica' que producimos* (MERLEAU-PONTY, *Le visible et l'invisible*, p. 221).

9 *Ibidem*, pp. 221-222.

del lenguaje,[10] se necesita operar una *secreta torsión* del lenguaje que permita crear medios novedosos de expresión en que se manifieste el ser del mundo percibido. Este pasaje es el que Proust logra realizar, por ello la nota de trabajo finaliza refiriendo a él, porque Proust produce una escritura creativa que profiere el *logos endiathetos*, el logos silencioso del mundo percibido que exige, para su expresión, creación.

Las expresiones indirectas, propias de la literatura, son capaces de expresar las esencias del mundo percibido porque su palabra entraña las relaciones que la vieron nacer, aquellas en que fue instituida y contienen, como sedimentación, el sentido de un mundo que nos es común. El escritor logra reordenar el lenguaje instituido para dar lugar a una expresión creativa que manifieste lo sensible que exige ser expresado. Merleau-Ponty identifica como el "tema propio de Proust [...] el pasaje a la idea por el acto de expresión creadora",[11] porque lo que caracteriza su escritura es que "hace aparecer las verdaderas esencias que solo se encuentran a través del claro-oscuro de lo vivido, que construimos con nuestra propia vida".[12]

La lectura que realizará Merleau-Ponty de *A la busca del tiempo perdido* es pensada bajo esta clave, encuentra en ella la expresión de una descripción creativa del fenómeno, una narración del aparecer del mundo que logra expresar su esencia que es inescindible de los emblemas en que se halla encriptada. Esta descripción creativa es la que advertimos en diversos pasajes de la ficción construida por el Narrador y que constituye el interés principal de nuestro trabajo. Sin embargo, es posible distinguir en la novela proustiana diferentes niveles ficcionales y meta-ficcionales si atendemos al hecho de que "En *El tiempo recobrado* la novela real termina cuando debe empezar la novela ficcional. Pero la novela real es la auténtica novela de ficción y la futura novela anunciada ya está en rigor realizada".[13] Estos niveles y sus posibles alcances, han sido objeto de múltiples análisis que pertenecen al estudio propio de la novela proustiana. En el artículo de Moran citado unas líneas más arriba podemos hallar una exposición de algunas de las posibles interpretaciones del saber ficcional que nos revela la *Recherche* como la de Genette, Deleuze y Barthes.

---

10 Cf. *Ibidem*, p. 198.
11 MERLEAU-PONTY, *Le problème de la parole*, p. 122v.
12 *Ibidem*, p. 122r.
13 MORAN J. C, "Proust, el post-estructuralismo y la insuficiencia del saber ficcional". [En línea] Revista de Filosofía y Teoría Política, 31-32, 375-384. Actas de las 1º Jornadas de Investigación para Profesores, Graduados y Alumnos, La Plata, 1996. En Memoria Académica. Disponible en http://www.fuentesmemoria.fahce.unlp. edu.ar/art_revistas/pr.2589/pr.2589.pdf, p. 1.

II. Las ideas sensibles en *A la busca del tiempo perdido*

Para llevar a cabo la exposición de las ideas sensibles en *A la busca del tiempo perdido* hemos decidido avanzar tomo por tomo, es decir, comenzando por *Por la parte de Swann*, –libro asociado a la infancia del Narrador– hasta llegar a *El tiempo recobrado* en el que, habiendo recorrido gran parte del camino, la voz del héroe se une con la del Narrador quien descubre su vocación. Esta elección no hace más que respetar el orden que Proust le otorgó a los libros de su novela y facilitar el recorrido por la selección de las ideas sensibles ya que estas están dispuestas siguiendo el orden de los tomos de *A la busca del tiempo perdido* que todos conocemos. Por otra parte, se quiere mostrar con esto también la abundancia de estas ideas en la escritura proustiana, abundancia que se evidencia en tanto que dichas ideas se hacen presentes en todos los libros de su gran novela. Por esto nos dispondremos a seleccionar una o dos ideas sensibles, dependiendo de su extensión, presentes en cada tomo.

II.1 *Por la parte de Swann*

Este primer tomo, uno de los más conocidos y leídos, está asociado generalmente a la infancia del Narrador que se balancea entre sus recuerdos en casa de la tía Léonie, en el mítico pueblo de Combray, y la historia del amor de Charles Swann por Odette. El título *Por la parte de Swann,* alude a los dos posibles paseos que realiza el Narrador y que serán estructurantes de la novela; aquel de la parte de Guermantes o el pasaje del río; y el de la llanura, lado de Méséglise o parte de Swann. Estos dos paseos se irán desplegando a lo largo de la novela y serán considerados por el autor como inconciliables. La parte de Méséglise estará asociada a la burguesía, a los placeres prohibidos del amor, etc.; en cambio, la parte Guermantes será el lado de la aristocracia y del amor más elevado. Sin embargo, esta consideración del Narrador será drásticamente reformulada hacia el final de la novela cuando comprenda que ambos caminos pueden ser conciliados y se puede llegar a una de las partes yendo por la otra.

Decidimos detenernos en dos pasajes característicos en que se expresa una idea sensible: Los campanarios de Martinville, vistos desde un carruaje por el héroe, y la pequeña frasecita de la Sonata de Vinteuil, fragmento de una sonata para violín y piano que ha de convertirse en el "himno nacional" del amor entre Swann y Odette.

II.1.I Los campanarios de Martinville

El primero de los pasajes de la *Recherche* en que nos detendremos para demostrar cómo dicha obra tiene la capacidad de expresar las ideas sensibles del mundo circundante, es un pasaje medianamente conocido en el que se hace referencia a los campanarios de Martinville-le-Sec.[14] Comenzamos por este relato porque el Narrador introducirá de modo explícito el pasaje anunciando que busca describir una idea que se esconde detrás de lo sensible, como su reverso, y que esa idea solo puede ser articulada mediante el poder de la palabra que le permite sostener, expresar y liberar, la esencia de aquella vivencia, es decir, la idea sensible.

Gracias a la enorme rememoración involuntaria surgida de su taza de té, que le había permitido recobrar Combray y con ello una parte de su infancia,[15] el Narrador describe sucintamente su sensación de aquella época, la de sentir fracaso respecto de su vocación de literato y, acto seguido, introduce la visión de los campanarios de Martinville-le-Sec:

> Entonces, y completamente al margen de todas esas preocupaciones literarias y sin nada que ver con ellas, de repente un tejado, un reflejo de sol sobre una piedra, el olor de un camino, me obligaban a detenerme por un placer especial que me traían, y también porque parecían ocultar, tras lo que yo veía, algo que me invitaba a ir a coger y que yo, a pesar de mis esfuerzos, no lograba descubrir. Como me daba cuenta de que ese algo se encontraba dentro de ellos, permanecía allí, inmóvil, mirando, respirando, tratando de ir con mi pensamiento más allá de la imagen o del olor [...] me concentraba para recordar exactamente la línea del tejado, el matiz de la piedra que, sin que lograse comprender la razón, me habían parecido plenos, dispuestos a entreabrirse, a entregarme aquello de lo que solo eran la envoltura. [...] En el recodo de un camino sentí de repente ese placer especial que no se parecía a ningún otro, al divisar los dos campanarios de Martinville en los que daba el sol poniente y a los que el movimiento de nuestro carruaje y las revueltas del camino daban impresión de cambiar de sitio.[16]

---

14 Es preciso señalar que el pasaje sobre los campanarios de Martinville había sido publicado ya, con algunas modificaciones de frases y nombres, en *Le Figaro* el 19 de noviembre de 1907 bajo el título "Impresiones de ruta en automóvil". Este luego pasaría a *Pastiches et mélanges* con el título "Las Iglesias salvadas. Los campanarios de Caen. La catedral de Lisieux".

15 El pasaje en cuestión –devenido ya ícono de la novela proustiana– es aquel en que el Narrador señala a la memoria involuntaria como la herramienta privilegiada para recobrar el pasado a partir de la experiencia reveladora surgida del trozo de magdalena que saborea luego de humedecerlo en su taza de té. Dicho pasaje puede leerse en PROUST, M., *Du côté de chez Swann*, pp. 99-104 / *Por la parte de Swann*, p. 42-45.

16 PROUST, M., *Du côté de chez Swann*, pp. 266-268 / *Por la parte de Swann*, pp. 159-161.

El Narrador, quien sospecha que detrás de estos objetos se esconde un placer, una realidad –que es aquello que los hace parecer plenos y de lo que estos son solo la envoltura– divisa los campanarios y advierte que al igual que en el reflejo del sol sobre una piedra, o en el tejado, "había algo, un no sé qué que aquellos campanarios parecían contener y ocultar al mismo tiempo".[17] Aquello que los campanarios contenían y ocultaban, es decir, aquello invisible que se vislumbraba tras lo visible, como su doblez, era esa idea sensible que estructuraba dicha experiencia, así como la nervadura sostiene la hoja. Esa esencia, que el Narrador advierte y no sabe cómo captar, se manifiesta de repente cuando escribe que tuvo "una idea que un momento antes no existía y que se articuló en palabras en mi cabeza".[18]

Pero, en fin, ¿cuál es aquella idea sensible articulada en palabras que constituiría la esencia de los campanarios? El Narrador se dispone entonces a escribirla para aliviar su conciencia y la "pinta" de este modo:

> Solos, surgiendo del nivel de la llanura y como perdidos en campo raso, subían hacia el cielo los dos campanarios de Martinville. Enseguida vimos tres: plantándose frente a ellos con un atrevido volteo, un campanario rezagado, el de Vieuxvicq, los había alcanzado. Pasaban los minutos, íbamos deprisa, y sin embargo los tres campanarios seguían estando a lo lejos delante de nosotros, como tres pájaros posados en la llanura, inmóviles y muy visibles al sol. Luego el campanario de Vieuxvicq se apartó, se distanció, y los campanarios de Martinville quedaron solos, iluminados por la luz del poniente que, incluso a tanta distancia, yo veía jugar y sonreír en sus aristas inclinadas. Habíamos tardado tanto en acercarnos que iba pensando en el tiempo que todavía necesitaríamos para alcanzarlos cuando, de pronto, tras doblar una curva, el carruaje nos depositó a sus pies; y se habían lanzado con tanta brusquedad hacia él que apenas si tuvimos el tiempo justo de frenar para no chocar contra el pórtico. Seguimos nuestra ruta; hacía un rato que habíamos salido de Martinville y el pueblo, después de acompañarnos unos segundos, había desaparecido cuando, solos en el horizonte mirándonos huir, sus campanarios y el de Vieuxvicq seguían agitando sus cimas soleadas en señal de despedida. Uno de ellos

---

17 Proust, M., *Du côté de chez Swann*, pp. 268-269 / *Por la parte de Swann*, p. 161.
18 Proust, M., *Du côté de chez Swann*, p. 269 / *Por la parte de Swann*, pp p. 161. Este modo de articular en el lenguaje la esencia del mundo vivido nos remite directamente al problema que tratamos en nuestro primer capítulo en el que indagamos el dinamismo del lenguaje. Allí Merleau-Ponty nos explicaba que "las significaciones disponibles se anudan súbitamente según una ley desconocida, y de una vez por todas, un nuevo ser cultural ha empezado a existir" (Merleau-Ponty, M., *Phénoménologie de la perception*, p. 213). Para ahondar en el poder conquistador del lenguaje que súbitamente se descentra y se ordena de nuevo para "enseñar al lector –y hasta al autor–, lo que no sabía pensar ni decir" ver capítulo 1 de este libro sección "III.2 El lenguaje conquistador".

se apartaba a veces para que los otros dos pudiesen divisarnos todavía un instante; mas la carretera cambió de dirección, ellos viraron en la luz como tres pernios de oro y desaparecieron de mi vista. Pero algo más tarde, cuando cerca de Combray, y con el sol ya puesto, los divisé por última vez desde muy lejos, sólo parecían tres flores pintadas en el cielo por encima de la línea baja de los campos. También me hacían pensar en las tres niñas de una leyenda, abandonadas en un páramo a la caída de la noche; y mientras nos alejábamos más al galope, los vi buscar tímidamente el camino y, tras algunos torpes traspiés de sus nobles siluetas apretarse unos contra otros, resbalar uno tras otro hasta formar únicamente en el cielo todavía rosa una sola forma negra, fascinante y resignada, y diluirse en la noche.[19]

Este arrebato del escritor, un rapto impresionista en que busca pintar aquello que ve sin dar tanto lugar a lo que piensa, es la "pintura de los errores" de la *Recherche* que tanto nos acerca a aquella experiencia del ser bruto, al contacto con la idea sensible que se esconde detrás de lo visible. El Narrador no hace una descripción arquitectónica de los campanarios, no recurre a perspectivas, medidas, materiales, lo que él quiere decir excede lo estático, aquello que cualquiera diría estando frente a los campanarios. La expresión de lo que los campanarios son tiene que ver con aquella vivencia que se articula en palabras, que se expresa mediante el lenguaje-cosa (lenguaje operante) que nos permite manifestar el encuentro de mi carne con la carne del mundo.[20] Por esto el Narrador nos hablará de campanarios que juegan y sonríen, que son como tres rosas que se funden en una sola, etc. El Narrador concibe los campanarios ora como tres pájaros posados en la llanura, ora como tres flores, ora como niñas de una leyenda, idea que tomada literalmente no tiene sentido, pero que sí cobra una riqueza desmedida cuando nos sumergimos en el mundo literario de la pintura de las ideas sensibles. Esta imagen –una de las tantas que ofrece este pasaje– de las niñas caídas en un páramo, nos reenvía a la soledad de los tres campanarios perdiéndose en la distancia y a la tarde que se cierra mientras el Narrador abandona en carruaje aquella ciudad. Campanarios que tímidamente buscan el camino, que tienen traspiés y resbalan, que se aúnan en la noche para formar una sola rosa y se

---

19 Proust, M., *Du côté de chez Swann*, pp. 270-271 / *Por la parte de Swann*, p. 162.
20 El análisis del "lenguaje-cosa" fue realizada en el punto "II.I La palabra: relación al Ser a través de un ser" de nuestro segundo capítulo. Allí sosteníamos que la carne del lenguaje-cosa, sus palabras carnales, entrañan el sentido que está establecido por las relaciones en que han nacido y que luego ellas harán aflorar en la situación en que el sujeto hablante o el escritor las utilice para dirigirse hacia aquello que quiere expresar. Son palabras cargadas de un sentido instituido que hacen renacer las relaciones profundas en que han sido dadas a luz y que ahora sostienen y, son también, aquellas palabras de la literatura, significaciones que nos abren un mundo invisible.

diluyen en la oscura profundidad de la que el Narrador se aleja. Todo el cuadro, que en un punto no puede ser ya fragmentado ni analizado, debe ser comprendido tal como Proust lo presenta. En este juegan las luces del día, las distancias cambiantes, los contrastes con otros objetos, los movimientos del carruaje, etc., todo contribuyendo a la expresión de esa idea contenida en ellos, de ese placer que se sospecha y que no se conoce hasta su definitiva articulación en palabras.[21] Por esto, luego de terminar aquella página que contiene esta visión, el Narrador afirma que cuando "acabé de escribirla, me sentí tan feliz, pensaba que me había liberado de modo tan completo de aquellos campanarios y de lo que ocultaban tras de sí".[22]

II.1.II La "pequeña frase" de la Sonata de Vinteuil

El segundo hito de la novela en que nos detendremos es aquella "pequeña frase" de la *Sonata para piano y violín* de Vinteuil que para el Narrador encierra un sentido propio: la esencia del amor. En primer lugar, es preciso aclarar que dicha frase forma parte de una sonata, es decir, tiene en principio una expresión musical. Sin embargo, el autor intenta expresar en palabras su contenido, estructurarlo en la carne del lenguaje. Cuando el Narrador introduce el tema de la frasecita de la sonata anota ciertas características que nos hacen reforzar el pensamiento de que este pasaje también alude a las mentadas ideas sensibles anteriormente caracterizadas.

> Pero en un momento dado, sin poder distinguir con nitidez un contorno, ni dar nombre a lo que le agradaba, hechizado de improviso, había tratado de recoger la frase o la armonía –ni él mismo lo sabía– que pasaba y que le había abierto más ampliamente el alma, como ciertos efluvios de rosas que circulan en el aire húmedo del atardecer tienen la propiedad de dilatar nuestra nariz. Acaso por no conocer la música había podido sentir una impresión tan confusa, una de esas impresiones que tal vez son, sin embargo, las únicas puramente musicales, inextensas, entera-

---

21 Para un análisis aún más amplio del pasaje del campanario puede verse MERLEAU-PONTY, M., *Le problème de la parole*, pp. 94r-96v. En esas páginas de su inédito curso sobre el problema de la palabra Merleau-Ponty, analizando la figura de Proust filósofo, sostiene que existe una experiencia fundamental, aquella de la trascendencia de las cosas que le imponen el deber de recuperarlas y penetrarlas ya que ellas llaman a palabra, su interior es palabra que exige ser proferida. Esta experiencia fundamental de la trascendencia de las cosas –que Merleau-Ponty advierte principalmente en el pasaje de los campanarios– se convertirá en "la filosofía de Proust" ya que justamente la aparición de la palabra es la experiencia correlativa del silencio de las cosas (Cfr. *Ibidem*, p. 94v).
22 PROUST, M., *Du côté de chez Swann*, p. 271 / *Por la parte de Swann*, p. 163.

mente originales, irreductibles a cualquier otro orden de impresiones. Una impresión de este género, durante un instante, es por así decir *sine materia*.[23]

Una "impresión sin materia", la paradoja de la frasecita creada por Vinteuil nos invita a pensar en un acceso al ser en el que se da el quiasmo entre lo empírico y lo trascendental, allí, en ese lugar/tiempo en el que se instituye una nueva significación.[24] En la historia narrada por Proust, lo que se instituirá es el amor de Swann por Odette del cual la pequeña frase será algo así como "el himno nacional".[25] Este amor naciente –que quedará cristalizado en una velada en que Swann siente una agitación al descubrir la posibilidad de que Odette no asista– será nombrado y estará contenido en aquella frase de la sonata que logra sostener su significación, la estructura invisible del sentimiento instituido.[26] No casualmente descubre Swann en Vinteuil a un "explorador de lo invisible", ocurre que él encuentra en el compositor a un genio que ha sabido captar la esencia del amor y expresarla.

> Swann no andaba, por tanto, muy descaminado al pensar que la frase de la sonata existía realmente. Claro que, humana desde esta perspectiva, pertenecía sin embargo a un orden de criaturas sobrenaturales y que nunca hemos visto, pero que, pese a todo, reconocemos extasiados cuando algún *explorador de lo invisible* consigue captar una, y traerla, desde el mundo divino al que él tiene acceso, para que brille unos instantes sobre el nuestro. Es lo que Vinteuil había hecho con la pequeña frase. Swann advertía que el compositor se había limitado, con sus instrumentos de música, a quitarle el velo, a *volverla visible*, siguiendo y respetando el dibujo con mano tan suave, tan prudente, tan delicada y tan segura que el sonido se alteraba en todo momento, difuminándose para indicar una sombra, reanimándose cuando debía seguir la huella del contorno más audaz.[27]

---

23 Proust, M., *Du côté de chez Swann*, pp. 304-305 / *Por la parte de Swann*, p. 189.
24 El acceso al ser que se da en el quiasmo entre lo empírico y lo trascendental fue explicitado en el punto "I.2 Génesis y tiempo de las ideas sensibles: el quiasmo entre empírico y trascendental" del capítulo 4.
25 "Nada más entrar, mientras Mme. Verdurin le decía, mostrándole unas rosas que él mismo le había enviado aquella mañana: 'Voy a regañarle', y le indicaba un sitio junto a Odette, el pianista tocaba, para ellos dos, la pequeña frase de Vinteuil que era el himno nacional de su amor" (Proust, M., *Du côté de chez Swann*, p. 316 / *Por la parte de Swann*, p. 197).
26 En relación a la institución del amor de Swann por Odette puede verse nuestro artículo Buceta, M., "La institución de un sentimiento: un amor de Swann", en *Ideas y valores*, vol. lxv, 161, (2016) pp. 109-116.
27 Proust, M., *Du côté de chez Swann*, pp. 479-480 / *Por la parte de Swann*, pp. 311-312. La cursiva es mía.

El genio de Vinteuil realiza, al igual que Proust, la expresión de una idea por medio de caracteres sensibles de la cual no puede ser separada, una expresión que encierra la esencia de una parte del mundo. En este caso la idea expresada es la del amor, idea que se dice mediante la tarea llevada a cabo por un "explorador de lo invisible" que tiene acceso a ese mundo divino y nos posibilita conocerlo volviéndolo visible.[28] Ahora bien ¿cómo expresa el Narrador esta idea sensible de la pequeña frase de la sonata a la que venimos aludiendo? El autor escribe que en un momento dado: "Swann escuchaba todos los temas dispersos, destinados a entrar en la composición de la frase, como las premisas en la conclusión necesaria: asistía a su génesis".[29] ¿Y qué era lo que escuchaba? ¿Cómo describe el Narrador dicha idea sensible expresada en la sonata? Del siguiente modo:

> ¡Qué hermoso el diálogo que Swann oyó entre el piano y el violín al principio del último trozo! […]. Al principio, el piano se quejó solitario, como un pájaro abandonado por su pareja; el violín lo oyó, le respondió como desde un árbol vecino. Era como en los albores del mundo, como si aún solo ellos dos existieran sobre la tierra, o mejor dicho, en aquel mundo cerrado a todo lo demás, construido por la lógica de un creador y donde siempre estarían ellos dos solos: el mundo de aquella sonata. ¿Era un pájaro, era el alma todavía incompleta de la pequeña frase, era un hada aquel *ser invisible* y quejumbroso cuyo lamento repetía luego con ternura el piano? Sus gritos eran tan repentinos que el violinista debía precipitarse sobre su arco para recogerlos. ¡Pájaro maravilloso! Parecía como si el violinista quisiese encantarlo, domesticarlo, atraérselo. Ya se había insinuado en su alma, ya la pequeña frase evocada agitaba, como el de un médium, el cuerpo realmente poseído del violinista.[30]

Aquel "ser invisible" y quejumbroso que el violinista quiere domesticar, encerrar en el mundo "lógico" creado por el compositor, es el ser salvaje, la esencia del amor. La música elabora este mundo de los enamorados en que ellos se encuentran como al principio: solos el uno para el otro como si nada

---

28 Para ampliar la postura del Narrador acerca de la capacidad de Vinteuil para presentar y sostener en caracteres visibles una esencia invisible, es decir, para manifestar una idea sensible, puede leerse PROUST, M., *La Prisionière*, pp. 359-365 / *La prisionera*, pp. 316-321, en donde el Narrador afirmará que "[…] esa música me parecía una cosa más verdadera que todos los libros conocidos. […] los sonidos parecen tomar la inflexión del ser, reproducir esa punta interior y extrema de las sensaciones […] En la música de Vinteuil había así visiones de esas que es imposible expresar y está casi prohibido contemplar […]".
29 PROUST, M., *Du côté de chez Swann*, p. 480 / *Por la parte de Swann*, p. 312.
30 PROUST, M., *Du côté de chez Swann*, pp. 480-481 / *Por la parte de Swann*, pp. 312-313. La cursiva es mía.

más existiera; un mundo cerrado a todo lo demás, aquel lugar propio de los amantes que solo ellos conocen, donde solo ellos existen, y en que puede darse ese diálogo en que los instrumentos, que son como aves que se comunican de un lado a otro, comienzan a hablar. El piano se queja solitario y dice su canto amoroso que encuentra eco en la respuesta del violín que lo oye y responde desde el árbol vecino. "¿Era un pájaro, era el alma...?" Era el amor manifestándose, su esencia llamando a palabra –las palabras del piano y el violín– esencia que es así expresada de modo impresionista pintando lo que se ve, diciendo nuestro primigenio acercamiento al ser en que los violines y pianos parecen aves que canturrean en el espacio abierto del pentagrama posados en árboles de notas.

No hace falta decir que si uno analiza esta frase ateniéndose al sentido literal de cada palabra el texto no tiene sentido: ¿pianos que se quejan? ¿Violines posados en árboles que responden? Todo ello es un conjunto de absurdidades, irracionalidades. Pero es justamente la literatura y su lenguaje al servicio del escritor, sus palabras que entrañan un sentido nacido en el entramado de relaciones en que vivimos, es el lenguaje-cosa, aquel que nos permite expresar esa verdad del mundo vivido, tan palpable como el sentido mismo de la metáfora de los instrumentos-pájaros.

En fin, aquella pequeña frase surgida del compositor que se había limitado a seguir y captar respetando el dibujo, intenta recoger la verdad del amor, su esencia esparcida en la experiencia que atraviesa Swann de un sentimiento que lo eleva y lo aplasta, lo entusiasma y lo angustia. "Estos encantos de una tristeza íntima eran precisamente los que la pequeña frase trataba de imitar, de recrear, llegando a captar, a volver visible su esencia [...]".[31]

II.2. *A la sombra de las muchachas en flor*

El segundo tomo de la *Recherche*: *A la sombra de las muchachas en flor*, puede también dividirse en dos grandes partes. Por un lado, la primera parte se organiza en torno a la imponente figura de Odette, ahora convertida por su matrimonio en Mme. Swann y en madre de Gilberte Swann, primer amor del Narrador. Y, por otro lado, Balbec y su Grand-Hotel, balneario imaginario en que el héroe pasará sus vacaciones bajo prescripción médica y lugar en que acaecerá el despertar sexual del joven Narrador que quedará obnubilado por las muchachas en flor. Los pasajes que hemos decido seleccionar de este

---

31 Proust, M., *Du côté de chez Swann*, p. 477 / *Por la parte de Swann*, p. 310.

tomo son, por un lado, el de la bandada de muchachas-gaviotas que aparecerá como la manifestación de la Belleza, idea encarnada en el caminar armoniosamente desordenado de las muchachas que se encuentran en el despertar de la primavera y que avanzan imponentes por el malecón revoloteando como una bandada de gaviotas que deja prendado al Narrador; por otro lado, nos detendremos en la particular experiencia del joven enamorado que es invitado por Albertine a hacerle compañía en su habitación antes de partir a Paris. Este pasaje recoge perfectamente la ansiedad del Narrador frente a la posibilidad de un encuentro amoroso con Albertine, pero sobre todo expresa la pureza virginal de esta particular muchacha en flor, la visión de una mujer que ha abandonado la niñez y recostada en la cama como una nereida aparece mimetizada con el paisaje marino de Balbec ofreciendo al Narrador los tentadores frutos de su cuerpo.

II.2.I La bandada de muchachas-gaviotas

Antes de sumergirnos en la epifanía que supone la visión de las muchachas que el Narrador divisa caminando por el malecón y que representan la Belleza en su máximo esplendor, es preciso dar un contexto a este acontecimiento. La segunda parte de *A la sombra de las muchachas en flor*, está regida por la aparición de muchachas, "flores", que captan la atención del héroe y con las que fantasea continuamente. Aquí una lechera, allí una pescadora, por otra parte, una muchacha de pueblo, todas tienen algo que ofrecer al deseo naciente del joven bañista.

> Bajábamos la cuesta; entonces nos cruzábamos, subiéndola a pie, en bicicleta, en carricoche o en carruaje, con alguna de aquellas criaturas –flores de un día hermoso, pero que no son como las flores de los campos, porque todas esconden algo que no hay en ninguna otra y que nos impedirá satisfacer con sus semejantes el deseo que han hecho nacer en nosotros–, alguna muchacha de alquería arreando su vaca o medio tumbada sobre una carretera, alguna hija de tendero de paseo, alguna elegante señorita sentada en el trasportín de un landó, en frente de sus padres […] En cuanto a las hermosas jóvenes que pasaban, desde el día en que supe que sus mejillas podían besarse, me entró curiosidad por su alma. Y el universo me pareció más interesante.[32]

Estas muchachas aparecen aquí y allá y el héroe intenta una y otra vez ir

---

[32] PROUST, M., *À l'ombre des jeunes filles en fleurs*, p. 279 / *A la sombra…*, p. 628.

en su busca, conocerlas, enfrentarlas para poseerlas de algún modo, pero salvo excepciones en las que logra algo de interacción se limita a imaginar estos encuentros con ellas. Sin embargo, existe un pasaje fundamental en la obra, aquel que abre el conjunto de relatos que da título al segundo tomo y que en el original de Proust está seguido de tres asteriscos que indican así el inicio de una suerte de tercera parte.[33] Este pasaje es el de la bandada de muchachas-gaviotas, entre las cuales se encontrará Albertine –personaje central de la *Recherche*– y que implicará para el héroe algo así como la aparición sensible de la idea de Belleza que trasluce en el revolotear de estas muchachas que caminan por la playa.

Todo comienza cuando el Narrador está esperando a su amigo Saint-Loup para entrar al salón de baile ya que le avergüenza hacerlo solo.

> [...] casi en la otra punta del dique donde con su movimiento formaban una singular mancha, vi avanzar cinco o seis chiquillas, tan distintas por el aspecto y las maneras de todas las personas a que estábamos acostumbrados en Balbec como habría podido serlo, llegada no se sabe dónde, una bandada de gaviotas que da pasos contados por la playa –mientras las rezagadas alcanzan a las otras revoloteando– un paseo cuya finalidad resulta tan oscura a los bañistas que parecen no ver, como claramente definida para su mente de pájaros.[34]

Las muchachas en flor, bandada de gaviotas, irrumpen destacando sobre el fondo de la multitud, aquellos seres de otra raza que no constituyen más que el marco en el que la figura de estas aparece más resplandeciente. Estos seres fugaces empujan al héroe a romper con la habitualidad y brillan con luz propia. Se deslizan por el malecón como sobrevolándolo al igual que una bandada de gaviotas siguen una dirección, pero una se desprende para separarse del grupo y ponerse a correr entre la gente y luego regresa para volver a conformar el grupo que vuela abriendo todo a su paso. Su vuelo es clarísimo para sus mentes de pájaros e incomprendido por los estupefactos bañistas que son meros espectadores del conjunto de muchachas que se hace epicentro del día soleado. El Narrador concibe esta imagen como un friso del que no puede

---

33 El segundo tomo, *A la sombra de las muchachas en flor*, está efectivamente dividido en dos partes: I. "En torno a Mme. Swann" y II. "Nombre de países: el país". Sin embargo, hallamos que en la edición de 1918 Proust introduce en la segunda parte una separación con tres asteriscos sin otorgar ningún título a esta especie de nueva sección. Es claro que esta "tercera parte" tácita es la que da título a todo el volumen ya que allí son centrales los paseos, diálogos y pensamientos en torno a las muchachas en flor y, sobre todo, el primer acercamiento a Albertine.
34 Proust, M., *À l'ombre des jeunes filles en fleurs*, p. 354 / *A la sombra...*, p. 694.

formar parte, es la imagen de una procesión que se despliega a lo largo del mar, en la que al principio no se distinguen individuos hacia dentro de la bandada, pero luego comienzan a notarse ciertos rasgos que hacen de cada gaviota una única muchacha que igualmente se encuentra unida armoniosamente a las otras por un lazo invisible.

Cuando el Narrador intenta expresar esta visión, realiza una "pintura de los errores", pintura que sabe que no es exacta, que más tarde se verá modificada por nuevas demarcaciones pero que, en un primer momento, logra decir la belleza de este grupo de muchachas y de su caminar triunfante.

> En medio de todas aquellas gentes [...] las niñitas que yo había divisado, con ese dominio de gestos que presta una perfecta flexibilidad del propio cuerpo y un sincero desprecio por el resto de la humanidad, seguían derecho hacia adelante, sin vacilación ni rigidez, ejecutando con toda exactitud los movimientos que querían, con plena independencia de cada uno de sus miembros respecto a los otros, y conservando en la mayor parte de su cuerpo esa inmovilidad tan notable en las buenas bailarinas de valses. Ya no estaban lejos de mí. Aunque cada una fuese un tipo absolutamente distinto de las demás, en todas había belleza; mas, a decir verdad, yo las veía desde hacía tan poco y sin atreverme a mirarlas fijamente que aún no había individualizado a ninguna [...] y cuando (según el orden en que se envolvía aquel conjunto, maravilloso porque en él coexistían los aspectos más diversos, y porque todas las gamas de colores figuraban unas al lado de otras, pero que era confuso como una música en la que yo no habría sabido aislar y reconocer en el momento de su paso las frases, percibidas pero inmediatamente después olvidadas) veía emerger un óvalo blanco, unos ojos negros, unos ojos verdes, no sabía si eran los mismos que, un momento antes, ya me habían fascinado, no podía adjudicárselos a una muchacha concreta, a la que hubiese separado del resto y reconocido. *Y aquella ausencia, en mi visión, de unas demarcaciones que muy pronto establecería yo entre ellas*, propagaba por el grupo una fluctuación armoniosa, la translación continua de una belleza fluida, colectiva y móvil.[35]

Esta primera visión sin demarcaciones sostiene aquello que se revela en la caminata de las muchachas-gaviotas, es la pintura proustiana de esa aparición de la belleza que se encarna en el grupo de las muchachas en flor, de aquellas jóvenes en pleno despertar de la primavera, de aquellos capullos en flor. Este es el fresco del pintor que retrata al modo impresionista aquel primer acercamiento con la carne del mundo y le permite verlo en su verdad ya que aquella ausencia de unas demarcaciones que pronto serán establecidas propagaba por

---

35 PROUST, M., *À l'ombre des jeunes filles en fleurs*, pp. 355-356 / *A la sombra...*, pp. 695-696. La cursiva es mía.

el grupo la translación de una belleza fluida, colectiva y móvil. Las muchachas aparecen como un conjunto maravilloso en que se advierte primero un ovalo blanco, luego unos ojos negros, otros verdes, y ninguna características puede adjudicársele a una muchacha particular porque lo que se aprecia en este primer acercamiento no es más que la belleza del conjunto de gaviotas que constituye una confusión armoniosa como la de aquellas piezas musicales en que las frases particulares aparecen para perderse inmediatamente en el todo de la melodía que expresa de modo conjunto.

La descripción del Narrador continúa y la analogía con la bandada de gaviotas no se agota porque las muchachas como conjunto aún no individualizado avanza y su dinámica es la de la bandada que cuando es observada en el cielo va hacia aquí, se retuerce sobre sí misma de modo espiralado como tomando fuerzas o discutiendo en ese pequeño instante el rumbo que debe tomar el grupo, y luego vuelve a adelantarse con vuelo firme dominando el mar del cielo.

> Dieron todavía unos cuantos pasos, luego se pararon un instante en medio del camino sin preocuparse por interrumpir la circulación de los transeúntes, en una masa de forma irregular, compacta, insólita y chillona, como un conciliábulo de pájaros que se reúnen en el momento de echarse a volar; luego reanudaron su lento paseo a lo largo del malecón, dominando el mar.[36]

¿Qué son estos seres indescriptibles que irrumpen en la tranquilidad de un día de descanso de los bañistas con su revoloteo ruidoso? ¿Qué es lo que en ellas es tan cautivante? Es la imagen de la inmensidad, que se muestra indiferente a todo aquel que las rodea, lo que ese grupo de divinas procesionarias despide. El Narrador que percibe que en un momento es visto por ellas se pregunta: "¿Desde el fondo de qué universo me contemplaba?",[37] los ojos profundos de una de ellas esconden no solo el brillo material de sus pupilas, sino que, lo que brilla, son sus insondables deseos. Lo que arroba de sus caminar es la libertad que emana de ellas, el desorden armonioso, la imposibilidad de poseerlas, ya que, si se hubieran presentado en una casa de citas, ofrecidas fácilmente, como el pescado sobre el plato del que desconocemos las mil estratagemas necesarias para apresarlo, hubiesen fascinado menos. Lo que obnubila es la *sombra* que las *muchachas en flor* proyectan, lo que ellas reflejan, la belleza deseada pero imposible de poseer. Lo que cautiva de la bandada de gaviotas

---

36 Proust, M., *À l'ombre des jeunes filles en fleurs*, p. 358 / *A la sombra...*, pp. 697-698.
37 Proust, M., *À l'ombre des jeunes filles en fleurs*, p. 360 / *A la sombra...*, p. 699.

es lo que ocultan, aquello que está vedado a la visión del Narrador y que lo mueve a elaborar todo aquello que en ellas el deseo deposita.

En última instancia ellas son la existencia visible, la encarnación de la Belleza, idea que trasluce en ellas, inseparable de su aparecer sensible. Esta idea que toma cuerpo en la bandada de muchachas-gaviotas y que se ve reflejada en su *sombra*, es la Belleza que se manifiesta en sus cuerpos, en su andar conjunto, en su procesión que domina el mar y se abre paso entre las mortales multitudes de bañistas que asisten al desfile de las muchachas en flor. Es el Narrador quien advierte esta epifanía que llama a palabra y anuda, con satisfacción de botánico, el ramo de jóvenes flores en que resplandece sin más una belleza casi inefable.

> Ni entre las actrices, o las aldeanas, o las señoritas de pensionado religioso, había visto yo nada tan bello, impregnado de algo tan desconocido, tan inestimablemente precioso, tan verosímilmente inaccesible. De la felicidad desconocida y posible de la vida, aquellas muchachas eran un ejemplar tan delicioso y en tan perfecto estado que casi por razones intelectuales me desesperaba por no poder hacer en condiciones únicas, capaces de excluir cualquier margen de error, la experiencia de cuanto nos ofrece de más misterioso la belleza que deseamos, y de cuya imposible posesión nos consolamos pidiendo el placer.[38]

II.2.II Ebriedad ante la visión de Albertine

Existe un breve pasaje hacia el final del segundo tomo en el que el Narrador es invitado por Albertine a despedirla y pasar un rato con ella antes de partir desde Balbec hacia Paris. Este suceso debe ser comprendido dentro de un contexto más amplio. El joven héroe ya había experimentado la visión de las muchachas en flor que caminaban por el malecón y, más adelante, alentado por su abuela decide ir a visitar el atelier de Elstir. Esta visita es de suma importancia para el Narrador que descubre en la obra del pintor todo un modo novedoso de presentar artísticamente su encuentro con el ser salvaje.[39] Además, es el pintor quien le indica el nombre de Albertine Simonet –nombre crucial para todo el decurso posterior de la novela–[40] que permite al Narrador

---

38 PROUST, M., *À l'ombre des jeunes filles en fleurs*, p. 363 / *A la sombra...*, p. 702.
39 Este particular modo de presentación es el que hemos analizado en el capítulo precedente bajo el título "II.2. La *Recherche* como pintura de los errores para alcanzar la verdad".
40 Proust estaba profundamente enamorado de Alfred Agostinelli quien había sido primero su chofer y luego su secretario personal. Agostinelli muere en un accidente de aeroplano y

distinguir a esta muchacha del resto y comenzar elaborar diversas imágenes de ella. Finalmente, el Narrador es presentado a Albertine en una *matinée* en casa de Elstir. A partir de ese momento entablará una relación con las muchachas de la pandilla que despertarán en él un fugaz enamoramiento hasta que se verá particularmente inclinado hacia Albertine luego de un pequeño juego con el grupo de niñas en el que se descubre realizando artimañas para estar a su lado y tocar sus manos, es en ese momento que advertirá que la ama.

El amor del Narrador por Albertine comienza a tomar forma y renueva su mirada transformándola en la mirada del enamorado. Sin embargo, la amada no da signos claros de corresponder este amor más que algunos gestos e incluso alguna confesión infantil de su querer hasta que la tarde anterior a su partida sucede algo inesperado:

> Me quedé solo con Albertine. "Ya ve, me dijo, ahora me peino como a usted le gusta, fíjese en mi mechón. Todos se burlan de esto y nadie sabe por qué lo hago. También mi tía va a reírse de mí. Pero tampoco le diré el motivo" [...] Le pregunté si los proyectos que le atribuían eran ciertos: "Sí, me dijo, pararé esta noche en su hotel, y como estoy algo acatarrada me acostaré antes de cenar. Puede venir a presenciar mi cena, al lado de mi cama, y luego jugaremos a lo que usted quiera [...] Entonces, hasta luego. Vaya pronto, así tendremos más horas para nosotros".[41]

Este giro supone para el Narrador la posibilidad, casi obvia, de la correspondencia de su sentimiento por Albertine. Al mismo tiempo, la confidencia que ella realiza respecto de su peinado invita a creer en ese código secreto de los enamorados, en aquellas promesas solo por ellos conocidas, en esos pequeños sacrificios del amor que tanto entusiasman a los enamorados y que los hacen portadores de una verdad que solo ellos conocen, la verdad de ese amor secreto que entre ellos existe.[42] Además de la alegre confesión que Albertine

---

Proust le convierte en *A la sombra de las muchachas en flor*, en el principal modelo de Albertine. Respecto de este hecho Armiño escribe: "[...] la peripecia del amor de Proust por Agostinelli, su huida y muerte iba a germinar narrativamente tras un nombre: Albertine. El modesto personaje que aparecía en los borradores de la segunda estancia en Balbec [...] se transfigura y crece hasta convertirse, después del Narrador, en el principal protagonista de la *Recherche* con 2.360 apariciones y con su presencia o ausencia como articulación y eje de los volúmenes póstumos: *La prisionera* y *La fugitiva/Albertine desaparecida*" (ARMIÑO, M., "Nota introductoria" en *A la busca del tiempo perdido*, Tomo III, p. XI).

41 PROUST, M., *À l'ombre des jeunes filles en fleurs*, p. 491 / *A la sombra...*, p. 815.
42 Respecto de las confidencias entre los amantes existe un pasaje de la novela que ilustra esta situación muy claramente y además da cuenta de la genialidad de Proust para recoger en su relato hasta los detalles más pequeños –no por ello menos significativos– de la cotidianeidad de los amantes. El pasaje en cuestión hace referencia al juego del anillo que consiste en pasarse

hace al héroe sobre su peinado, la sorpresa del Narrador es aún mayor cuando es invitado a presenciar, al lado de su cama, su cena y jugar a "lo que usted quiera". Esa muchacha al principio esquiva, indescifrable, se muestra ahora receptiva e interesada. Mientras Albertine habla, lo que el joven protagonista presencia es la aparición de la pureza del cuerpo femenino en su despertar primaveral y las mejillas de esta joven púber embriagan su vista.

> Yo veía de lado las mejillas de Albertine que a menudo parecían pálidas, pero, de aquella manera, estaban regadas por una sangre clara que las iluminaba, que les prestaba ese brillo que tienen ciertas mañanas de invierno en que las piedras, parcialmente soleadas, parecen de granito rosa y exhalan alegría. La que me daba en ese momento la vista de las mejillas de Albertine era igual de viva, pero conducía a otro deseo que no era el de pasear sino el del beso.[43]

Este es el inicio de la visión de la pureza virginal de Albertine, inmaculada, rozagante, de la niña-mujer que pasa del juego, de los paseos en la playa, a la invitación ansiosa que le hace al Narrador para que vaya al lado de su cama. Es la inminente transformación de la niña con el *polo* negro que revoloteaba como gaviota por la playa jugando con su diábolo, a la mujer sugerente que espera al héroe en su habitación del Gran-Hotel Balbec. El joven enamorado se precipita hacia el ascensor en una velada que ha dejado de ser vacía como las otras, se ha tornado especial –Albertine, antes huidiza, indescifrable, lo ha invitado ahora a solas al lado de su cama a "jugar" a lo que él quiera–, mientras advierte que cada vez es más inminente el momento en que ha de llamar a la puerta del cuarto de la muchacha, de entrar allí

---

un anillo de mano en mano en una ronda mientras otro jugador, que se encuentra en el centro, debe adivinar quién lo tiene. El Narrador ve en este juego una oportunidad única de tocar las manos de Albertine, que en ese momento se encuentra lejos de él en la ronda, y establecer con ella esa comunicación gestual, sin palabras, propia de los enamorados. Lamentándose por su lejanía él piensa: "cuántas confidencias, cuántas declaraciones acalladas hasta entonces por timidez habría podido confiar yo a ciertas presiones de manos; y a ella qué fácil le hubiese sido demostrarme que aceptaba respondiendo con otras presiones" (Proust, M., *À l'ombre des jeunes filles en fleurs*, p. 480 / *A la sombra...*, p. 806). Sin embargo, más adelante, logra acercarse a ella y permanecer a su lado, se consuma entonces esa interacción y reluce la habilidad de Proust para recoger ese pequeño momento de comunicación silenciosa de los amantes: "[…] sentí una ligera presión de la mano de Albertine en la mía, e insinuarse su dedo cariñoso bajo el mío, y vi que al mismo tiempo me dirigía un guiño procurando que fuese imperceptible. De golpe, una multitud de esperanzas invisibles hasta entonces para mí mismo cristalizaron: 'Aprovecha el juego para darme a entender que me quiere', pensé yo […]" (Proust, M., *À l'ombre des jeunes filles en fleurs*, p. 482 / *A la sombra...*, p. 807).
43 Proust, M., *À l'ombre des jeunes filles en fleurs*, p. 491 / *A la sombra...*, p. 815.

dejando atrás su niñez, él siente que todo se resignifica a la luz de aquel acontecimiento venidero:

> Los menores movimientos, como sentarme en la banqueta del ascensor, me parecían deliciosos, porque estaban en relación inmediata con mi corazón; y en los cables con cuya ayuda se elevaba la cabina, en los pocos peldaños que me quedaban por subir, no veía más que los engranajes, los escalones materializados de mi alegría. Solo tenía que dar dos o tres pasos en el corredor para llegar a aquella habitación donde se encerraba la sustancia preciosa de aquel cuerpo rosa –aquella habitación que, incluso si en ella debían ocurrir actos deliciosos, conservaría aquella permanencia, ese aire de ser, para un transeúnte no informado, semejante a las demás, que hacen de las cosas los testigos tercamente mudos, los escrupulosos confidentes, los inviolables depositarios del placer. Aquellos pocos pasos del descansillo a la habitación de Albertine, aquellos pocos pasos que ya nadie podía detener, los di lleno de voluptuosidad, con cautela, como sumido en un elemento nuevo, como si al avanzar hubiese desplazado lentamente la felicidad, y al mismo tiempo con una sensación desconocida de omnipotencia, de entrar al fin en posesión de una herencia que me hubiese pertenecido desde siempre.[44]

El Narrador, protagonista de *A la sombra de las muchachas en flor*, se acerca ansioso al momento en que ha de florecer una de estas rosas, su cuerpo se estremece agitado por la inminencia del encuentro, el cofre en que se halla la sustancia preciosa de aquel cuerpo rosa está por ser abierto, pronto entrará en la habitación que ocupa Albertine. El aire ya es embriagador, todo lo inunda la fragancia del perfume que es irradiado desde dentro de la habitación, la expedición que tiene por objeto el florecer del capullo ya ha comenzado, su pecho henchido se siente omnipotente y voluptuoso, se acerca el momento en que se descorrerá el velo. En esta atmósfera[45] es en que aparecerá la imagen de la joven muchacha:

---

44 Proust, M., *À l'ombre des jeunes filles en fleurs*, pp. 492-493 / *A la sombra...*, p. 816.
45 Tal como lo explicamos en el apartado "I.1 Inseparabilidad de las ideas y su aparecer sensible" del capítulo 4, las ideas no se dan como algo separado, idéntico, sino que aparecen como emergiendo de un todo en que existen atmosféricamente. En este todo, en esta atmósfera, cada parte tiene un sentido y dicha característica o parte no puede ser comprendida sino es dentro de esa constelación, emergiendo de esta. En este pasaje se advertirá a continuación la particular significación que cobra el color rosa de las mejillas de Albertine, ese rosa –como aquel rojo del que nos hablaba Merleau-Ponty que aparecía como nudo en la trama de lo simultaneo y lo sucesivo, menos cosa o color que diferenciación momentánea entre cosas y colores, como variación– es el "rosa-mejilla", no un rosa escindido de su aparecer sensible, sino un rosa piel, carnal, deseable. Es un rosa entre la gama de rosas que solo puede ser comprendido en su existencia atmosférica.

Encontré a Albertine en su cama. Dejando el cuello al descubierto, su camisón blanco cambiaba las proporciones de un rostro que, congestionado por la cama, o el catarro o la cena, parecía más rosa; pensé en los colores que horas antes había tenido yo a mi lado, en el dique, y cuyo sabor iba a conocer al fin; su mejilla estaba cruzada de arriba abajo por una de sus largas trenzas negras y rizadas que para agradarme había deshecho por completo. Me miraba sonriendo. A su lado, en la ventana, el valle estaba iluminado por el claro de luna. La vista del cuello desnudo de Albertine, de aquellas mejillas demasiado rosas, me había precipitado en tal *ebriedad* –es decir, había situado de tal manera para mí *la realidad del mundo no ya en la naturaleza, sino en el torrente de sensaciones que a duras penas podía contener*– que aquella vista había roto del equilibrio entre la vida inmensa, indestructible que circulaba en mi ser y la vida del universo, tan mísera en comparación. El mar, que divisaba yo junto al valle en la ventana, los senos abombados de las primeras escolleras de Maineville, el cielo donde la luna aún no había alcanzado su cenit, todo aquello parecía más ligero de llevar que plumas para los globos de mis pupilas, que sentía entre los párpados dilatadas, resistentes, prontas a levantar muchos otros pesos, todas las montañas del mundo, sobre su delicada superficie. Ni la esfera misma del horizonte bastaba para llenar suficientemente su órbita. Y toda la vida que hubiese podido aportarme la naturaleza me hubiera parecido bien escasa, los soplos del mar me hubieran parecido bien cortos para la inmensa aspiración que henchía mi pecho. Me incliné hacia Albertine para besarla.[46]

Esta es la visión de la joven ninfa marina que el Narrador halla recostada en su cama. La idea sensible que trasluce en ella podría clasificarse como la de la pureza de la niña-mujer, del joven capullo que ha de florecer. Su rostro, cada vez más rosa –sea por el catarro, por la cama o por la cena– contrasta y resalta en el fondo de un camisón blanco. El rosa de su cara tiene sabor, un sabor que ahora habría de probar el Narrador, sus mejillas estaban decoradas con la caída de su pelo suelto, que se encontraba así para agradar al joven. Todo esto sobre el fondo del valle iluminado por el claro de luna en que resaltan, en primer lugar, sus mejillas rosas y su cuello que despiden en esa estación de primavera de la vida de Albertine el aroma que ha de embriagar la mirada del Narrador reconfigurando la realidad, que no se haya más fuera, ni dentro, sino en el encuentro.

La realidad queda definida por el torrente de sensaciones que sufre el espectador al entrar a la habitación, torrente que debe ser pintado tal como es experimentado. La realidad del mundo no está situada en una naturaleza a la que nos enfrentamos sino que es instituida en nuestro encuentro con dicha naturaleza, en el entrecruzamiento de nuestro cuerpo con el cuerpo del mun-

---

46 Proust, M., *À l'ombre des jeunes filles en fleurs*, p. 493 / *A la sombra...*, pp. 816-817. La cursiva es mía.

do, con el ser bruto y, el mejor modo de expresarla es pintarla tal como se nos da, plasmar en el relato ese torrente de sensaciones en que se entremezclan los datos del mundo circundante que –aunque ilógicos desde una perspectiva racional– instituyen la realidad, manifiestan la idea sensible que se encuentra allí incrustada.

Ese torrente de sensaciones aún desordenado es volcado sobre la página elaborada por Proust que nos otorga la visión de la pureza de la joven Albertine de quien su cuerpo comienza a confundirse con la atmósfera en que aparece: "el mar, que divisaba yo junto al valle en la ventana, los senos abombados de las primeras escolleras de Maineville", el cuerpo de la joven muchacha es el cuerpo de una nereida surgida del mundo marino que se ha recostado en la habitación del Grand-Hotel Balbec. El héroe no distingue el cuerpo de la muchacha del mar que aparece en la ventana, ambos se dan conjuntamente, ambos constituyen la realidad de ese encuentro. La joven muchacha, la idea sensible que encarna su visión, no puede ser separada de ese contexto en que se da, su pureza está dada sobre el fondo del valle, del mar, del claro de luna, todo percibido bajo el efecto de embriaguez del perfume primaveral de la flor cultivada en el cuarto.[47]

II.3 *La parte de Guermantes*

El tercer tomo de la novela proustiana está caracterizado por la entrada del Narrador al mundo aristocrático en que se hallan aquellos personajes mitificados por él durante su infancia, entre ellos, la duquesa Oriane de Guermantes. A medida que el héroe ingresa en este hermético círculo comienza a descubrir la frivolidad de estos personajes antes admirados y a deconstruir la imagen idealizada que de ellos había configurado. Al mismo tiempo, *La parte de Guermantes* contiene otros hechos relevantes como el reencuentro con Albertine, la enfermedad y

---

47 Es preciso señalar que toda esta visión de Albertine desemboca en la acción que intenta llevar a cabo el Narrador de besarla, sin embargo, Albertine se niega rotundamente provocando la frustración del joven. El tan ansiado beso no llegará a concretarse sino hasta el momento en que Albertine visita al Narrador en su casa de Paris. Este relato también manifiesta la genialidad de la narración proustiana, se puede leer en Proust, M., *Le Côté de Guermantes*, pp. 340-355 / *La parte de Guermantes*, pp. 315-328. En el pasaje Albertine sigue estando íntimamente unida al paisaje marítimo de Balbec del que se presenta como el símbolo más acabado: "Por otra parte, Albertine tenía, ligadas en torno a sí, todas las impresiones de una secuencia marítima que me era particularmente cara. Sentía que, en las dos mejillas de la muchacha, habría podido besar toda la playa de Balbec" (Proust, M., *Le Côté de Guermantes*, p. 352 / *La parte de Guermantes*, pp. 326).

muerte de la abuela del Narrador, la amistad con Saint-Loup, y las conversaciones con el barón de Charlus –personaje que se tornará cada vez más importante en la novela–. Este tomo ha sido estructurado por Proust en dos partes: la primera de ellas, sin divisiones, que agrupa varios temas como la ida del Narrador al teatro, su visita a Saint-Loup en Doncièrs, su entrada en el salón de Mme. Villeparisis y una extraña propuesta del barón de Charlus; la segunda parte, que se divide en dos capítulos, contiene, en el primero de ellos, el relato de la enfermedad y muerte de su abuela, pasaje que hemos seleccionado para expresar la manifestación de la muerte y, en el segundo, el reencuentro con Albertine, la cena en casa de los Guermantes, y una momentánea ruptura de la relación con Charlus.

La idea sensible que aquí nos ocupa supone un desafío complejo, lo que intentaremos es reconstruir la presentación que realiza el Narrador de la muerte, en este caso la de un ser querido por él. Para llevar a cabo dicha presentación buscaremos analizar y recoger los pasajes de la novela en que el Narrador "pinta" la experiencia de la muerte de su abuela. Sin embargo, esta tarea es de una dificultad considerable ya que el relato que buscamos reconstruir se halla en tres de los siete tomos de la *Recherche*. La enfermedad y muerte de la abuela del Narrador debe comprenderse por una experiencia narrada en *A la sombra de las muchachas en flor*, por la efectiva enfermedad y muerte que acaece en *La parte de Guermantes*, y por la consumación final y la aceptación de dicha muerte por parte del Narrador que sucederá cuando la memoria involuntaria traiga el recuerdo inmaculado de la abuela, imagen que será relatada en *Sodoma y Gomorra*. Lo que buscaremos aquí entonces es articular todo este relato que se halla desperdigado por los tres tomos para poder presentar la idea sensible que podríamos asociar a la muerte y consumación de la muerte, en este caso particular, de la abuela del Narrador. Dicha muerte se hará patente para el héroe cuando experimente la contradicción de sentir, en relación a su abuela, la supervivencia y la nada de modo simultáneo.

II.3.I Enfermedad, muerte de la abuela, y consumación de la muerte

La relación que existe entre el Narrador y su abuela podría caracterizarse ante todo como una relación cercana, estrecha. La abuela materna acompaña al joven cuando este asiste por primera vez al teatro y es también quien pasa las primeras vacaciones en Balbec junto al Narrador.[48] Durante la estancia en

---

48 Para el estudio de este y otros personajes de la *Recherche* puede consultarse el exhaustivo "Diccionario de personajes de *A la busca del tiempo perdido*" elaborado por Mauro Armiño en su "Introducción" a la obra de Proust: ARMIÑO, M., "Introducción", en PROUST, M., *A*

la localidad balnearia oculta a su nieto que se encuentra enferma. En Balbec ocurre un hecho minúsculo que luego se tornará significativo. Este suceso es el primer mojón que hallamos en el camino que queremos trazar para presentar la idea sensible en torno a la enfermedad y muerte de la abuela del Narrador.

La primera noche que el Narrador tiene que pasar en el Grand-Hotel Balbec es relatada de un modo minucioso y magistral. El joven al llegar a su habitación se siente fatigado, afiebrado, y con un deseo enorme de descansar. Sin embargo, la posibilidad de reposo se torna irrealizable en tanto que se siente amenazado por las cosas extrañas, aún no abrazadas por el hábito, que lo rodean y observan imposibilitando que su cuerpo se relaje para recomponer sus fuerzas.

> […] los objetos desconocidos que lo rodeaban [a su cuerpo], obligándole a poner sus propias percepciones en estado permanente de vigilancia defensiva, habrían mantenido mis miradas, mi oído y todos mis sentidos en una posición no menos reducida e incómoda (aunque hubiese estirado las piernas) que la del cardenal La Balue en la jaula en la que no podía permanecer de pie ni sentarse. Es nuestra atención la que pone objetos en un cuarto, y el hábito el que los quita y nos hace sitio en él. Y sitio, no lo había para mí en la habitación de Balbec (mía solo de nombre), estaba llena de cosas que no me conocían, que me devolvieron la ojeada recelosa que les eché, y sin hacer caso alguno de mi existencia, me hicieron comprender que yo alteraba la rutina de la suya.[49]

La narración continúa y las imágenes se suceden de tal modo haciéndonos comprender que el joven, atormentado, no puede conciliar el sueño, ni siquiera puede estar en su habitación tranquilo. Su atención, más alerta que nunca, ha advertido todos los objetos que están en el cuarto al que ingresa por primera vez y sobre los que aún el hábito no ha realizado su trabajo: quitarlos de nuestra atención. El reloj, las cortinas, las vitrinas de una librería a lo largo de las paredes, todo ello tiene una presencia amenazante que sume al Narrador en un estado de desesperación en el que incluso llega a desear la muerte. Es en ese punto culminante de su desesperación en que sucede algo imprevisible.

> Y como no tenía más universo, más habitación, más cuerpo que amenazado por los enemigos que me rodeaban, invadido hasta los huesos por la fiebre, estaba solo, tenía ganas de morir. Entonces entró mi abuela; y en la expansión de mi corazón encogido se abrieron inmediatamente espacios infinitos.[50]

---

    la busca del tiempo perdido, Tomo I, 2005, pp. CCXV-CCLXXIX.
49 Proust, M., *À l'ombre des jeunes filles en fleurs*, p. 235 / *A la sombra…*, p. 590.
50 Proust, M., *À l'ombre des jeunes filles en fleurs*, p. 236 / *A la sombra…*, pp. 590-591.

En medio de la desesperación generada por la prisión poblada de enemigos en que se había convertido su alcoba, en la que constantemente era observado por las cosas extrañas que allí habitaban, su abuela realiza una entrada triunfal. El Narrador se lanza sobre ella como de vuelta al seno materno para recobrar aquella tranquilidad que parecía tan lejana un instante atrás. Su corazón encogido logra encontrar un espacio acogedor en aquella habitación atiborrada de objetos amenazantes.

> Llevaba una bata de percal que solía ponerse en casa cada vez que alguno de nosotros estaba enfermo (porque así se encontraba más a gusto, decía ella, atribuyendo siempre a sus actos móviles egoístas), y que era para cuidarnos, para velarnos, su bata de criada y de enfermera, su hábito de monja. […] cuando estaba con mi abuela sabía que, por grande que fuese en mí la pena, sería acogida con una piedad todavía mayor; que todo lo que era mío, mis preocupaciones, mis anhelos, encontraría en la abuela el sostén de un deseo de preservar y enriquecer mi propia vida mucho más fuerte del que yo mismo tenía; […] me eché en brazos de la abuela y suspendí mis labios en su rostro como si de este modo accediese al corazón inmenso que me abría. Cuando tenía así mi boca pegada a sus mejillas, a su frente, extraía algo tan benéfico, tan nutricio, que conservaba la inmovilidad, la seriedad, la tranquila avidez de un niño que mama.[51]

La descripción de las bondades de la abuela y su cuidado continúa unas páginas más, no obstante, lo que nos interesa recoger en este primer mojón de nuestro camino es la experiencia del Narrador amenazado en su habitación y la salvífica entrada de su maternal abuela que expande su encogido corazón llenándolo de confianza y atendiéndolo con sus cariñosos cuidados. Esta experiencia cobrará sentido al final del camino propuesto en que la muerte de su abuela se hará patente cuando la memoria involuntaria abra en toda su riqueza esta visión de la abuela salvífica del Narrador. Pero, para comprender el vacío que sentirá el joven, es preciso primero entender la plenitud de la visión de la abuela que lo había asistido en aquella primera noche terrible en el hotel, aquella abuela que sin importar la grandeza de la pena que lo aquejara siempre presentaba una piedad mayor para sus dolencias y sostenía el deseo de vivir con más fuerza que él mismo, aquel ángel que expandía su corazón encogido por el miedo y lo hacía sentir como en casa.

El segundo hito del camino que queremos trazar es aquel propio de la narración de la enfermedad y muerte de la abuela que podemos hallar en *La parte de Guermantes*. Proust le otorga tal centralidad en este tomo a la agonía

---

51 Proust, M., *À l'ombre des jeunes filles en fleurs*, p. 236 / *A la sombra...*, p. 591.

y muerte de su abuela que decide separar una sección –el primer capítulo de la segunda parte de este libro– exclusivamente para narrar este suceso. El texto comienza con una consideración general en torno a la incierta hora en que la muerte puede presentarse en nuestras vidas, rompiendo con cualquier rutina y desencadenando los ineludibles sucesos que derivarán en su consumación definitiva. En este caso particular ella –la muerte– hará su entrada o, mejor dicho, enviará a sus emisarios, luego de un paseo en coche que el Narrador da con su abuela. Durante el paseo la anciana sufre un ataque que la descompone y hace necesario volver inmediatamente al hogar y consultar a un médico. En ese momento el Narrador recibirá la terrible noticia de que su abuela está perdida y que el reciente ataque había sido provocado por la uremia que, a pesar de que en rigor no es una enfermedad mortal, en ese caso particular la situación se presentaba desesperante.[52]

A partir de este momento, en que la enfermedad de la abuela se hace patente para el Narrador, su cuerpo y estado de ánimo sufren un declive notorio y la agonía previa al momento crucial se hace visible para el joven héroe. Su abuela está enferma y el mal la contamina y transforma despojándola de las facultades más primitivas:

> Hubo un momento en que los trastornos de la uremia atacaron los ojos de la abuela. Durante varios días no vio absolutamente nada. Sus ojos no eran en absoluto los de una ciega y seguían siendo los mismos. Y sólo comprendí que no veía por lo raro de cierta sonrisa con que nos recibía desde que se abría la puerta hasta que se le cogía la mano para saludarla, sonrisa que empezaba demasiado pronto, y se quedaba estereotipada en sus labios, fija, pero siempre de frente y tratando de ser vista desde todas partes, porque la mirada no le ayudaba ya a regularla, a indicarle el momento, la dirección, a ponerla en el punto exacto, y hacerla variar a medida que la persona que acababa de entrar cambiaba de sitio o de expresión; porque se quedaba sola, sin una sonrisa de los ojos que hubiese desviado un tanto de ella la atención del visitante, y asumía así, en su torpeza, una importancia excesiva, dando la impresión de una amabilidad exagerada. Luego la vista volvió por completo; de los ojos, el mal nómada pasó a los oídos. Durante varios días, la abuela estuvo sorda. Y como tenía miedo de verse sorprendida por la entrada repentina de alguien sin que le hubiese oído llegar, a cada momento (aunque acostada del lado de la pared) volvía bruscamente la cabeza hacia la puerta. Pero el movimiento del cuello era torpe, por la imposibilidad de acostumbrarse uno en unos pocos días a la transposición, si no de mirar los ruidos, por lo menos de escuchar con los ojos. Finalmente, los dolores disminuyeron, pero aumentó la dificultad del habla. Nos veíamos obligados a hacer repetir a la abuela casi todo lo que decía.

---

52 Cfr. PROUST, M., *Le Côté de Guermantes*, p. 308 / *La parte de Guermantes*, p. 285.

Ahora, dándose cuenta de que ya no la comprendíamos, la abuela renunciaba a pronunciar una sola palabra y permanecía inmóvil. Cuando me veía, tenía una especie de sobresalto, como esas personas a las que de pronto les falta el aire, quería hablarme, pero sólo articulaba sonidos ininteligibles. Dominada por su misma impotencia, dejaba caer entonces la cabeza [...].[53]

El mal nómada la deja sin ver, sin oír, sin poder hablar. La abuela queda reducida a una condición lamentable, a una prisión definida por los límites que fijan sus sentidos, cada vez más lejos del mundo humano, cada vez más muerta, incluso intenta tomar la drástica decisión de terminar con su vida.[54] La narración de Proust recoge detalles que hacen a la esencia de la enfermedad y expresan la terrible experiencia del doble descubrimiento de la senilidad y los fallidos intentos de ocultar dicha condición que el Narrador advierte en el fingir de su abuela. Al principio, la sonrisa a nadie dirigida para disimular la ausencia de su visión, luego, los repentinos giros de cabeza para esconder la sordera y, por fin, la renuncia absoluta a las mímicas que buscan ocultar la condición cada vez más pujante de su enfermedad. El Narrador asiste a la degradación de aquella figura imponente de su niñez, de la mujer que todo podía calmar con sus caricias, de la salvífica diosa que lo había librado del temor de su primera noche en el hotel. A partir de ese momento: "su mirada cambió por entero, a menudo inquieta, lastimera, extraviada, ya no era su mirada de otro tiempo".[55] Es que tal vez ya no era su mirada porque ya no era su abuela quien allí habitaba y los estragos previos que ocasiona la muerte se hacían tan notorios que invitaban cada vez más a desear aquello que jamás se hubiera creído querer.

Llegando al final ineludible, y cuando ya no puede pensarse en una degradación más notoria, la enfermedad lleva más lejos el estado de su abuela al punto de que el Narrador relata que al entrar en su habitación encontraron:

---

53 PROUST, M., *Le Côté de Guermantes*, pp. 321-322 / *La parte de Guermantes*, pp. 297-298.
54 "Un día que la habíamos dejado sola un momento, la encontré, de pie, en camisón, tratando de abrir la ventana. En Balbec, un día en que habían salvado, contra su voluntad, a una viuda que se había tirado al agua, la abuela (movida acaso por uno de esos presentimientos que a veces leemos en el misterio, tan oscuro sin embargo, de nuestra vida orgánica, pero en el que parece reflejarse el porvenir) me había dicho que no conocía crueldad comparable a la de arrancar de la muerte, para devolverla a su martirio, a una desesperada que la había querido. Apenas nos dio tiempo a sujetar a mi abuela, que sostuvo contra mi madre una lucha casi brutal; luego, vencida, sentada a la fuerza en una butaca, dejó de insistir, de lamentar, su rostro se tornó impasible [...]" (PROUST, M., *Le Côté de Guermantes*, pp. 322-323 / *La parte de Guermantes*, p. 298).
55 PROUST, M., *Le Côté de Guermantes*, p. 323 / *La parte de Guermantes*, pp. 298-299.

> Inclinada en semicírculo sobre el lecho, una criatura totalmente distinta de mi abuela, una especie de animal que se hubiera disfrazado con su pelo y acostado entre sus sábanas, jadeaba, gemía, sacudía las mantas con sus convulsiones [...]. Tanta agitación no se dirigía a nosotros, a quienes no veía ni reconocía. Mas, si ya sólo era un animal lo que allí bullía, ¿dónde estaba mi abuela?[56]

Enfermedad que transforma al punto de ya no reconocer en el cuerpo que allí se presenta al ser tan querido en el pasado, ¿dónde estaba la abuela del Narrador? ¿Era acaso aquel ser desfigurado, transformado por el paso de una enfermedad que la había cambiado hasta en sus caracteres más propios? El animal que allí yacía tenía la apariencia de su abuela, pero no era ella, era una criatura absolutamente distinta. La agonía desemboca finalmente en la muerte luego de un beso que el Narrador da a su fatigada abuela.

> Al contacto de mis labios, las manos de la abuela se agitaron, toda su persona fue recorrida por un largo escalofrío, o por reflejo, o porque ciertos cariños tengan su hipertesia, que a través del velo de la inconsciencia, sin apenas necesidad de los sentidos, reconoce el objeto del cariño. De repente la abuela se incorporó a medias, hizo un esfuerzo violento, como alguien que defiende su vida [...] El ruido del oxígeno había enmudecido, el médico se alejó del lecho. Mi abuela estaba muerta.[57]

Hasta aquí el relato de la enfermedad y muerte de su abuela. Sin embargo, es preciso aclarar que dicha muerte no se consumará para el Narrador hasta un determinado momento en que la ausencia de su abuela se hace palmaria en una situación en que descubre que no está, no sólo físicamente –algo que sabía desde que la había visto agonizar y morir en su lecho– sino que no está allí presente en un determinado momento en que el Narrador recupera el pasado y este contrasta con el momento actual, dejando en evidencia la ausencia de este ser querido.

No es sino hacia el final del primer capítulo de la segunda parte de *Sodoma y Gomorra*, en un apartado titulado: "Las intermitencias del corazón", que la muerte de la abuela se consumará totalmente para el Narrador. "Las intermitencias del corazón" es el título que hace justicia a lo que aquí querrá mostrarse, en este tercer paso de la exposición de la idea de la enfermedad, muerte y consumación de la muerte, dichas intermitencias hacen referencia al "prenderse" y "apagarse" del corazón. Lo que puede decirse es que mientras acaecía la

---

56 Proust, M., *Le Côté de Guermantes*, pp. 325-326 / *La parte de Guermantes*, p. 301.
57 Proust, M., *Le Côté de Guermantes*, p. 334 / *La parte de Guermantes*, pp. 309-309.

muerte física de su abuela el corazón del Narrador se hallaba como "apagado" y una impresión le permitirá recobrar el pasado "prendiendo" el corazón y haciéndole descubrir la evidente ausencia de su abuela. Será entonces en una segunda estancia en Balbec, recogida en *Sodoma y Gomorra*, en que sucederá esta consumación de la muerte de la abuela que viene a dar cierre a la idea que se quiere exponer y que, además, nos permitirá advertir el funcionamiento de la memoria involuntaria.

La primera noche que el Narrador tiene que pasar en Balbec en su segunda estancia sufre una fatiga cardíaca, por ello se dispone a recostarse y desvestirse prudentemente. Es en ese preciso momento en que ocurre lo inesperado:

> Pero nada más tocar el primer botón de mi botina se hinchó mi pecho, lleno de una presencia desconocida, divina, me sacudieron los sollozos, corrieron las lágrimas de mis ojos. El ser que venía en mi ayuda, que me salvaba de la sequedad del alma, era el mismo que, unos años antes, en un momento de angustia y soledades idénticas, en un momento en que ya no tenía nada de mí, había entrado y me había devuelto a mí mismo, pues era yo y más que yo (el continente que es más que el contenido, y venía a traérmelo). *Acababa de vislumbrar en mi memoria, inclinado sobre mi cansancio, el rostro tierno, preocupado y decepcionado de mi abuela*, tal como había estado aquella primera noche de llegada; el rostro de la abuela [...] cuya realidad viva volvía yo a encontrar, por primera vez desde los Champs-Élysées donde había sufrido su ataque, *en un recuerdo involuntario y completo*.[58]

El pequeño gesto de agacharse para desabrochar sus botinas, idéntico al realizado en el pasado, pone en funcionamiento el mecanismo de la memoria involuntaria que reuniendo una y otra sensación libera lo que de común hay en ellas, su esencia para sustraerla del tiempo. Y este recuerdo involuntario y completo que es vislumbrado en la memoria y que se confunde con el presente, es el yo pasado del Narrador y su encuentro con la abuela. El rostro tan querido, tierno, preocupado, en toda su viva realidad se hace presente provocando una emoción incontenible que desborda en lágrimas. Ese ser que adviene es el yo del Narrador y el rostro de su abuela, ellos dos comprendidos en aquel momento de terror de aquella primera noche, y de salvación provista por su abuela que lo asistía. Todo ello y la viva presencia de su abuela físicamente muerta, agita de tal modo al héroe que "así, en aquel deseo enloquecido de precipitarme en sus brazos, sólo en ese instante –más de un año después de su entierro, debido a ese anacronismo que tantas veces impide al calendario de los hechos coincidir con

---

58 Proust, M., *Sodome et Gomorrhe*, pp. 152-153 / *Sodoma y Gomorra*, p. 665. La cursiva es mía.

el de los sentimientos– *vine a saber que estaba muerta*".⁵⁹ La muerte de la abuela está consumada, hasta ese momento él había hablado de ella y pensado en ella, pero bajo sus palabras no había nada que se pareciese a su abuela. No es hasta que se hace patente su ausencia, hasta que su rostro vuelve en aquella situación antes vivida, en que coexisten y se entrecruzan en el Narrador la sensación de una extraña supervivencia de su abuela y la nada, que él entiende que ha muerto, que su muerte queda definitivamente instituida.

Lo que sucede al Narrador es que aquel yo que acababa de volver repentinamente, fruto de una sensación y del funcionamiento de la memoria involuntaria, no había existido desde aquella lejana noche en Balbec en que su abuela lo había desvestido y protegido de la amenazante alcoba. Fue "–como si en el tiempo hubiera series diferentes y paralelas– sin solución de continuidad, inmediatamente después de aquella primera noche del pasado, como me adherí al instante en que la abuela se había inclinado sobre mí".⁶⁰ El tiempo no debe comprenderse ya como una serie de vivencias sino como simultaneidad en que pasado y presente se entremezclan, desdibujando sus límites en el encuentro, y dándonos la esencia de las cosas en un tiempo fuera del tiempo.⁶¹

Cuando ese yo pasado vuelve, lo único que el Narrador anhela es volver a refugiarse en los brazos de la abuela, borrar las huellas de su pena con besos. Sin embargo, lo que descubre es que la había perdido para siempre.

> Perdida para siempre; no podía comprender y me esforzaba por sufrir el dolor de esa contradicción: de un lado, una existencia, una ternura que sobrevivían en mí tal como las había conocido [...] y de otro lado, nada más revivir como presente aquella felicidad, sentirla transida por la certeza, lanzándose como un dolor físico de repetición, de una nada que había borrado mi imagen de esa ternura, que había destruido esa existencia [...].⁶²

Existencia y nada coexisten en el Narrador, ¿no será esta sensación, tal vez, la consumación de la muerte? ¿No será la verdadera muerte el recuerdo vivaz, presencia traída por la memoria involuntaria del rostro de su abuela y, al mismo tiempo, la ineludible sensación de la nada que destruye esa existencia? El sufrimiento del Narrador se da una y otra vez, "cada vez que reaparecía aquella

---

59 PROUST, M., *Sodome et Gomorrhe*, p. 153 / *Sodoma y Gomorra*, p. 665. La cursiva es mía.
60 PROUST, M., *Sodome et Gomorrhe*, p. 154 / *Sodoma y Gomorra*, p. 666.
61 Esta concepción del tiempo ya no como serie de *Erlebnisse* sino como "pirámide de simultaneidad" fue analizada en el capítulo 4 en el apartado "I.2 Génesis y tiempo de las ideas sensibles: el quiasmo entre empírico y trascendental".
62 PROUST, M., *Sodome et Gomorrhe*, p. 155 / *Sodoma y Gomorra*, p. 667.

contradicción tan extraña de la supervivencia y de la nada entrecruzadas dentro de mí".[63] Esta es la presentación sensible de la idea de la muerte, el héroe sabe que es así como puede hallarse alguna verdad de la muerte, si es que la hay, y por eso afirma que

> De una impresión tan dolorosa y en la actualidad incomprensible, podía saber, no desde luego si un día sacaría un poco de verdad, sino que, si alguna vez lograba extraer *ese poco de verdad, sólo podría extraerlo de ella, de aquella impresión tan particular, tan espontánea, de esa impresión que no había sido ni trazada por mi inteligencia ni atenuada por mi pusilanimidad, sino como de la muerte misma, de la brusca revelación de la muerte* […].[64]

Es justamente aquí donde este camino buscaba desembocar. La idea que quería exponerse, aquella de la enfermedad, muerte y consumación de la muerte, solo puede hacerse presente, solo puede expresarse, extrayendo ese poco de verdad que en la impresión narrada por Proust aparece expresada. Si alguna verdad puede hallarse no es en otro lugar que en la impresión que no ha sido trazada por la inteligencia. En ella se da la revelación de la muerte y es por medio de la literatura que dicha idea puede cristalizarse, idea sensible, idea que no puede ser separada de su revelación, por ello es preciso presentarla mediante la mostración de los textos en que ella es recogida.

¿Qué es entonces la muerte? ¿Cuándo acaece la muerte verdaderamente? Lo que nos muestra este pasaje de la *Recherche* es que la verdadera muerte no supone la ausencia del cuerpo sino la institución de la falta del ser querido, la ausencia que se hace patente en aquel momento en que estaba presente aquella persona. En lo cotidiano que nos devuelve por un gesto al momento en que el otro estaba, en aquella impresión que abre un pasado que nos trae la presencia inmaculada del otro y que, al mismo tiempo, inaugura en nosotros la contradicción que el Narrador magníficamente describe: la de sentir la supervivencia y la nada de modo simultáneo. Esta contradicción, esta sensación, esta verdad que provee la impresión será entonces lo esencial de nuestra experiencia de la muerte, su consumación.[65]

---

63 Proust, M., *Sodome et Gomorrhe,* p. 156 / *Sodoma y Gomorra,* p. 668.
64 Proust, M., *Sodome et Gomorrhe,* p. 156 / *Sodoma y Gomorra,* p. 668. La cursiva es mía.
65 Más adelante el Narrador corroborará la idea que sostenemos en torno a la consumación de la muerte de la abuela, Proust escribe: "Cuando supe *de hecho* que mi abuela estaba muerta, al principio no había sentido ningún dolor. Y solo había sufrido de manera efectiva por su muerte cuando unos recuerdos involuntarios me la habían devuelto viva" (Proust, M., *Albertine disparue,* p. 221 / *La fugitiva,* p. 551).

II.4 *Sodoma y Gomorra*

En este cuarto libro de la *Recherche* el Narrador accede al detrás de escena de la esplendorosa sociedad francesa y conocerá el doblez de los célebres personajes que representan la comedia de la elegancia todas las noches en los salones que él visita. El tema imperante de este libro es la homosexualidad, tema que persigue a Proust quien vive su propia homosexualidad de un modo terrible. Los "invertidos" –término que utiliza el Narrador– son los habitantes de Sodoma y Gomorra y, tal como anuncia la cita de Alfred de Vigny con la que da comienzo este libro: "La Mujer tendrá Gomorra y el Hombre tendrá Sodoma",[66] los sodomitas serán los hombres "invertidos" o gays, y las gomorritas serán las mujeres "invertidas" o lesbianas.

El libro estará dividido en dos partes. La primera de ellas, más breve, contendrá el encuentro entre Charlus y Jupien y una descripción de la raza de los hombres-mujeres. Al barón de Charlus se dedican numerosas páginas, entre las que podemos resaltar aquellas agrupadas en esta primera parte del libro en que se narrará la revelación de su "inversión" sexual, tema que ocupará nuestro análisis. Este análisis –el único que realizaremos del tomo *Sodoma y Gomorra*– busca expresar una idea sensible, aquella que Proust elabora en torno al juego de seducción homosexual. Este último será comparado, o mejor dicho expresado, por medio de la descripción de la polinización que lleva a cabo el abejorro de la orquídea.

La segunda parte del libro está a su vez dividida en tres capítulos. En ellos el Narrador asistirá a una *soirée* en casa de la princesa de Guermantes y a otra en la casa de verano de los Verdurin. Allí se describirá exhaustivamente la sociedad aristocrática de la Francia de principios del siglo XX. Los personajes centrales del libro son M. de Charlus y Albertine. El primero, por su genialidad a la hora de desenvolverse en sociedad y al mismo tiempo por el descubrimiento de su doble vida; la segunda, por las idas y venidas, teñidas de celos y sospechas, en su relación amorosa con el Narrador.

---

66 Citado en Proust, M., *Sodome et Gomorrhe*, p. 3 / *Sodoma y Gomorra*, p. 529. La frase pertenece al libro de A. de Vigny *Destinées*, y el título del poema es "La Colère de Samson", el verso del que es extraída es el siguiente: "Bientôt, se retirant dans un hideux royaume, / La Femme aura Gomorrhe et l'Homme aura Sodome, / Et, se jetant, de loin, un regard irrité, / Les deux sexes mourront chacun de son côté" ("Pronto, retirándose a un horrible reino, / la Mujer tendrá Gomorra y el Hombre tendrá Sodoma, / y lanzándose de lejos una mirada irritada, / los dos sexos morirán, cada uno por su lado").

II.4.I De la polinización o la seducción de los hombres-abejorros y los hombres-orquídeas

El título, aunque extenso y algo extraño, ilustra lo que queremos mostrar en este apartado: la idea sensible es aquella del juego de seducción que puede darse entre dos sujetos. Proust logrará expresarlo magníficamente al describir el encuentro entre Charlus y Jupien, un chalequero que tiene su taller en el patio del palacete de los Guermantes.[67] Este encuentro será relatado en una oscilación metafórica que relacionará el juego de seducción, en este caso homosexual, con la polinización de una flor que lleva a cabo un abejorro. El Narrador establecerá un paralelismo entre ambos sucesos que serán emparentados hasta el punto en que el haberse perdido el desenlace de uno de ellos puede ser subsanado con el haber presenciado el otro. ¿Qué es seducir? ¿En qué consiste este juego silencioso? *"De la polinización o la seducción de los hombres-abejorros y los hombres-orquídeas"* nos lo revelará mediante un curioso vaivén entre ambos sucesos que serán relacionados hasta el punto de entrelazarse el uno en el otro presentándose como reversibles, recíprocamente expresivos.

El comienzo de este pasaje se da cuando el Narrador se halla escondido observando detrás de una cortina que da al patio del palacete de Guermantes para acechar la llegada del duque y la duquesa. Mientras se encuentra apostado en ese lugar le llama la atención un arbusto del jardín y se pregunta, si por un azar providencial, no le será dado el presenciar la visita de un insecto al pistilo que allí se encuentra ofrecido y desdeñado. En ese mismo momento oye con toda claridad a Jupien disponiéndose a salir de su taller y ve a M. de Charlus que atraviesa lentamente el patio para visitar a Mme. de Villeparisis que se encontraba enferma. Su atención desviada de la flor por estos sucesos es recobrada y el Narrador escribe:

> Luego, dándome cuenta de que nadie podía verme, decidí no moverme más por miedo a perderme, si el milagro llegaba a producirse, la llegada casi imposible de esperar (a través de tantos obstáculos, de distancia, de adversidades contrarias, de

---

[67] Nuestro análisis del texto está dirigido a recoger la expresión de las ideas sensibles, por esto nuestro abordaje está caracterizado por un acercamiento a los pasajes que busca desentrañar los recursos estilísticos del autor, los símbolos que hacen a la expresión de tal o cual idea, las metáforas utilizadas, etc. Sin embargo, el texto proustiano se presta a múltiples análisis, en este caso en particular podemos señalar también aquel que lleva a cabo Ignacio Lucía en torno al problema del travestismo en la *Recherche* para el que tomará, entre otros, el episodio aquí trabajado del juego de seducción entre M. de Charlus y Jupien. Ver Lucía I., "El travestismo y 'La raza maldita'", en *Actas de las Jornadas Marcel Proust: literatura y filosofía*, Universidad Nacional de La Plata, Ensenada, 2014, pp. 71-80.

peligros) del insecto enviado de tan lejos como embajador a la virgen que desde hacía mucho prolongaba su espera. Yo sabía que esa espera no era más pasiva que en la flor macho, cuyos estambres se habían vuelto espontáneamente para que el insecto pudiese recibirla con más facilidad; de la misma manera, la flor-mujer que estaba allí, si venía el insecto, arquearía con coquetería sus "estilos" y, para que la penetrase mejor, haría imperceptiblemente, como una jovencita hipócrita pero ardiente, la mitad del camino.[68]

El Narrador comienza ya a jugar en el vaivén de ambos ritos: el relato se detiene primero en el arbusto y la dificultad de presenciar la polinización, luego se hace referencia a Jupien que se dispone a salir y a la lenta caminata de Charlus por el patio y, nuevamente, se vuelve a la descripción de la posibilidad de que se produzca el milagroso encuentro del insecto con la flor. Lo interesante es que esta exposición se nutre de términos que hacen referencia a otra "polinización", por ello el Narrador utiliza palabras como "virgen", "penetrar" y relaciona a la flor con una "jovencita hipócrita pero ardiente".

La presentación de la idea de la seducción vuelve ahora al relato de los hombres para abandonar momentáneamente el de los insectos y las flores. El Narrador observa que Charlus sale del palacete, en donde ha estado poco tiempo, y descubre en él un modismo, un conjunto de gestos, que le hacen darse cuenta que el barón pertenece a la estirpe de los sodomitas, es un invertido.[69] Sin tiempo para asimilar este descubrimiento el Narrador presencia entonces el juego de seducción al que describe del siguiente modo:

---

68 PROUST, M., *Sodome et Gomorrhe*, pp. 4-5 / *Sodoma y Gomorra*, p. 530.
69 Es relevante recoger la magnífica descripción que realiza Proust del esclarecimiento de la inversión sexual de Charlus ya que esta es subsidiaria de la idea sensible que se está analizando. El Narrador lo relata del siguiente modo: "En ese momento en que creía que nadie lo miraba, con los párpados entornados contra el sol, M. de Charlus había relajado en su rostro aquella tensión, amortiguado aquella vitalidad ficticia que mantenían en él la animación de la charla y la fuerza de la voluntad. Pálido como un mármol, de nariz robusta, sus finos rasgos no recibían ya de una mirada voluntariosa una significación distinta que alterase la belleza de su modelado [...] Lamentaba yo por él que adulterase habitualmente con tantas violencias, rarezas desagradables, habladurías, dureza, susceptibilidad y arrogancia, que ocultase bajo una brutalidad postiza la amenidad, la bondad que, en el momento en que salía de casa de Mme. de Villeparisis, veía yo exhibirse de forma tan ingenua en su rostro. Guiñando los ojos contra el sol, casi parecía sonreír; encontré en su cara vista así, en reposo y como al natural, un no sé qué tan afectuoso, tan desarmado, que no pude por menos de pensar cuánto se habría enfadado M. de Charlus de haber podido saber que lo estaban mirando; porque en lo que me hacía pensar aquel hombre que estaba tan prendado, que tanto alardeaba de virilidad, a quien todo el mundo parecía odiosamente afeminado, en lo que me hacía pensar de pronto, hasta tal punto tenía fugazmente sus rasgos, su expresión, su sonrisa, ¡era en una mujer!" (PROUST, M., *Sodome et Gomorrhe*, pp. 5-6 / *Sodoma y Gomorra*, pp. 531-532).

El barón, que de pronto había abierto de par en par sus ojos entornados, miraba con una atención extraordinaria al antiguo chalequero en el umbral de su tienda, mientras éste, clavado súbitamente en el sitio delante de M. de Charlus, *arraigado como una planta*, contemplaba maravillado la gordura del aventajado barón. Pero, cosa más sorprendente todavía, al cambiar la actitud de M. de Charlus, la de Jupien se puso inmediatamente, como obedeciendo a las leyes de un arte secreto, en armonía con ella. El barón, que ahora trataba de disimular la impresión que había sentido, pero que, a despecho de su indiferencia afectada, parecía no alejarse sino de mala gana, iba, venía, miraba al vacío de la manera que creía más favorable para realzar la belleza de sus pupilas, adoptaba un aire fatuo, despreocupado, ridículo. Y Jupien, abandonando en el acto el aire humilde y bondadoso que yo siempre le había conocido, había erguido –en perfecta simetría con el barón– la cabeza, daba a su talle un porte favorable, apoyaba con impertinencia grotesca su puño en la cadera, sacaba el trasero, *adoptaba posturas con la coquetería que habría podido tener la orquídea para el abejorro providencialmente aparecido*. No sabía yo que pudiese tener un aire tan antipático. Pero también ignoraba que fuese capaz de representar de improviso su papel en aquella especie de escena de dos mundos, que (aunque fuese la primera vez que se encontraba en presencia de M. de Charlus) parecía haber sido largamente ensayada; –esa perfección no se consigue espontáneamente sino cuando, en el extranjero, se encuentra a un compatriota, con quien el entendimiento se produce entonces por sí solo, dado que el intérprete es idéntico, y aunque no se hayan visto nunca.[70]

El barón inicia el rito de seducción sin palabras, "había abierto de par en par sus ojos entornados" como el pavo real que con su iridiscente cola plagada de ojos abiertos quiere atraer a la hembra. Comienza entonces un rito silencioso, aquel que obedece a las leyes de un arte secreto, de pasos de baile que conllevan su ritmo propio, de mímicas. El barón va y viene y su desplazamiento está acompañado de miradas dirigidas al vacío para realzar el brillo de sus pupilas. Jupien responde a estas expresiones silenciosas, a estos gestos lanzados en el terreno establecido para el juego de la seducción, y así como los cisnes curvan sus cuellos, giran lateralmente sus cabezas y pronuncian sonidos para atraerse, él "había erguido –en perfecta simetría con el barón– la cabeza, daba a su talle un porte favorable, apoyaba con impertinencia grotesca su puño en la cadera, sacaba el trasero". Compatriotas en una patria extranjera, sodomitas que, al reconocerse, sus cuerpos ensayan los ritos propios de su lugar de origen, entendiéndose sin palabras insinúan sus intenciones con una perfección que surge de una habitualidad, el entendimiento de sus gestos se produce por sí solo en tanto que el intérprete es idéntico.

---

70 Proust, M., *Sodome et Gomorrhe*, pp. 6-7 / *Sodoma y Gomorra*, p. 532. La cursiva es mía.

Por otro lado, el Narrador entremezcla el relato "botánico-amoroso" que hemos resaltado con cursivas y viene a acoplarse perfectamente al juego de seducción que estamos describiendo. El relato nos indica que Jupien se encontraba allí "arraigado como una planta" contemplando la gordura del aventajado barón-abejorro que da vueltas y lo observa como prefigurando el momento en que se lanzará sobre la flor. Allí, plantado, adopta las posturas de coquetería que podría mostrar la orquídea ante la aparición del insecto que ha de polinizarla, como una jovencita hipócrita pero ardiente que se insinúa. En medio de este suceso se encuentra el observador privilegiado, aquel Narrador que ve desplegado ante sus ojos aquello que parecía casi imposible de esperar: el vuelo del insecto, enviado de tan lejos como embajador a la joven virgen que hace tiempo prolongaba su espera.

Hombre-abejorro y hombre-orquídea se entrelazan en el baile de la seducción y se comunican mediante las miradas que expresan la atracción que, de modo inminente, ha de culminar en el encuentro definitivo. Esta escena tiene, según el Narrador, "una naturalidad cuya belleza iba en aumento"[71] pero no puede continuar indefinidamente y, como toda ceremonia hay momentos particulares que anuncian su final, en el juego de seducción entre Charlus y Jupien, entre el abejorro y la orquídea, los pasos de baile anuncian la culminación del juego y se aúnan plenamente las dos historias paralelas que el Narrador venía sosteniendo.

> Con independencia del asunto que pudiese retener a M. de Charlus y al chalequero, acuerdo parecía concluido y no ser aquellas inútiles miradas otra cosa que preludios rituales, semejantes a las fiestas que se dan antes de un matrimonio concertado. Más cerca todavía de la naturaleza –y la multiplicidad de estas comparaciones es tanto más natural cuanto que un mismo hombre, si lo examinamos durante algunos minutos, parece que sucesivamente un hombre, un hombre-pájaro o un hombre-insecto, etc.–, se hubiera dicho dos pájaros, macho y hembra, el macho tratando de avanzar, la hembra –Jupien– sin responder con señal alguna a esa maniobra, pero mirando a su nuevo amigo sin asombro, con una fijeza desatenta, considerada evidentemente más excitante y la única útil desde el momento en que el macho había dado los primeros pasos y se limitaba a alisarse las plumas. Finalmente, [...] Jupien, decidiéndose a dirigirse a su trabajo, salió por la puerta cochera. Pero no fue sino después de haber vuelto dos o tres veces la cabeza cuando escapó a la calle, a la que el barón, temblando ante la idea de perder su pista [...] se lanzó rápidamente para alcanzarle. En el mismo instante en que M. de Charlus había cruzado la puerta silbando como un gran abejorro, otro, éste de verdad, hacía su entrada al patio. ¡Quién sabe si no era el esperado desde hacía tanto tiempo

---

71 PROUST, M., *Sodome et Gomorrhe*, p. 7 / *Sodoma y Gomorra*, p. 532.

por la orquídea, el portador de aquel polen tan raro sin el cual ella permanecería virgen!⁷²

Las miradas anuncian el fin del rito, así como las fiestas previas al matrimonio concertado, los gestos y pavoneos de ambos son el preludio de la consumación del encuentro que sucederá en el taller del chalequero.⁷³ Lo rescatable de este último pasaje seleccionado es la unificación final que hará el Narrador de ambas historias, la humana y la botánica. Ya los hombres, si son examinados durante un tiempo, parecen sucesivamente hombres, luego hombres-pájaros, luego hombres-insectos. Hay algo en común que agrupa a estas especies y, lo que el Narrador quiere poner de manifiesto es que eso común se hace visible en el rito de la seducción, las diferencias entre hombres, pájaros, insectos, desaparecen al considerar los juegos de apareamiento de cada uno de ellos. Por esto en la anteúltima frase del pasaje no llama la atención que el barón cruce la puerta "silbando como un gran abejorro", porque, justamente, es eso exactamente lo que él es: un hombre-abejorro, un hombre-insecto que ronda alrededor de la flor, persigue al hombre-orquídea. En ese mismo instante otro abejorro, "éste de verdad, hacía su entrada al patio". Ambas historias quedan aunadas hasta tal punto que se debe aclarar que el abejorro que ingresa al jardín es "de verdad". Además, la unificación alcanza tal punto que no se puede saber a quién se dirige, literalmente, la última frase del pasaje: "¡Quién sabe si no era el esperado desde hacía tanto tiempo por la orquídea, el portador de aquel polen tan raro sin el cual ella permanecería virgen!". Podría uno pensar rápidamente que este abejorro esperado desde hacía tanto tiempo es el insecto que acababa de hacer su entrada en el jardín, sin embargo, el texto está construido de tal modo que uno está tentado de pensar en que esta frase no hace más que unificar totalmente el rito de la "polinización humano-botánica" y ya

---

72 Proust, M., *Sodome et Gomorrhe*, p. 8 / *Sodoma y Gomorra*, pp. 533-534.
73 El encuentro amoroso que se da en el taller será descripto más adelante, pero vale la pena citarlo al pie ya que, aunque secundario a la presentación de la idea sensible de la seducción, permite admirar la facilidad de Proust para expresar metafóricamente el acto amoroso: "Ni siquiera hube de lamentar no haber llegado a mi tienda unos minutos después. Pues, por lo que oí en los primeros momentos en la de Jupien, y que no fue otra cosa que sonidos inarticulados, supongo que fueron pocas las palabras que se pronunciaron. Verdad es que eran tan violentos aquellos sonidos que, de no haber sido repetidos regularmente, siempre una octava más alto, por un gemido paralelo, habría podido creer que una persona estaba degollando a otra cerca de mí y que, luego, el asesino y su víctima resucitada tomaban un baño para borrar las huellas del crimen. Más tarde llegué a la conclusión de que hay una cosa tan ruidosa como el sufrimiento, y es el placer [...]" (Proust, M., *Sodome et Gomorrhe*, p. 11 / *Sodoma y Gomorra*, p. 536).

no puede decirse si el abejorro es el insecto o Charlus, o la orquídea es la flor o Jupien. Tal vez, sea mejor hablar de hombres-abejorros y hombres orquídeas, en tanto que los juegos de seducción son comunes y la expresión de ellos puede vehiculizarse mediante la descripción metafórica de sus ritos análogos.

El final del pasaje es la reflexión que el Narrador hace más adelante cuando entiende que el haberse perdido el desenlace de uno de los ritos de seducción puede ser subsanado con haber presenciado el otro. Ambos son análogos, ambos son comunes, en tanto que hombres o flores en el juego de seducción responden a una esencia común, a ritos prefigurados, a curiosos bailes y gestos propios de los hombres-abejorros y los hombres-orquídeas:

> El señor de Charlus me había distraído de mirar si el abejorro aportaba a la orquídea el polen esperado por ella desde hacía tanto tiempo, y que únicamente podía recibir gracias a un azar tan improbable que podía denominarse una especie de milagro. Pero también era un milagro aquello a lo que yo acababa de asistir, casi del mismo género, y no menos maravilloso.[74]

II.5 *La prisionera*

Luego del desencanto que supuso el conocimiento profundo del detrás de escena de la farsa representada por los nobles personajes de la aristocracia de su época relatado en *Sodoma y Gomorra*, el Narrador articula los dos tomos siguientes: *La prisionera* y *La fugitiva*, en torno a la presencia y la ausencia de un personaje central de la *Recherche* ¿Quién es la prisionera? La cautiva es Albertine recluida en casa del Narrador, encerrada como un pájaro en su jaula que pierde su encanto desde que ha dejado de volar libremente.[75] A lo

---

74 Proust, M., *Sodome et Gomorrhe*, p. 29 / *Sodoma y Gomorra*, p. 552.
75 "Al encerrar a Albertine, yo había devuelto al mismo tiempo al universo todas esas alas tornasoladas que zumban en los paseos, en los bailes, en los teatros, y que se volvían tentadoras para mí porque ella ya no podía sucumbir a su tentación. Ellas hacían la belleza del mundo. Ellas habían hecho tiempo atrás la de Albertine. Porque la había visto como un pájaro misterioso, luego como una gran actriz de la playa, deseada, acaso conseguida me había parecido maravillosa. Una vez cautivo en mi casa el pájaro que un atardecer viera avanzar a pasos contados por el dique, rodeado por la congregación de las demás muchachas que parecían gaviotas venidas de no se sabe dónde, Albertine había perdido todos sus colores, junto con todas las oportunidades que los otros tenían de tenerla para ellos. Había ido perdiendo poco a poco su belleza. […] Mas, pese a estos bruscos sobresaltos en los que, deseada por otros, volvía a ser bella a mis ojos, yo podía dividir perfectamente su estancia en mi casa en dos períodos: el primero, en el que, aunque cada día menos, todavía estaba la

que asistimos aquí es a la descripción de la ilusión de un amor comprendido como posesión que se instituye por medio de los celos: "amor se tiene, me decía yo en Balbec, por una persona cuyos actos parecen ser más bien objeto de nuestros celos".[76] El Narrador solo la desea cuando siente celos, cuando tiene que disputarla con otros. *La prisionera* es el vaivén entre un amor vivido como celos y el aburrimiento de la posesión.[77] Ya en las primeras páginas del libro él descubre que "cada día me parecía menos hermosa. Sólo el deseo que encendía en los demás cuando, al enterarme, empezaba a sufrir de nuevo y quería disputársela, la izaba a mis ojos sobre un alto pavés".[78] Albertine prisionera es el centro del quinto tomo de la *Recherche*, libro en que el Narrador se debate entre la posesión, los celos, las sospechas de lesbianismo que hace recaer sobre la prisionera, el temor de que se fugue, etc.

Este apartado está divido en dos partes. Por un lado, hemos seleccionado un pasaje que gira en torno al tema central del libro: la posesión de la prisionera. A este primer punto lo hemos titulado: "En sus ojos el mar infinito" y lo que allí buscaremos expresar es la idea de la inaccesibilidad del otro, de la imposibilidad de conocimiento pleno del otro y, por lo tanto, de la imposibilidad de su posesión absoluta. El Narrador, que ha apresado a Albertine, quiere hacer de ella su animal doméstico, apropiarla hasta el punto de que sea suya exclusivamente. Esta situación parece consumada hasta que el relato se detiene en la mirada de Albertine, mirada que revela lo profundo de un lugar inaccesible, el núcleo de una intimidad incognoscible, impenetrable. Por otra parte, hemos elaborado un segundo apartado que busca realizar una aclaración en torno al problema de la mirada de Albertine y las posibles interpretaciones que de este tema pueden desprenderse. Buscaremos allí criticar la apropiación sesgada que hace Jean-Paul Sartre en *El ser y la nada* de este tópico de la *Recherche* y mostrar que el significado de la mirada de Albertine se halla lejos de la propuesta ontológica que el fenomenólogo quiere ilustrar con esta noción.

---

    tornasolada actriz de la playa; el segundo, en que transformada en gris prisionera reducida a su propia falta de brillo necesitaba aquellos relámpagos en que me acordaba del pasado para devolverle sus colores" (Proust, M., *La Prisionière*, pp. 162-163 / *La prisionera*, p. 143).

76 Proust, M., *La Prisionière*, p. 53 / *La prisionera*, p. 47.

77 Para un análisis filosófico del amor del Narrador por Albertine puede consultarse el curso dictado por Merleau-Ponty en torno a la noción de institución, más precisamente el apartado sobre "Institución de un sentimiento", ver Merleau-Ponty, M., *L'institution dans l'histoire personnelle et publique. Le problème de la passivité, le sommeil, l'inconscient, la mémoire. Notes de Cours au Collège de France 1954-1955*, pp. 63-77.

78 Proust, M., *La Prisionière*, pp. 21-22 / *La prisionera*, p. 19.

II.5.I. En sus ojos el mar infinito

"Sólo se ama aquello en lo que se persigue algo inaccesible, sólo se ama lo que no se posee, y muy pronto volvía a darme cuenta de que no poseía a Albertine".[79] Este pensamiento del Narrador nace mientras observa a Albertine prisionera a quien ve como a un animal salvaje domesticado. Sin embargo, hay algo en ella que no puede ser poseído, domado, atrapado: su mirada. Esa mirada profunda, llena de un pasado inaccesible, de experiencias desconocidas, de pensamientos ocultos, esa mirada no puede ser capturada. Los ojos de Albertine son la vidriera a través de la cual se observa un paisaje al que nunca se podrá acceder. Sus ojos son el límite infranqueable, la puerta por siempre cerrada que da acceso a un mundo que no puede ser colonizado, objetivado, poseído.

El pasaje que nos disponemos a presentar tiene como epicentro la mirada de Albertine, pero, sobre todo, la mirada como expresión sensible de una idea, aquella de su inaccesibilidad, de la imposibilidad de un conocimiento pleno de ella, por lo tanto, de la imposibilidad de una posesión absoluta.

El Narrador se encuentra obsesionado con Albertine, su deseo consiste en lograr poseerla absolutamente al punto de tenerla escondida en uno de los cuartos de su casa e impedir que ella se encuentre con las visitas. Sin embargo, este deseo se topará con un escollo infranqueable, con la efectiva confirmación de la imposibilidad de su consumación, ese límite es la mirada de Albertine que esconde un mundo inalcanzable, inaprensible.

> Por sus ojos veía pasar tan pronto la esperanza como el recuerdo, quizá el remordimiento, de alegrías que yo no conseguía adivinar, a las que en ese caso prefería renunciar antes que decírmelas, y en las que, al captar sólo ese resplandor en sus pupilas, yo ya no percibía más que el espectador al que no han dejado entrar en la sala y que, pegado al cristal de la puerta vidriera, no puede distinguir nada de lo que pasa en el escenario. [...] Durante esas horas, a veces veía flotar sobre ella, en sus miradas, en su mueca, en su sonrisa, el reflejo de aquellos espectáculos interiores cuya contemplación la volvía esas noches distinta, alejada de mí, a quien le eran negados. "¿En qué estás pensando, querida? –En nada".[80]

¿Qué esconden los ojos de Albertine? Al mirarlos solo ve su propio reflejo, se ve a sí mismo como espectador de la vida de Albertine, vida que lanza destellos de maravilla que se dejan entrever en sus muecas y sonrisas, pero que se

---

[79] PROUST, M., *La Prisionière,* pp.369-370 / *La prisionera,* pp. 325-326.
[80] PROUST, M., *La Prisionière,* p. 370 / *La prisionera,* p. 326.

muestra como vida privada, inaccesible, a la que él asiste como "el espectador al que no han dejado entrar en la sala y que, pegado al cristal de la puerta vidriera, no puede distinguir nada de lo que pasa en el escenario". El Narrador quiere penetrar allí por la palabra, pero se le impone también el límite en esa dimensión, ella piensa… "en nada". ¿Qué hay allí en esa región inexplorada de su vida, en esa dimensión de su interioridad? La ignorancia sobre este tema altera al Narrador, él quiere poseerla absolutamente, apresar hasta lo más profundo, adentrarse hasta el centro de su persona, pero su ansia irrefrenable de posesión ha de frustrarse ante lo evidente:

> En los ojos de Albertine, en el brusco encendimiento de su tez, sentía yo por momentos una especie de relámpago de calor pasar furtivamente por regiones más inaccesibles para mí que el cielo y en las que evolucionaban los recuerdos, para mí desconocidos, de Albertine. Entonces esa belleza que, pensando en los años sucesivos en que conociera a Albertine, bien en la playa de Balbec, bien en Paris, le había encontrado hacía poco, y que consistía en que mi amiga se desenvolvía en tantos planos y contenía tantos días pasados, esa belleza adquiría para mí algo de desgarrador. Bajo aquel rostro que se sonrojaba sentía entonces esconderse, como un abismo, el inagotable espacio de las noches en que no había conocido a Albertine. Podía desde luego sentar a Albertine en mis rodillas, coger su cabeza entre mis manos, podía acariciarla, pasar largamente mis manos por ella, pero, como si hubiera manejado una piedra que encierra la salobridad de los océanos inmemoriales o el rayo de una estrella, sentía que sólo tocaba la envoltura cerrada de un ser que, por su interior, accedía al infinito.[81]

"En sus ojos el mar infinito", título de este apartado, no es una frase textual de Proust sino la idea maravillosa que se desprende de su encuentro con los ojos de la cautiva, de aquella prisionera que lo encarcela. ¿Qué hay en sus ojos, detrás de esos cristales? El mar infinito. La tremenda angustia de sentir que posee a Albertine, que puede sentarla en sus rodillas, tomar su cabeza, acariciarla, tenerla para sí como a un animal domesticado pero que, al mismo tiempo, su mirada esconde la inmensidad de los océanos inmemoriales, la profundidad del cielo azul, de tiempos pasados ignotos, de conversaciones, gestos, sensaciones que el Narrador nunca podrá conocer, nunca podrá poseer. Esa es la piedra que sostiene en su mano y de la que dispone absolutamente pero que, simultáneamente, esconde un pasado del que jamás podrá saber nada. En esa mirada "accedía al infinito", el contacto con Albertine es el contacto con "la envoltura cerrada de un ser" que esconde una región sobre la que nunca podrá echar luz. El cuerpo

---

[81] PROUST, M., *La Prisionière*, pp. 371-372 / *La prisionera*, pp. 327-328.

de Albertine puede ser encerrado, explorado hasta el hartazgo para ser conocido, poseído, pero en su espíritu existe una región vallada, allí dónde se lee: "hasta aquí". Y ese reducto íntimo de cada ser es inviolable porque es inaccesible. Este descubrimiento –la revelación de que Albertine se desenvolvía en tantos planos y contenía tantos días pasados– hace de su belleza algo desgarrador. El Narrador ve frustrado su deseo de posesión total de Albertine y se hunde en la tristeza ante un saber que se hace patente: "¡Cuánto sufría yo por esa posición a que nos ha reducido el olvido de la naturaleza, que, al instituir la división de los cuerpos, no pensó en hacer posible la interpenetración de las almas!".[82]

Lo que sucede al Narrador al contemplar a Albertine es el advenimiento de un saber antes ignorado, aquel que esconde toda persona: una cantidad incontable de planos, de días pasados, un abismo inagotable en que el otro fue sin estar bajo nuestra mirada. Detrás de ella se esboza el resto de aquello que no puede ser conocido, ese lugar insinuado pero oculto e inaccesible a su mirada. Luego de advertir esto, inmediatamente el Narrador tiene de Albertine una visión terriblemente cruel:

> Y me daba cuenta de que Albertine no era siquiera para mí (porque si su cuerpo estaba en poder del mío, su pensamiento escapaba al alcance de mi pensamiento) la maravillosa cautiva con la que había creído enriquecer mi morada [...]; era más bien como una gran diosa del Tiempo que me invitaba de una forma acuciante, cruel y sin salida, a la búsqueda del pasado.[83]

Albertine, gran diosa del Tiempo, invita a una búsqueda del pasado imposible de realizar –búsqueda que no es homóloga a la que el Narrador ha emprendido en su libro– ya que aquel pasado que quiere descubrirse es un pasado en que él no ha estado presente, por lo tanto, es irrealizable. El pasado que esconde Albertine tras de sí es un tiempo inaccesible para el Narrador, es su persona, su ser más íntimo que se encuentra oculto detrás de sus gestos y que como la piedra que encierra la salobridad de océanos inmemoriales, es también un pasado infinito, impenetrable, el mar que se abre detrás de sus ojos y por el cual no está permitido navegar, el mar infinito.

Una aclaración pertinente en torno a la mirada de Albertine

Es preciso realizar en este punto, antes de avanzar hacia *La fugitiva*, una aclaración respecto de la interpretación que ha realizado Jean-Paul Sartre de la

---
82 PROUST, M., *La Prisionière*, p. 372 / *La prisionera*, p. 328.
83 PROUST, M., *La Prisionière*, p. 372 / *La prisionera*, p. 328.

relación entre el Narrador y Albertine y, particularmente, del análisis que hace Sartre de la mirada de Albertine, análisis que difiere del nuestro y en el que es preciso advertir la presencia de ciertos errores.

Es conocido el pasaje de *El ser y la nada* en que el fenomenólogo francés utiliza el amor del Narrador por Albertine para ilustrar y abonar su teoría en torno a la imposibilidad de las relaciones intersubjetivas. En el capítulo III.I de la sección "El para-otro", intitulado "La primera actitud hacia el prójimo: el amor, el lenguaje, el masoquismo", Sartre sostiene que la relación amorosa se da un conflicto entre libertades en el cual "queremos apoderarnos de la libertad del otro en tanto que tal",[84] sin embargo, el otro siempre se escapa por medio de su conciencia. La ontología sartreana no puede soportar el encuentro de dos conciencias ya que una debe objetivar a la otra y, por lo tanto, el encuentro de dos libertades se da siempre como conflicto. Sartre ejemplificará el amor como conflicto a partir de un pasaje de la *Recherche* que, aunque el autor no nos otorga la referencia directa, se sobreentiende que es el siguiente:

> Así su sueño realizaba en cierta medida la posibilidad del amor; estando solo, podía pensar en ella, pero me faltaba, no la poseía. Presente ella, le hablaba, pero me encontraba demasiado ausente de mí mismo para poder pensar. Cuando ella dormía, ya no tenía yo que hablar, sabía que ya no me miraba, ya no tenía yo necesidad de vivir en la superficie de mí mismo. Al cerrar los ojos, al perder la consciencia, Albertine se había despojado, una tras otro, de sus diferentes caracteres de humanidad que me habían decepcionado desde el día en que la había conocido [...] Su yo no se escapaba en todo momento, como cuando hablábamos, por las fisuras del pensamiento inconfesado y de la mirada. Había recogido dentro de sí todo lo que estaba fuera de ella, se había refugiado, encerrado, resumido en su cuerpo. Tenerla ante mis ojos, en mis manos, me daba aquella impresión de poseerla por entero que no tenía cuando estaba despierta. Su vida me estaba sometida, exhalaba hacia mí su ligero aliento.[85]

La lectura de este pasaje lleva a Sartre a afirmar que "Albertine escapa a Marcel, aun cuando la tenga al lado, por medio de su conciencia, y por eso él no conoce tregua sino cuando la contempla dormida. Es lo cierto, pues, el amor quiere cautivar la 'conciencia'".[86] Sartre lleva a Proust hacia sus dominios y lo utiliza para ilustrar su propuesta ontológica. Arguye que el Narrador solo

---

84 SARTRE, J-P., *L'être et le néant. Essai d'ontologie phénoménologique,* Gallimard, Paris, 1943, p. 407.
85 PROUST, M., *La Prisionière*, p. 62 / *La prisionera*, pp. 54-55.
86 SARTRE, J-P., *L'être et le néant. Essai d'ontologie phénoménologique,* pp. 406-407.

puede amarla cuando duerme porque, tal como él sostiene, en ese momento la mirada de Albertine no lo objetiva, no existe el conflicto de conciencias y ella se encuentra sometida, su vida entregada a la mirada del Narrador. Además, el texto de la *Recherche* incluye pasajes como este: "cuando ella dormía [...] ya no me miraba, ya no tenía yo necesidad de vivir en la superficie de mí mismo", que le sientan perfecto a la teoría sartreana para sostener que ante la mirada del otro tengo la necesidad de hacerme responsable de mi "ser-para-otro" y, cuando esa mirada se apaga, ya no tengo la urgencia de "vivir en la superficie de mí mismo". La conclusión de Sartre es que el amor quiere cautivar la conciencia y eso supone un conflicto que solo es resuelto por el héroe cuando Albertine duerme en tanto que no lo mira y por ello le permite amarla, es decir, objetivarla. Sin embargo, creemos que esta lectura de la *Recherche* es parcial y deja de lado ideas evidentes que se hallan en el pasaje en cuestión y en otros que se encuentran más adelante.

Si se observa con atención el texto citado descubriremos rápidamente que la lectura sartreana es una lectura sesgada que deja de lado afirmaciones de Proust que contradicen lo que quiere sostener el filósofo. No parece ser casual el hecho de que Sartre no haya incluido la cita textual de este pasaje de la *Recherche* en su libro. El Narrador dice claramente que el sueño realizaba "en cierta medida" la posibilidad del amor ya que tenerla ante sus ojos le daba la "impresión de poseerla". El amor no se consuma cuando ella duerme, sino que se realiza "en cierta medida" ya que le "daba aquella impresión de poseerla", no la posesión. El sueño es el modo en que el Narrador puede mirarla sin tener que ver en ella la vidriera que muestra el pasado inaccesible que más arriba analizábamos. Cuando ella cierra sus ojos se despoja de los caracteres de humanidad que habían decepcionado al Narrador; es decir, está frente a una Albertine ideal, construida por su fantasía, en la que ve una ilusión elaborada por él mismo. Así se entiende la frase inmediatamente siguiente: "su yo no se escapaba [...] por las fisuras del pensamiento inconfesado y de la mirada". Lo que el Narrador quiere decir aquí es que podía amarla, no porque ella no lo miraba para objetivarlo, sino porque no tenía que preocuparse por su pasado gomorrita que tantos celos le generaba y al que no podía acceder; pasado que se insinúa en el pensamiento lésbico de Albertine que el Narrador parece leer detrás de la respuesta que da Albertine cuándo se le preguntaba: "¿En qué piensa?" y ella respondía "En nada"; pasado que adivina escondido detrás de su mirada, mar infinito que esconde vivencias inaccesibles.

Sartre evita citar el pasaje completo porque tendría que explicar estas frases y, al mismo tiempo, tendría que admitir que está sacado de contexto. Si prestamos atención al análisis que realizamos en el punto "II.5.I En sus ojos el mar infinito", entendemos que el Narrador no ve en Albertine una mirada objetivante, sino una vida que le huye, un pasado inalcanzable, una "gran diosa del Tiempo" que lo empuja a una dolorosa búsqueda del pasado. Tal como sostiene Merleau-Ponty en su elucidación de la institución de un sentimiento, lo que ocurre con Albertine y el Narrador es que "sólo puede amarla dormida: porque ella es otro sin huirle, sin mirarlo".[87]

Por último, esta idea terrible de la inaccesibilidad del otro, aquí expresada mediante la mirada de Albertine y que es malinterpretada por Sartre, o interpretada de modo interesado, acompañará al Narrador hasta el final de la obra y en las últimas páginas de *El tiempo recobrado* volverá afirmar que en la mirada de ella no hay un monstruo que busca objetivarlo sino un pasado huidizo que se manifiesta cruel por su imposibilidad de ser poseído.

> Y, porque contienen así las horas del pasado, los cuerpos humanos pueden hacer tanto daño a quienes los aman, porque contienen tantos recuerdos de alegrías y de deseos ya borrados para ellos, pero tan crueles para el que contempla y prolonga en el orden del tiempo el cuerpo adorado del que está celoso, celoso hasta desear su destrucción. Porque después de la muerte el Tiempo se retira del cuerpo, y los recuerdos –tan indiferentes, tan pálidos– son borrados de la que ya no existe y pronto lo serán de aquel al que todavía torturan, pero en quien acabarán por perecer cuando el deseo de un cuerpo vivo deje de alimentarlos. Profunda Albertine que yo veía dormir y que estaba muerta.[88]

II.6 *La fugitiva*

La fugitiva[89] está dividida en cuatro capítulos. El primer capítulo, titulado "La pena y el olvido", gira en torno al recuerdo de Albertine que, al poco tiempo de escaparse de "la prisión" a la que la había reducido el Narrador, muere

---

87 Merleau-Ponty, M., *L'institution dans l'histoire personnelle et publique. Le problème de la passivité, le sommeil, l'inconscient, la mémoire. Notes de Cours au Collège de France 1954-1955*, p. 71.
88 Proust, M., *Le Temps retrouvé*, p. 352 / *El tiempo recobrado*, p. 906.
89 La elección de Mauro Armiño por titular este tomo *La fugitiva*, está sólidamente fundada en la "Nota introductoria" que escribe al tercer tomo (Ver Armiño, M., "Nota introductoria" en Proust, M., *A la busca del tiempo perdido*, Tomo III, pp. XIII-XX) El argumento central es que en su correspondencia con Gallimard Proust propone titular Sodoma IV como "La Fugitiva", de hecho se correspondería una "fugitiva" para una "prisionera", pero, lamentablemente, días después de esa carta la NRF edita *La fugitiva*, del entonces famoso escritor hindú Rabindranath Tagore, hecho que desbarata los planes del autor que teme posibles malos entendidos y lo hace volver al título de *Sodoma y Gomorra* seguido del ordinal correspondiente.

en un accidente al caerse de un caballo y golpear contra un árbol. *La fugitiva,* es más que Albertine fuera del hogar del Narrador, es Albertine, su recuerdo, que se transforma y escapa de la vida del Narrador luego de la trágica muerte. "La pena y el olvido" es la exposición del movimiento emocional del Narrador que atraviesa el largo camino del duelo que tiene su comienzo en el dolor generado por la pérdida, prosigue por el sufrimiento de la rememoración, y acaba con la consumación de la muerte que deriva en el olvido y la indiferencia en torno a ella. El segundo capítulo, "Mademoiselle de Forcheville", implica el descubrimiento de Gilberte Swann, devenida Mademoiselle de Forcheville fruto del segundo matrimonio de su madre, Odette, luego de la muerte de Swann. Además, el Narrador confirma, gracias a las confidencias de Andrée, la pertenencia de Albertine a Gomorra. En el tercer capítulo, "Estancia en Venecia", el Narrador descansa en la ciudad italiana durante algunos días junto a su madre y rememora vivencias pasadas al visitar diferentes lugares de la ciudad. En el final de este apartado el Narrador se entera de que Gilberte Swann contraerá matrimonio con su amigo Robert de Saint-Loup. El último capítulo de este tomo: "Nuevo aspecto de Robert de Saint-Loup", tiene dos temas centrales. El primero, es el descubrimiento de la homosexualidad de Robert y su amorío con Morel; el segundo, es develamiento de que las dos partes, la de Méséglise y la de Guermantes que habían permanecido inconciliables, pueden ser reunidas, hecho que se señala simbólicamente cuando en un paseo con Gilberte esta le muestra al Narrador las fuentes del río Vivonne enseñándole que se puede ir a Guermantes por la parte de Méséglise. Este descubrimiento supone la reunión de dos mundos que parecían, durante la adolescencia del Narrador, antagónicos, aquel de la aristocracia y aquel de la burguesía, el del amor y el deseo carnal, etc.

El pasaje que aquí hemos seleccionado pertenece a "La pena y el olvido". Lo que buscaremos expresar es la idea sensible del sufrimiento provocado por el abandono. Cuando Albertine se fuga de la vida del Narrador, este se sumerge en una profunda tristeza que surge del dolor enorme que provoca la partida de la amada, del sentirse abandonado y, sobre todo, de la presencia insoportable de la desaparecida en cada objeto, situación, y pensamiento. Para poder expresar la idea del sufrimiento producido por el abandono recurriremos también a una bella poesía del escritor argentino Jorge Luis Borges titulada "1964". Esta poesía nos permitirá ilustrar de un modo más completo nuestro análisis de los pasajes seleccionados de la *Recherche*.

II.6.I El sufrimiento del amante abandonado

Inmediatamente después de que Albertine se fuga de la casa del Narrador este se sumerge en una terrible angustia. Todo lo que le rodea le remite a la desaparecida. Cada objeto, cada situación que antes había sido vivida con Albertine, lo reenvía directamente a ese pasado y oprime su corazón de tal modo que el sufrimiento por la pérdida se torna cada vez más insoportable haciéndole ver, ahora que ella no está allí, cuánto la amaba. La idea que aquí queremos exponer es aquella del sufrimiento, aquel sufrimiento del amado causado por el abandono.

Luego de que Françoise anuncie al Narrador que Albertine se ha marchado, él toma la decisión de ir en su búsqueda, pero sucede algo que ya da cuenta de su situación actual e introduce el decurso posterior de sus pensamientos: "Me levanté para no perder el tiempo, pero el sufrimiento me paralizó: era la primera vez que me levantaba desde que ella se había marchado".[90] Así comienza la agonía del amante, el sufrimiento se manifiesta en su primera iniciativa, este dolor es la advertencia de la ausencia del otro, es saber que aquella era la primera vez que hacía eso "desde que ella se había marchado". A cada paso, ante cada cosa, en cada situación, el héroe se topará con un recuerdo vívido que vuelve a manifestarle que ha sido abandonado, que esa calle la había cruzado con ella, que aquel paseo lo había dado en su compañía, que ese haz de luz que entraba por la ventana era el que la iluminaba por las mañanas. La sensación es aquella que describía el poeta cuando decía: "Ya no hay una luna que no sea espejo del pasado / cristal de soledad, sol de agonías. / [...] Hoy solo tienes la fiel memoria y los desiertos días".[91] El Narrador describirá este dolor de la ausencia que se hace presente en los objetos que lo circundan, expresará literariamente el dolor:

> El sufrimiento, prolongación de un choque moral impuesto, aspira a cambiar de forma; esperamos volatilizarlo haciendo proyectos, solicitando información; que-

---

90 PROUST, M., *Albertine disparue*, p. 13 / *La fugitiva*, p. 364.
91 La versión completa de 1964, que vale la pena citar, es una manifestación en poesía de dolor del amante abandonado, el mismo que Proust expresará en su prosa: "Ya no es mágico el mundo. Te han dejado. / Ya no compartirás la clara luna / ni los lentos jardines. Ya no hay una / luna que no sea espejo del pasado, / cristal de soledad, sol de agonías. / Adiós las mutuas manos y las sienes / que acercaba el amor. Hoy sólo tienes / la fiel memoria y los desiertos días. / Nadie pierde (repites vanamente) / sino lo que no tiene y no ha tenido / nunca, pero no basta ser valiente / para aprender el arte del olvido. / Un símbolo, una rosa, te desgarra / y te puede matar una guitarra" (BORGES, J. L., *El otro, el mismo*, en *Obras completas*, Tomo II, Buenos Aires, Emecé, 2005, p. 317).

remos que pase por sus innumerables metamorfosis, lo cual requiere menos valor que conservar el sufrimiento puro; parece tan estrecho, tan duro, tan frío, el lecho cuando uno se acuesta con el propio dolor. Me puse, pues, de pie; no me movía por el cuarto sino con una prudencia infinita, me situaba de modo que no pudiese ver la silla de Albertine, la pianola en cuyos pedales apoyaba ella sus chinelas de oro, todos los objetos que ella había usado y que, todos, en el lenguaje particular que les habían enseñado mis recuerdos, parecían querer darme una traducción, una versión diferente, anunciarme por segunda vez la noticia de su marcha. Pero, sin mirarlos, los veía.[92]

El héroe intenta evitar las posibles rememoraciones que han de abrirse al encuentro con los objetos de otro tiempo, las cosas del tiempo feliz compartido con Albertine. Las evasivas del Narrador quieren impedir que los yoes del pasado vuelvan y sean contrastados con el yo presente al que le darían la terrible noticia de su abandono, al que le harían saber que la última vez que se había sentado en esa silla o que había escuchado la melodía proveniente del piano, lo había hecho en presencia de la mujer amada, lo había vivido teniendo bajo su posesión a la prisionera. Lo que el héroe sabe sin formularse como un pensamiento claro, es aquello que descubrirá posteriormente con la muerte de Albertine: su presencia solapada, escondida detrás de cada pequeño ser, su presencia insinuada en el reverso de las cosas.[93] Por esto se mueve con "una prudencia infinita", con el objetivo de evitar que la espina vuelva a hacer sangrar los dedos ya dañados por manipular las rosas. Sin embargo, el esfuerzo por evitar el dolor es vano y este se manifiesta a cada momento, en cada objeto, en su lenguaje particular, traduce una versión diferente del anuncio común: "Albertine ha desaparecido", no está.

Y así, a cada instante había alguno de los innumerables y humildes yoes que nos componen que aún ignoraba la marcha de Albertine y al que había que notificársela; era preciso anunciar –y era más cruel que si hubieran sido extraños y no

---

92 PROUST, M., *Albertine disparue,* pp. 13-14 / *La fugitiva,* p. 364.
93 En un pasaje que se encuentra más adelante, habiendo acaecido la trágica muerte de Albertine, el Narrador nos dice: "Aun cuando poco a poco Albertine dejó de estar presente en mi pensamiento y de ser todopoderosa sobre mi corazón, sufría de pronto si, como cuando ella estaba allí, tenía que entrar en su cuarto, buscar una luz, sentarme junto a la pianola. Dividida en pequeños dioses familiares, Albertine habitó mucho tiempo en la llama de la vela, en el pomo de la puerta, en el respaldo de una silla, y en otros dominios más inmateriales, como una noche de insomnio o la desazón que me producía la primera visita de una mujer que me había gustado" (PROUST M., *Albertine disparue,* p. 104 / *La fugitiva,* p. 445). Esta misma presencia de la ausente es de la que nos habla el poema borgiano: "Ya no hay una luna que no sea espejo del pasado".

hubiesen tomado prestada mi sensibilidad para sufrir– la desgracia que acababa de ocurrirles a todos aquellos seres, a todos aquellos yoes que aún no lo sabían; era preciso que cada uno de ellos fuese oyendo por primera vez estas palabras: […] "Albertine se ha marchado". Tenía que hacerle saber a cada uno mi dolor […] Por ejemplo (no se me había ocurrido que era el día del peluquero), el yo que yo era cuando me hacía cortar el pelo. Me había olvidado de ese yo, su llegada me hizo estallar en sollozos, como en un entierro la de un viejo sirviente retirado que conoció a la que acaba de morir.[94]

El sufrimiento no es la dolencia del momento exacto del abandono, es la prolongación de esa vivencia que viene una y otra vez en que se reconoce, en un escollo presente, el pasado, y ese pasado feliz, pleno, viene a denigrar este presente de ausencia, presente de saberse abandonado. El sufrimiento es ese dolor que adviene una y otra vez y se revive como cuando en un entierro un viejo sirviente retirado reconoce a la que acaba de morir y nos hace estallar en un sollozo que esconde aquel pasado que sobreviene al presente y nos recuerda el momento en que el difunto vivía. El amante abandonado revive una y otra vez el pasado, y el nombre de Albertine dicho en voz alta o pensado en lo más oculto de sí, trae una y otra vez el dolor:

[…] apenas existía en mí bajo la forma de su nombre, que, salvo algunas raras treguas al despertar, venía a inscribirse en mi cerebro y ya no dejaba de hacerlo. Si hubiera pensado en voz alta, lo habría repetido sin cesar y mi verborrea habría sido tan monótona, tan limitada como si me hubiese transformado en pájaro, en un pájaro semejante al de la fábula cuyo grito repetía sin descanso el nombre de aquella a la que, de hombre, había amado. Nos lo decimos, y cuando lo callamos parece que lo escribimos en nosotros mismos, que deja su rastro en el cerebro y que éste terminará estando, como un muro que alguien se ha entretenido en emborronar, totalmente cubierto por el nombre mil veces reescrito de la mujer amada. Lo reescribimos todo el tiempo en nuestro pensamiento mientras somos felices, más todavía cuando somos infelices.[95]

---

94 Proust M., *Albertine disparue*, p. 14 / *La fugitiva*, p. 364-365.
95 Proust, M., *Albertine disparue*, p. 16 / *La fugitiva*, p. 366. Respecto de este pasaje es preciso hacer una aclaración. Proust hace referencia a la fábula del pájaro "cuyo grito repetía sin descanso el nombre de aquella a la que, de hombre, había amado", está referencia parece hacer alusión a la fábula de Tereo, Progne y Filomena. La fábula en cuestión cuenta que Tereo, esposo de Progne, con quien ha concebido a Itis, va en busca de su cuñada Filomena a Atenas por pedido de su esposa. Al volver, luego del desembarco en Tracia, Tereo fuerza a Filomena y luego le corta la lengua para que no pueda delatar su crimen. Filomena borda en una tela los hechos sucedidos y, junto a su hermana, Progne, lleva a cabo una venganza terrible: asesinan al unigénito y se lo sirven en un banquete a Tereo. Al enterarse de esto Te-

El nombre de Albertine se repite como un mantra por medio del cual se tiene la esperanza de poder aliviar el dolor del abandono, ese nombre resuena sin cesar y pone al Narrador frente a su infelicidad. El sufrimiento por haber sido abandonado se manifiesta en esta tendencia no aprendida a repetir, como Tereo, el nombre de aquella a la que una vez había amado, ese nombre que, aunque no lo diga, se escribe en él, deja su rastro y, como una estrella, titila una y otra vez en su conciencia. La desolación es creciente y el Narrador se dice: "¡Qué imposible era para mí estar sin verla!",[96] "mi sufrimiento iba aumentando cada día en lugar de menguar".[97] La ausencia de la amada que genera el dolor está detrás de cada vivencia, cada objeto en su doblez esconde el dolor de la *fugitiva*:

> si de pronto pensaba en su cuarto, en aquel cuarto donde la cama seguía vacía, en su piano, en su automóvil, perdía toda mi fuerza, cerraba los ojos, inclinaba la cabeza sobre el hombro izquierdo como los que van a desmayarse. Casi igual daño me hacía el ruido de las puertas porque no era ella quien las abría.[98]

Tal vez el mejor modo de describir ese sufrimiento del amante abandonado, aquel dolor, siga siendo la ya citada poesía de Borges que reza que "Ya no es mágico el mundo. Te han dejado".[99] Esta sensación invade al Narrador cuando piensa en el hábitat de aquel animal salvaje que había domesticado y que ahora ha vuelto a su lugar natural, a convertirse en un "ser de fuga". Los últimos versos de 1964: "Un símbolo, una rosa, te desgarra y te puede matar una guitarra",[100] son también un modo de comprender y describir la expresión de la misma idea de sufrimiento que el Narrador encarna en palabras cuando escribe que "casi igual daño me hacía el ruido de las puertas porque no era ella quien las abría". El mundo, testigo mudo de su marcha, grita en cada objeto la

---

reo va en busca de su esposa y su cuñada, quienes habiendo implorado a los dioses ayuda, se convierten en una golondrina y un ruiseñor respectivamente. Tereo también se metamorfosea en gavilán (Para comprender el devenir histórico y las modificaciones de la fábula véase Rodríguez, A., "Las endechas 'A la fábula de Progne y Filomena' de Gonzalo Enríquez de Arana", *Revista de Estudios Latinos (ReLat)*, 4, 2004, pp. 177-197. Especialmente el punto "I. La historia mítica de Progne y Filomena", pp. 177-180). La referencia que hace Proust a la fábula nos invita a creer que el Narrador se siente como Tereo condenado a repetir el nombre de aquella a quien antes había amado.

96 Proust, M., *Albertine disparue*, p. 31 / *La fugitiva*, p. 379.
97 Proust, M., *Albertine disparue*, p. 31 / *La fugitiva*, p. 380.
98 Proust, M., *Albertine disparue*, p. 32 / *La fugitiva*, p. 380.
99 Borges, J. L., *El otro, el mismo*, en *Obras completas*, p. 317.
100 *Ibidem*.

ausencia y el Narrador tiene que dar noticia a cada yo distinto, a cada yo de las diferentes situaciones, noticias de su partida, reactivaciones del sufrimiento.

Pero ¿qué es el dolor, el sufrimiento que soporta el amante? El Narrador responde: "[el dolor] no es en absoluto una conclusión pesimista libremente extraída de un conjunto de circunstancias funestas, sino la reviviscencia intermitente e involuntaria de una impresión específica, venida de fuera y que nosotros no hemos escogido".[101] Esta es la idea sensible de sufrimiento que Proust expresa, el dolor es aquella reviviscencia intermitente e involuntaria que a cada paso se impone, nos recuerda nuestra situación presente, nos hace saber de nuestra soledad, nos grita: "Ya no es mágico el mundo. Te han dejado".

II.7. *El tiempo recobrado*

Este último tomo, que corona la gigantesca obra, no presenta divisiones formales establecidas por el autor más que algunos asteriscos puestos por él dentro del texto indicando la finalización de algún relato particular. Sin embargo, podemos identificar en el último libro dos partes. Por un lado, todo un primer momento en que se relata una estancia en Tasonville y los dos regresos a Paris del Narrador que se encuentra descansando en una casa de salud durante la primera guerra. En estas idas y venidas el héroe tendrá ocasión de encontrarse con algunos personajes como Gilberte Swann y su amigo Robert de Saint-Loup quienes lo reciben en Tasonville, visitar el salón de Mme. Verdurin, conversar con Charlus, Bloch, etc. Por otro lado, una segunda parte –probablemente uno de los pasajes más estudiados y leídos de la *Recherche*– consiste en el tercer regreso a Paris del Narrador después de la guerra y de haber pasado muchos años en una segunda casa de salud. Esta tercera y última estancia en Paris abre el final de la obra en que asistimos, junto al Narrador, a la *matinée* en casa de la princesa de Guermantes donde el héroe tendrá dos revelaciones. Por un lado, una revelación en la biblioteca del palacete, aquella de la memoria involuntaria como herramienta para recobrar el tiempo perdido, es decir, como llave para acceder a la esencia extratemporal de las cosas y convertirla en el material de su literatura; y, por el otro lado, cuando ingrese al salón y se encuentre en curso *Le Bal de têtes* (Baile de cabezas) una segunda revelación, aquella del paso del Tiempo[102] y su acción en los hombres, revela-

---

101 Proust, M., *Albertine disparue*, p. 14 / *La fugitiva*, p. 365.
102 Cuando hablamos del Tiempo como artífice de las trasformaciones operadas en los personajes, es decir, el Tiempo como artista de la destrucción a la que asistirá el héroe en la *matinée*, utilizaremos mayúsculas tal como lo hace Proust en su novela para hacer del

ción en que descubrirá a los hombres como seres gigantes si se los considera desde una perspectiva temporal.

De este último tomo hemos intentado presentar dos ideas sensibles. La primera de ellas en torno al barón de Charlus. Este personaje que pertenece a Sodoma ha buscado incansablemente sostener la relación con Morel, un joven músico del que se ha enamorado. Dicha relación fracasa y el joven abandona al experimentado barón a quien ridiculiza en público y hasta llega a denunciarlo y lograr que este sea llevado brevemente a la cárcel. El barón nunca podrá recuperarse de esta pérdida que lo lleva a una vertiginosa transformación moral que lo depositará en una situación de hastío de placer, situación a la que ha llegado por la imposibilidad de consumar el sueño poético del amor. La idea que buscaremos expresar mediante estos pasajes en torno al barón será la del hastío del placer que se expresa en un barón insaciable a quien nada ni nadie logra satisfacer. Luego del amor truncado, fallido, una y otra vez buscará en otras partes aquello que no pudo consumar en su relación con Morel y, así como el Nerón que nos presenta Kierkegaard que quiere ofrecer a su espíritu angustiado el hartazgo del deseo y se aburre mientras quema Roma,[103] el barón se encontrará hastiado de placer, perdido en sus devaneos sexuales que rozan el masoquismo, la pedofilia, etc., sin poder ya hallarse ni encontrar sentido a la vida.

La segunda idea sensible que buscaremos mostrar es la del Tiempo como artista de la destrucción. El Tiempo se perfila como uno de los temas centrales de la *Recherche* y, hacia el final de la obra, en el Baile de cabezas al que asistirá el Narrador, el Tiempo se manifestará en toda su plenitud cuando el héroe vea consumado en los personajes del pasado su destructiva acción. Esta idea sensible será expresada mediante la descripción que realiza el Narrador al ingresar a la *matinée* y sorprenderse con el espectáculo que ofrece el paso del Tiempo que él advierte en los rostros de los personajes principales de toda la *Recherche* y, también, mediante la selección de algunos pasajes en torno a una de las "obras del Tiempo" que puede apreciarse en el cuerpo del duque de Guermantes, personaje que será descripto minuciosamente por el Narrador para expresar la idea del Tiempo como artista de la destrucción.

Tiempo el sujeto de la acción de la transformación que el héroe advierte.
103 "Nerón no tiene sobre su conciencia ningún asesinato, pero el espíritu tiene una nueva angustia. Sólo encuentra reposo en el instante del deseo. Quema la mitad de Roma, pero su tortura no cambia. Pronto esas cosas no le divierten" (KIERKEGAARD, S., *Estética y ética en la formación de la personalidad contemporánea,* Nova, Buenos Aires, 1959, p. 46). Más adelante en el análisis apelaremos a la figura de Nerón para ilustrar el hastío del placer en que se encuentra sumergido Charlus.

II.7.I El hastío del placer: derrotero del incumplido sueño poético del amor

La idea sensible que en este punto queremos expresar, mediante la selección de algunos pasajes de la *Recherche*, es la del hastío del placer. Para alcanzar este objetivo es preciso, en primer lugar, contextualizar, al menos brevemente, la situación emocional del barón de Charlus. Este personaje central de la novela vive una estrecha relación con Charles Morel, un joven violinista hijo de un ayuda de cámara del tío abuelo del Narrador. Charlus toma al músico como su protegido porque queda profundamente prendado al conocerlo en una estación de tren en que el Narrador los presenta. El barón satisface los constantes pedidos de dinero, lo introduce en los ambientes más reconocidos, asiste a sus clases y hasta se rebaja a hacerse habitué del salón de los Verdurin para impulsar la carrera del joven violinista. La predilección de Charlus por el joven llega hasta el punto en que intentará arreglarle un matrimonio con la sobrina de Jupien (a quien previamente le ha cedido el título de Mlle. d'Oloron) para mantenerlo siempre cerca. El barón está perdidamente enamorado del joven quien finalmente rompe con él de un modo drástico. En una *soirée* organizada especialmente por Charlus en el salón Verdurin para promover la figura del músico, Mme. Verdurin le tiende una trampa al barón influenciando a Morel quien lo acusa en público de su inversión: "Déjeme, le prohíbo que se me acerque, gritó Morel al barón. ¡No debe de ser ésta su primera tentativa, no soy el primero al que trata usted de pervertir".[104] Luego de este escándalo público, que se propago por la sociedad bajo el rumor de que a "M. de Charlus lo habían echado de casa de los Verdurin en el momento en que trataba de violar a un joven músico",[105] el barón quedó desahuciado, avergonzado, y abandonado, al punto de correr riesgo su vida por contraer sucesivas neumonías.[106]

Luego de esta situación relatada en *La prisionera* que empuja a Charlus a una vertiginosa transformación moral, el Narrador se encuentra con él en *El tiempo recobrado* cuando atraviesa Paris para acudir a una cena en casa de los Verdurin. En ese encuentro casual, habiendo pasado ya algunos años de la ruptura del barón con Morel, el Narrador describe al primero exponiendo un cambio notorio en su persona y su situación: "Menos preocupado cada vez por

---

104 PROUST, M., *La Prisionière*, p. 304 / *La prisionera*, p. 268.
105 PROUST, M., *La Prisionière*, p. 306 / *La prisionera*, p. 270.
106 Para la lectura completa del excelente pasaje en que Proust va tejiendo lentamente la exposición del barón en dicha *soirée*, el creciente enojo de Mme. Verdurin, su influencia en Morel para generar la ruptura y el escándalo en cuestión, puede verse PROUST, M., *La Prisionière*, pp. 192-314 / *La prisionera*, pp. 170-277.

la vida social, malquistado con todos por su carácter puntilloso, y no habiéndose dignado, por conciencia de su valor social, a reconciliarse con la mayoría de las personas que eran la flor de la sociedad, vivía en un aislamiento relativo [...]".[107] Este cambio en su persona se debía, no solo al desencanto producido por la ruptura con Morel de la que nunca se había recuperado, sino, además, al hecho de que este último publicaba breves crónicas que le causaban un terrible daño ya que "no solo denunciaba la inversión del barón sino también su pretendida nacionalidad germánica".[108] Por último, Morel también seguía coqueteando con él abriendo a cada momento la herida que no logrará nunca cerrar y llevará al barón a un estado terrible de incertidumbre.[109] M. de Charlus piensa incluso en asesinarlo para ahogar esa angustia insoportable pero, gracias a que Morel no vuelve a visitarlo, no llega a materializar dicha fantasía.[110] Casi al final del encuentro casual Charlus insinúa al Narrador que se encargue de realizar un nuevo acercamiento con el violinista. Este hecho incomoda al héroe al ver en su amigo la figura de aquel enamorado que emprende una lucha en la que es evidente –para todos menos para el implicado– la inminente derrota que sólo puede avergonzarlo más frente a los otros.[111]

---

107 Proust, M., *Le Temps retrouvé*, pp. 71-72 / *El tiempo recobrado*, p. 661.
108 Proust, M., *Le Temps retrouvé*, pp. 74-75 / *El tiempo recobrado*, p. 664.
109 "Por desgracia, al día siguiente, adelantémonos a decirlo, M. de Charlus se encontró en la calle cara a cara con Morel; éste, para excitar sus celos, lo cogió del brazo, le contó historias más o menos ciertas y, cuando el señor de Charlus, trastornado, estaba dominado por la necesidad de que Morel se quedase esa noche a su lado, de que no se fuese a otra parte, el otro, viendo a un compañero, dijo adiós a M. de Charlus, quien con la esperanza de que esta amenaza, que por supuesto no cumpliría nunca, haría quedarse a Morel, le dijo: 'Ten cuidado, me vengaré', y Morel, riendo, se marchó dándole una palmada en el cuello y cogiendo por la cintura a su asombrado amigo" (Proust, M., *Le Temps retrouvé*, p. 87 / *El tiempo recobrado*, p. 674).
110 En una carta dirigida al Narrador, hallada años más tarde de la muerte de Charlus, el barón le confesaba que "Fue esa divina prudencia la que le hizo resistirse a los llamamientos que encargué que le transmitieran para que volviese a verme, y no tendré paz en este mundo ni esperanza de perdón en el otro si no se lo confieso a usted. Él [Morel] fue en esto el instrumento de la sabiduría divina, pues yo había resulto que no saliera vivo de mi casa. Era preciso que uno de nosotros dos desapareciese. Estaba decidido a matarlo" (Proust, M., *Le Temps retrouvé*, p. 112 / *El tiempo recobrado*, pp. 696-697).
111 "'Sé que Morel sigue yendo mucho' [al salón de Mme. Verdurin], me dijo (era la primera vez que volvía a hablarme de él). 'Aseguran que lamenta mucho el pasado, que desea acercarse a mí', añadió demostrando a un tiempo la misma credulidad del hombre del *Faubourg* que dice: 'Se dice mucho que Francia habla más que nunca con Alemania y que incluso se han iniciado negociaciones', y del enamorado al que no han hecho desistir los peores desaires. 'En cualquier caso, si quiere no tiene más que decírmelo, soy más viejo que él, no me toca a mí dar el primer paso'. Y sin duda era inútil decirlo, de lo evidente que era. Pero, además, ni siquiera era sincero, y por esto se sentía uno tan incómodo por M. de

Este gran preámbulo en torno a la relación de Charlus y Morel y su posterior decadencia, hasta llegar al punto de dejar al barón en un estado atroz, es la antesala que nos permitirá comprender el acto principal. Esta breve introducción busca contextualizar aquel pasaje que el Narrador relata inmediatamente después del casual encuentro con el barón –que Proust ubica ahí de modo premeditado– y que girará en torno al "Templo del impudor"[112] en el que hallaremos a un M. de Charlus hastiado de placer, buscando en los vicios aquello que el amor no ha podido proveerle.[113]

Luego del encuentro el Narrador camina por las calles de una ciudad transformada por el paso de la guerra. Los constantes bombardeos habían dejado Paris casi desierta, la gente huía por miedo y las tiendas se hallaban vacías. El héroe, en busca de algo de beber para recobrar fuerzas, decide entrar en un pequeño hotel que, a pesar del terror que rige en la ciudad, parece tener una notable actividad ya que se podía observar que su puerta se abría a cada instante para dejar entrar o salir a algún visitante. Al ingresar observa una reunión de jóvenes que están fumando y hablando sobre la guerra, el Narrador requiere una habitación y uno de los jóvenes le pide que espere al encargado que pronto regresará. Mientras escucha la conversación de los jóvenes sucede algo que llama la atención. Al entrar el encargado al hotel lo hace "cargado con varios metros de gruesas cadenas de hierro capaces de atar a varios forzados",[114] y acto seguido lo atiende. Rápidamente se le asigna la habitación 43 y se manda a llevar allí algo de beber. Luego de recomponerse el Narrador decide, por curiosidad, recorrer el hotel y ocurre algo inesperado:

> De improviso, de un cuarto que estaba aislado al final de un pasillo me pareció que venían unos gemidos ahogados. Caminé deprisa en aquella dirección y apliqué el oído a la puerta. "Se lo suplico, gracia, gracia, piedad, suélteme, no me pegue tan fuerte, decía una voz. Le beso los pies, me humillo, no volveré a hacerlo. Tenga

---

Charlus, porque se advertía que, diciendo que no le tocaba a él dar el primer paso, en realidad ya estaba dando uno y esperaba que yo me ofreciese a encargarme del acercamiento" (Proust, M., *Le Temps retrouvé*, p. 110 / *El tiempo recobrado*, pp. 694-695).

112 Este es el nombre con que Jupien se refiere al hotel que funciona como prostíbulo homosexual del cual él es el encargado (Cf. Proust, M., *Le Temps retrouvé*, p. 170 / *El tiempo recobrado*, p. 747).

113 La razón por la que sostenemos que la descripción del "Templo del impudor" se halla seguida del encuentro del Narrador con Charlus es porque consideramos que el escritor quiere dar fuerza a la terrible situación de Charlus quien no halla solución a la angustia generada por el fracaso de su relación amorosa con Morel y que solo encuentra descanso en las prácticas sexuales que en ese lugar se desarrollarán ofreciéndole a su espíritu, como Nerón, el hartazgo del deseo para aliviar su terrible situación.

114 Proust, M., *Le Temps retrouvé*, p. 121 / *El tiempo recobrado*, p. 704.

piedad. –No, crápula, le respondió la otra voz, y como gritas y te arrastras de rodillas te ataremos a la cama, nada de piedad", y oí el chasquido de unas disciplinas provistas sin duda de clavos porque fue seguido de gritos de dolor. Entonces me di cuenta de que en aquel cuarto había una lucera lateral cuya cortina habían olvidado correr; avanzando a paso de lobo en la sombra, me deslicé hasta esa lucera, y allí, encadenado sobre una cama como Prometeo a su roca, recibiendo los golpes de unas disciplinas sembradas en efecto de clavos que le infligía Maurice, vi, ya totalmente ensangrentado y cubierto de equimosis demostrativas de que no era la primera vez que se le aplicaba el suplicio, vi delante de mí a M. de Charlus.

De pronto se abrió la puerta y entró alguien que por suerte no me vio, era Jupien.[115]

Sí, M. de Charlus, quien recientemente había conversado con el Narrador sobre el salón Verdurin, sobre la guerra y sobre Morel, aquel barón que aún sangraba por la herida del amor perdido, aparece ahora en una escena de una crudeza tal que no puede más que dejarnos pasmados como al Narrador. El masoquismo explícito del barón es ilustrado por Proust poniendo a este como epicentro de un hotel –que más adelante sabremos que es sustentado por el propio barón y regenteado por su hombre de confianza, Jupien– en el que Charlus busca experimentar, de modos diversos, un sufrimiento que de uno u otro modo le otorga un placer momentáneo. En este pasaje particular lo que el Narrador recoge son los golpes que se le dan al barón –encadenado a su cama como Prometeo a su roca– con unas disciplinas sembradas de clavos, cubierto de sangre, todo al son de palabras soeces que intercambia con el verdugo de turno. Sin embargo, hasta aquí, no parecería uno poder establecer una relación directa entre el abandono que sufre el barón y las prácticas masoquistas que suceden en el hotel, y el pasaje citado podría solo apreciarse por su belleza literaria. Esta relación se evidencia cuando el Narrador agrega que, luego de observar el castigo que recibe Charlus y de despachar a Maurice diciendo a Jupien: "No lo encuentro bastante brutal. Me gusta su cara, pero me llama crápula como si fuera una lección aprendida",[116] entra a la habitación un matarife, que Jupien envía donde se halla el barón para subsanar el fracaso de Maurice, el Narrador nos indica lo siguiente:

Vi entrar al hombre de los mataderos; de hecho se parecía un poco a Maurice, pero lo más curioso era que ambos tenían algo de un tipo que personalmente yo nunca había detectado, pero del que me di perfecta cuenta que existía en la cara de Morel, tenían cierto parecido, si no como Morel tal como yo lo había visto, al

---

115 PROUST, M., *Le Temps retrouvé*, p. 122 / *El tiempo recobrado*, p. 705.
116 PROUST, M., *Le Temps retrouvé*, p. 124 / *El tiempo recobrado*, pp. 707.

menos con cierta cara que unos ojos distintos a los míos, viendo a Morel, habrían podido componer con sus rasgos. Y en cuanto me hube hecho dentro de mí, con rasgos tomados de mis recuerdos de Morel, esa maqueta de lo que podía representar para otro, me di cuenta de que aquellos dos jóvenes, uno de los cuales era un dependiente de joyería y el otro un empleado de hotel, eran vagos sucedáneos de Morel.[117]

El barón busca en cada hombre aquello que el rostro de Morel prometía y él no pudo alcanzar. En esa situación el Narrador reflexiona y se pregunta si el amor de Charlus por Morel no le hacía, para consolarse de su ausencia, buscar hombres que se le pareciesen.[118] Lo que aquí queda claro es que existe una relación –aún no elucidada– entre la tristeza del barón y las prácticas sexuales que lleva a cabo en las que recurrentemente va tras hombres que se asemejen al violinista. Además, como más arriba explicábamos, no es casual que el Narrador comience el relato de estas prácticas masoquistas del barón inmediatamente después de mostrarnos la terrible situación en que se hallaba incluso años después de su ruptura con el joven músico.

Pero, ¿por qué el barón tiene necesidad de estas experiencias? ¿Qué es lo que persigue detrás de ellas? ¿Qué podría tener que ver el sueño de un amor con el masoquismo insaciable del barón, con sus aberrantes prácticas?[119] El Narrador dará respuesta a estas preguntas al reflexionar un poco más sobre aquel "nuevo estadio de la enfermedad de M. de Charlus"[120] que lo había volcado a dichas prácticas. Mientras observa el acto en cuestión, elabora una suerte de "teoría de las aberraciones" en que dichas prácticas han de ser justificadas en el contexto más general de un deseo insatisfecho que persigue aspiraciones mucho más estructurales. La siguiente cita –aunque un tanto extensa– es una "exposición" de la referida "teoría de las aberraciones" que nos permitirá clarificar la relación entre el sueño poético del amor y el hastío del placer, y desarrollar esta idea que intentamos exponer:

---

117 PROUST, M., *Le Temps retrouvé*, pp. 124-125 / *El tiempo recobrado*, p. 707.
118 Cfr. PROUST, M., *Le Temps retrouvé*, p. 125 / *El tiempo recobrado*, p. 707.
119 Las prácticas aberrantes que el Narrador atribuye al barón no solo se reducen al mundo del masoquismo, existen episodios de otra índole como el siguiente relatado por Jupien: "[...] al acercarme a la habitación del barón, oí una voz que decía: '¿Qué? ¡Cómo!, respondió el barón, ¿o sea que era la primera vez?' Entré sin llamar, ¡y cual no fue mi susto! El barón, engañado por la voz que, en efecto, era más fuerte de lo que suele ser habitual a esa edad (y en aquella época el barón estaba completamente ciego), estaba, él, a quien antes le gustaban sobre todo las personas maduras, con un niño que no tenía ni diez años" (PROUST, M., *Le Temps retrouvé*, pp. 170-171 / *El tiempo recobrado*, p. 747).
120 PROUST, M., *Le Temps retrouvé*, p. 145 / *El tiempo recobrado*, p. 725.

En las personas que amamos hay, inmanente a ellas, cierto sueño que no siempre sabemos discernir pero que perseguimos. [...] Por lo demás, debido precisamente a ese algo individual sobre lo que nos encarnizamos, los amores por las personas ya son en cierto modo aberraciones. (Y las enfermedades corporales mismas, al menos las que afectan un poco de cerca al sistema nervioso, ¿no son una especie de gustos particulares o de particulares terrores contraídos por nuestros órganos, por nuestras articulaciones, que así resulta que han contraído por ciertos climas un horror tan inexplicable y tan obstinado como la inclinación que ciertos hombres muestran, por ejemplo, por las mujeres que llevan lentes, o por las amazonas? Este deseo que cada vez despierta la vista de una amazona, ¿quién podrá decir nunca a qué sueño duradero e inconsciente está vinculado, inconsciente y tan misterioso como es, por ejemplo, para alguien que haya sufrido toda la vida ataques de asma, la influencia de determinada ciudad, en apariencia semejante a las demás, y en la que por primera vez respira libremente?).

Ahora bien, las aberraciones son como amores en los que la tara enfermiza ha recubierto todo, alcanzado todo. Hasta en la más insensata se reconoce todavía el amor. La insistencia del señor de Charlus en pedir que le pasasen por los pies y en las manos argollas de solidez probada, en reclamar la barra de justicia, y, por lo que Jupien me dijo, unos accesorios feroces que costaba mucho conseguir incluso dirigiéndose a marineros –porque servían para infligir suplicios cuyo uso está abolido incluso allí donde la disciplina es más rigurosa, a bordo de los barcos–, *en el fondo de todo esto había, en M. de Charlus, todo un sueño de virilidad,* demostrado llegado el caso por actos brutales, y toda la miniatura interior, invisible para nosotros pero de la que él proyectaba así algunos reflejos, de cruces de justicia, de torturas feudales, que decoraba su imaginación medieval. [...] En resumen, *su deseo de ser encadenado, de ser azotado, revelaba, en su fealdad, un sueño tan poético como en otros el deseo de ir a Venecia o de mantener bailarinas.* Y el señor de Charlus tenía tanto empeño en que ese sueño le diera la ilusión de la realidad que Jupien hubo de vender la cama de madera que estaba en la habitación 43 y sustituirla por una cama de hierro que iba mejor con las cadenas.[121]

He aquí la relación que debemos explicar y que Proust expone magníficamente, de hecho, allí está contenido el corolario de la idea sensible del "hastío del placer como derrotero del incumplido sueño poético del amor". Charlus persigue en Morel un sueño que no parece poder distinguir de su persona. Tal como dice el Narrador: "en las personas que amamos hay, inmanente a ellas, cierto sueño que no siempre sabemos discernir pero que perseguimos". ¿Cuál es ese sueño? ¿qué es aquello que el barón descubre detrás de Morel y que parece haber sido condenado a buscar incansablemente? ¿Sobre qué algo indivi-

---

[121] PROUST, M., *Le Temps retrouvé,* pp. 146-147 / *El tiempo recobrado,* pp. 726-727. La cursiva es mía.

dual se ha encarnizado el barón? El Narrador da una respuesta, que resaltamos en la cita, cuando dice: "en el fondo de todo esto había, en M. de Charlus, todo un sueño de virilidad". Él amaba en Morel aquellos atributos propios del varón, esa virilidad que le atraía, que deseaba, justamente porque carecía de ella. Morel simboliza esa virilidad inalcanzada, ese sueño incumplido que el amor del barón perseguía en él. Truncado ese camino solo queda hundirse en la repetición. ¿Qué es el "Templo del impudor" sino el lugar propio de la repetición a la que ha sido condenado Charlus? "Ahora bien, las aberraciones son como amores en los que la tara enfermiza ha recubierto todo, alcanzado todo", el deseo del barón por ser castigado, por ser azotado, disciplinado, no es más que la contracara del sueño incumplido, en esas prácticas buscaba generar la ilusión de realidad. El Narrador nos dice que ese deseo revelaba un sueño poético, ese sueño era el amor por Morel, amor que perseguía en él la virilidad. Y, sin embargo, el barón solo puede hallar el hastío del placer mientras permanece con las manos vacías. El final de la visión del Narrador nos confirma esto cuando nos dice que "el señor de Charlus tenía tanto empeño en que ese sueño le diera la ilusión de la realidad que Jupien hubo de vender la cama de madera que estaba en la habitación 43 y sustituirla por una cama de hierro que iba mejor con las cadenas". La frustrada búsqueda del amor sume al barón en la repetición de prácticas masoquistas que persiguen la satisfacción de aquel sueño que encierra la persona de Morel. Sin embargo, el Templo del impudor solo ha de otorgarle a este Prometeo el hastío del placer.

S. Kierkegaard recoge la figura de Nerón para caracterizar el ser melancólico.[122] Al hablar del emperador nos explica que, el espíritu que vive en la inmediatez exige una forma superior de vida, pero que él no tiene el coraje de exponerse a ello, por lo tanto, se aferra a los deseos ya que en ellos solo existe el momento de descanso. Sin embargo, el espíritu arremete nuevamente y "Nerón quiere ofrecerle el hartazgo del deseo",[123] así sucede que "el espíritu se condesa en sí mismo como una oscura nube; la cólera se incuba en su alma y se convierte en una angustia que no se detiene ni en el instante del goce".[124] Nerón simboliza al sujeto que no puede dar el paso al estadio ético y decide hundirse en el placer hasta quedar hastiado y transformarse en un espíritu melancólico. Charlus, al igual que el emperador, frente a la imposibilidad del cumplimiento de su deseo —es decir, de la realización de su amor por Morel a quién es inherente la virilidad ansiada por el barón— queda sumido en la repe-

---

122 Cfr. KIERKEGAARD, S., *Estética y ética en la formación de la personalidad contemporánea*, pp. 43-51.
123 *Ibidem*, p. 45.
124 *Ibidem*.

tición de un hábito que se presenta como el síntoma.¹²⁵ El Narrador nos dice que en "su deseo de ser encadenado, de ser azotado, revelaba, en su fealdad, un sueño tan poético como en otros el deseo de ir a Venecia o de mantener bailarinas", el sueño poético de Charlus es el amor irresuelto por Morel, amor que se fundaba en el deseo de virilidad que era inherente a la persona del violinista, amor que, una y otra vez, se manifiesta como aberración, es, como toda aberración, una tara enfermiza que lo ha recubierto todo, lo ha alcanzado todo. El hastío del placer se erige así como el derrotero en el que queda varado Charlus tras el fracaso del sueño poético del amor, el hastío es generado por el hartazgo del deseo ofrecido al espíritu melancólico en busca de un sueño ya inalcanzable.

II.7.II El Tiempo artista de la destrucción

La segunda idea que queremos presentar, y con la que daremos cierre a este último capítulo, es en torno a un tema central de toda la novela: el Tiempo. La obra de Proust puede ser leída como una gran novela acerca del Tiempo, de su acción en la vida. No hace falta más que remitirse al título para comenzar a comprender que el tiempo es el gozne sobre el que girará todo el relato del Narrador.¹²⁶ Al final de la obra, el Narrador asistirá al baile de disfraces en el palacio de la princesa de Guermantes y allí tendrá la revelación –de la que hablamos más arriba– del paso del Tiempo y su acción sobre los hombres. El tiempo que se quiere recobrar, el tiempo perdido, es aquel que el Narrador adivina en los rostros de aquellos que asisten a la *matinée*. El Tiempo ha llevado a cabo una obra que se ve materializada en los personajes que el héroe encuentra esa noche y a quienes no veía hace muchos años. La idea sensible que el texto expresa hacia el final del relato es aquella en que el Tiempo aparece como un artista, hacedor de una obra, aunque dicha obra es, esencialmente,

---

125 Respecto del concepto de "repetición", puede leerse FREUD, S., "Recordar, repetir y relaborar (Nuevos consejos sobre la técnica del psicoanálisis, II) (1914)", en Obras Completas Vol. XII, Buenos Aires, Amorrortu Editores, 1983, pp. 145-157. En ese escrito S. Freud verá en la repetición un modo de aparición de lo olvidado y reprimido. El analizado no recuerda, sino que actúa (Cfr. *Ibidem* p. 152).

126 A. Maurois, respecto de la "La trama y los temas" de la *Recherche*, afirma que "El primero, en torno al que gira tanto el comienzo como el fin de la obra, es el Tiempo. Proust estaba obsesionado por el paso inexorable de los instantes, por el perpetuo transcurrir de todo lo que nos rodea, por la transformación que obra el tiempo en nuestros cuerpos y nuestros pensamientos. Del mismo modo que hay una geometría del espacio, existe una psicología del tiempo" (MAUROIS, *En busca de Marcel Proust*, p. 158).

destructiva. El Tiempo artista de la destrucción es la revelación a la que se enfrentará el Narrador al reencontrar a los personajes de toda su vida en aquella fiesta en que descubrirá –balanceándose entre el asombro y el horror– la indefectible acción arrasadora del Tiempo. Para presentar esta última idea utilizaremos diversos pasajes del relato final de *El tiempo recobrado* y, en particular, la descripción que el Narrador hace del avejentado duque de Guermantes en quien verá materializada la acción del Tiempo.

Cuando el Narrador ingresa a la fiesta, luego de haber pasado un rato en la biblioteca ya que no se podía interrumpir la pieza que se estaba tocando dentro del salón, se encuentra con un panorama insólito que intenta, de algún modo, describir. La primera impresión es el desconcierto: "En el primer instante no comprendí por qué dudaba en reconocer al dueño de la casa, a los invitados, ni por qué cada uno ellos parecía haberse 'hecho una cabeza', por lo general empolvada y que los cambiaba por completo".[127] El héroe observa que en las caras de sus amigos aparecen bigotes tenidos de blanco, cabellos canos, arrugas en sus cuellos, y juega con la situación en que los encuentra –un baile de máscaras– señalando lo paradójico de llevar máscaras cuándo el Tiempo había proveído ya una máscara natural para cada uno.[128] Luego de advertir cambios notorios en los primeros personajes que ve –M. de Argencourt, el Príncipe de Guermantes y Charlus– el Narrador tiene el siguiente pensamiento: "[…] me parecía que el ser humano podía sufrir metamorfosis tan completas como la de ciertos insectos. Tenía la impresión de estar mirando tras la cristalería instructiva de un museo de historia natural […]".[129] La visión comienza a delinearse, los personajes están transformados por algo o alguien que los ha convertido en algo distinto de lo que eran y, sin embargo, permanece algo que permite identificarlos con aquellos hombres de otro tiempo. El Narrador entonces, en el discurrir de su relato, logra expresar el trasfondo de todo aquello que ve, el artífice de las transformaciones que admira en sus compañeros –ahora convertidos en una especie de muñecos– y nos advierte también que para poder reconocerlos no bastan los ojos.

> Muñecos, pero que, para identificarlos con aquel que había conocido, había que leer al mismo tiempo en varios planos, situados detrás de ellos y que les daban

---

127 Proust, M., *Le Temps retrouvé*, p. 227 / *El tiempo recobrado*, p. 797.
128 "[…] toda fiesta, por sencilla que sea, cuando ocurre mucho tiempo después de haber dejado uno de frecuentar el gran mundo y a poco que reúna a unas cuantas personas que conoció en el pasado, nos da la sensación de una fiesta de disfraces, de la más lograda de todas […]" (Proust, M., *Le Temps retrouvé*, p. 230 / *El tiempo recobrado*, p. 799).
129 Proust, M., *Le Temps retrouvé*, p. 229 / *El tiempo recobrado*, pp. 798-799.

profundidad y obligaban a hacer un trabajo mental cuando uno tenía delante de aquellos viejos fantoches, porque estaba obligado a mirarlos con los ojos y al mismo tiempo con la memoria, muñecos inmersos en los colores inmateriales de los años, muñecos que exteriorizaban el Tiempo, el Tiempo que no suele ser visible, que para serlo busca cuerpos y, allí donde los encuentra, se apodera de ellos para proyectar encima su linterna mágica.[130]

Estos fantoches, con los que a cada paso se encuentra el Narrador en la *matinée*, no son más que la obra maestra del Tiempo, su acción consumada. Es preciso observar con los ojos, pero también ser asistidos con otros ojos, los de la memoria. La imagen presente podrá ser contrastada con los recuerdos y permitirnos así identificar a aquellos que alguna vez conocimos. El contraste entre una y otra impresión, entre el pasado y el presente, es lo que deja en evidencia la acción del Tiempo sobre las personas que el Narrador encuentra en aquella fiesta, es lo que permite que el Tiempo –que suele ser invisible– sea exteriorizado.[131] El héroe comprende que los cuerpos se instituyen como el

---

130 PROUST, M., *Le Temps retrouvé*, p. 231 / *El tiempo recobrado*, p. 800.
131 El juego entre pasado y presente a la hora de identificar a un personaje es magistralmente expresado por Proust en parte del relato analizado. El Narrador al ver a una mujer con la que hace tiempo no se encontraba explica este sorprendente contraste: "En efecto, 'reconocer' a alguien, y todavía más después de no haber podido reconocerlo, identificarlo, es pensar bajo una sola denominación cosas contradictorias, es admitir que lo que estaba aquí, el ser que uno recuerda, ya no está, y que lo que está es un ser que no se conoce; [...] Me decían un nombre y yo me quedaba perplejo pensando que se aplicaba a un tiempo a la rubia bailarina de vals que había conocido en el pasado y a la gruesa dama de cabellos blancos que pasaba trabajosamente a mi lado. Con cierto rosado de tez, aquel nombre era quizá la única cosa que había en común entre aquellas dos mujeres, más distintas –la de mi memoria y la de la *matinée* Guermantes– que una ingenua y una matrona noble de comedia. [...] Costaba trabajo reunir los dos aspectos, pensar las dos personas bajo una misma denominación; porque, si cuesta creer que un muerto estuvo vivo o que quien estaba vivo está hoy muerto, es casi tan difícil, y del mismo género de dificultad (pues el aniquilamiento de la juventud, de la destrucción de una persona llena de fuerzas y de ligereza es ya una primera nada), concebir que la que fue joven es vieja, cuando el aspecto de esta vieja, yuxtapuesto al de la joven, parece hasta tal punto excluirlo que alternativamente es la vieja, luego la joven, después otra vez la vieja las que os parecen un sueño, y no creeríamos que esto pueda haber sido nunca aquello, que la materia de aquello es ella misma, sin refugiarse en otra parte, gracias a las sabias manipulaciones del tiempo, convertida en esto, que es la misma materia, que no ha abandonado el mismo cuerpo –si no tuviéramos el indicio del nombre semejante y el testimonio afirmativo de los amigos, al que sólo da una apariencia de verosimilitud la rosa, ceñida antaño entre el oro de las espigas, esparcida ahora bajo la nieve" (PROUST, M., *Le Temps retrouvé*, pp. 246-247 / *El tiempo recobrado*, pp. 813-814). Para una elucidación de problema del reconocimiento y la importancia de la obra de Proust puede leerse, en el segundo estudio, "El reconocimiento como identificación", las

lienzo sobre el que el Tiempo proyectará la luz de su mágica linterna y en el que realizará su obra destructiva. La comprensión de esta situación, en la que repentinamente es introducido por su reflexión, lo hace advertir que ese baile le permitía observar el mundo desde una perspectiva singular:

> Por todos esos aspectos, una *matinée* como aquella en la que me encontraba era algo mucho más precioso que una imagen del pasado, ofreciéndome por así decir todas las imágenes sucesivas, y que nunca había visto, que separaban el pasado del presente, mejor aún, la relación que había entre el presente y el pasado; era como lo que en otro tiempo se llamaba una visión óptica, pero una vista óptica de los años, la vista no de un momento, sino de una persona situada en la perspectiva deformante del Tiempo.[132]

Es posible ver a las personas desde esta particular perspectiva: la del Tiempo deformante. Lo que el Narrador descubre en esa *matinée* es que el Tiempo lleva a cabo una acción sobre todos los hombres, una acción que, si se observa cuidadosamente, se muestra como una obra de la deformación, de la destrucción de aquello que era para su ulterior transformación en lo que es. Los trazos del Artista de la destrucción están a la vista en las arrugas de los rostros, los colores del cabello, las formas de los cuerpos y los dibujos de los pasos frágiles de los avejentados personajes.

En particular, la exteriorización del Tiempo, su acción, va a verse plasmada en un personaje que el Narrador describirá y en quien se podrá apreciar la obra de dicho Artista. Ese personaje es el duque de Guermantes, hermano de Charlus, conocido informalmente como Basin. El duque servirá como explicitación de la destrucción obrada por el Tiempo en los hombres que el Narrador nos quiere manifestar. Por ello este personaje y su descripción nos permitirán también expresar la idea sensible del Tiempo como artista de la destrucción. La exposición del Narrador comienza así:

> No era más que una ruina, aunque magnífica, y menos aún que una ruina, esa bella cosa romántica que puede ser una roca en la tempestad. Azotada por todas partes por las olas del sufrimiento, de cólera de sufrir, de marea incontenible de la muerte que la circundaban, su cara, deshecha como un bloque, conservaba el estilo, la línea arqueada que yo siempre había admirado: estaba corroída como

---

reflexiones de P. Ricouer en RICOUER, P., *Caminos del reconocimiento. Tres estudios*, México, FCE, 2006, pp. 90-93; y también: RICOEUR, P., *Tiempo y narración II. Configuración del tiempo en el relato de ficción*, Méjico, Siglo XXI, 5ta ed., 2008, pp. 610-617.
132 PROUST, M., *Le Temps retrouvé*, p. 232 / *El tiempo recobrado*, p. 801.

una de estas hermosas cabezas antiguas demasiado estropeadas, pero con las que nos sentimos muy felices de adornar un gabinete de trabajo. Parecía simplemente pertenecer a una época más antigua que la suya de antaño, no sólo por la rudeza y el desgaste de su materia en otro tiempo más brillante, sino porque a la expresión de finura y vivacidad había sucedido una involuntaria, una inconsciente expresión, construida por la enfermedad, de lucha contra la muerte, de resistencia, de dificultad de vivir.[133]

Una piedra en medio de una tempestad marina, allí permanece en medio de la tormenta sufriendo los azotes constantes del agua incansable que ha de erosionarla hasta hacerla desaparecer o arrancarla de cuajo. El duque y el Tiempo, la piedra y el tumultuoso mar, el hombre y la destructiva obra del transcurrir. La imagen del Narrador no hace sino decir el Tiempo exteriorizado en la materia de la que está constituido el cuerpo de Basin. Esa erosión del Tiempo no es amena, es semejante a los azotes que propinan las olas a aquellas piedras erguidas en medio de la tempestad, en medio del *temporal*.[134] El duque es la magnífica ruina que aparece en la *matinée* así como aparecen las grandes construcciones augustas de otro tiempo en medio de un paisaje que nos ofrece una ciudad antigua que visitamos. Su cara, en otro tiempo vivaz y de una finura apreciable, ha sido metamorfoseada por obra del Artista en un rostro que inconscientemente expresa la lucha contra la muerte, el cansancio generado por el esfuerzo de permanecer en la vida, la resistencia, lo exhaustivo de no claudicar ante los terribles golpes de las olas de la soledad que cada día la embisten. El Tiempo es el artista de la destrucción y, así como el literato utiliza la pluma y el papel para el milagro o el pintor la tela y el pincel, el Tiempo se vale del sufrimiento, de la cólera de sufrir, de la enfermedad y de la muerte que circunda para realizar su obra. La descripción avanza porque el Artista no ha dejado detalle de su obra al azar y ha querido cincelar cada uno de los rasgos que se expresan en la roca viva del cuerpo del duque

> Las arterias, tras perder toda elasticidad, habían dado al rostro en otro tiempo alegre una dureza estructural. Y sin que el duque se diese cuenta, descubría en la nuca, en la mejilla y en la frente aspectos en los que el ser, como obligado a aferrarse encarnizadamente a cada minuto, parecía zarandeado por una trágica ráfaga, mientras los mechones blancos de su magnífica cabellera, menos tupida, iban a abofetear con su espuma el promontorio invadido del rostro. Y como esos

---

133 Proust, M., *Le Temps retrouvé*, p. 322 / *El tiempo recobrado*, p. 880.
134 La palabra "temporal" nos permite expresar magníficamente la analogía entre la tempestad a la que está sometida la roca del mar y el paso del Tiempo que sufre el duque. El/lo temporal refiere, al mismo tiempo, a la tempestad y a lo relativo al paso del tiempo.

reflejos extraños, únicos, que sólo la cercanía de la tormenta en la que todo va a zozobrar da a las rocas que hasta entonces habían sido de otro color, comprendí que el gris plomizo de las mejillas tiesas y consumidas, el gris casi blanco y rizado de los mechones sublevados, la débil luz todavía concedida a los ojos que apenas veían, eran tintes no irreales, al contrario, demasiado reales, aunque fantásticos, y tomados de la paleta, de la iluminación, inimitable en sus negruras espantosas y proféticas, de la vejez, de la proximidad de la muerte.[135]

El Tiempo arrasador quiere arrastrarlo todo y el ser parece esforzarse por quedar aferrado al duque como la vegetación marina a la piedra azotada por las olas. Hasta los tonos de color de su rostro cambian con el paso del Tiempo como cambia el color de la piedra que yace inmóvil bajo el cielo oscuro que anuncia la venida de la tormenta. La cara del duque, sus mejillas ahora tiesas y consumidas, se oscurecen por la tempestad desatada por el Tiempo que se llama muerte y se tiñe de negruras espantosas que profetizan el advenimiento de la vejez, la proximidad del deceso, en fin, la consumación de la obra del Tiempo. ¿Qué es el duque sino la exteriorización de la acción del Tiempo, la manifestación de su paso destructivo que todo lo transforma? Sus mechones canos como la espuma de las olas vienen a invadir el promontorio de su rostro, su cara ha de hundirse ya en el mar abrazador que todo lo absorbe, su vida ha de sumergirse ya en el Tiempo destructor que todo lo metamorfosea.

El toque final del Artista, que no es más que la consumación de la obra del Tiempo en la roca viva del duque, aparece con el final de la descripción que realiza el Narrador. Aquel cuerpo trabajado por el artífice del cambio, aquella roca cincelada por el escultor de la que cada rasgo, cada detalle, da cuenta de la esencia de la obra, será expresado del siguiente modo:

> Pero estaba muy viejo, y cuando quiso pasar la puerta y bajar la escalera para salir, la vejez, que es de cualquier modo el estado más miserable para los hombres y que los precipita desde su cima del modo más parecido a los reyes de las tragedias griegas, la vejez, obligándolo a detenerse en el calvario en que se convierte la vida de los impotentes amenazados, a enjugar su frente chorreante, a tantear buscando con los ojos un escalón, que se le escapaba, porque habría necesitado para sus pasos inseguros, para su ojos anublados, un apoyo, la vejez, dándole a pesar suyo la apariencia de implorado dulce y tímidamente de los demás, lo había vuelto, más todavía que augusto, suplicante.[136]

---

135 PROUST, M., *Le Temps retrouvé*, pp. 322-323 / *El tiempo recobrado*, pp. 880-881.
136 PROUST, M., *Le Temps retrouvé*, p. 323 / *El tiempo recobrado*, p. 881.

La vejez, rasgo distintivo del Artista, no es más que el acabamiento de su obra, la consumación de la destrucción que opera el Tiempo. El duque de Guermantes, reducido a ruinas, aquellas que han subsistido al paso del temporal, es viejo, es decir que en él ha acaecido el Tiempo destructor convirtiéndolo en un hombre que da pasos inseguros, que tiene su vista anublada, un hombre al que acecha la caída y se parece más a un suplicante que a un augusto rey. El duque de Guermantes ha sido reducido al estado más miserable de los hombres: la vejez. Esto significa que el Artista ha realizado su obra haciendo de él un impotente que descubre que su vida, que durante su juventud le aparecía como feliz y plena, ha sido trasmutada en una vida desgastada que solo puede ser concebida como un calvario. El Tiempo ha transcurrido y en su paso ha erosionado la piedra del cuerpo del duque al punto de realizar en ella una obra, el Tiempo se exterioriza en él y da cuenta de su ser artista de la destrucción.

La *matinée* en casa de la princesa, en la que el Narrador se encuentra angustiado porque "descubría esa acción destructora del Tiempo en el momento mismo en que pretendía intentar aclarar, intelectualizar en una obra de arte, unas realidades extratemporales",[137] nos revela dos cosas. Por un lado, una idea muy clara, que ha sido objeto del presente análisis y que el Narrador formula en los siguientes términos: "En resumen, el artista, el Tiempo, había 'transformado' todos aquellos modelos de tal modo que eran reconocibles, pero no eran parecidos, no porque los hubiese favorecido sino porque los había envejecido".[138] Esto es la manifestación del Tiempo como artista de la destrucción, como hacedor de la obra que transforma los cuerpos, que despliega en los hombres las metamorfosis destructoras de su materialidad al punto de consumar su obra en la vejez que los deja al borde de la muerte. Por otro lado, la idea final de la *Recherche*, idea que como el Narrador lo hace nos gustaría también dejar aquí expresada: al mismo tiempo que se descubre la acción destructora del Tiempo aparece la necesidad de fijar esencias extratemporales, de escapar a su acción demoledora. ¿La manera de hacerlo? Mediante una obra de arte que recoja los frutos de la memoria involuntaria que le es otorgada al Narrador en la antesala de la *matinée* y mediante la cual podrá construir su novela para fijar en la expresión literaria la verdadera vida, aquella en que el ser se manifiesta en lo que tiene de extratemporal, aquella expresión que, mediante la utilización del lenguaje-cosa nos permita decir las ideas sensibles, las ideas encarnadas en el mundo y que el milagro de una expresión verdadera puede sacar a la luz, puede decir.

---

[137] Proust, M., *Le Temps retrouvé*, pp. 236-237 / *El tiempo recobrado*, p. 805.
[138] Proust, M., *Le Temps retrouvé*, p. 241 / *El tiempo recobrado*, p. 809.

A la busca del tiempo perdido

El último apartado del libro intenta introducir la novela de Marcel Proust: *A la busca del tiempo perdido*, que ha sido objeto de análisis en los capítulos cuatro y cinco. Lo que se intentará elaborar es una breve reseña de sus personajes principales, hechos, y temas más relevantes. La estructura de esta exposición se divide en dos partes: la primera, versa sobre los temas centrales de la novela tomada en su conjunto. En esta sección identificaremos como temas ineludibles de la novela al tiempo, la memoria y la verdad. La segunda, tendrá por objeto la trama, intentaremos allí reconstruir brevemente los episodios clave y los personajes principales que aparecen en cada tomo de la *Recherche*.

El presente texto no pretende de ningún modo resumir o abarcar todos los temas, situaciones y personajes de la novela –tarea titánica que, de por sí, raya lo imposible– sino, simplemente, presentar generalmente algunos temas centrales que consideramos importantes para su comprensión.

I. Los temas: la *Recherche* una obra sobre el tiempo, la memoria y la verdad

¿Cuáles son los temas principales de *A la busca del tiempo perdido*? ¿Qué es aquello que el Narrador relata a lo largo de los siete tomos de la obra? ¿Por qué la *Recherche* es una novela tan extensa? Esta y otras tantas preguntas son las que cualquier lector podría hacerse al enfrentarse con la colosal novela de Proust. Existen múltiples abordajes de la novela proustiana y exhaustivos análisis de su temática. Sin embargo, si uno tuviera que responder aquellas preguntas sucintamente podría decir que los temas centrales de la *Recherche* son tres: el tiempo, la memoria y la verdad. Además, podría agregarse que estos tres temas centrales se encuentran íntimamente relacionados de tal modo que la tensión entre el tiempo que destruye y la memoria que conserva suscita la expresión de la verdad.

El primer tema sobre el que debemos detenernos es aquel del tiempo. Empecemos por lo más simple: la *Recherche* se presenta como una búsqueda del *tiempo* perdido. Desde el título Proust decide imprimirle a su texto la impronta de lo temporal. Pero ¿por qué puede decirse que el tiempo se erige como un tema central –tal vez el más importante– de toda la novela? El autor de la *Recherche* parece estar obsesionado con el tiempo y, también, con su acción destructora.[1] El Narrador describe al tiempo como una dimensión enorme de la vida del hombre en la que se hallan una tras otra acumuladas todas las vivencias del sujeto:

> Experimentaba una sensación de fatiga y espanto sintiendo que todo este tiempo tan largo no solo no había sido, sin una sola interrupción, vivido, pensado, segregado por mí, que era no sólo mi vida, no sólo yo mismo, sino también que debía mantenerlo cada minuto atado a mí, que me sostenía, a mí, que, encaramado en su cima vertiginosa, no podía moverme sin desplazarlo como yo podía en cambio hacer con él.[2]

La visión que sigue inmediatamente a este pensamiento es la de unos hombres que caminan con grandes zancos vivientes, zancos en constante crecimiento conformados por las vivencias que continuamente se van acumulando, es decir, instantes que cada hombre lleva consigo.[3] Lo que el autor de la *Recherche* advierte en esta dimensión de la vida humana es, principalmente, su discurrir irrefrenable, incontenible, que avanza con paso firme dejando tras de sí las vivencias de cada presente, depositándolas en un pasado que se pierde

---

1 El tiempo proustiano, y en particular su acción destructora, fueron presentados y analizados en profundidad tanto en el cuarto capítulo del libro, precisamente en el punto "I.2 Génesis y tiempo de las ideas sensibles: el quiasmo entre empírico y trascendental", como en el quinto en el apartado "I.7.II El Tiempo artista de la destrucción". Puede leerse, para un acercamiento más exhaustivo a esta cuestión, el excelente análisis de la *Recherche* como una fábula sobre el tiempo que realiza P. Ricouer, ver RICOEUR, P., *Tiempo y narración II. Configuración del tiempo en el relato de ficción*, Méjico, Siglo XXI, 5ta ed., 2008, pp. 582-618.
2 PROUST, M., *Le Temps retrouvé*, p. 352 / *El tiempo recobrado*, pp. 906-907.
3 Respecto del Tiempo como tema central de la *Recherche* y su acción S. Beckett escribía que "Las criaturas de Proust, por tanto, son víctimas de esta condición y de esta circunstancia predominante: el Tiempo; [...] No hay manera de librarse del ayer porque el ayer nos ha deformado, o nosotros lo hemos deformado a él. No importa quién deforma a quién: ha habido deformación. El ayer no es un hito del pasado, sino un mojón cotidiano en el camino trillado de los años, que es parte irrenunciable de nosotros y que llevamos dentro de nosotros, pesado y peligroso" (BECKETT, S., *Proust y tres diálogos con Georges Duthuit*, pp. 16-17).

cada vez más lejos y que parece no poder alcanzarse. El *tiempo perdido* es aquel conjunto de vivencias que el Narrador ubica en un pasado que se presenta como inaccesible. Es por eso que en el final de la novela –precisamente en su último párrafo– el Narrador escribe que

> Me asustaba que los míos [sus zancos] fueran ya tan altos bajo mis pasos, pensaba que no seguiría teniendo fuerza para mantenerme atado a mí mucho tiempo ese pasado que descendía ya tan lejos. Por eso, si ella me fuera dejada el tiempo suficiente para llevar a cabo mi obra, no dejaría yo ante todo de describir en ella a los hombres, aunque debiera hacerlos parecerse a seres monstruosos, como si ocupasen un lugar tan considerable, al lado de ese otro tan restringido que les está reservado en el espacio, un lugar prolongado en cambio hasta la desmesura puesto que tocan simultáneamente, como gigantes inmersos en los años, épocas vividas por ellos tan distantes, y entre las cuales tantos días han venido a situarse –en el Tiempo.[4]

Este último párrafo de la obra, en que se describe la imagen final de los hombres monstruosos que caminan sobre sus zancos constituidos de instantes, nos sitúa exactamente al principio de la historia de su escritura, se cierra un círculo perfecto cuando el Narrador nos explica que esa visión del paso del tiempo es la que lo mueve a escribir un texto en el que irá "a la busca del tiempo perdido". Él mismo ya había esbozado esto cuando veía en el Tiempo un gran aguijón que lo motivaba a escribir un libro para esclarecer aquella vida que, oculta en las tinieblas del pasado, puede ser devuelta a la verdad.[5] El tiempo se presenta así como tema y motivo principal de la *Recherche*, el Narrador se propone describir el paso del tiempo y para ello recopila diferentes vivencias del pasado que constituyen el grueso de los pasajes que hallamos en el transcurso de la novela.

Este paso constante del tiempo, este discurrir irrefrenable, es lo que altera al Narrador. ¿Cómo detener ese tiempo que avanza indefinidamente?, ¿cómo apresar entre las manos ese tiempo que, como agua, se nos escurre? Lo que se *busca* entonces es recuperar aquel *tiempo perdido*, ese tiempo pasado. Y es,

---

[4] PROUST, M., *Le Temps retrouvé*, p. 353 / *El tiempo recobrado*, p. 907.
[5] "Finalmente, aquella idea del Tiempo tenía un último valor para mí, era un aguijón, me decía que ya era hora de empezar si quería alcanzar lo que a veces había sentido en el curso de mi vida, en breves relámpagos, por la parte de Guermantes, en mis paseos en coche en Mme. de Villeparisis, y que me había hecho considerar la vida como digna de ser vivida. ¡Cuánto más me lo parecía, ahora que, a mi juicio, podía ser esclarecida esa vida que se vive en las tinieblas, devuelta a la verdad de lo que era, esa vida que falseamos sin tregua, en resumidas cuentas realizada en un libro! ¡Qué feliz sería, pensaba yo, quien pudiera escribir tal libro, qué tarea ante él!" (PROUST, M., *Le Temps retrouvé*, p. 337 / *El tiempo recobrado*, p. 907).

justamente, esta búsqueda la que nos deposita de modo directo en el segundo gran tema de la novela: la memoria. Al referirse a la *Recherche* André Maurois decía que "En suma, los temas proustianos son: el Tiempo, que destruye, y la Memoria, que conserva. Pero se trata ya de una forma indiferente de memoria".[6] El binomio tiempo-memoria, las dos caras de la moneda de la obra, no puede comprenderse si se piensa una sin la otra: frente al tiempo que todo lo destruye, mientras avanza con su temible paso, se erige la memoria que trabaja por conservar algo de aquella ciudad asediada de nuestros recuerdos, de lo real. La memoria aparece entonces como el segundo gran tema de la *Recherche*.

Es famoso aquel pasaje de la obra en que mientras toma el té junto a su madre el Narrador escribe:

> Me parece muy razonable la creencia celta de que las almas de los que hemos perdido están cautivadas en algún ser inferior, en un animal, en un vegetal, en un objeto inanimado, perdidas realmente para nosotros hasta el día, que para muchos nunca llega, en que resulta que pasamos junto al árbol o entramos en posesión del objeto que constituye su cárcel. Entonces se estremecen, nos llaman, y tan pronto como las hemos reconocido, el encantamiento queda roto. Liberadas por nosotros han vencido a la muerte y vuelven a vivir en nuestra compañía.
>
> Así ocurre con nuestro pasado. Es trabajo perdido que tratemos de evocarlo, inútiles todos los esfuerzos de nuestra inteligencia. Está oculto fuera de su dominio y de su alcance, en algún objeto material (en la sensación que ese objeto material nos daría) que ni siquiera sospechamos. Y ese objeto, depende del azar que lo encontremos antes de morir, o que no lo encontremos.[7]

Esta cita de *Por la parte de Swann*, nos explica que el pasado perdido no puede ser evocado voluntariamente. Eso sería vano y los esfuerzos de nuestra inteligencia, inútiles. El pasado solo puede ser recobrado por azar. Así como los celtas creían que las almas de los que hemos perdidos se hallaban encerradas en seres inferiores u objetos que, cuando los encontramos en nuestra vida liberan para nosotros la esencia de aquellos que estaban perdidos en el tiempo, el Narrador considera que con nuestro propio pasado sucede igual. La memoria que puede evocar el pasado en sí no es una memoria voluntaria sino una memoria involuntaria.[8] Aquella memoria que no está viciada por nuestra

---

6 Maurois, A., *En busca de Marcel Proust*, p. 160.
7 Proust, M., *Du côté de chez Swann*, p. 100 / *Por la parte de Swann*, pp. 42-43.
8 En el apartado "II.1 Memoria involuntaria, metáfora, y esencia extratemporal de las cosas" del cuarto capítulo, nos detuvimos en la distinción y explicitación de los conceptos de memoria y memoria involuntaria que son claves para encarar la lectura de *A la busca del tiempo perdido*.

experiencia presente, que no tiene en cuenta toda nuestra historia sino que se pone en funcionamiento al encontrarse con una sensación, un objeto, un escollo análogo a uno que se encontró en nuestro pasado y, gracias a que esa sensación contiene el alma inmaculada de aquel presente lejano, se abre en toda su riqueza como si se pronunciaran las palabras mágicas que nos permiten acceder a un recinto que está frente a nosotros y se muestra impenetrable. La memoria involuntaria es la herramienta principal de Proust para desencadenar toda la narración de su novela,[9] es la llave que abre el pasado y permite que este se muestre en su verdad.

El mecanismo de la metáfora proustiana es simple: al encontrarnos con una determinada sensación, análoga a una del pasado, se establece una conexión entre ambas y se abre aquel momento en que ella se ha vivido en un presente que ahora es pasado. El pasaje paradigmático es aquel de la magdalena y el té. En las primeras páginas de la obra su madre le ofrece un té al Narrador y este moja la magdalena en la infusión para luego probarla. Aquel sabor le permite, por azar, recobrar toda su infancia en Combray:

> Y de repente se me apareció el recuerdo. Aquel sabor era el del trocito de magdalena que me ofrecía los domingos por la mañana en Combray (porque los días festivos yo no salía antes de la hora de misa), cuando iba a darle los buenos días a su cuarto, mi tía Léonie después de haberlo mojado en su infusión de té o de tila. [...] Y en cuanto reconocí el sabor del trocito de magdalena mojado en la tila que me daba mi tía (aunque todavía no supiese y hubiera de dejar para mucho más tarde el descubrimiento de por qué me volvía feliz aquel recuerdo), al punto la vieja casa gris que daba a la calle, donde estaba su cuarto, vino como un decorado de teatro a aplicarse al pequeño pabellón, que daba al jardín, y que habían construido mis padres en la parte de atrás (aquel lienzo de pared truncado, lo único que yo había vuelto a ver hasta ese momento); y, junto con la casa, la ciudad, desde la mañana a la noche y en todo tiempo, la Plaza adonde me mandaban antes del almuerzo, las calles por donde iba para hacer algunos recados, los caminos que seguíamos si el tiempo era bueno. Y, del mismo modo que en ese juego con que los japoneses se divierten empapando en un bol de porcelana lleno de agua trocitos de papel hasta entonces indistintos y que, apenas sumergidos, se estiran, asumen

---

9   Sobre este tema central de la *Recherche* E. White escribe: "[...] nuestra memoria no es como un recipiente cuyo contenido –todas las cosas que hemos vivido en el pasado– esté a nuestra disposición simultáneamente. No, el corazón tiene sus intermitencias y los recuerdos afluyen en tropel, con toda su fuerza sensual, solo cuando los activan involuntariamente gustos, olores u otras sensaciones sobre las que no ejercemos ningún control. Esta idea del recuerdo involuntario se convertiría en una de las piedras angulares de *En busca del tiempo perdido* y en uno de los principios rectores de su arquitectura literaria" (WHITE, E., *Proust*, Mondadori, Barcelona, 2001, p. 48).

contornos y colores, se diferencian volviéndose flores, casas, figuras consistentes y reconocibles, así ahora todas las flores de nuestro jardín y las del parque del señor Swann, y las ninfeas del Vivonne, y la buena gente del pueblo y sus pequeñas casitas y la iglesia y todo Combray y los campos de alrededor, todo eso que está tomando forma y solidez, ha salido, ciudad y jardines, de mi taza de té.[10]

Aquel sabor que él siente es análogo al que sentía cuando mojaba el bollo en casa de su tía abuela en Combray, este pequeño ser que se esconde en el sabor de la magdalena lo reenvía directamente al yo del pasado abriendo para el Narrador, en toda su riqueza, los días y las noches, todo el tiempo de Combray con sus paseos y personajes, con sus jardines y sensaciones. Todo eso sale de la taza de té del Narrador y esa memoria involuntaria es la fuente a partir de la que el escritor produce todo ese primer tomo en que describe la parte de Méséglise y el amor de Swann por Odette. Esa es la memoria involuntaria que abre el pasado inmaculado, esa es la memoria que permite al Narrador enfrentar al Tiempo destructor, es su contracara, la forma de recobrar el tiempo perdido que parecía inaccesible.[11] Es aquella memoria que se despierta con una sensación, con un objeto y, de ese modo, hace resucitar un pasado que parecía olvidado.

El tercer y último tema de la novela que aquí queremos presentar es aquel de la verdad. El desarrollo de nuestro libro busca sostener que en la *Recherche* existe una expresión literaria de la verdad.[12] La novela proustiana, por su particular modo de expresar mediante la elaboración de una "pintura de los errores",[13] logra decir una verdad que no parece poder manifestarse de otro modo.

---

10 Proust, M., *Du côté de chez Swann*, pp. 103-104 / *Por la parte de Swann*, pp. 44-45.
11 "Esto explicaba que mis inquietudes sobre mi muerte hubieran cesado en el momento en que de manera inconsciente había reconocido el sabor de la pequeña magdalena, porque en ese momento el ser que yo había sido era un ser extratemporal, y por lo tanto despreocupado de las vicisitudes del futuro. Sólo vivía de la esencia de las cosas, y no podía captarla en el presente donde, por no entrar en juego la imaginación, los sentidos eran incapaces de proporcionársela; el futuro mismo hacia el que la acción tiende nos lo abandona. Aquel ser había venido a mí, nunca se había manifestado, sino fuera de la acción, del goce inmediato, cada vez que el milagro de una analogía me había hecho escapar al presente. *Era lo único que tenía el poder de hacerme recuperar los días antiguos, el tiempo perdido*, ante lo cual siempre fracasaban los esfuerzos de mi memoria y de mi inteligencia" (Proust, M., *Le temps retrouvé*, p. 178 / *El tiempo recobrado*, pp. 753-754. La cursiva es mía).
12 Como hemos señalado, entendemos por verdad aquella expresión del mundo vivido que lleva a cabo el lenguaje conquistador que instituye una gran prosa, es decir, aquella literatura que logra expresar el estar-en-el-mundo del cuerpo propio.
13 "La pintura de los errores" como la forma característica de expresión de la verdad en la *Recherche* es analizada en el punto "II.2 La *Recherche* como pintura de los errores para alcanzar la verdad" del cuarto capítulo.

Proust ve en la literatura la verdadera vida, el arte es comprendido como un modo de expresar la verdad de la vida. Este último tema es introducido inmediatamente por los dos anteriores, en su "Prefacio" de *Du côté de chez Swann*, Antoine Compagnon explica esto claramente. En su análisis, Compagnon sostiene que el final de la *Recherche* —en el que como más arriba explicábamos el Narrador descubre que tiene que escribir el libro que le permita recoger ese tiempo que se escurre entre sus manos— permite identificar dos temporalidades en la novela: "El círculo se cierra entonces sobre la definición de ambas temporalidades de la novela: aquella, irreversible, de la vida, y aquella, reversible, del arte, o de la verdadera vida".[14] El Narrador siente la desesperada necesidad de recobrar el tiempo perdido, aquel tiempo correspondiente a la vida, irreversible, y fijarlo de tal modo que no quede por siempre olvidado en un pasado inaccesible. El vehículo para dicha recuperación del tiempo es la obra de arte en que pueda cristalizarse la verdad de aquel mundo vivido, de aquellos instantes efímeros del ayer que se acumulan indefinidamente en un opaco pasado, que pueden ser llevados a la luz de la verdad y plasmados de tal modo que se tornen accesibles, instituyendo de este modo una "temporalidad reversible". Esto es lo que Proust nos decía al escribir:

> La grandeza del arte verdadero [...] consistía en volver a encontrar, en volver a captar, en hacernos conocer esa realidad lejos de la cual vivimos, de la que nos apartamos cada vez más a medida que gana más espesor e impermeabilidad el conocimiento convencional con el que la sustituimos, esa realidad que corremos el riesgo de morir sin haber conocido, y que es simple y llanamente nuestra vida.[15]

El arte es la herramienta para recobrar los instantes de nuestra vida que parecen perdidos, es el modo de cristalizar aquellas vivencias que nos provee la memoria involuntaria. Los signos del arte son los que pueden sostener las esencias que se desprenden de las reminiscencias nacidas de la memoria involuntaria. No basta solo con abrir el pasado en sí, es preciso trasmutar ese recuerdo en signos inmateriales que sostengan aquella verdad del mundo vivido.[16] Esto es lo que Proust sostenía cuando escribía que "Lo que llamamos la

---

14 COMPAGNON, A., "Préface", en PROUST, M., *Du côté de chez Swann*, p. 45.
15 PROUST, M., *Le temps retrouvé*, p. 202 / *El tiempo recobrado*, pp. 774-775.
16 El Narrador expondrá la relación del arte con la expresión de la verdad del siguiente modo: "En cuanto al libro interior de signos desconocidos (de signos en relieve, al parecer, que mi atención, explorando mi inconsciente, iba a buscar, con los que tropezaba, que contorneaba, como un buzo que sonda), para cuya lectura nadie podía ayudarme con ninguna regla, esa lectura consistía en un acto de creación en el que nadie puede suplirnos ni siquiera colaborar con nosotros. [...] el artista debe escuchar en todo momento su propio instinto,

realidad es cierta relación entre esas sensaciones y esos recuerdos que nos rodean simultáneamente [...] relación única que el escritor debe encontrar para encadenar por siempre en su frase uno a otro los dos términos diferentes".[17] El tiempo que destruye y la memoria que conserva dan lugar a la expresión de la verdad. La memoria involuntaria establece una conexión entre presente y pasado, en que uno y otro se confunden, y aparece así lo común de ambas vivencias, lo esencial, lo extratemporal:

> [...] el ser que entonces saboreaba en mí esa impresión, la saboreaba en lo que tenía de común en un día antiguo y ahora, en lo que tenía de extratemporal, un ser que sólo aparecía cuando, gracias a una de esas identidades entre el presente y el pasado, podía encontrarse en el único medio donde pudiese vivir, gozar de la esencia de las cosas, es decir, fuera del tiempo[18]

La tarea del literato es aquella de recoger en su obra las verdades que se expresan en el mundo circundante, Proust entiende que "había que intentar interpretar las sensaciones como signos de otras tantas leyes e ideas, tratando de pensar, es decir, de hacer salir de la penumbra lo que había sentido, de convertirlo en un equivalente espiritual. Pero ¿qué otra cosa era este medio, que me parecía el único, sino hacer una obra de arte?".[19] Es el arte, precisamente la literatura, el medio para esclarecer la vida, para conocer la realidad en su aspecto esencial, la verdad del mundo vivido, en fin, para recobrar el tiempo perdido.

---

y esto hace que el arte sea lo que hay de más real, la escuela más austera de la vida, y el verdadero Juicio Final. Este libro, más arduo de descifrar que ningún otro, es también el único que nos haya dictado la realidad, el único cuya 'impresión' haya sido hecha en nosotros por la realidad misma. Sea cual fuere la idea dejada en nosotros por la vida, su figura material, huella de la impresión que nos ha causado, es también la prenda de su verdad necesaria. Las ideas formadas por la inteligencia pura no tienen más que una verdad lógica, una verdad posible, su elección es arbitraria. El libro de caracteres figurados, no trazados por nosotros, es nuestro único libro. No porque estas ideas que formamos no puedan ser justas desde el punto de vista lógico, sino porque no sabemos si son verdaderas. Sólo la impresión, por mísera que parezca su materia e imperceptible su huella, es un criterio de verdad, y sólo por esto merece ser captada por el intelecto, porque sólo ella es capaz, si éste sabe deducir esa verdad, de llevarlo a una perfección mayor y de darle alegría pura" (PROUST, M., *Le temps retrouvé*, pp. 186-187 / *El tiempo recobrado,* p. 760).

17 PROUST, M., *Le temps retrouvé,* p. 196 / *El tiempo recobrado,* p. 769.
18 PROUST, M., *Le temps retrouvé,* p. 178 / *El tiempo recobrado,* p. 753.
19 PROUST, M., *Le temps retrouvé,* p. 185 / *El tiempo recobrado,* p. 760.

II. La trama: líneas generales, pasajes y personajes de *A la busca del tiempo perdido*

Es difícil hablar de una "estructura" de la novela de Proust ya que el proyecto que pergeña el escritor para su obra se modifica una y otra vez.[20] Por otra parte, los abordajes posibles de esta inmensa novela son variados como bien señalaba Armiño en su "Introducción" a la edición española:

> Proust multiplicaba las facetas posibles de una escritura que es muchas cosas a la vez: desde una obra parcialmente autobiográfica, e iniciática en su totalidad, a la pintura de una sociedad –ya desaparecida en su indumentaria externa–, pasando por una novela psicológica, una obra simbólica, una defensa de un tema prohibido y evitado hasta entonces como la homosexualidad, y una reflexión sobre la literatura, el arte y la creación.[21]

---

20 *Por la parte de Swann,* publicado en 1913, anuncia el proyecto completo de *A la busca del tiempo perdido*, compuesto por *La parte de Guermantes* y *El tiempo recobrado*. Sin embargo, la irrupción de la primera Guerra Mundial modifica los planes iniciales de Proust. Corrigiendo la prueba de galera del tomo al que había titulado *La parte de Guermantes* y con las ediciones detenidas por la contienda, el texto comienza a crecer desmedidamente ya que el autor no se limita solamente a corregir errores. A esto debe agregarse la muerte del chofer del escritor, Alfred Agostinelli, del que Proust está enamorado y pasa a formar parte de la obra bajo el nombre de Albertine. Este suceso también impulsará el incontrolable crecimiento de la obra. Para cuando Gaston Gallimard se hace cargo de la edición de la *Recherche* aparece a finales de 1918 y principios de 1919 *A la sombra de las muchachas en flor*, tomo en el que se anuncia "en prensa": *La parte de Guermantes, Sodoma y Gomorra I y Sodoma y Gomorra –II– El tiempo recobrado*. Es decir que para 1919 la *Recherche* contiene dos tomos publicados (*Por la parte de Swann*, y *A la sombra de las muchachas en flor*) y prevé tres más. Este segundo plan también se verá alterado en los últimos años de vida del autor, la escritura de Proust prolifera indefinidamente y piensa en agregar Sodoma III y Sodoma IV, convencido además de que habrá un Sodoma V y un Sodoma VI. Para no generar confusiones, aconsejado por un amigo, Proust decide titular: "Sodoma III La Prisionera" y "Sodoma IV La Fugitiva", aunque guardándose de poner "continuación de Sodoma y Gomorra". Este nuevo proyecto también es modificado cuando Proust parece preferir, finalmente, *La prisionera* y *La fugitiva*, para los volúmenes siguientes. Sin embargo, la aparición de un libro de Rabindranath Tagore titulado: *La fugitiva,* desbarata el plan y algunos días después de la muerte de Proust aparece un número de la *NRF* que anuncia en prensa: Sodoma y Gomorra, III. *La prisionera - Albertina desaparecida*, de próxima publicación: *Sodoma y Gomorra* en varios volúmenes (continuación), *El tiempo recobrado* (fin). Las peripecias continuarán, sin embargo, esta breve exposición ilustra la idea de que la *Recherche* es un proyecto cambiante al que no se le puede atribuir una estructura fuerte sino ciertas líneas generales. Para una ampliación de la historia de la edición de la *Recherche* véase: Armiño, M., "Nota introductoria" en *A la busca del tiempo perdido*, Tomo III, pp. IX-XXIII.

21 Armiño, M., "Introducción" en *A la busca del tiempo perdido*, Tomo I, p. XXXII.

Sin embargo, podemos señalar algunas líneas generales, rectoras, que permanecen a lo largo de los sucesivos cambios que Proust realiza a medida que avanza la escritura de la novela y que se refieren estrictamente a la trama.

El personaje principal de *A la busca del tiempo perdido* es el Narrador, a quien sólo en dos oportunidades el texto se refiere con el nombre de Marcel.[22] Este Narrador construye la novela apelando a su memoria y relatando exhaustiva y detalladamente personajes, lugares, vestidos, carros, cuadros, etc. El Narrador se halla, sin saberlo aún, en una *Búsqueda* que ya se anuncia con el pasaje de la magdalena de *Por la parte de Swann,* y se cierra con las reconocidas resurrecciones de la memoria que le suceden en la biblioteca antes de entrar a la matinée de la Princesa de Guermantes. Asistimos a un recorrido en que el Narrador se convertirá en héroe cuando descubra el secreto que ha de contarle la memoria involuntaria y que puede ser cristalizado en una obra de arte que nos permita expresar las esencias del mundo, la verdad extratemporal de las cosas.

Toda la historia se puede enmarcar en el desarrollo de dos caminos, aparentemente contrarios, que, hacia el final de la obra, se cruzarán. Estos dos cami-

---

22   La figura del Narrador de la *Recherche* siempre ha sido motivo de controversia. Se ha dicho que la *Recherche* es una especie de autobiografía de Marcel Proust porque está plagada de lugares, hechos y personas que pueden ser rastreados en la vida del escritor francés. Esto parece comprobarse rápidamente en tanto que existen múltiples eventos y personas de la vida de Proust que pueden remitirse directamente a pasajes de la *Recherche*. Sin embargo, Proust hace un notorio esfuerzo por no ubicarse en el "yo" del narrador –aunque falla ya que en *La prisionera* Albertine llama al Narrador "Marcel" en dos ocasiones– y sabemos que su voluntad no es la de escribir un libro autobiográfico. Por ello es que, hecha a un lado esta discusión infértil para los presentes análisis podemos referir, respecto del Narrador, la excelente descripción que se halla de este personaje principal de la novela en el "Diccionario de personajes" de Armiño: "El 'yo' que, salvo en 'Un amor de Swann' –donde el sujeto está en tercera persona–, encarna al Narrador de *A la busca del tiempo perdido* recibe en dos ocasiones el nombre de 'Marcel' en *La prisionera*. Ese nombre es el único dato que ofrece la novela del estado civil del Narrador, cuyo retrato no hace nunca y del que apenas opinan los personajes que mantienen relaciones con él. Por Albertine, el lector sabrá que todo el mundo lo aprecia y lo busca, desde la marquesa de Cambremer a la duquesa de Guermantes. Joven burgués parisino, nacido hacia 1880-1881, pasa sus vacaciones en Combray, lugar natal de su padre. Tiene una salud frágil que le impide viajar a Venecia en su juventud y le obliga a pasar temporadas en un sanatorio, sobre todo al final de la novela. Desde la infancia se declara a sí mismo un ser hipernervioso y muy sensible, capaz de cóleras, como la que lo arrebata haciéndole pisotear el sombrero del barón de Charlus, y de una delicadeza que lo tortura durante la agonía de su abuela. Desde la primera página de la novela ofrece la imagen de un insomne que recuerda hechos, lugares, sentimientos y personas del pasado. Su situación frente al mundo es la de un espectador privilegiado de la sociedad burguesa de Combray y de la mundana del faubourg Saint-Germain, cuyos movimientos observa como testigo y como oyente" (ARMIÑO, M., "Introducción" en *A la busca del tiempo perdido*, Tomo I, p. CCLV).

nos, por los que la familia del Narrador orienta sus paseos, son: el camino de Méséglise y el de Guermantes. Los senderos están separados no sólo por su distancia, sino porque representan cosas distintas en el imaginario del Narrador:

> Pero, ante todo, entre ambas partes yo interponía, mucho más que sus distancias kilométricas, la distancia que había entre las dos partes de mi cerebro cuando pensaba en ellas, una de las distancias internas del espíritu que no sólo alejan, sino que separan y sitúan en un plano distinto. Y esa demarcación se volvía más absoluta todavía por el hecho de que nuestra costumbre de no ir nunca por las dos partes en un mismo día, durante un solo paseo, sino una vez por la parte de Méséglise, otro por la parte de Guermantes, las encasillaba, por así decir, lejos una de la otra, irreconocibles la una para la otra, en los vasos cerrados y no comunicables de tardes diferentes.[23]

Esta separación tajante que establece el Narrador no se reduce a lo espacial sino a lo que simbólicamente ambas partes representan en la obra. El camino de Méséglise, que es también el de Swann, representa a la burguesía, la mente y el amor; el camino de Guermantes, que es el Mme. de Guermantes y toda su familia, simboliza la vida social, el deseo carnal, la aristocracia. Estos dos caminos con el tiempo se terminarán uniendo cuando Gilberte Swann se case con Robert de Saint-Loup, la burguesía quedará emparentada con la aristocracia, la sangre judía con la más alta alcurnia francesa. Esto es relatado en los hechos y presentado simbólicamente en el paseo que Gilberte da con el Narrador al final de *La fugitiva*, en que ella le muestra las fuentes del río Vivonne y le descubre que la parte de Guermantes y la de Méséglise son conciliables, que se puede ir a una emprendiendo el camino de la otra.[24] La unificación final

---

23 Proust, M., *Du côté de chez Swann*, pp. 212-213 / *Por la parte de Swann*, p. 122.
24 "Una de ellas, la primera [vez que Gilberte asombró al Narrador], al decirme: 'Si no tuviera usted mucha hambre y si no fuera tan tarde, tomando ese camino de la izquierda y torciendo luego a la derecha, en menos de un cuarto de hora estaríamos en Guermantes'. Es como si me hubiera dicho: 'Doble a la izquierda, tire luego a mano derecha, y tocará lo intangible, alcanzará las inalcanzables lejanías de las que en esta tierra nunca se puede conocer sino la dirección, sino –lo que tiempo atrás había creído que únicamente podría conocer de Guermantes, y quizá en cierto sentido no me engañaba– "La parte". Uno de mis otros asombros fue ver que las 'fuentes del Vivonne', que me figuraba como algo no menos extraterrestre que la entrada a los Infiernos, y que no era más que una especie de lavadero cuadrado a cuya superficie subían burbujas. Y la tercera vez fue cuando Gilberte me dijo: 'Si quiere, podemos de todos modos salir una tarde y entonces podremos ir a Guermantes, tomando por Méséglise, es la manera más bonita', frase que trastornando todas las ideas de mi infancia me hizo descubrir que las dos partes no eran tan inconciliables como había creído" (Proust M., *Albertine disparue*, p. 269 / *La fugitiva*, p. 594).

de ambos caminos, es decir, de ambos mundos, se da en la contemplación que el Narrador hace de Mlle. de Saint Loup. Esta niña es fruto del entrecruzamiento de ambos mundos, hija de su amigo Robert de Saint-Loup, sobrino de Charlus, representante ilustre de la estirpe Guermantes e, hija de Gilberte Swann, hija de Charles Swann, de quien toma el nombre el camino de Méséglise.

> Como la mayoría de los seres, por otro parte, ¿no era ella también, como lo son en los bosques las "estrellas" de los cruces donde convergen rutas que vienen, también para nuestra vida, de los puntos más diferentes? Eran numerosas para mí las que conducían a Mlle. de Saint-Loup e irradiaban a su alrededor. Y sobre todo iban a parar a ella las dos grandes "partes" por donde yo había dado tantos paseos y tenido tantos sueños –por su padre Robert de Saint-Loup la parte de Guermantes, por Gilberte, su madre, la parte de Méséglise que era la "parte de Swann". Una, por la madre de la joven y los Champs-Élysées, me llevaba hasta Swann, a mis noches de Combray, la parte de Méséglise; la otra, por su padre, a mis tardes de Balbec donde volvía a verla junto al mar iluminado por el sol. Entre estas dos rutas ya se establecían caminos transversales.[25]

Estas dos partes pueden trazarse como líneas generales que, de algún modo, estructuran toda la obra. El primer tomo, *Por la parte de Swann*, es el inicio de la descripción de una de ellas. *La parte de Guermantes* es la entrada al mundo aristocrático. Los siguientes tomos ahondan en el trasfondo de la aristocracia francesa para acabar reuniendo ambas partes en *El tiempo recobrado*, cuando se consuma la mezcla en ese hito simbólico que es Mlle. de Saint-Loup, cuando se descubre que se puede llegar a una yendo por la otra.

Sin embargo, esta no es más que una línea de interpretación que nos permite pensar el todo de la novela como una gran narración que se balancea entre ambos lados hasta reunirlos. Podría decirse que este es simplemente un marco posible para miles de otros temas y tramas que se hallan a lo largo de los siete tomos y, obviamente, pueden encontrarse otros modos de contextualizar el relato de la *Recherche*. De todos modos, este marco general de las dos "partes" es suficiente para que podamos disponernos a realizar una breve descripción de los personajes y situaciones centrales que aparecen en cada tomo.[26]

---

25 PROUST, M., *Le Temps retrouvé*, pp. 334 / *El tiempo recobrado*, p. 891.
26 El análisis que realizaremos a partir de este punto buscará, tal como lo hemos explicitado, reseñar de cada tomo, sucintamente, los personajes y situaciones centrales para comprender los análisis realizados por nosotros en el libro. Sin embargo, es preciso referir que tanto la edición dirigida por J.-Y. Tadié bajo el sello de Gallimard y la de Armiño de Valdemar, ambas citadas en este trabajo, contienen exhaustivos resúmenes de cada libro al final de cada

El primero de los tomos de *A la busca del tiempo perdido* es *Por la parte de Swann*, (*Du côté de chez Swann*). Este primer tomo presenta tres partes: "Combray", "Un amor de Swann" y "Nombre de países: el nombre". Este primer libro de la *Recherche* puede ser asociado a la infancia del Narrador. La primera parte: "Combray", relata el recuerdo del Narrador en torno a aquella ciudad de su infancia en que temía por el beso de las buenas noches que su madre debía darle y que se veía demorado por las visitas que recibían, la descripción de los domingos en familia, su tía Léonie, Françoise, criada de la familia, etc. Esta primera parte incluye el célebre pasaje de la magdalena y el té que referimos más arriba y que se ha convertido en un ícono de la novela. Además de la descripción de Combray, hallamos la descripción de las dos "partes": la de Méséglise y la de Guermantes. El primer libro se centrará en la parte de Swann, aquella en que se encuentran los espinos blancos frente a los que el Narrador queda absorto, la casa de M. Vinteuil –famoso compositor al que se le atribuirá la creación de la Sonata que tanto desvela al Narrador– y su hija –que protagonizará una escena sexual lésbica que dejará pasmado al protagonista y que anticipa uno de los temas transversales de toda la novela: la homosexualidad–.

"Un amor de Swann" es el relato de la "enfermedad" del amor que aqueja a Charles Swann, amigo de la familia del Narrador, y su posterior "cura".[27] En esta segunda parte del primer tomo encontraremos desplegado en su mayor esplendor todo el cogotillo de los Verdurin, salón burgués al que asiste Odette de Crécy, una *cocotte* de la que Swann se enamorará perdidamente. Swann se hace habitué de este salón mediocre por ella, en quien ve la encarnación de la Séfora de Boticcelli, y conoce allí la "pequeña frase" de la Sonata de Vinteuil, melodía que el Narrador referirá como "el himno nacional" del amor de estos. El amor del pobre Charles por la *cocotte* será una aventura terrible que atravesará los celos, las mentiras, las sospechas de homosexualidad, etc. La descripción del nacimiento, el auge y la caída en picada de esta relación es exhaustiva. Cuando el amor de Swann muere, contrae matrimonio con ella. El fruto de su unión será Gilberte Swann, primer amor del Narrador.

---

uno de ellos de los que somos deudores. Para una descripción pormenorizada de cada pasaje de la *Recherche* puede entonces consultarse cualquiera de las ediciones referidas.

27 Ricoeur describe a la perfección el tema de la segunda parte de este primer tomo: "Un amor de Swann" construye la máquina infernal de un amor atormentado por la ilusión, la sospecha y la decepción; un amor condenado a pasar por la angustia de la espera, la mordedura de los celos, la tristeza de la decadencia y la indiferencia ante la propia muerte. Esta construcción servirá de modelo para la narración de otros amores, principalmente la del héroe por Albertine" (Ricoeur, P., *Tiempo y narración II. Configuración del tiempo en el relato de ficción*, p. 596).

La tercera parte de este primer tomo, "Nombre de países: el nombre", es muy breve. En ella el insomne Narrador recuerda diferentes lugares en los que ha estado, entre ellos Balbec –balneario en que a menudo vacaciona–, y reflexiona sobre los nombres y su poder de evocación. Cada nombre esconde un mundo imaginado por el Narrador en su infancia que será desterrado con el conocimiento efectivo de esos lugares. Se rememoran también los juegos que llevaba a cabo en los Champs-Élysées y un fugaz, aunque significativo, encuentro con Gilberte Swann que sumerge al Narrador en horas y horas de especulaciones en torno a la correspondencia de su amor por la pequeña hija de Charles Swann. El final de este primer tomo acaba con una exposición de la fugacidad del pasado, mientras el Narrador pasea por el *Bois* descubre que no puede compararse la realidad con los cuadros de la memoria, una y otra no son compatibles.

A la sombra de las muchachas en flor, (À *l'ombre des jeunes filles en fleurs*) es el título que Proust otorga al segundo tomo de la *Recherche*. El Narrador ha crecido y aparece como un adolescente que atraviesa el despertar sexual. Este segundo libro está dividido en dos partes: "En torno a Mme. Swann" y "Nombre de países: el país". La primera parte, tal como indica el título, gira alrededor de Odette de Crécy ahora convertida en Mme. Swann gracias a su matrimonio con Charles. El Narrador asistirá por las tardes a la casa de Swann y conocerá la familia "por dentro". Al mismo tiempo crecerá en el Narrador un sentimiento de amor por Gilberte Swann que alcanzará un apogeo y que luego, lentamente, caerá en el olvido haciendo conocer al Narrador las angustias del amor cuando rompa definitivamente con ella. Se relatan aquí también las primeras experiencias artísticas del Narrador: por un lado, su primera ida al teatro para ver a La Berma, famosa actriz que encarna el personaje de Fedra; por otro, la posibilidad de ser presentado a Bergotte –escritor reconocido de la época en que se desarrolla la novela– en casa de Swann. Ambos casos presentan una característica común: al momento de ver a La Berma y de conocer a Bergotte el Narrador se siente decepcionado, sólo retrospectivamente reconocerá su talento. No obstante, el personaje central de toda esta primera parte es Mme. Swann. El Narrador se detendrá obsesivamente en su elegancia, en su belleza, sus hábitos, sus *toilettes,* etc. La narración presentará temas diversos, pero nunca dejará de girar "en torno a Mme. Swann".

La segunda parte, "Nombre de países: el país", es el relato de una estancia vacacional del Narrador con su abuela en Balbec, ciudad balnearia imaginaria de la *Recherche*. El Narrador relatará su aterradora primera noche en el Grand-Hotel, los paseos con su abuela, la iglesia del lugar, etc. En este tomo el Narrador conocerá, gracias a una amiga de su abuela, Mme. de Villeparisis, a dos exponentes de la estirpe Guermantes, aristócratas de primera línea:

Robert de Saint-Loup y su tío el Barón de Charlus. Estos dos personajes importantísimos de la novela también serán objeto de la obsesión que tiene el Narrador con los "invertidos".[28] Más adelante recaerán sobre ellos sospechas de homosexualidad que se verán confirmadas. No obstante, lo más sustancial de esta segunda parte y aquello que da título a todo el tomo, es el encuentro del joven Narrador con la pandilla de "muchachas en flor". Esta pandilla, en la que se encontrará Albertine, personaje central de la novela, es un conjunto de muchachas que hipnotizan al Narrador cuando las ve en la playa avanzando como una bandada de gaviotas. Estas muchachas serán objeto de deseo y ocuparán el pensamiento del Narrador en medio de su despertar sexual. Gran parte de "Nombre de países: el país" estará dedicada a la narración de los encuentros con ellas, los juegos y paseos. De entre ellas destacará Albertine Simonet, personaje que crecerá inconmensurablemente en la *Recherche* al punto de convertirse más adelante en *La prisionera* y *La fugitiva*. Por último, es preciso referir un hito importante de este tomo: la visita del Narrador al atelier del pintor Elstir. Este artista lo deslumbrará de tal forma que, gracias a su obra, el Narrador aprenderá todo un nuevo modo de observar el mundo y configurar su manera de expresarlo artísticamente.

La entrada del Narrador en el idealizado mundo de la aristocracia será relatada en el tercer tomo de la novela: *La parte de Guermantes* (*Le côté de Guermantes*). Este libro está dividido en dos partes sin título. A su vez, la segunda parte presenta dos capítulos. Armiño, perfectamente y de modo muy simple, describe lo característico de este tercer tomo de la *Recherche*:

> *La parte de Guermantes*, tercera página del gran fresco, adelanta al Narrador en el descubrimiento de los misterios: el sueño infantil, la mitificación de Guermantes y del mundo aristocrático, irán decayendo a medida que consiga penetrar en ese ambiente, porque sus representantes más mitificados –empezando por la duquesa Oriane de Guermantes, que al niño Narrador le había parecido una diosa surgida de las aguas, y siguiendo por la encarnación de los valores aristocráticos e intelectuales que es su amigo Saint-Loup– resultan, desprovistos de sus oropeles, individuos sin interés ni valores, enzarzados en una vida frívola de la que no salvan siquiera el arte; no resulta mejor la perspectiva que lanza sobre la rica burguesía encarnada por Swann: Proust destroza con ferocidad ese ambiente [...].[29]

El inicio de *La parte de Guermantes* se da con la mudanza de la familia del Narrador al *faubourg* Saint-Germain, selecto barrio de Paris, precisamente a

---

28 Con este término se refiere el Narrador a los homosexuales a lo largo de la novela.
29 ARMIÑO, M., "Introducción" en *A la busca del tiempo perdido*, Tomo I, p. XXXIII.

un piso que pertenece al palacete de Guermantes. Al contacto con la realidad, el nombre y el mundo Guermantes comienza a perder prestigio hasta el punto de hacer comprender al Narrador que aquel nombre no era más que un país imaginario surgido de su mente. Sin embargo, antes de que acaezca el desencanto, el Narrador se mostrará obsesionado con este mundo que observa desde fuera y en el que quiere penetrar. El protagonista persigue a la duquesa de Guermantes y busca, incansablemente, el modo de ingresar en su círculo. En esta primera parte el Narrador vuelve a la ópera, a presenciar *Fedra*, donde puede advertir plenamente el genio de la Berma. Luego visita en Doncièrs el regimiento en que sirve su amigo Robert de Saint-Loup, sobrino de la duquesa, con el objetivo de lograr acercarse de algún modo a Oriane. A su vuelta a París descubre la transformación que ha sufrido su abuela fruto de la enfermedad que la aqueja. En esta parte se relata también una velada en el salón de Mme. de Villeparisis, tía de los duques de Guermantes, que introduce al Narrador en su salón y, por consiguiente, en el mundo tan ansiado por este desde su infancia. Allí el Narrador se relacionará con la duquesa y el duque de Guermantes, el barón de Charlus, Mme. de Marsantes, y otros tantos personajes pertenecientes a la aristocracia más selecta de París. En el final de esta primera parte del tercer tomo se relata un acercamiento de Charlus quien se ofrece como guía en la vida del Narrador y se describe un "pequeño ataque" que sufre su abuela que se presenta como la antesala de su muerte.

La segunda parte, como adelantamos, está dividida en dos capítulos. El primero es muy breve: allí se relata la enfermedad y muerte de la abuela del Narrador. La agonía de la abuela introduce al Narrador en reflexiones en torno a lo repentino e incierto de la hora de la muerte. El sufrimiento que padece la abuela la transforma en un ser en que el Narrador no puede reconocer a quien tanto ha amado. La muerte, suceso que cierra este primer capítulo de la segunda parte, no se consumará hasta *Sodoma y Gomorra*, libro en que el Narrador, gracias a una rememoración involuntaria, descubrirá la ausencia de su abuela. El segundo capítulo tiene como epicentro una cena en casa de los Guermantes. Sin embargo, se relatan allí también encuentros amorosos del Narrador con Albertine –personaje que gana más y más centralidad– a quien el protagonista frecuenta mientras que se debate internamente si siente amor por ella o no. La cena en casa de los Guermantes genera la entrada del Narrador en el mundo aristocrático. Este extenso pasaje supone una exhaustiva radiografía social de los salones de la clase más pomposa de París de la que el Narrador comenzará a formar parte al ser regularmente invitado a las cenas de la duquesa. Paralelamente, el protagonista descubrirá que el nombre de Guermantes comienza a perder fascinación ante sus ojos.

El cuarto tomo de la *Recherche* se titula *Sodoma y Gomorra* (*Sodome et Gomorrhe*). Encontramos aquí la narración de la trastienda de aquella clase social presentada en *La parte de Guermantes*. El tema más importante: la homosexualidad. Ya el comienzo del libro recoge una cita de un poema A. de Vigny en relación a los invertidos: "La Mujer tendrá Gomorra y el Hombre tendrá Sodoma",[30] adelantando la separación de los homosexuales en gomorritas y sodomitas. *Sodoma y Gomorra* se divide en dos partes: la primera, breve, en torno a los invertidos, pone en foco un pasaje brillante de seducción entre M. de Charlus y el chalequero del palacete de Guermantes, Jupien. En esta primera parte también encontramos la descripción de la raza de los "hombres-mujeres", allí el Narrador describe la vida de los homosexuales –sus modos de agruparse y vivir su situación– en aquella sociedad.

La extensa segunda parte se halla divida en cuatro capítulos. El primer capítulo inicia con una *soirée* en casa de la princesa de Guermantes, allí el Narrador relatará diversas apariciones de personajes ilustres, entre otros, un avejentado Charles Swann. Sin embargo, el centro de la escena será de Charlus que se desenvuelve en esos ambientes aristocráticos como pez en el agua. Luego de la velada, el Narrador vuelve a su casa para encontrarse con Albertine que lo hace esperar al punto de irritarlo. Al final de este primer capítulo se narran las "intermitencias del corazón". El héroe viaja a Balbec por segunda vez y allí un recuerdo involuntario que sobreviene al quitarse los zapatos le hace comprender por primera vez que su abuela está muerta. El segundo capítulo narra su estancia en Balbec donde el Narrador comenzará a sospechar que Albertine pertenece a Gomorra, la acechará a preguntas y sus celos crecerán conjuntamente con las sospechas de lesbianismo que recaen sobre ella. También se relata el primer encuentro de Charlus y el joven Morel que, más adelante, se convertirá en su protegido. Por último, se narrará extensamente una cena en *La Raspelière*, casa de veraneo de los Verdurin, que describirá nuevamente la dinámica del cogotillo –al que ahora se han sumado Morel y Charlus– y sus personajes principales como Cottard, Brichot, Ski, Saniette, la princesa Sherbatoff, etc. En el tercer capítulo el Narrador se ocupará de su relación con Albertine, a quien por momentos desea ardientemente y de a ratos quiere abandonar. También tendrá un lugar central el personaje de Charlus –ya convertido en *habitué* de las cenas en *La Raspelière*– que será constantemente maltratado por Morel de quien está enamorado. Morel exigirá dinero a Charlus para permanecer a su lado y, al mismo tiempo, vivirá aventuras con el

---

30 Citado en Proust, M., *Sodome et Gomorrhe*, p. 3 / *Sodoma y Gomorra*, p. 529. La frase pertenece al libro de A. de Vigny *Destinées*, y el título del poema es "La Colère de Samson".

príncipe de Guermantes. El último capítulo de la segunda parte es breve, allí el Narrador sufre porque descubre que Albertine conoce íntimamente a Mlle. Vinteuil, lo cual confirma sus sospechas de lesbianismo. Esta situación lo hace desear fervientemente a Albertine. Ella ha entrado en su corazón y el Narrador comunica a su madre que quiere contraer matrimonio.

La prisionera (*La Prisonnière*) es el quinto tomo de la *Recherche*. Este libro debe comprenderse con su contraparte: *La fugitiva*, (*La Fugitive* / *Albertine disparue,*).[31] Ambos están articulados por el personaje central: Albertine, que respectivamente será: "la prisionera" del Narrador, mientras viva en su casa, y "la fugitiva", cuando se escape. *La prisionera* no presenta divisiones formales. El inicio del relato se da con Albertine viviendo en casa del Narrador. En la intimidad que vive con ella el Narrador disfruta de sus caricias, juegos y conversaciones, mientras saborea el descubrirse poseedor de Albertine a quien ha "domesticado". Sin embargo, surgen nuevamente los celos y las sospechas de un pasado gomorrita que hacen del amor del Narrador por Albertine una tortura: solo logra tranquilidad cuando duerme, es decir, cuando no ve en sus ojos el reflejo de un pasado inaccesible y plagado de vicios desconocidos por él. Mientras la prisionera se halla en casa reina la tranquilidad, pero también el desinterés; en cambio, cuándo sale de paseo sola, el Narrador sospecha, vive un estado de agitación imaginando que su compañera se ha marchado en busca de aventuras gomorritas. Cuando ella está cerca, él desea a todas las mujeres y, cuando ella se aleja, la necesita desesperadamente. Lentamente comienza a crecer en él la idea de romper con Albertine.

En este quinto libro también acaecerá la muerte del escritor Bergotte, hecho que sume al Narrador en una reflexión en torno a la inmortalidad del artista. Luego se relata extensamente una *soirée* en casa de los Verdurin a la que el Narrador asiste solo para vigilar a Albertine que podría encontrase con Mlle. Vinteuil. Allí el Narrador volverá a escuchar la música de Vinteuil y verá en la expresión musical un modo de comunicación de las almas. Sin embargo, esa velada estará marcada por un suceso tremendo protagonizado por Charlus y Morel. Este último, alentado por la patrona Mme. Verdurin que se ve desplazada por el encanto y la destreza de Charlus —concebido por ella como un peligro para su ascenso social–, acusará al barón de homosexual en medio de la velada. Charlus quedará desconsolado.

---

31 Recuérdese que el título original que Proust había pensado para este tomo era *La Fugitive*, título que se ve obligado a cambiar por *Albertine disparue,* cuando aparece el libro de Rabindranath Tagore titulado *La fugitive*. Más adelante, y quedando el libro de Tagore en segundo plano, los editores decidieron volver al título original pensado por Proust quien creía que la contraparte de una "prisionera" era una "fugitiva".

La relación del Narrador con Albertine se torna cada vez más agobiante. Albertine aparece como una gran diosa del Tiempo que lo invita a buscar el pasado. Él comienza a ver en ella una prisión que se ha construido a sí mismo. La ruptura de la relación parece inminente y las discusiones en torno a la vida oculta de la prisionera se multiplican. Finalmente, una mañana, Albertine se marcha sin dar noticia al Narrador. En adelante, será considerada "la fugitiva".

El anteúltimo libro de la *Recherche* se titula *La fugitiva*, (*La Fugitive / Albertine disparue,*). Este tomo tiene cuatro capítulos: I. La pena y el olvido; II. Mademoiselle de Forcheville; III. Estancia en Venecia; y IV. Nuevo aspecto de Robert de Saint-Loup. El primer capítulo es el más extenso de todos y girará alrededor de la pena que soporta el Narrador luego de la fuga y posterior muerte de Albertine. El relato inicia con la inesperada marcha de Albertine de la casa del Narrador, es decir, se retoma la narración allí donde se había abandonado en *La prisionera*. Ante la repentina partida el Narrador encuentra en cada objeto el rastro de la ausencia de la fugitiva, a la que ahora quiere hacer retornar. Él solo puede pensar en los medios para hacerle volver por ello da dinero a su amigo Saint-Loup y lo deja encargado de las gestiones para que esto suceda. La ausencia de noticias genera que el corazón del Narrador comience a sufrir las intermitencias de la angustia y se mortifique imaginando una Albertine liberada que por fin puede entregarse a sus vicios gomorritas. El vacío generado en el protagonista por ella es tan grande que él llega a desear la muerte de Albertine para que el dolor que produjo su partida deje de acecharlo. Sorpresivamente, Albertine muere al caer de un caballo. El sufrimiento del Narrador se torna insoportable y los objetos que le recuerdan su vida con Albertine se multiplican. La pena creciente lo invita a la rememoración constante de su vida común con la difunta. El recuerdo y la presente investigación sobre la vida de la prisionera construyen en la mente del Narrador dos Albertines: la virtuosa y la viciosa. Durante más de un año el Narrador convive con una muerta, aunque sabe que tarde o temprano la olvidará.

El segundo capítulo del tomo se titula "Mademoiselle de Forcheville" porque se hará referencia allí a la entrada de Gilberte Swann al mundo aristocrático de los Guermantes. Luego de la muerte de Charles Swann, Odette contrae matrimonio con M. de Forcheville, este suceso hace que inmediatamente Gilberte sea adoptada por el segundo marido de su madre y se convierta en Mlle. de Forcheville. En relación a la difunta Albertine, el Narrador tiene algunos encuentros con Andrée quien le realiza confidencias de la vida de la fugitiva, que reconfirman sus habituales prácticas gomorritas. Sin embargo, el Narrador se sitúa en este capítulo en un tiempo en que ya ha olvidado a Albertine y le es indiferente.

"Estancia en Venecia" es el tercer capítulo de *La fugitiva*. Se narrará aquí una visita a la ciudad italiana que realiza el Narrador junto a su madre. Allí los recuerdos involuntarios afluirán gracias a diversas sensaciones. Venecia será pintada desde la óptica de un Narrador que aprecia la ciudad tanto de día como de noche. Se relata un encuentro con M. de Norpois y Mme. de Villeparisis. Este breve capítulo se cierra con una carta dirigida al Narrador en que se comunica el futuro matrimonio entre Gilberte Swann y su amigo Robert de Saint-Loup.

El último capítulo del anteúltimo tomo de la *Recherche* es "Nuevo aspecto de Robert de Saint-Loup". La revelación más contundente de este capítulo es el descubrimiento de la homosexualidad de Robert de Saint-Loup: militar de carrera, símbolo de la virilidad y perteneciente al clan Guermantes. Luego de un breve rodeo por la nueva posición de Gilberte Swann –devenida en Mme. de Saint-Loup– el Narrador dialoga con su madre sobre la mudanza del nuevo matrimonio que se ha instalado en Tasonville, propiedad que pertenecía al difunto Swann. Allí, el Narrador visitará a su amiga de la infancia ya embarazada. Robert de Saint-Loup se ha relacionado con Morel y se sabe que esta no es su primera aventura homosexual, pertenece a Sodoma desde hace tiempo. Hacia el final el Narrador paseará con Gilberte por la propiedad de Swann y ella le revelará que los dos caminos, el de Méséglise y el de Guermantes, no son inconciliables. Al ver las fuentes del río Vivonne el Narrador comprende, gracias a las palabras de su amiga, que se puede ir a una "parte" por la otra y que los dos mundos que parecían separados pueden ser unidos.

El último tomo del gran libro se titula *El tiempo recobrado*, (*Le Temps retrouvé*). Sobre este tomo final Armiño escribe en su introducción:

> El estallido de la primera guerra mundial supone una ruptura, tanto para la acción como para la peripecia del Narrador que ha pasado largo tiempo en una casa de salud: de regreso a París, todo ha desaparecido revocando para siempre sus sueños infantiles: las dos partes de su infancia, la aristocracia con sus misterios, y la burguesía, se han confundido en una sola; los Guermantes se casan con la burguesía adinerada y la representante más insigne, por su zafiedad, de ese mundo burgués, Mme. Verdurin, es ahora princesa de Guermantes. […] La única tabla que encuentra para evitar el naufragio es la creación artística: personajes que habían pasado a su lado sin conseguir centrar su atención –el pintor Elstir, el escritor Bergotte, el compositor Vinteuil–, se convierten ahora en faros de una vocación decidida de escritor […].[32]

---

32 Armiño, M., "Introducción" en *A la busca del tiempo perdido*, Tomo I, p. XXXIII-XXXIV.

El tiempo recobrado será la última pincelada dada por Proust que logrará que todo el cuadro –que hasta ese momento no parecía más que un conjunto de trazos desordenados– cobre sentido. El último tomo de la *Recherche* es aquel que nos deposita directamente en el inicio de la historia. El Narrador descubrirá su vocación de escritor gracias a las resurrecciones de la memoria y, en ese momento, se aunará con el héroe que comprende que tiene que escribir el libro que le permita recobrar lo real, el tiempo perdido: "ese libro esencial, el único libro verdadero, [que] un gran escritor no tiene, en el sentido corriente del término, que inventarlo, puesto que ya existe en cada uno de nosotros, sino traducirlo".[33]

El séptimo tomo de la *Recherche* no presenta divisiones formales, pero se puede estructurar su exposición a partir de una estancia que realiza el Narrador en Tasonville y tres regresos a París mientras se encuentra retirado en una casa de salud. El tiempo que el protagonista pasa en Tasonville está signado por los paseos que realiza con Gilberte –convertida ahora en Mme. de Saint-Loup–. La amiga del Narrador le confiesa que la relación con su marido es distante. Robert de Saint-Loup esconde sus hábitos sodomitas mostrando como pantalla una personalidad mujeriega. El Narrador reflexionará allí sobre la escritura y su capacidad de captar la realidad. Luego de esta breve estancia en Tasonville pasará largos años en dos casas de salud de las que se retirará tres veces para regresar a París. La primera de ellas no es muy relevante, el Narrador pasará allí dos meses del año 1914. En la ciudad se encontrará con Charlus, Bloch y Saint-Loup. Escuchará rumores de la posible separación de la duquesa y el duque de Guermantes. A su vuelta a la casa de salud escribirá a Gilberte, que se halla en Tasonville, y a Robert, quien se referirá a la guerra desde un punto de vista estético.

La segunda estancia del Narrador en París es durante 1916. El Dr. Cottard y M. Verdurin han muerto. El protagonista asistirá al salón de Mme. Verdurin que ha ascendido en la escala social parisina. Describirá imágenes de una ciudad aquejada por la guerra y visitará a Saint-Loup. Sin embargo, existe un pasaje del segundo regreso del Narrador a París que es central: el encuentro con Charlus. Algunos días después de visitar a su amigo el Narrador se topará con el barón de Charlus mientras se dirige a una cena en casa de los Verdurin. Charlus se encuentra desahuciado ya que ha sido denostado públicamente, tanto por Mme. Verdurin como por Morel que lo acusan de homosexual. El Narrador dialogará con él sobre el cogotillo de los Verdurin y otros personajes. Charlus descargará con furia las críticas sobre sus antiguos compañeros.

---

33 Proust, M., *Le temps retrouvé*, p. 197 / *El tiempo recobrado*, p. 770.

Luego de despedirse del barón el protagonista entra en uno de los pocos hoteles abiertos en París que no temía los constantes bombardeos. El lugar en el que ingresa es el que Jupien llamará: "Templo del impudor", establecimiento regenteado por este último y sostenido por Charlus. Allí, el Narrador presenciará las prácticas masoquistas a que se somete el barón que busca en cada verdugo el rostro del amor perdido, aquel rostro del violinista Morel.

El tercer y último regreso del Narrador a París se da muchos años después de la guerra. Este último pasaje de la obra es fundamental. El Narrador asistirá a una matinée en casa de la princesa de Guermantes. De camino al baile se encuentra con Charlus en los Champs-Élysées; el barón ha sufrido un ataque de apoplejía y muestra signos claros de senilidad. Al llegar al salón tropieza con un adoquín que despierta en él un recuerdo olvidado de Venecia. Mientras se encuentra en la biblioteca esperando para entrar al baile, el protagonista experimenta múltiples rememoraciones involuntarias y comprende que el recuerdo es un medio para captar la realidad en su esencia, es decir, fuera del tiempo. La memoria involuntaria une dos sensaciones análogas de tiempos distintos y revela lo que hay de común, aquello extratemporal. El Narrador considerará que el arte es el medio para descubrir la verdadera vida y que su tarea consiste en descifrar el libro interior de la experiencia y traducirlo mediante una creación artística que ha de plasmarse en la obra que tiene que escribir. Cuando ingrese al baile de máscaras se encontrará con varios de los personajes aparecidos a lo largo la obra a quienes verá transfigurados por el paso destructor del Tiempo. Allí tendrá la visión de los hombres gigantes encaramados en zancos constituidos por todos los instantes vividos: los hombres ocupan poco lugar en el espacio, pero son gigantes desde la perspectiva temporal. Si la verdadera vida es la literatura, ya que solo el arte puede cristalizar aquellas rememoraciones involuntarias que le otorgan a las cosas en su esencia extratemporal, entonces el héroe debe escribir el libro en el que vaya *a la busca del tiempo perdido*:

> Entonces, menos radiante desde luego que la que me había hecho percibir que la obra de arte era el único medio de recobrar el Tiempo perdido, una nueva luz se hizo en mí. Y comprendí que todos estos materiales de la obra literaria era mi vida pasada; comprendí que habían venido a mí en los placeres frívolos, en la pereza, en la ternura, en el dolor, que los había almacenado sin adivinar su destino, ni su supervivencia siquiera, más de lo que adivina la simiente que pone en reserva todos los alimentos que nutrirán la planta. [...] De modo que toda mi vida hasta ese día habría podido y no habría podido resumirse bajo este título: una vocación.[34]

---

34 PROUST, M., *Le temps retrouvé*, p. 206 / *El tiempo recobrado*, p. 779.

Conclusión

En una nota de *Lo visible y lo invisible* de mayo de 1960 Merleau-Ponty escribe que

> Lo sensible es […] como la vida, un tesoro siempre lleno de cosas que decir para aquel que es filósofo (es decir, escritor) […] El fondo del asunto es que, en efecto, lo sensible no ofrece nada que se pueda decir si no se es filósofo o escritor, pero eso no se debe a que sería un en-sí inefable, sino al hecho de que no se sabe *decir*.[1]

Esta nota de trabajo que lleva el significativo título "La filosofía de lo sensible como literatura", sugiere el corazón de aquello que intentamos exponer. La convicción de que lo sensible llama a la palabra y que puede ser proferido mediante una expresión creadora ha motivado nuestra reflexión. Ser escritor implica ostentar la capacidad de sacudir el lenguaje de tal modo que pueda expresar más de lo que está contenido en las significaciones cerradas; forzar el lenguaje de tal modo que logre decir más de lo que está dicho. Cuando en la introducción reponíamos las palabras de Merleau-Ponty que sostenían que

> La fenomenología es laboriosa como las obras de Balzac, Proust, Valéry o Cézanne, comparten el mismo género de atención y asombro, la misma exigencia de conciencia y la misma voluntad de captar el sentido del mundo o de la historia en estado naciente.[2]

Se buscaba advertir la similitud que existe entre filosofía y literatura en tanto que ambas tienen una tarea común y exclusiva: *decir* el mundo. Según

---

1 MERLEAU-PONTY, M., *Le visible et l'invisible*, p. 300.
2 MERLEAU-PONTY, M., *Phénoménologie de la perception*, p. XVI.

Merleau-Ponty, la filosofía de lo sensible debe comprenderse como literatura en tanto comparte con ella el mismo género de atención y asombro, y la misma voluntad de captar el sentido naciente del mundo circundante. La fenomenología está llamada a descubrir el tesoro de lo sensible y decir con el lenguaje correspondiente –lenguaje semejante al literario– lo sensible que puede parecer inefable pero no lo es.

La filosofía, como la literatura, son modos de cumplir con la tarea interminable de llevar a la experiencia aún muda a la expresión de su propio sentido. Esto implica que el punto de partida de ambas supone la captación de lo sensible o –siguiendo el texto del propio Merleau-Ponty– el descubrimiento del "tesoro" siempre lleno de cosas a decir que supone el mundo de lo sensible. El problema que presentamos a lo largo del libro no residía simplemente en la advertencia del tesoro –que en el caso particular de nuestra exposición estaría constituido por las ideas sensibles que estructuran la experiencia– sino en cómo se dicen tales riquezas del mundo sensible. El camino a seguir es el que traza el título de la nota: "La filosofía de lo sensible como literatura". El tesoro de lo sensible debe ser expresado literariamente, por ello solo "el filósofo (es decir, el escritor)" podrá llevar dicha experiencia a la expresión propia de su sentido. La filosofía de lo sensible ha de ser como la literatura en tanto pueda contener en sus expresiones el sentido del mundo vivido. Lo que en este texto hemos realizado no fue otra cosa que la exposición de una relación, aquella que se da entre el lenguaje y la expresión de la verdad en la literatura tal como la elucida Merleau-Ponty. Es decir que buscamos encontrar en Proust a un filósofo de lo sensible o, mejor dicho, a un escritor que logre *decir* lo sensible.

Ahora bien, la tarea de decir el mundo, de expresarlo, tanto para el filósofo como para el escritor, supone diversas paradojas.[3] Entre ellas podemos distinguir una fundamental, aquella que Paul Ricoeur llama "la paradoja central del lenguaje". Él sostiene que

> "[…] el lenguaje no es primero, ni siquiera autónomo; es solamente una expresión secundaria de una aprehensión de la realidad, articulada más abajo que él; y sin embargo es siempre en el lenguaje donde su propia dependencia a lo que lo precede se dice […]".[4]

El lenguaje aparece como una expresión secundaria y dependiente de una aprehensión de la realidad articulada más abajo; es decir que el lenguaje es

---

3 Algunas de estas paradojas fueron explicitadas en la introducción de este libro.
4 RICOEUR, P., *Corrientes de la investigación en las ciencias sociales*, p. 328.

expresión segunda de la percepción entendida como el campo precedente en que se articula lo sensible. No obstante, el paso a la idealidad que el lenguaje inaugura es necesario para apropiarnos de nuestra facticidad, para explicitarla. Al mismo tiempo, no solo su dependencia a este campo se dice en él –tal como sostiene Ricoeur–, sino también el campo precedente: el mundo sensible articulado en la percepción.[5] Esto implica que, paradójicamente, el mundo sensible se lleva a la expresión por medio del lenguaje y en esa expresión, que es segunda, se revela el ser primero de lo expresado. Lo sensible precede al lenguaje, pero solo en él puede decirse. La expresión secundaria es la que posibilita la apropiación de la primaria.[6] Esto mismo es lo que Merleau-Ponty quería expresar en *Fenomenología de la percepción* cuando escribía que "Más aún, no hay experiencia sin palabra, lo puro vivido, ni siquiera existe en la vida hablante del hombre. Pero el sentido primero de la palabra reside, sin embargo, en este texto de la experiencia que se esfuerza por proferir".[7]

Lo sensible no es inefable, pero hay que saber decirlo. Eso es lo que encontramos en los filósofos-escritores, lo que encontramos en Proust: un modo de decir lo sensible en el lenguaje. La expresión del tesoro de lo sensible solo puede darse en el despliegue conquistador del lenguaje, esa dinámica conquistadora es la que Merleau-Ponty nos ha enseñado a comprender, esa dimensión del lenguaje es la que a cada página ostenta la literatura proustiana.

---

5 Este problema del paso del mundo sensible al mundo de la expresión fue el que tratamos en nuestro segundo capítulo. Allí sosteníamos que la palabra es la noción fundamental para pensar la migración de un mundo a otro. Dicha migración fue comprendida a partir de los términos de analogía y sublimación.

6 Para comprender esta particular relación entre lo sensible y el lenguaje Merleau-Ponty apela al término husserliano de *Fundierung* que le permite explicitar la relación entre lo fundante y lo fundado poniendo de relieve la imposibilidad de asignar la primacía del uno sobre el otro. En *Fenomenología de la percepción* afirma que "El término fundante –el tiempo, lo irreflexivo, el hecho, el lenguaje, la percepción– es primero en el sentido de que lo fundado se da como una determinación o una explicitación de lo fundante, lo que le impide reabsorberlo y, sin embargo, lo fundante no es primero en el sentido empirista y lo fundado no deriva simplemente de ahí, puesto que es a través de lo fundado que se manifiesta lo fundante" (Merleau-Ponty, M., *Phénoménologie de la perception,* p. 451). Tal como señalábamos al final del punto "I. La institución" del tercer capítulo del libro, la primacía de lo fundante no es advertida sino en lo fundado que manifiesta lo fundante y que es primero en el orden del saber, pero segundo en el ontológico. Lo fundado, aquella significación que no es más que la cristalización de lo que se ha intuido, vive de lo fundante, de la experiencia del cuerpo propio. No obstante, sólo a través de lo fundado puedo descubrir lo fundante. Es en esta reciprocidad en la que primero y segundo se hacen indistintos porque uno vive del otro, porque uno es en el otro (*Ineinander*).

7 *Ibidem*, p. 388.

I. Filosofía y literatura: hacia un esquema para pensar su relación

Nuestra reflexión explora una de las posibles relaciones entre la literatura y la filosofía. La vía por nosotros elegida se estructura a partir del entrecruzamiento de la teoría del lenguaje instituyente de nuevas significaciones, elaborada por Merleau-Ponty, y la novela escrita por Marcel Proust. Este camino emprendido por nosotros advirtió, por un lado, en el lenguaje –tal como lo concibe el fenomenólogo francés– la capacidad de conquistar regiones innombradas del mundo, de expresar las ideas sensibles que estructuran nuestra experiencia; y, por el otro lado, en la literatura proustiana, un ámbito de exploración de lo invisible, exploración que propiciaba el develamiento de ideas sensibles. Este lenguaje, que el filósofo francés elucida en sus textos, es aquel que aprende en la literatura de Marcel Proust. *A la busca del tiempo perdido* se perfila así como una *gran prosa* que contiene y expresa las ideas sensibles.

Sin embargo, la elucidación de esta particular relación entre el lenguaje y la expresión de la verdad en la literatura de ningún modo agota el complejo entramado de relaciones que pueden establecerse entre ella y la filosofía. La vía explorada y desarrollada aquí es una pequeña contribución dentro de las múltiples pensables. El final de nuestro libro se presenta también como punto de partida ya que revela caminos posibles no transitados aún, vías inexploradas, en particular en relación al inquietante problema de la relación entre la filosofía y la literatura.

En un excelente escrito de María Luisa Bacarlett Pérez titulado "Literatura y filosofía: inmanencia y productividad del texto literario"[8] se sugieren algunas ideas que nos invitan a considerar nuestra reflexión desde nuevos puntos de vista y llevarla aún más lejos. En ese texto la autora describe la tumultuosa historia de las relaciones entre la filosofía y la literatura comenzando por el destierro de los poetas que propone Platón en el *Fedro* hasta llegar a la literatura como "máquina de pensar" de Alain Badiou; a las reflexiones en torno a *Filosofía y poesía*[9] de María Zambarano; a explorar el tríptico propuesto por Gilles Deleuze para "cortar el caos": arte, ciencia y filosofía; y a exponer la mutua implicación entre filosofía y literatura que predica Philippe Sabot. La propuesta central de Bacarlett supone estructurar en cuatro grandes esquemas la posible relación entre filosofía y literatura:

---

8 Bacarlett Perez, M. L., "Literatura y filosofía: inmanencia y productividad del texto literario" en *Filosofía, literatura y animalidad*, Coord., María Luisa Bacarlett Pérez y Rosario Pérez Bernal, México, Porrúa, 2012.
9 Zambrano, M., *Filosofía y poesía*, México, FCE, 1993.

Esquema didáctico: aquí la literatura es un instrumento pedagógico en donde la filosofía puede encontrar ilustrados sus propios conceptos.

Esquema hermenéutico: según el cual la literatura tendría una escondida vocación filosófica que sólo el filósofo puede sacar a la luz.

Esquema romántico: en esta postura las cosas se invierten, pues se considera que aquello que dice la filosofía puede decirlo mejor el texto literario, así las cosas, la literatura terminaría cumpliendo de mejor manera la tarea filosófica.

Esquema productivo: la literatura es en sí misma una forma de pensamiento, es una experiencia del pensamiento por derecho propio; por ende, hay un contenido filosófico en toda obra literaria, pero ese contenido es inmanente al propio texto literario y no necesita del filósofo para justificarse.[10]

Estos cuatro esquemas posibles nos ayudan a pensar el entrecruzamiento entre literatura y filosofía. Claro que como toda conceptualización empobrece la realidad al fijarle límites teóricos que en los hechos se ven desdibujados, pero, a su vez, nos permite pensar con ciertas categorías el problema en cuestión. La autora descarta los dos primeros esquemas por subsumir la literatura a la filosofía haciéndole perder a la primera su autonomía y valor propio. En el tercero, el romántico, quien pierde autonomía es la filosofía que se ve avasallada por la literatura y queda, según Bacarlett, a las puertas de la verdad que sólo la expresión literaria puede lograr.[11] La autora se decidirá por el cuarto esquema, el productivo, del cual considera representantes ilustres a Badiou y Sabot. Ella

---

10 BACARLETT PEREZ, M. L., "Literatura y filosofía: inmanencia y productividad del texto literario", p. 22. La elaboración de estos cuatro esquemas que realiza Bacarlett es tomada, sin duda, con algunas modificaciones, del *Petit manuel d'inesthétique* de A. Badiou (Veasé BADIOU, A., *Petit manuel d'inesthétique,* Paris, Seuil, 1998, pp. 10-13).

11 Bacarlett escribe sobre los tres primeros esquemas que "La filosofía no puede prescindir de la expresión estética, de la metáfora, de la imaginación literaria, pero la literatura no puede dejar de referirse a la experiencia y al existir humanos, por ende, se muestra como campo de experimentación del pensamiento y de la propia vida que no solamente da a la filosofía qué pensar, sino cuestiona los límites de lo pensable dentro de su propio ámbito. Lo anterior implica reconocer que la literatura no se reduce a ser un modelo didáctico para ejemplificar los conceptos e ideas filosóficas –lo cual no niega que de vez en cuando ello permita dinamizar el pensamiento filosófico–; tampoco puede reducirse a su mero sentido especulativo, es decir, a buscar en ella un objetivo filosófico no evidente que terminaría barriendo su aspecto estético y narrativo, algo que sería propio de los análisis hermenéuticos. Pero el tercer caso también resulta excesivo, pues supone una nueva forma de avasallamiento en la que la filosofía debería guardar silencio frente a la mayor elocuencia y claridad del texto literario" (*Ibidem*, pp. 22-23). Más adelante agrega: "[…] tanto en el modelo didáctico como en el hermenéutico el texto literario se termina subsumiendo a las necesidades y criterios de un discurso externo; mientras que en el romántico es la filosofía la que termina minada bajo la riqueza de la expresión literaria" (*Ibidem*, p. 27).

afirma que "[…] lo que se propone en la cuarta postura es reconocer que la literatura *produce* una experiencia del pensamiento por sí misma, es una *máquina de pensar*, en palabras de Alain Badiou".[12] Lo novedoso de esta máquina es que nos permite pensar inmanentemente sin necesidad de "[…] escapar a las abstractas alturas de la especulación filosófica".[13]

Como más arriba sosteníamos, la estructuración de las relaciones posibles entre filosofía y literatura en cuatro esquemas facilita la discusión, aunque inevitablemente establece límites que se tornan borrosos en los hechos. Si consideramos nuestra investigación bajo estos cuatro esquemas podemos señalar algunos aspectos a tener en cuenta. En primer lugar, podría pensarse que la relación entre filosofía y literatura que aquí se establece puede ser comprendida bajo el esquema didáctico, aquel en que "la literatura es un instrumento pedagógico en donde la filosofía puede encontrar ilustrados sus propios conceptos".[14] Esto puede en parte sostenerse ya que hemos buscado hallar y señalar las ideas sensibles que elucida Merleau-Ponty en la gran prosa elaborada por Proust. Sin embargo, si profundizamos más en la definición dada por Bacarlett, podemos advertir que el esquema didáctico supone que la literatura ilustra los conceptos "propios" de la filosofía. En el caso particular de nuestra investigación esto implicaría sostener que el concepto de idea sensible es elaborado, desarrollado y explicado por la filosofía merleaupontiana, y la expresión literaria solo se reduciría a ilustrar dicho concepto "propio" de la filosofía. No obstante, la conceptualización que realiza Merleau-Ponty es fruto de su experiencia estética, esas "ideas veladas por tinieblas" son las que conoce al contacto con la literatura proustiana, por esto afirma, una y otra vez, que "Nadie [incluido él mismo] ha ido más lejos que Proust en la fijación de las relaciones entre lo visible y lo invisible, en la descripción de una idea que no es lo contrario de lo sensible, sino su doblez y profundidad".[15] El concepto de idea sensible es elaborado por el fenomenólogo a partir del contacto con la literatura proustiana, es ella la que expresa las ideas que estructuran la carne de la experiencia, y es *por ella* y *a través* de ella que aprendemos estas ideas que, posteriormente, la filosofía conceptualiza.

Por esto, la relación que establecemos entre filosofía y literatura no se agota en el esquema didáctico ni puede ser explicada bajo este esquema. Esto sucede porque, tal como acabamos de decir, en la literatura es posible hallar el concep-

---

12 *Ibidem*, p. 23.
13 *Ibidem*, p. 24.
14 *Ibidem*, p. 22.
15 Merleau-Ponty, M., *Le visible et l'invisible*, p. 193.

to filosófico de idea sensible ya que es en ella donde aparece, donde se "sabe" decir lo sensible. Luego, Merleau-Ponty se dispone a explicar que hay ideas que solo pueden aparecer en la carne de lo sensible sin ser separada de esta como el embaldosado del fondo de la piscina no puede ser percibido sino *a través* y *por* el agua; estas ideas son las que aprende en la novela de Proust, en la pintura de Cézanne, etc.[16] Las ideas sensibles, es decir, la expresión de ellas, es algo que solo la literatura puede *decir* y que la filosofía debe limitarse a señalar.[17] Bajo este punto de vista nuestra exposición oscila entre lo romántico y lo productivo, pero no puede ser adscrita propiamente a ninguno de los dos esquemas. Por un lado, repetidas veces invitamos a pensar en nuestro último capítulo que lo único que podíamos hacer era señalar los pasajes de la *Recherche* en que eran llevadas a la expresión las ideas sensibles ya que, según Merleau-Ponty, tal como más arriba explicamos, es Proust quien ha sabido fijar las relaciones entre lo visible y lo invisible, describir una idea que no es lo contrario de lo sensible, sino su doblez. Esta afirmación haría de nuestro trabajo una propuesta claramente romántica –en los términos establecidos por Bacarlett– ya que sugerimos que la literatura es el ámbito propio de la exploración de un invisible, es decir, del develamiento de ideas, y nadie ha ido más lejos que un literato –Proust– en esta tarea. Sin embargo,

---

16 Esto es lo que muy bien expresa Renouard cuando en relación a la valoración merleaupontiana de la literatura escribe que "La literatura habla de experiencia y su intención es irremplazable […] por una maravillosa paradoja que fundamenta el placer de leer, una escritura singular, a fuerza de minuciosidad y de profundidad, revela a los otros su propia interioridad describiendo los relieves de un universo privado, como en Proust, lo irremplazable es entonces la fuerza que es dada en esa expresión subjetiva" (Renouard, M., "Littérature" en *Maurice Merleau-Ponty*, p. 34).

17 A esta cuestión aludíamos cuando retomábamos, tanto en la introducción del libro, como en el comienzo de esta conclusión, la nota de *Lo visible y lo invisible* en que Merleau-Ponty afirmaba: "lo sensible no ofrece nada que se pueda decir si no se es filósofo o escritor, pero eso no se debe a que sería un en-sí inefable, sino al hecho de que no se sabe *decir*" (Merleau-Ponty, M., *Le visible et l'invisible*, p. 300). Para ahondar en la consideración que realiza Merleau-Ponty de la literatura puede verse el capítulo de *Merleau-Ponty viviente* de Parant, N., "Merleau-Ponty o la experiencia corporal como hilo conductor de la relación entre la fenomenología y la literatura", pp. 461-486. Allí la autora sostendrá que "La literatura es para Merleau-Ponty el espacio de una prueba maravillosa y sorprendente –sorpresa que traduce muy bien su 'insistencia' en solicitar lo literario. […] Con Merleau-Ponty, la literatura no está del lado de la exterioridad; al contrario, ésta le toca desde dentro y hasta la intimidad. La alcanza y viene a vivir en su interioridad, habitando estrechamente sus ideas, y tomándolas desde el interior. Tal es lo que recubre este asombro, que se entiende como un movimiento de desplazamiento del exterior al interior. En suma, Merleau-Ponty está fascinado por la literatura en el sentido de no abordarla como un dominio abriéndose frente a él, más bien como un campo que se integra a su propio pensamiento y domándolo en el sentido fuerte del término" (p. 468).

también consideramos la literatura como un ámbito de pensamiento en sí mismo a la que le es inmanente un contenido filosófico que no necesita del filósofo para justificarse. Esto sostenía el esquema productivo de las relaciones entre filosofía y literatura. Cuando realizamos los análisis del modo de expresión proustiano, comprendido como "pintura de los errores" aprendido por el Narrador en el atelier de Elstir, ese pensamiento era inmanente a la *Recherche* y era producido por ella sin necesidad de que ningún filósofo lo justifique. Simplemente, la sola experiencia del lector constataba este nuevo modo de ver del Narrador fruto de su encuentro con la obra del pintor ficticio de la novela. La transformación del Narrador y de su modo de expresar la realidad es un pensamiento inmanente a la novela, construido por ella y solo en ella se comprende sin necesidad de auxilio filosófico. No hace falta más que sumergirse en la lectura del texto para entender este cambio que acaece al protagonista y que nos habla de un modo particular de expresar el mundo sensible que no necesita de más justificación que la narración del hecho por parte del literato y de los sucesos propios del relato que se viene desplegando.

Esta oscilación entre los esquemas propuestos por Bacarlett que descubrimos nos invita a pensar que tal vez sea posible elaborar un esquema de las relaciones entre la filosofía y la literatura en que lo romántico y lo productivo se aúnen. La literatura contiene en sí un pensamiento filosófico que no necesita del filósofo para justificarse, pero sí necesita de él para ser señalado, explicitado. Es decir, la filosofía ha de profundizar el barro de la literatura sin justificarlo, ha de emprender como tarea el análisis del pensamiento inmanente a la literatura.[18] Y esto, probablemente sea así, en tanto que descubrimos que la literatura nos invita a la reflexión filosófica y la filosofía nos reenvía a la expresión literaria. Una y otra se complementan, una y otra se necesitan. En el futuro, será necesario que nuestra reflexión se dirija a desarrollar una posible relación entre filosofía y literatura en que ambos espacios puedan comunicarse, nutrirse, darse qué pensar uno a otro, sin quitarse autonomía.

---

18 Esta referencia a la exigencia de que el filósofo profundice el barro de la literatura implica revertir la tendencia generaliza en filosofía que Bacarlett, siguiendo a Zambrano, explica muy bien: "En uno y otro caso [el del filósofo y el poeta] hay un afán de acercarse a lo terrenal, a lo cotidiano. Pero mientras en el poeta esta búsqueda sigue dragando en las vivencias, en la carne, la tierra, la piel, en sus dolores y placeres –'El poeta enamorado de las cosas se apega a ellas, a cada una de ellas y las sigue a través del laberinto del tiempo, del cambio, sin poder renunciar a nada…' (Zambrano M., *Filosofía y poesía*, p. 19)–; el filósofo, en cambio, una vez puesto el pie sobre el terreno, huye en una especie de gesto despavorido hacia el claro mundo de las abstracciones, de las ideas, de los conceptos" (Bacarlett Perez, M. L., "Literatura y filosofía: inmanencia y productividad del texto literario", pp. 25-26).

Bibliografía consultada o citada

MERLEAU-PONTY, M.
— *La Structure du comportement*, Paris, PUF, 1942.
— *Phénoménologie de la perception*, Paris, Gallimard, 1945
— *Sens et non-sens*, Paris, Nagel, 1948.
— *Éloge de la philosophie et autres essais*, Paris, Gallimard, 1953.
— *Signes*, Paris, Gallimard, 1960.
— *L'oeil et l'esprit*, Paris, Gallimard, 1964.
— *Le visible et l'invisible*, Paris, Gallimard, 1964.
— *Résumés de cours. Collège de France 1952-1960*, Paris, Gallimard, 1968.
— *La prose du monde*, Paris, Gallimard, 1969.
— *Merleau-Ponty à la Sorbonne*, Grenoble, Cynara, 1988.
— *Le primat de la perception et ses conséquences philosophiques*, Grenoble, Cynara, 1989.
— *Notes de cours au Collège de France 1958-1959 et 1960-1961*, Paris, Gallimard, 1996.
— *Parcours 1935-1951*, Lagrasse, Verdier, 1997.
— *Notes de cours sur L'origine de la géométrie de Husserl suivi de Recherches sur la phénoménologie de Merleau-Ponty* (sous la direction de R. Barbaras), Paris, PUF, 1998.
— *Parcours deux 1951-1961*, Lonrai, Verdier, 2000.
— *Causeries,* Paris, Ed. du Seuil, 2002.
— *L'institution dans l'histoire personnelle et publique. Le problème de la passivité, le sommeil, l'inconscient, la mémoire. Notes de Cours au Collège de France 1954-1955*, Paris, Belin, 2003.
— *Œuvres,* Paris, Gallimard, 2010.
— *Le monde sensible et le monde de l'expression. Cours au Collège de France. Notes 1953*, Genêve, MêtisPresses, 2011.

— *Recherches sur l'usage littéraire du langage. Cours au Collège de France. Notes 1953*, Genêve, MêtisPresses, 2013.
— *Le problème de la parole*, Cours au Collège de France 1953-1954, BNF (Inédito).
Proust, M.
— *À la recherche du temps perdu*, Paris, Gallimard, Collection Folio Classique, 1987-89. Édition publiée sous la direction de Jean-Yves Tadié.
I. *Du côté de chez Swann,* présentation d'Antoine Compagnon.
II. *À l'ombre des jeunes filles en fleurs,* présentation de Pierre-Louis Rey.
III. *Le côté de Guermantes,* édition de Thierry Laget et Brian G. Rogers.
IV. *Sodome et Gomorrhe,* présentation d'Antoine Compagnon.
V. *La prisonnière,* présentation de Pierre-Edmond Robert.
VI. *Albertine disparue, (La Fugitive),* présentation d'Anne Chevalier.
VII. *Le temps retrouvé,* édition de Pierre-Louis Rey, Pierre-Edmond Robert et Jacques Robichez, avec la collaboration de Brian G. Rogers.
— *A la busca del tiempo perdido*, Madrid, Valdemar, Clásicos Nº 1, 5ta. Edición en tres tomos, 2005. Editado y traducido por Mauro Armiño.
— *Contra Sainte-Beuve,* Buenos Aires, Losada, 2011.

AA.VV., *Actas de las Jornadas Marcel Proust: literatura y filosofía*, Universidad Nacional de La Plata, Ensenada, 2014.

AA.VV., *Merleau-Ponty: corporalidad, política y otros problemas contemporáneos*, Coord.: Catoggio L., y Parente, D., Mar del Plata, Univ. Nac. De Mar del Plata, 2016.

AA.VV., *Merleau-Ponty viviente,* Coord.: Mario Teodoro Ramírez, Anthropos, Barcelona, 2012.

AA.VV: *Proust,* Colección Perfiles de Jorge Álvarez, Buenos Aires, 1969.

Alloa, E., *La resistencia de lo sensible. Merleau-Ponty crítica de la transparencia.*, Buenos Aires, Nueva Visión, 2009.

— "The diacritical nature of meaning: Merleau-Ponty with Saussure", en *Chiasmi International*, 15 (2014).

Apostolopoulos, "The Systematic Import of Merleau-Ponty's Philosophy of literature", *Journal of the British Society for Phenomenology*, Vol. 49 Nº 1, 2018, p. 1-17

Aspiunza, J., "El lenguaje en el Pensamiento de Merleau-Ponty" en *Fenomenología y Hermeneútica. Actas del I Congreso Internacional de Fenomenología y Hermenéutica.*, Editora: Sylvia Eyzaguirre Tafra, RIL Editores, Chile, Univ. Andrés Bello, 2008.

Bacarlett Perez, M. L., "Literatura y filosofía: inmanencia y productividad del texto literario" en *Filosofía, literatura y animalidad*, Coord., María Luisa Bacarlett Pérez y Rosario Pérez Bernal, México, Porrúa, 2012, pp. 15-42.

Badiou, A., *Petit manuel d'inesthétique,* Paris, Seuil, 1998.

Barbaras, R., *De l'être du phénomène. Sur l'ontologie de Merleau-Ponty*, Grenoble, Jérôme Millon, 1991.

— *Le tournant de l'expérience. Recherches sur la philosophie de Merleau-Ponty*, Paris, Vrin, 1998.

— "Les trois sens de la chair. Sur une impasse de l'ontologie de Merleau-Ponty" en *Chiasmi International* (10) 2008, Mimesis.

Battán-Horenstein, A., *Hacia una fenomenología de la corporeidad. Merleau-Ponty y el problema del dualismo,* Córdoba, Universitas, 2004.

Bech, J. M., *Merleau-Ponty. Una aproximación a su pensamiento*, Antrophos, Colección Autores, Textos y Temas, Nº 57, Barcelona, 2005.

Beckett, S., *Proust y tres diálogos con Georges Duthuit*, Tusquets Editores, Buenos Aires, 2013, pp. 18-19. Trad. de *Proust and Three Dialogues with Georges Duthuit*, s/l, s/f, por Juan de Sola.

Bertucci, A., "La fenomenología, la pintura y el cuerpo", V Jornadas de Investigación en Filosofía, 9 al 11 de diciembre de 2004, La Plata, Argentina. Disponible en www.memoria.fahce.unlp.edu.ar/trab_eventos/ev.63/ev.63.pdf

Borges, J. L., *Obras completas*, Buenos Aires, Emecé, 2005.

Buceta, M., "La institución de un sentimiento: un amor de Swann", en Ideas y valores, vol. lxv, 161,(2016), pp. 109-126.

Carbone, M., "FLESH: Towards the History of a Misunderstanding", en *Chiasmi International* (4) 2002, Edizione Mimesis.

— *La visibilité de l'invisible. Merleau-Ponty entre Cézanne et Proust*, Zurich, Georg Olms Verlag, 2001.

— "Le sensible et l'excédent. Merleau-Ponty et Kant", en *Maurice Merleau-Ponty, Notes de cours sur L'origine de la géométrie de Husserl. Suivi de Recherches sur la phénoménologie de Merleau-Ponty*, Paris, PUF, 1998.

— *Proust et les idées sensibles,* Paris, Vrin, 2008.

— *The thinking of the sensible. Merleau-Ponty's a-philosophy,* Illinois, Northwestern univ. Press, 2004.

— *Una deformación sin precedentes. Marcel Proust y las ideas sensibles,* Barcelona, Anthropos, 2015.

Deleuze, G. *Proust et les signes*, Presses universitaires de France, Paris 1964.

Descombes, V., *Proust. Philosophie du roman,* Paris, Minuit, 1987.

Diaz Alvarez J. M., y Lopez Saénz, M. C., (eds.) *Fenomenología e historia*, UNED, Madrid, 2003.

Dufourcq, A., *Merleau-Ponty: Une ontologie de l'imaginaire*, Phaenomenologica, Vol. 204, Springer, 2012.

Euclides, *Elementos,* Gredos, Biblioteca Clásica Gredos Nº 155, Madrid, 1991.

Farrés Famadas, G., "Merleau-Ponty, lector de Proust. Una presencia invisible", en *Paideia*, Vol. 30, (90), 2011, pp. 79-93.

— *Presència de Proust en l'obra de Merleau-Ponty*, (Tesis doctoral), Barcelona, Universitat Autònoma de Barcelona, 2005, disponible en www.tdx.cat/handle/10803/5164.

Foultier, A., "Merleau-Ponty's encounter with saussure's linguistics: Misreading, reinterpretation or prolongation?" en *Chiasmi International*, 15 (2014). pp. 123-142.

Freud, S., "Tres ensayos de teoría sexual y otras obras", en *Obras Completas* Vol. VII, Buenos Aires, Amorrortu Editores, 1983, pp. 109-211. Trad. de *Drei Abhandlungen zur Sexualtheorie*, Leipzig y Viena, Deuticke, 6ta. ed., 1925. Traducido por José Luis Etcheverry.

Gaillard, F., "Proust et la recherche de la vérité", *Esprit*, N° 316 (7) (Julio 2005), pp. 169-176.

Gagnebin, J. M., "Memoria involuntaria y aprendizaje de la verdad. Ricoeur relee a Proust", *Boletín de estética*, CIF, N° 27, (2014), pp. 5-26.

García, E., *Maurice Merleau-Ponty. Filosofía, corporalidad y percepción*, Buenos Aires, Rhesis, 2012.

Hass, L., *Merleau-Ponty's philosophy*, Bloomington, Indiana University Press, 2008.

Hlebovich, L., "Posibles alcances del lenguaje corporal en En busca del tiempo perdido. Del lado de Swann, de Marcel Proust", VIII Congreso Internacional Orbis Tertius de Teoría y Crítica Literaria, 7 al 9 de mayo de 2012, La Plata, Argentina. En *Teresa Basile y Enrique Foffani, dir.. Actas 2012*, disponible en www.memoria.fahce.unlp.edu.ar/trab_eventos/ev.2149/ev.2149.pdf

Husserl, E., *Ideas relativas a una fenomenología pura y una filosofía fenomenológica. Libro primero: Introducción general a la fenomenología pura*, México, FCE, 2013.

Kaushik, R., *Art and institution. Aesthetics in the Late Works of Merleau-Ponty*, New York, Continuum, 2011.

Kearney, R., "Ecrire la chair: L''expression diacritique chez Merleau-Ponty" en *Chiasmi International*, 15 (2014).

Kierkegaard, S., *Estética y ética en la formación de la personalidad contemporánea*, Nova, Buenos Aires, 1959.

Kristensen, S., "Foi perceptive et foi expressive" en *Chiasmi International*, 5 (2003).

— "Valéry, Proust et la vérité de l'écriture littéraire", en *Chiasmi International* (9) 2007, Edizione Mimesis.

— *Parole et subjectivité. Merleau-Ponty et la phénoménologie de l'expression*, Hildesheim, Georg Olms Verlag, 2010.

Lagueux, M., "Merleau-Ponty et la linguistique de Saussure", *Dialogue*, Vol. IV, (3), 1965. pp. 351-364.

LANIGAN, R., *Speaking and Semiology. Maurice Merleau-Ponty's Phenomenological Theory of Existential Communication*, The Hague, Mouton,1972.

LARISON, M., *L'être en forme. Dialectique et phénoménologie dans la dernière philosophie de Merleau-Ponty*, Milán, Mimesis, 2016.

LAWLOR, L., "Essence and Language: The rupture in Mereleau-Ponty's philosophy", en *Studia Phaenomenologica*, 3 (2003) 3-4, p. 155-162.

LÓPEZ SÁENZ, M. C., *El arte como racionalidad liberadora*, Madrid, UNED, 2000.

— "Pensar filosóficamente, pensar literariamente. Merleau-Ponty y Proust", Investigaciones fenomenológicas: anuario de la Sociedad Española de Fenomenología. Serie Monográfica (1), 2008.

MADISON,G.B., *La Phénoménologie de Merleau-Ponty. Une recherche des limites de la conscience*, Paris, Klincksieck, 1973.

MAUROIS, A., *En busca de Marcel Proust*, Madrid, Ediciones B, 2005. Trad. de *A la recherche de Proust*, Paris, Hachette, 1949.

MARION, J.-L., *Étant donné. Essai d'une phénoménologie de la donation*, Paris, Presses Universitaires de France, 1997.

MELAMED, A., "En busca del tiempo perdido: Una lectura sin fin". III Jornadas de Investigación en Filosofía, 2 al 4 de noviembre de 2000, La Plata, Argentina. En *Revista de Filosofía y Teoría Política*. Anexo Actas Disponible en http://www.memoria.fahce.unlp.edu.ar/trab_eventos/ev.234/ev.234.pdf

— "Imitación y creación en la estética de Marcel Proust", en Moran, J. C., *Proust ha desaparecido. Una memoria de los paraísos perdidos*, Prometeo, Buenos Aires, 2006, pp. 171-178.

— "Visión de conjunto para el establecimiento de una bibliografía sobre la obra de Proust y en relación con la vejez del arte", en Moran, J. C., *Proust ha desaparecido. Una memoria de los paraísos perdidos*, Prometeo, Buenos Aires, 2006, pp. 179-184.

MERCURY, J. Y., *La chair du visible. Paul Cézanne et Maurice Merleau-Ponty*, Paris, L'Harmattan, 2005.

MORAN, J. C., "Proust, el post-estructuralismo y la insuficiencia del saber ficcional". [En línea] *Revista de Filosofía y Teoría Política*, Nº 31-32. Actas de las 1º Jornadas de Investigación para Profesores, Graduados y Alumnos, La Plata, 1996. En Memoria Académica. Disponible en http://www.fuentesmemoria.fahce.unlp.edu.ar/art_revistas/pr.2589/pr.2589.pdf

— *Proust ha desaparecido. Una memoria de los paraísos perdidos*, Prometeo, Buenos Aires, 2006.

— *Proust más allá de Proust*, La Plata, De la campana, 2ª ed., 2005.

PAINTER, G.D., *Marcel Proust. Biografía*, Volumen I y II, Barcelona, Lumen, 1967.

PARANT, N., "Merleau-Ponty o la experiencia corporal como hilo conductor de la relación entre la fenomenología y la literatura" en AA.VV., *Merleau-Ponty viviente*. Coord.: Mario Teodoro Ramírez, Anthropos, Barcelona, 2012, pp. 461-486

Pos, H. J., "Phénoménologie et Linguistique" en *Revue Internationale de Philosophie* 1 (1939).

Ralón de Walton, G., "La reversibilidad del silencio y el lenguaje", *Agora* (1996), Vol. 15, N° 1.

Renouard, M., "Littérature" en *Maurice Merleau-Ponty*, Paris, Adpf (asociation pour la diffusion de la pensée française), 2005.

Ricoeur, P., *Caminos del reconocimiento. Tres estudios*, México, FCE, 2006.

— *Corrientes de la investigación en las ciencias sociales*, Madrid, Unesco, 1982.

— *Tiempo y narración II. Configuración del tiempo en el relato de ficción*, Méjico, Siglo XXI, 5ª ed., 2008.

Rodriguez, A., "Las endechas 'A la fábula de Progne y Filomena' de Gonzalo Enríquez de Arana", *Revista de Estudios Latinos (ReLat)*, 4, 2004, pp. 177-197

Robert, F., "Fondament et fondation", en *Chiasmi international*, N° 2 (2000), pp. 351-372.

Sartre, J-P., *L'être et le néant. Essai d'ontologie phénoménologique*, Gallimard, Paris, 1943.

Saussure, F. de, *Cours de linguistique générale*, Payot & Rivages, Paris, 1916.

Schilardi, Ma. Del C., "El saber como institución y la verdad como praxis en Maurice Merleau-Ponty", en *Fenomenología e historia*, Madrid, Universidad Nacional de Educación a Distancia, 2003. pp. 79-86.

Sechehaye, A., "Les trois linguistiques saussuriennes", en *Vox Romanica*, 5 (1940). pp.1-48.

Simon, A., *Proust ou le réel retrouvé. Le sensible et son expression dans À la recherche du temps perdu*, Honoré Champion, Paris, 2011.

Slatman, J., *L'expression au-delà de la représentation. Sur l'aisthêsis et l'esthétique chez Merleau-Ponty*, Vrin, Paris, 2003.

Solas, S., (Coomp.) *Actas del Coloquio Internacional Sobre el pensamiento de Merleau-Ponty*, La Plata, Universidad Nacional de La Plata. Facultad de Humanidades y Ciencias de la Educación, 2018.

— "Algunas notas sobre la concepción de la pintura en Proust", en Moran, J. C., *Proust más allá de Proust*, La Plata, De la campana, 2ª ed., 2005, pp., 67-74.

— "Caracteres estéticos específicos de la concepción pictórica proustiana", (inédita), defendida en año 2006, disponible en al biblioteca de la Universidad Nacional de la Plata.

— "Elstir, como Cézanne, entre lo visible y lo invisible", III Jornadas de Investigación en Filosofía, 24 de noviembre de 2000, La Plata, disponible en www.fuentesmemoria.fahce.unlp.edu.ar/trab_eventos/ev.240/ev.240.pdf

— "Experiencia estética y corporalidad: El arte como productor de ideas". IX Jornadas de Investigación en Filosofía, 28 al 30 de agosto de 2013, La Plata, Argentina. En Memoria Académica. Disponible en www.memoria.fahce.unlp.edu.ar/trab_eventos/ev.2962/ev.2962.pdf

— "La obra como fragmento", en Moran, J. C., *Proust más allá de Proust,* La Plata, De la campana, 2ª ed., 2005, pp. 81-87.

— *"La visión ficcionalizada de pintores y obras pictóricas en la Recherche".* IV Jornadas de Investigación en Filosofía, 7 al 9 de noviembre de 2002, La Plata, Argentina. En *Revista de Filosofía y Teoría Política.* Anexo Actas disponible en www.memoria.fahce.unlp.edu.ar/trab_eventos/ev.198/ev.198.pdf

— "Lo pictórico de la literatura de Proust", en Moran J. C., *Proust más allá de Proust,* La Plata, De la campana, 2ª ed., 2005, pp. 75-80.

Stawarska, B., "Uncanny errors, productive contresens. Merleau-Ponty's phenomenological appropriation of Ferdinand De Saussure's general linguistics" en *Chiasmi International,* 15 (2014) pp.151-165.

Tagmann, R., *Sprache und Erfahrung in den Schriften von Maurice Merleau-Ponty,* Bern, Peter Lang, 1983.

Taminiaux, J., "L'experience, l'expression et la forme dans l'itineraire de Merleau-Ponty", en J. T., *Le regard et l'excédent,* La Hague, Martinus Nijhoff, 1977.

Terzi, R., "Événement, champ, trace: le concept phénoménologique d'institution", *Philosophie,* 2016/4 (Nº 131), pp. 52-68.

Thierry, Y., "L'institution et l'événement selon Merleau-Ponty", en *Merleau-Ponty de la perception à l'action,* Bonan, R. (ed.), Aix-en-Provence, Publicactions de l'Université de Provence, 2005.

Viart, D., "En busca del tiempo perdido, *una ficción hermenéutica",* en *Cuadernos hispanoamericanos,* Dossier Marcel Proust, Nº 562, (1997), pp. 27-46-

Waldenfels, B., "Fair voir par les mots. Merleau-Ponty et le tournant linguistique", en *Chiasmi international* (1999), Associazione Culturale Mimesis.

— "Le paradoxe de l'expression chez Merleau-Ponty", en *Recherches sur la phénoménologie de Merleau-Ponty,* Paris, PUF, 1998, bajo la dirección de R. Barbaras, pp. 331-348.

— "Marcel Proust. Die vespätete Antwort ", en *Bernhard Waldenfels Deutsch-Französische Gedankengänge,* Suhrkamp, 1991.

— "Vérité à faire. La question de la vérité chez Merleau-Ponty" en *Les Cahiers de Philosophie,* 7 (1989) pp. 55-68.

Wertheimer, M., *El pensamiento productivo,* Barcelona, Paidos, 1991. Trad. de *Productive Thinking,* New York, Harper and Brothers, 1945, por Leandro Wolfson.

White, E., *Proust,* Mondadori, Barcelona, 2001, p.152. Trad. de Proust, Viking Penguin, Nueva York, 1999, traductor: Jaime Zulaika.

Zambrano, M., *Filosofía y poesía,* México, FCE, 1993.

Otros títulos de la colección

**Jean-Luc Marion
Límites y posibilidades
de la filosofía y la teología**

Jorge Luis Roggero
(editor)

978-987-1984-97-8 - 240 págs.

Colección: Post-Visión

La obra de Jean-Luc Marion ofrece una aguda reflexión sobre los límites del pensamiento occidental caracterizado como metafísica. El diagnóstico marioniano toma como punto de partida la idea nietzscheana de la "muerte de Dios" y la crítica heideggeriana a la ontoteología formulada desde el horizonte de la pregunta por el ser. Estos acontecimientos no solo permiten establecer los alcances del nihilismo que caracteriza nuestro tiempo, sino que, al operar como modalidades de la idolatría conceptual, dan cuenta del agotamiento del paradigma metafísico y señalan una nueva vía para el pensamiento. El fin de la metafísica, según Marion, abre una nueva posibilidad para la Filosofía y para la Teología. Esta nueva posibilidad se identifica con la fenomenología. Ella ofrece la ocasión de un "nuevo comienzo".

Escriben en esta obra:

Jean-Luc Marion
Daniel Barreto González
Javier Bassas Vila
Carla Canullo
Ricardo Oscar Díez
Hernán G. Inverso
Azul Katz

José Daniel López
Fernanda Ocampo
Carlos Enrique Restrepo
Jorge Luis Roggero
Juan Carlos Scannone
Roberto Walton
Raúl Zegarra

La hospitalidad del pensar.
Homenaje a Bernhard Caper

ÁNGEL ENRIQUE GARRIDO-MATURANO (EDITOR)

Juan Carlos Scannone - Ángel E. Garrido-Maturano
Maria Benedetta Curi - Martin Simensen De Bielke
Francesca Brencio - Roberto Navarrete Alonso
Federico Viola y Ana Bonet - Mariana Leconte
Gabriella Caponigro - Markus Enders - S. Bohlen

ISBN: 978-987-4434-20-3 - 212 págs. - Colección: POST-VISIÓN

¿Cuál es el origen último de la religiosidad humana? En estas épocas de cientificismo e ilimitado pragmatismo, en los que Dios parece bien muerto y aún mejor enterrado ¿hay algún motivo sensato y legítimo para reconocer una dimensión religiosa de la existencia? ¿Qué es lo que distingue una existencia auténticamente religiosa de aquella que cree serlo y, sin embargo, no lo es? ¿No son el modo de orar y de realizar la propia vida en la esfera ética, social y política lo que permite reconocer esa autenticidad?

Estas preguntas, tratadas en el contexto de la filosofía dialógica y de la fenomenología, movieron el pensamiento de uno de los filósofos de la religión más profundos de nuestros días: Bernhard Casper.

Un grupo de calificados especialistas, colegas y discípulos del propio Casper, de Europa y Argentina, bajo la dirección del Prof. Dr. Ángel E. Garrido-Maturano, rinde homenaje al que durante tantos años dirigió la Cátedra de filosofía de la religión en la Universidad de Friburgo; ante todo, homenaje a la hospitalidad de su pensamiento, retomando aquellos interrogantes que han signado su obra. Se trata de un instrumento valioso para todos aquellos que se interesen por los problemas acuciantes de la filosofía de la religión actual y quieran comprender lúcidamente qué significa el difícil término "religión".

Ángel Enrique Garrido-Maturano estudió filosofía en la Universidad de Buenos Aires y en la Albert Ludwigs Universität Freiburg i.Br. Desde 1998 es Miembro del Centro de Estudios Filosóficos de la Academia Nacional de Ciencias de Buenos Aires. Ex becario DAAD y de la Fundación Humboldt. Investigador Principal del Consejo Nacional de Investigaciones Científicas y Técnicas (CONICET). Es autor de más de 130 publicaciones entre libros, capítulos de libro y revistas científicas de 15 países. Entre sus libros pueden mencionarse *Sobre el abismo. La angustia en la filosofía contemporánea* (Buenos Aires, Adriana Hidalgo, 2005) y *Los tiempos del tiempo. Ensayo sobre el sentido filosófico, cosmológico y religioso del tiempo* (Buenos Aires, Biblos, 2010).

Hermenéutica del amor.
La fenomenología de la donación de Jean-Luc Marion en diálogo con la fenomenología del joven Heidegger

Jorge Luis Roggero

ISBN: 978-987-4434-67-8 - 536 págs. - Colección: Post-Visión

Esta obra se propone examinar el proyecto fenomenológico de Jean-Luc Marion a partir de su caracterización como "hermenéutica del amor". Se trata de encontrar en el seno de las posibilidades de la fenomenología de la donación una respuesta a las dos principales objeciones que ella ha recibido: la objeción hermenéutica (Greisch, Grondin y otros) y la objeción teológica (Janicaud, Benoist y otros).

Siguiendo el modelo de la fenomenología del joven Heidegger, la fenomenología marioniana opera como una hermenéutica pues debe descifrar el sentido enigmático del fenómeno satura-do y lo hace apropiándose filosóficamente de una idea teológica: la noción de amor. La *Grundstimmung* del amor funciona como poder de fenomenalización de la donación.

Jorge Luis Roggero es Doctor en Filosofía por la Universidad de Buenos Aires y por la Universidad de Paris IV-Sorbona. Abogado y licenciado en Filosofía por la Universidad de Buenos Aires. Docente e investigador de la misma institución. Ha publicado libros, capítulos de libros, traducciones y artículos en sus áreas de especialidad. En esta colección ha compilado el volumen colectivo *Jean-Luc Marion. Límites y posibilidades de la Filosofía y de la Teología*, Buenos Aires, SB, 2017.

www.ingramcontent.com/pod-product-compliance
Lightning Source LLC
Chambersburg PA
CBHW031431160426

43195CB00010BB/696